SACROECONOMÍA

DINERO, OBSEQUIO Y SOCIEDAD EN LA ERA DE TRANSICIÓN

CHARLES EISENSTEIN

TRADUCCIÓN Y CORRECCIÓN: ARIANNE SVED Y SUSA OÑATE
– GUERRILLA TRANSLATION

EVOLVER
EDITIONS

Berkeley, California

Published by Evolver Editions,
an imprint of North Atlantic Books
P.O. Box 12327
Berkeley, California 94712

Cover art from *Still Life with Apples, Grapes, Melons, Bread, Jug and Bottle* by Luis Meléndez, 1771
Cover design by Jasmine Hromjak
Interior design by Brad Greene

Printed in the United States of America

Sacroeconomía: Dinero, obsequio y sociedad en la era de transición is sponsored and published by the Society for the Study of Native Arts and Sciences (dba North Atlantic Books), an educational nonprofit based in Berkeley, California, that collaborates with partners to develop cross-cultural perspectives, nurture holistic views of art, science, the humanities, and healing, and seed personal and global transformation by publishing work on the relationship of body, spirit, and nature.

North Atlantic Books' publications are available through most bookstores. For further information, visit our website at www.northatlanticbooks.com or call 800-733-3000.

Library of Congress Cataloging-in-Publication Data
Eisenstein, Charles, 1967-
   [Sacred economics. Spanish]
   Sacroeconomía : dinero, obsequio y sociedad en la era de transición /
   Charles Eisenstein.
      pages cm
   Translation of the author's Sacred economics.
   Summary: "Spanish-language edition of Sacred Economics. Traces the history of money from ancient gift economies to modern capitalism, revealing how the money system has contributed to alienation, competition, and scarcity, destroyed community, and necessitated endless growth. Describes how the money system will have to change to a more connected, ecological, and sustainable way of being"--
   Provided by publisher.
   ISBN 978-1-58394-883-5 (pbk.) — ISBN 978-1-58394-884-2 (ebook)
   1. Money—History. 2. Money—Philosophy. I. Title.
   HG231.E3718 2015
   332.4'9—dc23   2014024048

1 2 3 4 5 6 7 8 9 UNITED 20 19 18 17 16 15

Printed on recycled paper

Elogios para *Sacroeconomía*:

"Si buscas un relato persuasivo de lo trascendente que es, y debe ser, la transformación en la nueva era axial que iniciamos, basta leer este excelente libro de Charles Eisenstein, uno de los pensadores integrales más profundos de nuestros días".

—Michel Bauwens, fundador de la Fundación P2P

"Gracias a sus extensos conocimientos, así como a su entusiasmo, compromiso, diligencia y sensibilidad, Eisenstein se ha convertido en un foco de esperanza para muchos. Este libro, un tesoro rebosante de sabiduría crucial para el mundo afligido en el que vivimos, te abrirá la mente y el corazón".

—Kamran Mofid, doctor en economía y fundador de Globalización para la Iniciativa del Bien Común.

Elogios para *The Ascent of Humanity* (El ascenso de la humanidad):

"Este es un libro extraordinario. Eisenstein ha dado en el clavo del problema fundamental al que se enfrenta la humanidad: la separación. Todas las crisis que afronta actualmente la humanidad se basan en la creencia de que estamos separados –separados los unos de los otros, separados de la biósfera que nos sustenta y del universo que nos ha dado la vida–. Es un *tour de force* lleno de asombroso discernimiento, ingenio, sabiduría y corazón".

—Christopher Uhl, autor de *Developing Ecological Consciousness: Paths to a Sustainable Future* (Desarrollar la conciencia ecológica: Caminos hacia un futuro sostenible)

"Un trabajo maravilloso y tremendamente importante… Este libro hace mucha falta en la actual época de crisis cada vez más profunda".

—John Zerzan, autor de *Future Primitive* (El futuro primitivo) y *Elements of Refusal* (Elementos de negación)

"Un despertar radical a cómo hemos llegado a nuestra crisis actual y cómo podemos redefinir más eficazmente el recorrido de nuestro camino evolutivo".

—Bruce Lipton, autor de *The Biology of Belief* (La biología de la creencia)

"Brillante, original, y verdaderamente perspicaz, *The Ascent of Humanity* está a la altura de las obras de gigantes de nuestros tiempos como David Bohm, Julian Jaynes, Jean Gebser y Alfred North Whitehead. Ofrece un retrato serio, incluso sombrío, de nuestros días, a la vez que abre una puerta de esperanza honesta en el triste destino que nos hemos forjado. Acepta el reto de este importante logro y descubre la luz que resplandece en su interior".

—Joseph Chilton Pearce, autor de *The Crack in the Cosmic Egg* (La grieta en el huevo cósmico), *Magical Child* (Criatura mágica), *Evolution's End* (El fin de la evolución) y *The Biology of Transcendence* (La biología de la trascendencia)

"Este es uno de esos libros excepcionales que suben el listón. Eisenstein reúne diversidad de conocimientos para demostrar que lo que veíamos como la solución es también el problema. Un libro revelador que incita al diálogo con todas las personas que conozco. Como tecnólogo y como ser humano, creo que esta podría ser una de las obras más importantes de la década".

—Garret Moddel, catedrático de ingeniería eléctrica en la Universidad de Colorado, en Boulder; Presidente y Director General de Tecnología de Phiar Corporation

Para mis padres
y todas las demás personas que me han dado muchísimo
sin esperar nada a cambio.

~

ÍNDICE DE CONTENIDOS

3ª PARTE: VIVIR LA NUEVA ECONOMÍO 401

CONTENIDOS

PREFACIO

Durante los tres años desde su publicación en Estados Unidos, *Sacred Economics* [*Sacroeconomía*] ha suscitado el entusiasmo de los movimientos que conocen las graves deficiencias estructurales de nuestro sistema económico. Sin embargo, la mayoría de los norteamericanos siguen ajenos a estas deficiencias, que llevan muchas décadas exportándose de forma eficaz a otros países menos "desarrollados" e imponiéndose sobre nuestras propias clases marginales. Aunque la clase media disminuye cada vez más, gran parte de los estadounidenses se aferra a la esperanza de que el sistema se arreglará solo; y la mayoría sigue creyendo que el sistema es fundamentalmente sólido, correcto e inalterable.

En México, Centroamérica y Sudamérica, sospecho que la situación es bastante distinta. Décadas de graves crisis económicas han puesto en tela de juicio la solidez del sistema. La pobreza persistente y el deterioro ecológico en todos los países que siguen las recetas neoliberales refutan la supuesta idoneidad del sistema, mientras que diversos experimentos con políticas económicas alternativas en países latinoamericanos demuestran que el sistema actual puede cambiarse, que no es la única vía posible. Ante esta trayectoria, creo que las ideas contenidas en este libro les resultarán más sensatas a los latinoamericanos que a sus privilegiados vecinos del Norte, a quienes se ha protegido de las duras realidades del sistema actual mediante el poder político y la ideología.

Se trata de una buena noticia, ya que los países al sur de la frontera estadounidense se hallan ante la oportunidad inaudita de liderar el mundo en la creación de un nuevo tipo de economía y de sistema monetario en los próximos años. Gracias al debilitamiento de la hegemonía del dólar y del dominio político de EE UU, estos países tienen más margen que nunca para forjar un nuevo camino.

El actual sistema económico es, lamentablemente, más grande que cualquier Estado-nación; el desvanecimiento del imperio de Estados Unidos no altera la dinámica del capital mundial que está llevando al mundo al borde del colapso ecológico y social. En Sudamérica, ya vemos cómo China impulsa los mismos proyectos de excavación y minería catastróficos para el medio ambiente que anteriormente fueron el dominio de corporaciones estadounidenses y canadienses. Es el mismo lobo con distinto pelaje.

¿Y de qué lobo hablamos? Este libro va más allá de señalar a los culpables habituales —las grandes empresas codiciosas y los gobiernos corruptos—, que no son los amos del actual régimen económico sino sus beneficiarios y funcionarios. Su conducta es intrínseca al entramado del dinero y de la propiedad tal y como los conocemos; y estos descansan sobre unos cimientos aún más profundos: nuestra mitología esencial sobre el yo y el mundo. Puesto que las sociedades de habla hispana están, por lo general, menos vinculadas a la noción moderna del individuo y más familiarizadas con un concepto más amplio del ser, que engloba la comunidad, la aldea, la familia extensa y la naturaleza, las propuestas de este libro podrían resultarles menos extrañas. En muchas regiones de menor desarrollo, por ejemplo, la cultura del obsequio está mucho más viva que en el Norte. Las tradiciones de la hospitalidad, la reciprocidad local, los cuidados mutuos y la autogestión son más fuertes, al igual que el vínculo con la Tierra. Incluso en las zonas urbanas, sigue existiendo la memoria viva de un modo de vida interconectado y basado en la Tierra. Movimientos campesinos como el de los Zapatistas y el concepto mismo del "buen vivir" demuestran que este espíritu sigue teniendo vigor en América Latina; y lo mismo sucede con el movimiento 15-M (los indignados) en España. Quienes conozcan estos movimientos reconocerán su resonancia con *Sacroeconomía*.

Por otra parte, hay en Latinoamérica ciertas tendencias que se contraponen a lo que yo llamo una economía sagrada. En primer lugar, la creencia en la legitimidad de las instituciones del actual orden mundial —en especial, los mecanismos de la deuda soberana— sigue firme. En segundo lugar, la ideología del crecimiento y el desarrollo continúa prevaleciendo sobre la conciencia ecológica. El que este libro abogue por una economía decrecentista o sin crecimiento lo hace vulnerable a acusaciones de ser otro ejemplo del imperialismo yanqui que intenta dominar a sus vecinos sureños impidiendo que obtengan los frutos del desarrollo de los que disfrutamos en el Norte. Espero haber dejado claro que se trata de frutos envenenados; que el desarrollo tal y como lo conocemos va de la mano de la disolución de la comunidad, el aumento de la desigualdad y la degradación del medio ambiente.

En lugar del desarrollo convencional, que conlleva convertir la naturaleza en productos y las relaciones sociales en servicios pagados, este libro no propone una sociedad estancada sino una forma de desarrollo distinta. Un desarrollo en el que el dinero esté alineado con la ecología, que reconcilie la riqueza con la generosidad, y mediante el cual las riquezas cualitativas de la vida crezcan incluso al tiempo que disminuye la parte mesurable y monetizada de la economía. Tengo la esperanza de que estas ideas se afiancen en el mundo hispanohablante para que pueda dejar atrás el siglo XX y saltar directamente al XXI, y quizá incluso iluminar un camino que países desarrollados como Estados Unidos, más sobrecargados por los hábitos del dinero y la deuda, puedan seguir cuando llegue el momento de liberarse.

Hay otra razón por la que albergo esperanzas sobre el futuro de estas ideas en América Latina, y por lo que estoy encantado de que mis libros salgan en español. Bueno, quizá no sea tanto una razón como algo irracional: a riesgo de caer en un tópico, llamémoslo "el espíritu del pueblo". Me baso en mi propia experiencia, en la calidez y la humanidad que encarnan las personas latinoamericanas que he conocido, tanto dentro como fuera del continente; su disposición a abrazar, cantar, reír y bailar; su apertura a lo misterioso y a lo mágico. Se trata de cualidades que nos ayudarán durante el tiempo de transición que se avecina.

Charles Eisenstein

INTRODUCCIÓN

El propósito de este libro es transformar el dinero y la economía humana en algo sagrado, algo digno del universo que nos rodea.

Hoy en día asociamos el dinero con lo profano, y con razón; si hay algo sagrado en este mundo, no es el dinero precisamente. De hecho, el dinero parece ser enemigo de nuestros instintos más nobles. Esto resulta patente cada vez que reprimimos un impulso de generosidad o de bondad pensando que no nos lo podemos permitir. El dinero es enemigo de la virtud, como indica el uso peyorativo del término "venderse". Es enemigo de cualquier reforma social o política digna debido a la influencia interesada de los poderes empresariales en las decisiones legislativas. El dinero parece estar destruyendo la Tierra mediante el saqueo de océanos, bosques, suelos y diversas especies a fin de alimentar una avaricia que no conoce límites.

Desde que Jesús echara a los mercaderes del templo —o incluso desde antes— hemos percibido el dinero como algo impuro. Cuando los políticos anteponen el lucro al bien común los llamamos corruptos. Asociamos adjetivos como "sucio" o "deshonesto" al dinero de forma natural. "No se puede servir a Dios y a Mammón", reza la consigna bajo la que se rige la vida del monje.

Por otra parte, el dinero posee una innegable cualidad misteriosa, incluso mágica, gracias a su capacidad de alterar el comportamiento de las personas y coordinar la Actividad humana. Muchos pensadores, desde la Antigüedad, se han maravillado del poder que un simple cuño puede conferir a un disco metálico o a un trozo de papel. Pero lamentablemente, si miramos a nuestro alrededor, llegamos a la inevitable conclusión de que la magia del dinero se ha convertido en una magia malvada.

Como es obvio, transformar el dinero en algo sagrado requerirá nada menos que una revolución monetaria a gran escala, una evolución de la naturaleza primordial del dinero. No es solo nuestra actitud ante el dinero la que deberá cambiar –como nos quieren hacer creer algunos gurús de la auto-ayuda– sino que, además, será necesario crear nuevos *tipos* de dinero que simbolicen y refuercen ese cambio de actitud. *Sacroeconomía* describe este nuevo tipo de dinero así como la nueva economía que emergerá en torno a él. También analiza la metamorfosis de la identidad humana, que representa tanto la causa como el resultado de la transformación del dinero. Los cambios de actitud de los que hablo van a la esencia misma de lo que significa ser humano; engloban nuestra comprensión del propósito de la vida, el papel que desempeña la humanidad en el planeta, la relación del individuo con el conjunto de la humanidad y de la naturaleza, e incluso la propia concepción del *individuo*, del *ser*. Al fin y al cabo, percibimos el dinero (y la propiedad) como una extensión de nosotros mismos; de ahí que empleemos el pronombre posesivo "mío" para describirlo, el mismo que usamos para referirnos a nuestros brazos o cabezas. Mi dinero, mi automóvil, mi mano, mi hígado. Consideremos también lo ultrajados que nos sentimos cuando nos roban o nos estafan. Es como si nos hubieran arrancado una parte de nuestro ser.

Transformar el dinero –un concepto tan ligado a nuestra identidad, tan central en el funcionamiento del mundo– de profano a sagrado tendría repercusiones realmente profundas. Pero, ¿qué significa que el dinero (o cualquier otra cosa, de hecho) sea sagrado? Significa, en esencia, lo opuesto a la acepción más extendida de la palabra *sagrado*. Durante varios miles de años, los términos *sagrado*, *santo* o *divino* se han venido empleando para designar algo ajeno al cuerpo, a la naturaleza y al mundo. Hace tres o cuatro mil años que los dioses comenzaron a migrar desde los lagos, bosques, ríos y montañas hacia el cielo, convirtiéndose en gobernantes supremos del imperio de la naturaleza. A medida que la divinidad fue alejándose de la naturaleza de la que, en un principio, había constituido la esencia, los asuntos mundanos fueron cobrando un cariz cada vez más profano. El ser humano dejó de ser un alma viva encarnada en un cuerpo para convertirse en una envoltura carnal, un mero receptáculo del espíritu. Esta concepción culminó en la teoría cartesiana de la mota de conciencia que observa el mundo sin participar en él, o en el Dios Relojero de Newton. Lo divino se convirtió en sinónimo de lo supernatural, de lo inmaterial. Si Dios participaba alguna vez en el mundo, era por medio de milagros —intercesiones divinas que infringían o se superponían a las leyes de la naturaleza—.

Lo paradójico es que este ente separado y abstracto denominado espíritu es lo que supuestamente infunde vida al mundo. Si preguntamos a una persona religiosa qué es lo que cambia cuando un ser humano muere, nos dirá que es el alma que abandona el cuerpo. Y si le preguntamos quién hace que llueva o que sople el viento, atribuirá esos fenómenos naturales a Dios. Aunque Galileo y Newton eliminaron a Dios del funcionamiento cotidiano del mundo al describirlo como el mecanismo de relojería de una gran máquina de masa y fuerza impersonal, incluso esta explicación presupone la necesaria existencia de un relojero que le diera cuerda al reloj en un principio, un generador de la energía potencial que mueve el universo desde entonces. Este concepto pervive hasta nuestros días en la teoría del Big Bang, un acontecimiento primordial, origen de la "entropía negativa", que permite el movimiento y la vida. En todo caso, nuestra cultura entiende el "espíritu" como un ente separado, más allá de lo mundano, pero que puede intervenir milagrosamente en asuntos materiales, e incluso animarlos y dirigirlos de manera misteriosa.

Resulta sumamente irónico y significativo que lo que más se asemeja al anterior concepto de lo divino en nuestro planeta sea el dinero. Se trata de una fuerza invisible e inmortal que lo envuelve y dirige todo, omnipotente e ilimitada, una mano invisible que "hace girar el mundo". Sin embargo, el dinero es hoy una mera abstracción. A veces son símbolos sobre un trozo de papel, pero generalmente no son más que dígitos binarios en una computadora. El dinero existe en una dimensión muy lejana del mundo material, un ámbito exento de las leyes más fundamentales de la naturaleza ya que no se descompone para volver a la tierra, como todo lo demás, sino que se conserva, inmutable, en sus cámaras acorazadas y archivos digitales, incluso creciendo con el tiempo gracias al interés. Posee las propiedades de la preservación eterna y el crecimiento ilimitado, ambas profundamente antinaturales. El elemento natural que más se aproxima a estas propiedades es el oro, una materia inoxidable que no se deslustra ni se descompone. Por eso el oro se usaba antiguamente como moneda y, a la vez, como metáfora del alma divina, incorruptible e inmutable.

Esta propiedad de abstracción divina que posee el dinero, su desconexión del mundo real de los objetos, alcanzó su máxima expresión a principios del siglo XXI, cuando la economía financiera perdió su anclaje en la economía real y cobró vida propia. Las vastas fortunas de Wall Street no parecían guardar relación alguna con la producción material; existían en un mundo aparte.

Observando a los mortales desde las alturas del Olimpo, los financieros se hacían llamar los "amos del universo"; canalizaban los poderes de su dios para crear fortunas o arruinar a las masas, para mover montañas (literalmente), destruir bosques, cambiar el curso de los ríos y provocar el auge y la caída de naciones enteras. Pero enseguida se hizo evidente que el dinero era un dios caprichoso. En el momento que escribo estas palabras, los ritos desesperados del sacerdocio financiero para aplacar al Dios Dinero ya no parecen surtir efecto. Cual clero de una religión moribunda, exhortan a sus feligreses a realizar sacrificios cada vez mayores, culpando de su mala fortuna al pecado (la avaricia de los banqueros y la irresponsabilidad de los consumidores) o a los misteriosos caprichos de Dios (los mercados financieros). Pero hay quien empieza a culpar a los sacerdotes mismos.

En alguna cultura anterior a la nuestra, se hubiera descrito lo que hoy llamamos recesión como "Dios abandonando al mundo". El dinero está desapareciendo y con él, otra propiedad del espíritu: la fuerza vital de la humanidad. En estos momentos, el mundo está lleno de maquinaria inactiva. Las fábricas detienen su actividad, se abandonan obras de construcción, se cierran parques y bibliotecas, y hay millones de personas sin techo ni comida mientras crece el número de viviendas vacías y alimentos pudriéndose en los almacenes. No es que carezcamos de los recursos materiales y humanos necesarios para construir esas casas, distribuir esos alimentos o poner en marcha esas fábricas. Lo que nos falta es algo más bien inmaterial, el espíritu que da vida a todo ello: el dinero. Es algo tan insustancial (meros electrones en una computadora) que apenas se puede asegurar que exista y, sin embargo, tan poderoso que sin él la productividad humana se detiene por completo. También a nivel individual, se perciben los efectos desalentadores de la falta de dinero. Consideremos el estereotipo del hombre desempleado, casi en la quiebra, recostado frente al televisor en ropa interior, tomándose una cerveza, con apenas fuerzas para levantarse de su asiento. El dinero parece ser el ánima, no solo de las máquinas, sino también de las personas. Sin él, nos sentimos *desanimados*.

Aunque no nos demos cuenta, nuestra concepción de lo divino ha atraído hacia sí a un dios a su imagen y semejanza, al que le hemos concedido plena soberanía sobre la Tierra. Al separar el alma de la carne, al espíritu de la materia, y a Dios de la naturaleza, hemos instaurado a un dirigente desalmado, enajenador, impío, contra natura. Así pues, cuando hablo de transformar el dinero en algo sagrado, no invoco a agentes sobrenaturales para que infundan santidad a objetos inertes de la naturaleza, sino que me remonto a un tiempo pasado, anterior a este divorcio entre materia y espíritu, en el cual lo sagrado era endémico a todas las cosas.

¿Qué significa "sagrado"? Significa dos cosas: singularidad e interrelación. Un objeto o ser sagrado es aquel que percibimos como especial, singular, único y, por tanto, infinitamente valioso e irreemplazable. Al no tener equivalente, carece de valor absoluto, ya que el valor solo se determina por comparación. El dinero, como todo patrón de medida, cumple una función meramente comparativa.

Pero por singular que sea, lo sagrado es también inseparable de todo lo que contribuyó a su creación, de su historia y del lugar que ocupa en la matriz de la existencia. Incluso se podría argumentar que toda relación y todo objeto es sagrado. Es posible que así sea, pero aunque lo creamos a nivel intelectual, no siempre lo sentimos. Algunas cosas las percibimos como sagradas, otras no. No obstante, las cosas que sí llamamos sagradas nos sirven para recordar que todo es sagrado a fin de cuentas.

Nuestro mundo actual ha sido despojado de dignidad. No hay muchas cosas que nos hagan sentir que vivimos en un mundo sagrado. La producción en masa, la estandarización de productos, las casas prefabricadas, los paquetes de alimentos idénticos o el trato anónimo con funcionarios institucionales niegan la singularidad del mundo que habitamos. La procedencia distante de nuestros bienes, el anonimato de nuestras comunicaciones y las invisibles consecuencias de nuestras prácticas de producción y desecho de productos… todo ello anula la interrelación. Vivimos apartados de la experiencia de lo sagrado. Y de todos los factores que nos alejan de la singularidad y de la interrelación, el dinero es el más importante. De hecho, la moneda se ideó en un principio con fines de estandarización, de modo que cada dracma, shekel o yuan tuviera una función idéntica. Es más, como medio de intercambio abstracto y universal, el dinero se separó de sus orígenes, de su conexión con la materia. Un dólar es un dólar sin importar de dónde o de quién proceda. Consideraríamos infantil a una persona que, tras depositar una suma de dinero en el banco, fuera a retirarlo un mes más tarde y se quejara: "¡Éste no es el mismo dinero que deposité! ¡Son otros billetes!".

Una vida monetizada es, por defecto, una vida profana puesto que el dinero y los bienes que con él se adquieren carecen de propiedades sacras. ¿Qué diferencia hay entre un tomate comprado en el supermercado y un tomate que me ha regalado el vecino de su huerta? ¿O entre una casa prefabricada y una casa construida por una persona conocida, con mi propia participación? Las diferencias radican esencialmente en las relaciones específicas que incorporan la singularidad de quien da y quien recibe. Una vida llena de ese tipo de objetos, hechos con cariño, conectados por una red de personas y lugares conocidos, es una vida enriquecedora. Hoy en día vivimos bajo un aluvión de monotonía e impersonalidad. Incluso los productos hechos a medida, si son producidos en masa, solo ofrecen unas pocas permutaciones de las mismas piezas estandarizadas. Esta monotonía entumece el alma y abarata la vida.

La presencia de lo sagrado permite retornar a un hogar que siempre estuvo ahí, a una verdad que siempre existió. Esto puede suceder al observar una planta o un insecto, al escuchar una sinfonía de cantos de ave o de rana, al sentir el lodo entre los dedos de los pies, al contemplar un objeto hermoso, al ponderar la complejidad asombrosamente coordinada de un ecosistema o de una célula, al observar la sincronía y el simbolismo en mi vida, al ver jugar a unos niños felices, o cuando me siento conmovido por una obra genial. A pesar de ser experiencias extraordinarias, no suceden, ni mucho menos, al margen del resto de la vida. De hecho, su poder reside en que nos permiten atisbar un mundo más real, un mundo sagrado que subyace y se intercala en el nuestro.

¿Qué es eso del "hogar que siempre estuvo ahí" y "la verdad que siempre existió"? Me refiero a la verdad de la unión o conexión entre todas las cosas y a la sensación de ser partícipe de algo que es más grande que uno mismo pero, al mismo tiempo, es la esencia de uno mismo. En la ecología, esto se conoce como el principio de la interdependencia: que todos los seres dependen para su supervivencia de la red de otros seres que los rodean, y que se extiende hasta englobar a todo el planeta. La extinción de cualquier especie reduce nuestra propia integridad, nuestra propia salud, nuestro propio ser; una parte de nosotros mismos se pierde.

Si lo sagrado es el portal hacia la unidad inherente de todas las cosas, también es un portal hacia lo singular, lo inigualable de cada cosa. Un objeto sagrado es especial; contiene una esencia única que no puede reducirse a una serie de cualidades genéricas. Por eso, la ciencia reduccionista parece despojar al mundo de su carácter sagrado, porque todo se limita a una u otra combinación de un puñado de piezas genéricas. Esta concepción se refleja en nuestro sistema económico, que consiste primordialmente en productos genéricos y estandarizados, así como tareas laborales predeterminadas, gestión de datos, entradas y salidas en sistemas informáticos, y lo más genérico de todo: el dinero, el súmmum de la abstracción. En tiempos pasados no fue así. Los pueblos tribales no veían a cada ser como integrante de una categoría sino como individuo único con espíritu propio. Incluso las piedras, las nubes o las gotas de agua aparentemente idénticas se consideraban como seres individuales con capacidad de sentir. Los objetos hechos por manos humanas también eran únicos ya que sus distintivas irregularidades reflejaban la firma de su creador. Este era el vínculo entre las dos cualidades de lo sagrado: la interrelación y la singularidad; objetos únicos que conservan su sello de origen, su lugar exclusivo en la gran matriz del ser, su dependencia del resto de la creación para poder existir. Los productos estandarizados, en cambio, son uniformes y, por tanto, están desarraigados de toda relación.

En este libro describiré una visión de un sistema monetario y económico sagrado que incorpora la interrelación y la singularidad de todas las cosas. Ya no será algo separado, ni real ni perceptivamente, de la matriz natural que lo sustenta. Vuelve a unir, tras siglos de división, el ámbito humano y el natural; representa una extensión de la ecología, rigiéndose por sus leyes y manifestando toda su belleza.

En el seno de cada institución de nuestra sociedad, por fea o corrupta que sea, se encuentra la semilla de algo hermoso; la misma nota en una octava más alta. El dinero no es ninguna excepción. Su propósito original fue sencillamente conectar obsequios humanos con necesidades humanas para que todos pudiéramos vivir en una mayor abundancia. ¿Cómo ha llegado el dinero a generar escasez en lugar de abundancia y separación en vez de conexión? Ese es uno de los hilos conductores de este libro. Pese a la degeneración que ha sufrido el dinero, su función original de *agente del obsequio* permite entrever lo que, más pronto o más tarde, volverá a conferirle la dignidad que merece. Todos reconocemos el intercambio de regalos como una ocasión sagrada, aunque sea intuitivamente. Por eso ritualizamos el intercambio con algún tipo de ceremonia. Del mismo modo, el dinero sagrado será un medio para el obsequio, un recurso que impregnará la economía global del espíritu dadivoso que gobernó las culturas tribales y aldeanas de antaño, y que sigue rigiendo el intercambio de regalos y favores hoy en día, al margen del sistema económico imperante.

Sacroeconomía describe este futuro y marca una ruta práctica para alcanzarlo. Hace ya tiempo que me cansé de los libros que critican ciertos aspectos de la sociedad sin ofrecer ninguna alternativa positiva. Luego me cansé de los libros que ofrecen alternativas positivas pero inalcanzables: "Debemos reducir las emisiones de carbono en un 90 por ciento". Luego me cansé de los libros que ofrecen una manera viable de alcanzarlo, pero sin explicar lo que yo, personalmente, puedo hacer al respecto. *Sacroeconomía* actúa a los cuatro niveles: ofrece un análisis fundamental del fracaso del dinero tal y como lo conocemos; describe un mundo más hermoso basado en otro tipo de dinero y de economía; explica las acciones colectivas necesarias para crear ese mundo y la manera de fomentar esas acciones; y explora las dimensiones personales del cambio, la transformación de la identidad y del ser, lo que denomino "vivir en el obsequio".

Transformar la concepción del dinero no es la panacea para todos los males del mundo, ni debe tomar prioridad sobre otros campos de activismo. El simple reordenamiento de datos informáticos no eliminará la devastación social y material que azota a nuestro planeta. Pero las iniciativas para mejorar cualquier otro ámbito de nuestra sociedad tampoco alcanzarán su pleno potencial sin una correspondiente transformación del dinero, debido a su profundo arraigo en nuestros hábitos cotidianos e instituciones sociales. Los cambios económicos que describo forman parte de una evolución a gran escala que lo abarcará todo, sin dejar un solo aspecto de la vida intacto.

La humanidad apenas comienza a despertar a la verdadera magnitud de la crisis que afrontamos. Si la transformación económica que planteo parece milagrosa, es porque nada menos que un milagro puede sanar al mundo de hoy. En todos los ámbitos, desde la economía a la ecología, la política, la tecnología y la medicina, necesitamos soluciones que superen los actuales límites de lo posible. Afortunadamente, a medida que el mundo antiguo se desmorona, nuestro conocimiento de lo posible se expande, y con ello nuestra valentía y nuestra voluntad de actuar. La convergencia de diversas crisis −monetaria, energética, educativa, sanitaria, política, medioambiental, del agua, del suelo y demás− se resume en una crisis de nacimiento, una crisis que nos expulsa del viejo mundo hacia un mundo nuevo. Inevitablemente, estas crisis también invaden nuestras vidas personales; al derrumbarse nuestro universo, nacemos a un universo nuevo, a una nueva identidad. Por eso hay tanta gente que ve una dimensión espiritual en la crisis global, e incluso en la crisis económica. Muchos intuimos que ya nunca volveremos a la "normalidad", que estamos entrando en una normalidad distinta; un tipo de sociedad distinta, una relación distinta con la Tierra y una experiencia humana distinta.

Dedico todo mi trabajo a ese mundo más bello que el corazón nos dice que es posible. Y digo "corazón" porque la mente tiende a decirnos que no es posible. Nuestra mente duda de que las cosas lleguen a ser muy diferentes de lo que la experiencia nos ha enseñado. Tal vez hayas sentido una oleada de escepticismo, desdén o desesperación al leer mi descripción de una economía sagrada. Quizás hayas sentido el impulso de desestimar mis palabras por considerarlas excesivamente idealistas. Incluso yo mismo sentí la tentación de atenuar mi relato para hacerlo más creíble, más responsable, más conforme a nuestras limitadas expectativas del potencial de la vida y del mundo. Pero tal atenuación no habría sido veraz. Aunque empleo las herramientas de la mente, lo hago para comunicar lo que me dice el corazón. Y el corazón me dice que sí es posible crear una economía y una sociedad así de hermosas. Es más, conformarse con menos me parece indigno del ser humano. ¿Tan quebrantados tenemos los ánimos que aceptaríamos un mundo menos que sagrado?

1ª PARTE

LA ECONOMÍA DE LA SEPARACIÓN

Las crisis convergentes de nuestro tiempo surgen todas de una raíz común que podríamos denominar Separación. A través de sus múltiples manifestaciones –la brecha entre el ser humano y la naturaleza, la desintegración de la comunidad, la división de la realidad en un ámbito material y un ámbito espiritual–, la Separación está presente en todos los aspectos de nuestra civilización, y es insostenible, generando crisis cada vez mayores que nos impulsan hacia una nueva era, la Era del Reencuentro.

La Separación no es una realidad, de hecho, sino una proyección humana, una ideología, un relato. Toda cultura se define por un Relato de las Personas, que consta de dos partes íntimamente relacionadas: un Relato del Ser y un Relato del Mundo. El primer relato es el del yo individual, separado: una burbuja de psicología, un alma encerrada en una piel, un fenotipo biológico impulsado por sus genes a perseguir su propio beneficio reproductivo, un personaje racional que busca su propio interés económico, un observador físico de un universo objetivo, una mota de conciencia en una prisión carnal. El segundo es el Relato del Ascenso: la humanidad, partiendo de un estado de ignorancia e impotencia, va domando las fuerzas de la naturaleza y sondeando los secretos del universo, moviéndose inexorablemente hacia un destino de completo dominio de la naturaleza, incluso pretendiendo trascenderla. Es una historia de separación entre el reino humano y el natural, en la cual el primero se expande y el segundo es transformado progresivamente en recursos, bienes, propiedades y, en definitiva, dinero.

El dinero es un sistema de acuerdos, significados y símbolos sociales que se desarrolla a lo largo del tiempo. Es decir, el dinero es un relato que existe en la realidad social junto con el de las leyes, las naciones, las instituciones, el tiempo del reloj y del calendario, la religión o la ciencia. Los relatos poseen un tremendo poder creativo ya que, a través de ellos, coordinamos la actividad humana, centramos la atención y la intención, definimos roles e identificamos lo importante y lo real. Los relatos confieren un significado y un propósito a la vida y, por tanto, incitan a la acción. El dinero constituye, pues, un elemento clave del relato de la Separación que define nuestra civilización.

En la 1ª parte de *Sacroeconomía* se explica el sistema económico que ha surgido sobre la base del relato de la Separación. El anonimato, la despersonalización, la polarización de la riqueza, el crecimiento ilimitado, el expolio ecológico, la agitación social y las crisis irremediables forman una parte tan absolutamente integral de nuestro sistema económico que lo único capaz de sanarlo será una transformación de nuestro determinante Relato de las Personas. Mi intención es que, al identificar los rasgos esenciales de la economía de la Separación, nos inspire a imaginar una economía del Reencuentro, una economía que recomponga nuestras fracturadas economías, relaciones, culturas, ecosistemas y planeta.

CAPÍTULO 1

EL MUNDO DEL OBSEQUIO

Aun después de todo este tiempo,
el Sol nunca le dice a la Tierra:
"Tienes una deuda conmigo".
Mira lo que sucede
con un amor así:
ilumina el cielo entero.

—Hafiz

En el principio fue el Obsequio.

Nacemos como infantes desvalidos, criaturas totalmente necesitadas, con pocos recursos que ofrecer, y aun así somos alimentados, protegidos, vestidos, arropados y consolados sin haber hecho cosa alguna para merecerlo y sin ofrecer nada a cambio. Esta experiencia, común a todos los que hemos sobrevivido a la niñez, impregna nuestras intuiciones espirituales más profundas. Nuestro estado natural es la gratitud por una vida que nos ha sido regalada. Esa es la verdad de nuestra existencia.

Aunque tuvieras una niñez horrible, el que estés leyendo esto ahora, significa que al menos recibiste el sustento necesario para alcanzar la edad adulta. Durante tus primeros años de vida no hiciste nada para ganarte ese sustento ni mucho menos para producirlo. Todo te fue dado. Imagina que sales por la puerta en este momento y que, de pronto, te encuentras inmerso en un mundo totalmente ajeno, donde te ves completamente desvalido, incapaz de alimentarte o vestirte, incapaz de usar tus extremidades, incapaz tan siquiera de distinguir dónde termina tu cuerpo y dónde comienza el mundo. Entonces aparecen unos seres enormes que te sostienen en sus brazos, te alimentan, te cuidan y te quieren. ¿No te sentirías agradecido?

En los momentos de lucidez como, por ejemplo, tras un roce con la muerte o cuando acompañamos a un ser querido en sus últimos días de vida, nos damos cuenta de que esa vida es un regalo. Sentimos un incontenible agradecimiento por estar vivos, nos maravillamos ante las riquezas a las que la vida nos da libre acceso sin mérito alguno por nuestra parte: la felicidad de respirar, el disfrute de los colores y los sonidos, el placer de calmar nuestra sed con agua, la dulzura del rostro de un ser querido. Esta mezcla de admiración y gratitud es una clara señal de la presencia de lo sagrado.

Sentimos esa misma reverencia y gratitud al contemplar la suntuosidad de la naturaleza, el orden milagrosamente complejo de un ecosistema, un organismo o una célula. Su asombrosa perfección está mucho más allá de lo que nuestra mente es capaz de concebir, crear o tan siquiera comprender en su totalidad. Y sin embargo, todo ello existe sin necesidad de que lo creemos: un mundo entero que nos sustenta y nos envuelve. No tenemos por qué comprender exactamente cómo germina y crece una semilla; no tenemos que hacer nada para que suceda. Aún hoy, el funcionamiento de una célula, un organismo o un ecosistema sigue siendo, en gran parte, un misterio. Pero no nos hace falta diseñar ni comprender los mecanismos internos de la naturaleza para continuar recibiendo sus frutos. ¿Te imaginas el asombro y la gratitud de nuestros antepasados al contemplar los inmerecidos recursos que el mundo les obsequió en tanta abundancia?

No es de extrañar que los antiguos pensadores religiosos afirmaran que Dios creó el mundo y nos lo regaló. Lo primero es una expresión de humildad, lo segundo de agradecimiento. Lamentablemente, teólogos posteriores distorsionaron el sentido de esa concepción, alegando que Dios nos dio el mundo para explotarlo y dominarlo, una interpretación contrapuesta al espíritu de la creencia original. La humildad nos dice que este obsequio escapa a nuestra capacidad de dominio, y la gratitud nos dice que honramos o deshonramos al dador del regalo según el uso que le demos.

La cosmología moderna afirma la concepción mítica del universo como obsequio. ¿Acaso el Big Bang no representa "algo" (todo, de hecho) a cambio de "nada"?[1] Esta percepción queda reforzada cuando examinamos detalladamente las diversas constantes de la física (la velocidad de la luz, la masa del electrón, la intensidad relativa de las cuatro fuerzas fundamentales, etc.). Inexplicablemente, todas ellas poseen los valores exactos que un universo compuesto de materia, estrellas y vida requiere. Es como si el universo entero se hubiese construido para nosotros, para que podamos existir.

En el principio era el obsequio, en el principio arquetípico del mundo, al inicio de nuestra vida y en la infancia de la especie humana. Es decir, el agradecimiento forma parte de nuestra naturaleza, es algo tan primordial y elemental que nos resulta difícil definirlo. Quizá sea la sensación de haber recibido un regalo y el deseo de corresponder. Por eso podríamos suponer que los pueblos primitivos, conectados

---

1. Los lectores de mi libro *The Ascent of Humanity* (El ascenso de la humanidad) saben que prefiero cosmologías distintas del Big Bang, tales como la del universo dinámico de estado estable de Halton Arp, según la cual la materia nace, madura y muere de manera continua. Pero en este caso también aparece espontáneamente de la nada, como un regalo.

con ese agradecimiento primordial, lo expresaban en sus relaciones sociales y económicas. Y efectivamente, así lo hacían. La mayoría de las versiones de la historia del dinero comienza con el trueque primitivo, pero el trueque era más bien una rareza entre los cazadores-recolectores. La modalidad más importante de intercambio económico era, de hecho, el obsequio.

No obstante, el sentimiento primario de gratitud y la generosidad que fluye de ella coexisten con otros aspectos más desagradables de la naturaleza humana. Aunque creo en la divinidad fundamental de los seres humanos, también reconozco que nos hemos adentrado en un largo período de enajenamiento de esa divinidad, habiendo creado un mundo en el que el poder y la opulencia están en manos de sociópatas despiadados. Este libro no niega que esa gente exista, ni ignora que esas tendencias estén presentes en todos nosotros, pero pretende despertar el espíritu del obsequio latente en nuestro interior y edificar instituciones que representen y promuevan ese espíritu. El sistema económico actual recompensa el egoísmo y la codicia. ¿Cómo sería un sistema económico que, al igual que en algunas culturas ancestrales, recompensase la generosidad?

Comencemos por comprender mejor la dinámica del obsequio. Aunque me he referido anteriormente a un "intercambio" económico, ese no es el término más acertado para describir una sociedad basada en el obsequio; "circulación" sería un término más apropiado. Hoy en día intercambiamos regalos a menudo pero el intercambio ya se aproxima al trueque. En las sociedades de antaño la entrega de obsequios conllevaba unas costumbres elaboradas. Tales tradiciones persisten aún hoy en culturas que no han perdido del todo su vínculo con el pasado, donde las redes de obsequio suelen estar estrechamente relacionadas con los lazos de parentesco. Las costumbres son las que dictan quién regala a quién; según el tipo de parentesco que exista entre las personas, a una le podría tocar dar y a otra recibir, mientras que en otros casos los regalos fluyen en ambos sentidos.

Aunque los obsequios pueden ser recíprocos, también pueden fluir de forma circular. Yo te regalo a ti, tú le regalas a otra persona... y alguien, en algún momento, me regalará algo a mí. Un conocido ejemplo es el sistema *kula* de las islas Trobriand, donde valiosos collares circulan de isla en isla en un sentido, mientras que brazaletes lo hacen en el otro sentido. Según el antropólogo Bronislaw Malinowski, el primero en explicar detalladamente este sistema, *kula* significa "círculo" literalmente, y representa el eje de un amplio sistema de obsequios así como otros intercambios económicos. Marcel Mauss lo describe así:

> "El sistema del obsequio a través del intercambio empapa la vida económica, tribal y moral del pueblo de Trobriand. Está 'impregnado' de él, explicaba Malinowski, muy acertadamente. Es un constante 'dar y recibir'; un proceso marcado por el continuo flujo multidireccional de regalos que se dan, se aceptan y se corresponden".[2]

Aunque el pináculo del sistema *kula* es el intercambio altamente ritualizado de brazaletes y collares ceremoniales entre los jefes tribales, la red de obsequios que lo rodea se extiende a todo tipo de objetos de uso común, comida, mano de obra, etc. El trueque propiamente dicho es poco usual, según Mauss. En todo caso: "Lo que ha llegado a manos de una persona de este modo —sea como sea— ni siquiera permanece en su posesión, a menos que se trate de algo

---

2. Mauss, *The Gift* (El obsequio), 29.

imprescindible".[3] Es decir, los obsequios fluyen continuamente, y solo se detienen en su circulación cuando se topan con una verdadera necesidad momentánea. Esta es la descripción poética que hace Lewis Hyde de dicho principio del obsequio:

"El obsequio se mueve hacia el lugar vacío. Al recorrer su círculo, vuelve hacia aquel cuyas manos lleven más tiempo vacías, y si aparece alguien en otro sitio con una necesidad aun mayor, abandona su antiguo canal para dirigirse hacia este. Aunque nuestra generosidad nos deje vacíos en un principio, ese vacío va tirando suavemente de la totalidad hasta que aquello que está en movimiento regresa para reponernos de nuevo. La naturaleza social aborrece el vacío".[4]

Hoy en día distinguimos claramente entre un regalo y una transacción comercial pero en tiempos pasados esta diferenciación no era, en absoluto, clara. Algunas culturas, como la Toaripi y la Namau, poseían un solo vocablo para referirse indistintamente a la compra, la venta o el préstamo,[5] y en la antigua Mesopotamia, la palabra šám significaba tanto comprar como vender.[6] Esa ambigüedad persiste en muchas lenguas modernas. El chino, el alemán, el danés, el noruego, el holandés, el estonio, el búlgaro, el serbio, el japonés y muchos otros idiomas emplean un solo término para referirse a prestar y a tomar prestado, posiblemente un vestigio de tiempos remotos en los que ambos conceptos eran indistinguibles.[7]

---

3. Ibíd., 30.
4. Hyde, *The Gift*, (El obsequio), 23.
5. Mauss, *The Gift*, 32.
6. Seaford, *Money and the Early Greek Mind* (El dinero y la mente griega temprana), 323.
7. Los términos chinos para comprar y vender tienen una pronunciación casi idéntica e ideogramas parecidos. El signo para comprar 買, se originó como representación de una concha, una de las primeras formas de moneda, mientras que el signo a para

Incluso algunos angloparlantes menos cultos usan la palabra "borrow" (tomar prestado) para referirse a "lend" (prestar). ¿Cómo es posible? ¿Cómo puede ser que la misma palabra indique dos operaciones opuestas?

La solución a este rompecabezas radica en la dinámica del obsequio. A excepción del caso, quizá teórico, de lo que Derrida denominó "regalos libres", los obsequios van siempre acompañados de algún gesto de intercambio o de algún tipo de obligación, sea moral, social o una combinación de ambas. A diferencia de la transacción monetaria cerrada de nuestros días, en la que se anula cualquier obligación posterior, una transacción de obsequios es abierta ya que crea continuos lazos entre los partícipes. Otra manera de verlo sería que el obsequio forma parte de quien lo ofrece, y que cuando hacemos un regalo, estamos dando algo de nosotros mismos. Esto es lo opuesto al intercambio mercantil moderno, en el que los bienes vendidos son meras propiedades desligadas de quien las vende. Todos percibimos la diferencia. ¿Quién no tiene algún objeto preciado que alguien le regaló? Aunque se trate de un objeto idéntico al que podríamos comprar en una tienda, lo sentimos como un objeto único y especial gracias a la persona que nos lo regaló. Del mismo modo, los pueblos ancestrales reconocían una cualidad mágica, un espíritu inherente a la circulación de obsequios.

Objetos inútiles como conchas, abalorios o collares constituyeron la primera moneda. Desde el punto de vista más ingenuo, se podría decir que, al intercambiar esos objetos por otros de valor utilitario, lo que se hacía era facilitar el obsequio; se trataba de recibir algo a cambio de nada. Y aunque se acabara convirtiendo

---

7. *(viene de la pág. anterior)* vender 賣, se desarrolló más adelante, lo cual sugiere que en un principio no se distinguía entre ambos conceptos.

en algo a cambio de algo, seguiría siendo un obsequio ya que la moneda no es más que una representación física de un sentimiento de obligación; representa un gesto de gratitud. Desde esta perspectiva, resulta fácil de comprender que la compra y la venta, o prestar y tomar prestado, no son operaciones opuestas en absoluto. Todos los obsequios acaban volviendo al dador de una manera o de otra. El comprador y el vendedor son lo mismo.

Hoy en día existe una asimetría en la transacción comercial; el comprador es quien da dinero a cambio de bienes, y el vendedor quien recibe dinero por esos bienes. Pero de igual modo podría decirse que el "comprador" vende dinero a cambio de bienes y que el "vendedor" compra dinero a cambio bienes. Cierta evidencia lingüística y antropológica parece indicar que esta asimetría surgió recientemente, mucho después que el dinero. Entonces, ¿qué pasó con el dinero para que se produjera esta asimetría? El dinero es distinto a cualquier otra mercancía del mundo. Y, como veremos, esta diferencia es el factor fundamental que ha convertido el dinero en algo profano.

Los obsequios, en cambio, los reconocemos intuitivamente como sagrados, lo cual explica que aún hoy hagamos una ceremonia del intercambio de regalos. Los regalos encarnan las cualidades esenciales de lo sagrado que cité en la introducción. Por un lado, la singularidad: a diferencia de las actuales mercancías estandarizadas, que son adquiridas en transacciones monetarias cerradas y desvinculadas de sus orígenes, los obsequios son únicos en tanto que comparten algo de su dador. Por otro lado, la interdependencia dentro de un todo: los obsequios expanden el círculo del ser para incluir a la comunidad entera. Mientras que el dinero de hoy obedece al principio de "más para mí significa menos para ti", en la economía del obsequio, más para ti significa también más para mí, porque quien tiene da a quien necesita. El obsequio consolida la comprensión mística del ser como partícipe de algo más grande que uno mismo y, a la vez, ligado a uno mismo. Cambian, así, los axiomas del interés propio racional, porque el *yo* se expande para incluir algo del *otro*.

La explicación convencional de la evolución del dinero que encontramos en los textos de economía presupone el trueque como un punto de partida; desde el comienzo, individuos en competencia buscan maximizar su interés propio racional. Pero la antropología no corrobora esta descripción idealizada. El trueque, según Mauss, era muy poco común en Polinesia y en Melanesia, y desconocido en el Pacífico Noroccidental. El antropólogo económico George Dalton coincide plenamente: "El trueque, en el sentido estricto de intercambio sin dinero, nunca ha sido un modelo de transacción dominante ni cuantitativamente importante en ningún sistema económico presente o pasado del cual tengamos datos sólidos".[8] Los únicos casos de trueque se daban, según Dalton, en transacciones menores, ocasionales o de emergencia, al igual que hoy en día. Las transacciones desmonetizadas apenas se asemejaban a los intercambios impersonales con fines utilitarios que plasman las fantasías de los economistas. Más bien "solían requerir relaciones personales duraderas (a veces ritualizadas) sancionadas por la costumbre y caracterizadas por la reciprocidad".[9] Tales transacciones no deberían llamarse trueque sino intercambio ritualizado de obsequios.

En la actualidad, dividimos los regalos y las compras en dos categorías mutuamente excluyentes; ciertamente cada actividad tiene una economía y una psicología distintas. Pero en épocas pasadas

---

8. Dalton, "Trueque", *Journal of Economic Issues* (Revista de temas económicos), Vol. XVI, n° 1, marzo 1982: 182.
9. Seaford, *Money and the Early Greek Mind* (El dinero y la mente griega temprana), 292.

no existía tal dicotomía, ni tampoco se distinguía, como hoy, entre una relación de negocios y una relación personal. En su relato de la historia del dinero, los economistas tienden a proyectar hacia el pasado dicha distinción moderna, al igual que proyectan otros supuestos muy arraigados acerca de la naturaleza humana, del ser y del propósito de la vida: que somos seres individuales, aislados, compitiendo por recursos escasos con el fin de maximizar nuestro interés propio. No digo que estos supuestos sean inciertos; forman parte de la ideología que define a nuestra civilización, un Relato de las Personas cuyo fin se avecina. Este libro forma parte de la narración de un nuevo Relato de las Personas. La transformación del dinero es solo un aspecto de una transformación mayor, fundamentada en supuestos muy diferentes sobre el ser, la vida y el mundo.

La economía humana siempre ha guardado cierta relación con la cosmología, la religión y la psiquis. No solo las economías antiguas se basaban en el obsequio, sino también la cosmología y la religión de aquellos tiempos. Incluso nuestro dinero actual, con sus rasgos de estandarización, abstracción y anonimato, está alineado con muchos otros aspectos de la experiencia humana. ¿Qué paradigmas científicos, religiosos o psicológicos novedosos podrían emerger con nuevo un tipo de dinero?

Si el dinero no surgió del trueque calculado para maximizar el interés propio, como imaginan los economistas, entonces ¿cómo surgió? Yo sugiero que apareció como un medio para facilitar la entrega de obsequios, el compartir y la generosidad, o que al menos contenía algo de ese espíritu. Para crear una *sacroeconomía* es necesario recobrar ese cariz sagrado del dinero.

El dinero es, en esencia, un concepto hermoso. Seré muy ingenuo por un momento para describir esa esencia, ese origen espiritual (aunque quizá no histórico) del dinero. Tengo algo que necesitas y deseo dártelo, así que eso hago. Entonces tú te sientes agradecido y deseas darme algo a cambio. Pero como no tienes nada que yo necesite en este momento, me das algo en señal de gratitud, algo bonito, aunque sin utilidad, como un collar *wampum* o una pieza de plata. Lo que ese objeto transmite es: "he satisfecho las necesidades de los demás y me he ganado su agradecimiento". Luego, cuando reciba un regalo de otra persona, le daré ese mismo objeto. La circulación de obsequios llega a abarcar enormes distancias sociales. Puedo recibir de personas a quienes no tengo nada que ofrecer y, al mismo tiempo, satisfacer mi deseo de actuar desde el agradecimiento que esos obsequios me inspiran.

En el seno de una familia, un clan o un grupo cazador-recolector, no hace falta dinero para practicar una economía del regalo. Tampoco es necesario en la siguiente unidad de organización social: el pueblo o la tribu de unos pocos centenares de personas. En ese contexto, si no necesito nada tuyo por ahora, ya me darás algo que necesite en un futuro (como gesto de agradecimiento) o le darás algo a otra persona, que se lo dará a otra, que me lo dará a mí. Este es el "ciclo del obsequio" que forma la base de la comunidad. En las tribus o en las aldeas, la sociedad tiene una escala lo suficientemente reducida como para que quienes me regalen a mí reconozcan mis regalos a los demás. No es el caso de una sociedad de masas como la nuestra. Si soy generoso contigo, no lo sabrá ni el agricultor hawaiano que cultivó mi jengibre ni el ingeniero japonés que diseñó la pantalla de mi teléfono celular. Así pues, en lugar del agradecimiento personal por el obsequio, usamos el dinero como símbolo de gratitud, relegando el reconocimiento social de los obsequios al anonimato.

El dinero se vuelve necesario cuando la circulación de obsequios debe extenderse más allá de nuestro círculo de conocidos, es decir, cuando la actividad económica y el reparto de mano de obra excede el nivel de la tribu o la aldea. De hecho, la primera moneda apareció en las civilizaciones agrícolas originarias de Mesopotamia, Egipto, China e India, las primeras en desarrollarse más allá de la aldea neolítica. Las tradicionales redes de obsequio descentralizadas dieron paso a sistemas de redistribución centralizados en templos y, más tarde, en palacios reales. Es muy posible que estos evolucionaran a partir de tradiciones tipo *potlatch*, en la que los obsequios fluían hacia los jefes y otros dirigentes y, después, volvían a parientes y a otros miembros de la tribu. Comenzaron como nodos centralizados para el flujo de obsequios a gran escala pero enseguida fueron alejándose de la mentalidad del obsequio a medida que las contribuciones pasaban a ser obligatorias y cuantificadas, y la distribución se iba volviendo desigual. Antiguos documentos sumerios ya hablaban de la polarización social, de pobres, ricos y salarios que apenas alcanzaban para subsistir.[10] Aunque el movimiento de bienes se regía por directivas centralizadas, y no por el comercio mercantil,[11] los primeros imperios agrarios también usaban lo que algunos llaman dinero: productos agrícolas u objetos metálicos en unidades de medida estándar que servían a la vez de medio de intercambio, unidad contable y almacenamiento de valor. Es decir, ya entonces —hace cuatro mil años— comenzaba a fallar mi ingenuo concepto del dinero como forma de crear abundancia para todos mediante la confluencia de obsequios y necesidades.

---

10. Nemat-Nejat, *Daily Life in Ancient Mesopotamia* (La vida diaria en la antigua Mesopotamia), 263.

11. Seaford, *Money and the Early Greek Mind* (El dinero y la mente griega temprana), 123. Seaford aduce evidencia convincente para respaldar esta aseveración: documentos antiguos en forma de listas, arte que muestra procesiones de gente portando ofrendas, etc.

Al facilitar el comercio, la producción eficiente y la acumulación de capital para su inversión en proyectos a gran escala, se supone que el dinero debería enriquecer la vida; debería aportarnos tranquilidad y tiempo libre, liberarnos de la ansiedad y permitir una distribución equitativa de la riqueza. O al menos esos son los resultados que pronostica la teoría económica dominante. El hecho de que el dinero se haya vuelto un agente de todo lo contrario –ansiedad, privación y polarización de la riqueza– nos sitúa ante una paradoja.

Si queremos vivir en un mundo con tecnología, cines, orquestas sinfónicas, telecomunicaciones, arquitectura grandiosa, ciudades cosmopolitas y buena literatura, necesitamos dinero, o algo parecido, así como una manera de coordinar la actividad humana a gran escala para poder crear todo ello. He escrito este libro precisamente para describir un sistema en el cual el dinero recuperará el carácter sagrado del obsequio. Digo "recuperará" porque el dinero posee connotaciones mágicas o sagradas desde tiempo inmemorial. En un principio, era en los templos donde se almacenaban los excedentes agrícolas para su posterior redistribución; el centro de la vida religiosa era también el centro de la vida económica. Algunos autores señalan que la primera forma de dinero simbólico (distinto del dinero mercantil) era emitido por los templos y podía ser redimido a cambio de sexo sagrado con las prostitutas del lugar de culto.[12] En todo caso, no cabe duda de que los templos estaban muy involucrados en la emisión de las primeras monedas, muchas de

---

12. Bernard Lietaer afirma esto en *The Future of Money* (El futuro del dinero) respecto a un shekel de bronce que dice ser la primera moneda conocida, del año 3000 antes de nuestra era. Sin embargo, no he encontrado ninguna otra mención de esto en mis investigaciones. Hasta donde yo sé, las primeras monedas aparecieron en Lidia y en la China, ambas en el siglo VII antes de nuestra era.

las cuales portaban imágenes de deidades y animales sagrados. Esta práctica continúa hasta nuestros días en las imágenes de gobernantes deificados que aparecen en billetes y monedas.

Quizá llegue un momento en el que no necesitemos el dinero para poder practicar una economía del obsequio en un mundo de miles de millones de humanos; tal vez el dinero que describo aquí sea transitorio. No soy un "primitivista" que abogue por el abandono de la civilización, la tecnología, la cultura o los dones que nos hacen humanos. Lo que preveo es el retorno de la humanidad a un estado digno, en el que recobre plenamente la integridad y la armonía con la naturaleza de aquellos tiempos del cazador-recolector, a un nivel organizativo superior. Preveo la culminación, y no la abdicación, de los dones físicos y mentales que nos hacen humanos.

Resulta significativo que empleemos la palabra "don" (sinónimo de regalo) para referirnos a los atributos que caracterizan a cada ser humano. En congruencia con los principios universales del obsequio, nuestros dones humanos también contienen algo del Dador. Es decir, son regalos divinos. Esta intuición queda mani-fiesta en diversas mitologías, como el regalo del fuego de Prometeo, el apolónico don de la música o el obsequio de la agricultura del mitológico emperador chino Shen Nong. Según la Biblia no solo se nos da la creación, sino también el aliento de vida y la capacidad de crear, pues estamos hechos "a imagen y semejanza" del propio Creador.

A nivel personal, sentimos que los dones que se nos han dado tienen su razón de ser, su propósito. Es más, sentimos el deseo irreprimible de desarrollar esos dones para poder regalárselos al mundo. Todos hemos disfrutado la experiencia de dar y la de recibir la generosidad desinteresada de un desconocido. Si preguntamos por una dirección en cualquier ciudad, la mayoría de la gente se detendrá a ayudarnos con mucho gusto. Indicar el camino a un extraño no es algo que hagamos por un interés propio o racional, es una simple expresión de nuestra generosidad innata.

Resulta ciertamente irónico que el dinero, nacido como medio para conectar regalos con necesidades, como fruto de la *sacro-economía* del obsequio, sea precisamente lo que hoy nos impide que despleguemos nuestro deseo de obsequiar, condenándonos a trabajos tediosos por necesidad económica y coartando nuestros impulsos más generosos mediante pensamientos como "no me lo puedo permitir". Vivimos en una angustia omnipresente, originada por la escasez de dinero del cual dependemos para vivir, como demuestra la expresión "el costo de la vida". Nuestro propósito, el desarrollo y plena expresión de nuestros dones, ha quedado hipotecado por las exigencias del dinero, por la necesidad de ganarnos la vida para subsistir. Y sin embargo nadie, por muy rico o acomodado que sea, puede sentirse satisfecho viviendo una vida en la que sus dones permanecen latentes. Incluso el trabajo mejor pagado, si no nos permite desarrollar nuestras aptitudes, acaba produciéndonos hastío. "Yo no vine a la Tierra para hacer esto", pensamos.

Hasta un empleo que nos permita utilizar nuestros talentos puede causar esa tediosa sensación de futilidad si el objeto del trabajo es algo en lo que no creemos. Sentimos que no estamos viviendo nuestras propias vidas sino las que nos pagan por vivir. No basta con que el trabajo sea "estimulante" o "interesante"; nuestros dones son sagrados y, por consiguiente, están destinados para un propósito sagrado.

La creencia de que estamos en la Tierra para hacer algo en especial es un concepto fundamentalmente religioso ya que la biología convencional nos enseña que hemos evolucionado para poder sobrevivir, y que cualquier esfuerzo por alcanzar algo más allá de la supervivencia va en contra de nuestra programación

genética. Sin embargo, resulta convincente el argumento neo-
Lamarckiano de que la visión de la biología –un sinnúmero de seres
individuales e inconexos llamados organismos o "genes egoístas"
que compiten entre sí– es más una proyección de nuestra cultura
actual que una comprensión acertada de la naturaleza.[13] Hay otras
maneras de entender la naturaleza que, sin ignorar la obvia competición existente, da primacía a la cooperación, la simbiosis y la
fusión de organismos en entes mayores. Este nuevo entendimiento
es, de hecho, muy antiguo; refleja el concepto indígena de la naturaleza como red de obsequios.

Cada organismo y cada especie contribuyen de manera esencial
a la totalidad de la vida sobre la Tierra y, a diferencia de las expectativas de la biología evolutiva tradicional, dicha contribución no
tiene por qué favorecer directamente al propio organismo. Las bacterias nitrificantes no se benefician directamente de la nitrificación
sino que el nitrógeno que aportan a la tierra produce plantas, estas
echan raíces, en las raíces crecen hongos, y los hongos son los que
proporcionan nutrientes, por último, a las bacterias. Las especies
pioneras preparan el camino para las especies clave, que a su vez
proveen micro-nichos para otras especies, que a su vez alimentan a
otras especies, formando una red circular de obsequios que acaba
favoreciendo a la especie pionera. Los árboles elevan agua para
que crezcan otras plantas y las algas producen oxígeno para que los
animales respiren. Cualquier organismo que eliminemos repercute
en la salud de todos los demás, volviéndola más precaria.

Quizá te parezca ingenuo mi razonamiento de "para que suceda
tal o cual". Quizá veas el hecho de que las cosas funcionen tan bien

---

13. Resumo este argumento en el cap. 7 de *The Ascent of Humanity* (El ascenso de
la humanidad), apoyándome en el trabajo de Lynn Margulis, Bruce Lipton, Fred
Hoyle, Elisabet Sahtouris y otros.

como algo fortuito: a los árboles no les importa regar las plantas que los rodean, lo hacen por interés propio, para maximizar sus posibilidades de supervivencia y de reproducción; el que alimenten a otros seres es un efecto secundario no intencionado. El mismo argumento valdría para las algas, las bacterias nitrificantes y los microorganismos que permiten a los rumiantes digerir la celulosa. Quizá opines que este mundo se rige por el principio de "sálvese quien pueda", que la naturaleza es una competición feroz y que, por tanto, una economía altamente competitiva es igual de natural.

A mí no me parece que eso sea natural. Es una aberración, una fase extraña, aunque necesaria, que ha llegado al extremo y que comienza a dar paso a una nueva fase. En la naturaleza, el crecimiento desmedido y la competencia desenfrenada caracterizan a los ecosistemas inmaduros, seguidos de la interdependencia compleja, la simbiosis, la cooperación y el ciclaje de recursos. La siguiente fase de la economía humana reflejará lo que comenzamos a comprender de la naturaleza. Requerirá los dones y obsequios de cada uno de nosotros; supeditará la cooperación a la competencia, alentará la circulación en vez de la acumulación de recursos, y será cíclica en lugar de lineal. Aunque el dinero no desaparezca en un futuro cercano, su función se irá reduciendo a medida que asuma más propiedades de obsequio. La economía se contraerá y nuestras vidas crecerán.

El dinero tal y como lo conocemos hoy es incompatible con una economía que manifieste el espíritu del obsequio, un sistema que podríamos denominar *sacroeconomía*. Para poder dilucidar qué tipo de dinero podría constituir una moneda sagrada, conviene identificar qué es lo que ha convertido el dinero en una fuerza que fomenta la avaricia, la maldad, la escasez y la destrucción medio-ambiental.

Del mismo modo que la ciencia tiende a proyectar nociones culturales en la naturaleza, la economía también asume como axioma ciertas condiciones culturalmente determinadas. Vivimos en una cultura de la escasez (la necesidad de "ganarnos la vida" determina la expresión de nuestros dones) y tomamos esta cultura como base de la economía. Al igual que en la biología, siempre hemos visto el mundo como una competencia entre seres individuales luchando por conseguir recursos limitados. Nuestro sistema monetario, como veremos, encarna esta creencia a un nivel estructural profundo. Pero, ¿es cierta esta creencia? ¿Vivimos en un mundo, en un universo, de escasez fundamental? Y si no es así, si la verdadera naturaleza del universo es la abundancia y el obsequio, ¿cómo se convirtió el dinero en algo tan antinatural?

CAPÍTULO 2

LA ILUSIÓN DE LA ESCASEZ

Con ilimitada abundancia Inglaterra florece y crece, ondeando sus cosechas amarillas, repleta de talleres, industrias, con sus quince millones de los más fuertes, astutos y serviciales trabajadores que nuestra Tierra ha tenido; estos hombres están aquí; el trabajo que han hecho, el fruto de su esfuerzo está aquí, abundante, exuberante en cada una de nuestras manos: pero contemplen este miserable decreto, que se aparece como un encantamiento, diciendo, "no la toquen, trabajadores, ni los maestros ni los vagos, ninguno de ustedes puede tocarla, ninguno se va a beneficiar; esta es la fruta encantada!"

—Thomas Carlyle, *Pasado y presente*

Se dice que el dinero, o por lo menos el amor a él, es la raíz de todo mal. Pero, ¿por qué debería ser así? Al fin y al cabo, la función más básica del dinero es simplemente facilitar el intercambio, es decir, conectar obsequios humanos con necesidades humanas. ¿Qué poder, qué perversión monstruosa ha convertido el dinero en lo contrario: un agente de la escasez?

En efecto, vivimos en un mundo esencialmente abundante, un mundo en el que se derrochan cantidades inmensas de alimentos, energía y materiales. La mitad de la población pasa hambre mientras que la otra mitad malgasta tanto que bastaría para alimentar a la primera mitad. En el Tercer Mundo y en nuestros propios guetos, la gente carece de comida, vivienda y otras necesidades básicas, y no tiene con qué pagarlas. Mientras tanto, invertimos inmensas cantidades de recursos en guerras, cachivaches de plástico y un sinfín de productos que no contribuyen a la felicidad humana. Obviamente, la pobreza no se debe a una falta de capacidad productiva, ni tampoco a una falta de voluntad de ayudar; a mucha gente le encantaría dar de comer a los pobres, recuperar la naturaleza y realizar otras labores valiosas pero no pueden porque esas actividades no generan dinero. El dinero fracasa completamente a la hora de conectar obsequios y necesidades. ¿Por qué?

Durante muchos años yo creía –siguiendo la opinión convencional– que el problema radicaba en la "avaricia". ¿Por qué las fábricas explotan a sus empleados reduciendo los salarios al mínimo? Por avaricia. ¿Por qué la gente se compra todoterrenos que consumen grandes cantidades de gasolina? Por avaricia. ¿Por qué las empresas farmacéuticas ponen trabas a las investigaciones y venden medicamentos peligrosos conscientemente? Por avaricia. ¿Por qué los proveedores de peces tropicales dinamitan los arrecifes de coral? ¿Por qué las fábricas vierten residuos tóxicos en los ríos? ¿Por qué los ladrones corporativos roban las pensiones a los empleados? Avaricia, avaricia, avaricia.

Pero con el tiempo, empecé a sentirme incómodo con esta respuesta. En primer lugar, porque supone entrar en el juego de la misma ideología de la separación en la que se originan todos los males de nuestra civilización. Es una ideología tan antigua como la división agrícola del mundo en dos ámbitos: el salvaje y el domesticado, el humano y el natural, el trigo y la mala hierba. Implica que hay dos fuerzas opuestas en este mundo, el bien y el mal, y que podemos crear un mundo mejor si eliminamos el mal; que hay algo malo tanto en el mundo como en nosotros mismos, algo que debemos erradicar a fin de que el mundo pueda ser un lugar seguro para la bondad.

La guerra contra el mal empapa todas las instituciones de nuestra sociedad. En la agricultura, aparece como el deseo de exterminar a los lobos o destruir todas las malas hierbas con glifosato o matar todas las plagas. En la medicina, tenemos la guerra contra los microbios, una batalla constante contra un mundo hostil. En la religión, se manifiesta como la lucha contra el pecado, o contra el ego, o contra el ateísmo y la duda, o contra la expresión externa de esas cosas: el diablo, el infiel. Es la mentalidad de la purga y la purificación, de la superación personal y la conquista, de elevarse por encima de la naturaleza y trascender el deseo, de sacrificarse a fin de ser bueno. Es, sobre todo, la mentalidad del control.

Esta concepción nos dice que cuando alcancemos la victoria total sobre el mal, entraremos en el paraíso. Cuando eliminemos a todos los terroristas o edifiquemos una barrera impenetrable contra ellos, estaremos seguros. Cuando desarrollemos un antibiótico sin resistencias y la regulación artificial de los procesos corporales, tendremos una salud perfecta. Cuando consigamos que el delito sea imposible y tengamos una ley para gobernarlo todo, tendremos una sociedad perfecta. Cuando superes tu pereza, tus compulsiones y tus adicciones, tendrás una vida perfecta. Hasta entonces, tendrás que esforzarte más.

En el mismo sentido, el problema de la vida económica es supuestamente la avaricia, tanto externa –encarnada en todas esas personas codiciosas– como interna –en nuestras propias tendencias avariciosas–. Nos gusta imaginar que nosotros mismos no somos tan avariciosos porque, aunque sintamos impulsos egoístas, los controlamos. ¡A diferencia de otros que no reprimen su avaricia! Esas personas carecen de algo fundamental que tú y yo sí tenemos:

un mínimo sentido de la decencia y de la bondad. Son personas "malas", en una palabra, y si no son capaces de dominar sus deseos y arreglárselas con menos, tendremos que obligarlas a hacerlo.

Resulta evidente que el paradigma de la avaricia está plagado de nuestros juicios sobre los demás, y sobre nosotros mismos también. Y es que nuestra ira moralizadora hacia los avariciosos esconde el miedo oculto de que, en realidad, no seamos mejores que ellos. El hipócrita es el más ferviente en la persecución del mal porque exteriorizar al enemigo permite expresar sentimientos de ira no resueltos. Esto es necesario en cierto sentido pues las consecuencias de reprimir esos sentimientos o de dirigirlos hacia uno mismo son horribles. Pero llegó un momento en mi vida en el que me harté del odio, de la guerra contra el *yo*, de los esfuerzos por ser bueno, pretendiendo ser mejor que los demás. Y creo que la humanidad, en su conjunto, también se está acercando a ese momento. Al fin y al cabo, la avaricia es una pista falsa; se trata de un síntoma de un problema más profundo. La avaricia no es la causa. Culpar a la codicia y combatirla intensificando el control de uno mismo implica intensificar la guerra contra el *yo*, lo cual viene a ser una manifestación más de la guerra contra la naturaleza y contra el *otro* que representan el origen de la actual crisis de la civilización.

La avaricia tiene sentido en un contexto de escasez. Eso es lo que nuestra ideología predominante presupone; forma parte de nuestro Relato del Ser. El ser separado en un universo regido por fuerzas hostiles o indiferentes está siempre al borde de la extinción; solo estará a salvo mientras se puedan controlar dichas fuerzas. Arrojados a un universo objetivo y externo a nosotros mismos, debemos competir los unos con los otros para obtener unos recursos limitados. Por consiguiente, basándose en ese Relato del Ser separado, tanto la biología como la economía han incorporado la avaricia en sus axiomas básicos. En la biología tenemos el gen que trata de maximizar el propio interés reproductivo; en la economía, el actor racional tratando de maximizar el propio interés económico. ¿Y si el supuesto de la escasez fuera falso? ¿Y si no fuera más que una proyección irreal de nuestra ideología? En tal caso, la avaricia no estaría incorporada en nuestra biología sino que sería un mero síntoma de la percepción de escasez.

Un indicio de que la avaricia refleja la percepción, y no la realidad, de la escasez es que los ricos tienden a ser menos generosos que los pobres. Según mi experiencia, la gente pobre se presta o se regala pequeñas sumas de dinero que, proporcionalmente, equivaldrían a la mitad de los ingresos de una persona rica. Existen numerosos estudios que constatan esta observación. En 2002, una gran encuesta realizada por Independent Sector, organización de investigación sin ánimo de lucro, halló que los estadounidenses que ganan menos de $25,000 donan el 4,2 % de sus ingresos a fines benéficos, a diferencia del 2,7 % en el caso de los que ganan más de $100.000. Más recientemente Paul Piff, psicólogo social de la Universidad de California-Berkeley, constató que las personas con ingresos bajos eran más generosas, caritativas, confiadas y serviciales con los demás que las personas adineradas.[1] Piff descubrió que cuando a los sujetos de la investigación se les dio dinero para repartir de forma anónima entre ellos mismos y otra persona (que nunca conocería su identidad), su generosidad se correlacionaba inversamente a su status socioeconómico.[2]

---

1. Judith Warner, "The Charitable-Giving Divide" (La brecha entre las donaciones benéficas), *The New York Times*. 20 de agosto 2010.

2. Piff, et al., "Having Less, Giving More: The Influence of Social Class on Prosocial Behavior" (Tener menos, dar más: la influencia de la clase social en la conducta prosocial), *Journal of Personality and Social Psychology*, noviembre 2010, 99 (5): 771-84.

Aunque es tentador concluir a partir de esto que la gente avariciosa se hace rica, otra interpretación igual de convincente es que la riqueza hace avariciosa a la gente. ¿Por qué será? En un contexto de abundancia la avaricia resulta absurda; solo tiene sentido en un contexto de escasez. Pero los ricos perciben escasez donde no la hay, y son los que más se preocupan por el dinero. ¿Podría ser que el dinero en sí causa la percepción de escasez? ¿Podría ser que el dinero, prácticamente sinónimo de seguridad, produce justo lo contrario? Por irónico que parezca, la respuesta a esas dos preguntas es afirmativa. A nivel individual, las personas ricas han "invertido" mucho más en su dinero y, por tanto, son menos capaces de renunciar a él. (Renunciar a algo con facilidad refleja una actitud de abundancia). A nivel sistémico, como veremos, la escasez también va incorporada al dinero, lo cual es una consecuencia directa de cómo se crea y se pone en circulación.

El supuesto de la escasez es uno de los dos axiomas centrales de la economía. El segundo es que las personas buscan maximizar su interés personal de forma natural. Pero los dos supuestos son falsos; o, mejor dicho, solo son ciertos dentro de un ámbito limitado. Como la rana que cree que el pozo donde vive es el océano, nosotros confundimos ese ámbito limitado con la realidad completa. Lo que consideramos una verdad objetiva suele ser, en efecto, algo de nuestra propia condición que proyectamos en el mundo "objetivo". Estamos tan sumergidos en la escasez que la tomamos como un hecho inherente a la realidad. Pero lo cierto es que vivimos en un mundo de abundancia. La escasez omnipresente que percibimos no es más que un artefacto de nuestro sistema monetario, de nuestras políticas y de nuestras percepciones.

Como veremos, nuestro sistema monetario, económico y de propiedad refleja el mismo sentido fundamental del ser que imbuye nuestra percepción de escasez. Se trata del ser individual y separado, el *yo* cartesiano: una burbuja de psicología, abandonada en un universo indiferente, que busca poseer, controlar y apropiarse de la mayor cantidad de riqueza posible, pero predestinada a la sensación constante de nunca tener suficiente debido a su desvinculación total de la abundancia que produce el vivir conectados.

La afirmación de que vivimos en un mundo de abundancia a veces provoca una reacción emocional que raya en la hostilidad, en los lectores que creen que la armoniosa coexistencia del ser humano con el resto de la vida es imposible sin una reducción masiva de la población. Citan la teoría del "Pico de extracción del petróleo" y la disminución de los recursos, el calentamiento global, el agotamiento de las tierras de labranza y nuestro impacto ecológico, como indicios de que la Tierra no puede sustentar la civilización industrial con los niveles demográficos actuales.

Este libro ofrece una respuesta a esa inquietud como parte de una visión de una economía sagrada. Y, ante todo, aborda la cuestión del "cómo", por ejemplo, cómo llegaremos de aquí a allí. De momento ofreceré una respuesta parcial, un motivo de esperanza.

Es verdad que hoy la actividad humana está sobrecargando enormemente la Tierra. Los combustibles fósiles, los acuíferos, el mantillo del suelo, la capacidad de absorber la contaminación y los ecosistemas que mantienen la viabilidad de la biosfera se están agotando a una velocidad alarmante. Todas las medidas de las que disponemos son insuficientes y demasiado tardías —una nimiedad en comparación con lo que se necesita—.

Por otro lado, buena parte de esta actividad humana resulta o superflua o perjudicial para la felicidad humana. Consideremos primero las industrias armamentísticas y los recursos que se consumen para la guerra: unos dos billones de dólares al año, una amplia institución científica y la energía vital de millones de jóvenes, todo ello para no satisfacer ninguna necesidad, salvo la que nos creamos nosotros mismos.

Consideremos también el sector de la vivienda en los Estados Unidos y las gigantescas McMansiones construidas en las últimas dos décadas que no atienden a ninguna necesidad humana verdadera. En algunos países, un edificio de ese tamaño alojaría a cincuenta personas. Su diseño incluye enormes salones que la gente apenas usa porque se siente incómoda en tales dimensiones inhumanas; prefieren buscar el confort de un cuarto chico o el rincón del desayuno. Los materiales, la energía y el mantenimiento de esas monstruosidades suponen un gran derroche de recursos. Y aún más derrochador, si cabe, es el trazado de la periferia urbana, que hace inviable el transporte público, obligando a los habitantes a usar su propio vehículo para ir a todas partes.

Consideremos la industria alimentaria, que también practica el derroche masivo a todos los niveles. Según un estudio gubernamental, las pérdidas registradas desde el campo hasta los lugares de venta son del orden del 4%; las registradas entre el vendedor y el consumidor son de un 12%; y las pérdidas al nivel del consumidor rondan el 29%.[3] Es más, se usan inmensas extensiones de tierra de labranza para la producción de biocombustibles, y la agricultura mecanizada impide el cultivo intercalado, que requiere mucha mano de obra, y otras técnicas de labranza intensivas que aumentarían enormemente la productividad.

Cifras como estas dan una idea de la abundancia potencial que existe incluso en un mundo con siete mil millones de habitantes,

---

3. Buzby, et al., "Supermarket Loss Estimates …" (Estimaciones de pérdidas en los supermercados), *Economic Information Bulletin* (marzo 2009), 44-58313 : 26.

aunque con una salvedad: la gente pasará mucho más tiempo (per cápita) cultivando alimentos, invirtiendo así la tendencia de los últimos dos siglos. La mayoría de la población no es consciente de que la agricultura ecológica puede ser dos o tres veces más productiva que la agricultura convencional –por hectárea, no por hora de trabajo.[4] Y la horticultura intensiva puede ser aún más productiva, aunque también requiere más mano de obra. Si te gusta la jardinería y crees que mucha gente se beneficiaría de estar más cerca de la tierra, esta es una buena noticia. Con unas cuantas horas de trabajo a la semana, un solar suburbano de unos cien metros cuadrados puede proveer a una familia de casi todas las verduras que necesita, y con el doble de terreno también se pueden proveer cantidades considerables de alimentos básicos como patatas, boniatos y calabazas. ¿Es realmente necesario el vasto sistema de transporte que lleva lechuga y zanahorias de California al resto de EE UU? ¿Mejora la vida de alguna manera?

Otro tipo de derroche lo causa la construcción de mala calidad y la obsolescencia programada de muchos de nuestros productos manufacturados. Actualmente hay pocos incentivos económicos, e incluso algunas trabas, para fabricar productos que duren mucho tiempo y que sean fáciles de reparar, con el resultado absurdo de que suele ser más barato comprarse un aparato nuevo que arreglar uno viejo. Este fenómeno es, en el fondo, una consecuencia de

---

4. *The Organic Green Revolution* (La revolución verde orgánica), 4, de LaSalle, et al., cita numerosos estudios que apoyan esta afirmación. Si tienes la impresión contraria, considera que muchos de los estudios que no han demostrado beneficio alguno de la agricultura ecológica se han llevado a cabo por personas con poca experiencia en dicha agricultura, o en tierra empobrecida tras décadas de agricultura química. Los métodos ecológicos no son apropiados para los estudios controlados porque implican una relación a largo plazo entre el agricultor y la tierra. Los verdaderos beneficios de la agricultura ecológica solo empiezan a hacerse totalmente patentes después de años, décadas o incluso generaciones.

nuestro sistema monetario. Una economía sagrada invertiría dicha tendencia.

Todas las familias que viven en mi calle tienen un cortacésped, que solo usan unas diez horas cada verano. Todas tienen una licuadora en la cocina, que utilizan quince minutos a la semana, como máximo. En cualquier momento dado, la mitad de los automóviles están estacionados en la calle, sin usar. Casi todas las familias tienen sus propias tijeras de podar, sus propias herramientas eléctricas y sus propios aparatos de gimnasia, objetos superfluos dado que no se utilizan la mayor parte del tiempo. Es decir, nuestra calidad de vida sería igual de buena con la mitad de automóviles, una décima parte de cortacéspedes y dos o tres Stairmaster para toda la calle. De hecho, el nivel de vida sería más alto ya que tendríamos ocasión de relacionarnos y compartir cosas.[5] Incluso a nuestro innecesariamente elevado nivel de consumo actual, un 40% de la capacidad industrial mundial está inutilizada. Esa cifra se podría incrementar a un 80% o más sin ninguna pérdida de felicidad humana. Lo único que perderíamos sería la contaminación así como gran parte del tedioso trabajo de fabricación industrial. Claro que perderíamos una elevada cantidad de empleos también pero, dado que, de todos modos, estos no contribuyen gran cosa al bienestar humano, daría lo mismo emplear a esas personas en cavar zanjas y llenarlas de nuevo. O, mejor todavía, podríamos ofrecerles trabajos que requieran mucha mano de obra, como la permacultura, el cuidado de enfermos y ancianos, la restauración de los ecosistemas y

---

5. Por desgracia, muchos de nosotros estamos tan dolidos que preferimos no relacionarnos ni compartir con los demás, adentrándonos así aún más en el infierno de la separación y en la ilusión de la independencia hasta que el entramado se desenmaraña. A medida que las diversas crisis converjan y afecten a cada vez más gente, crecerá el deseo de restablecer lo comunitario.

demás necesidades actuales que se quedan sin satisfacer, desgraciadamente, por falta de fondos.

Un mundo sin armas, sin extensas zonas residenciales con sus McMansiones, sin todos esos embalajes innecesarios, sin gigantescas tierras de monocultivo mecanizadas, sin grandes cadenas comerciales derrochadoras de energía, sin vallas publicitarias electrónicas, sin montones y montones de basura desechable, sin el sobreconsumo de productos que nadie necesita realmente, no es un mundo empobrecido. Difiero de los ecologistas que aseguran que habrá que conformarse con menos. Lo cierto es que nos conformaremos con más: más belleza, más espíritu comunitario, más satisfacción, más arte, más música y muchos objetos materiales que, aunque sean inferiores en cantidad, serán superiores en utilidad y estética. Los cachivaches baratos que llenan nuestras vidas, por numerosos que sean, solo sirven para desvalorizar la vida.

El proceso de curación que una economía sagrada provocaría consiste, en parte, en cicatrizar la división que hemos creado entre el espíritu y la materia. Por respeto a la naturaleza sagrada de todas las cosas, propongo aceptar, y no rehuir, el materialismo. Creo que se trata de apreciar nuestros bienes más, y no menos, de valorar nuestras posesiones materiales, de honrar tanto su procedencia como su destino. Si sientes especial estima por una manopla de béisbol o una caña de pescar, puede que sepas de lo que hablo. O quizás tu abuelo tuviera unas herramientas de carpintería favoritas que mantuvo en perfecta condición durante cincuenta años. Así es como honraremos nuestras cosas. ¿Te imaginas cómo sería el mundo si ese mismo cariño y consideración se pusiera en cada objeto que producimos? ¿Si cada ingeniero pusiera tanto amor en sus creaciones? Hoy en día, una actitud así resulta poco económica; a casi nadie le sale a cuenta tratar un objeto como algo sagrado.

Basta con comprar una nueva manopla de béisbol o caña de pescar. ¿Para qué cuidar tanto unas herramientas cuando apenas cuesta nada comprarse unas nuevas? El bajo precio de nuestros bienes forma parte de su devaluación, nos sume en un mundo barato donde todo es genérico y prescindible.

Aun envueltos en la superabundancia, incluso los que vivimos en países ricos sentimos una ansiedad omnipresente; anhelamos la "seguridad económica" mientras tratamos de mantener a raya la escasez. Tomamos decisiones (incluso las que nada tienen que ver con el dinero) según lo que "podemos permitirnos" y comúnmente asociamos la libertad con la riqueza material. Sin embargo, cuando la perseguimos, descubrimos que el paraíso de la libertad económica es un espejismo que se va alejando a medida que nos acercamos, y que la persecución en sí nos esclaviza. La ansiedad ante la escasez que acecha con el próximo desastre siempre está presente. A esa persecución de la riqueza la llamamos avaricia pero se trata, en realidad, de una mera respuesta a nuestra percepción de escasez.

Ofreceré un indicio más —que por ahora pretende ser una sugerencia más que una conclusión— de la artificialidad y el carácter ilusorio de la escasez que percibimos. En la primera página de los libros de texto se define la economía como el estudio del comportamiento humano bajo condiciones de escasez. La ampliación del ámbito económico significa, por lo tanto, la ampliación de la escasez, su incursión en aspectos de la vida que antes se caracterizaban por la abundancia. La conducta económica, y sobre todo el intercambio de dinero por mercancías, se extiende hoy a ámbitos que nunca antes habían estado sujetos a la transacción monetaria. Tomemos, por ejemplo, uno de los sectores cuyo volumen de ventas ha registrado un gran incremento en la última década: el agua embotellada. Si hay algo abundante en el mundo, casi hasta el punto de la ubicuidad, es el agua. Sin embargo, hoy se ha convertido en un bien escaso por el cual pagamos un precio.

El cuidado de los niños es otra actividad económica que ha crecido considerablemente a lo largo de mi vida. Cuando era joven, no suponía ningún problema cuidar de los niños de los amigos o vecinos durante unas horas después de la escuela, un vestigio de los tiempos tribales en los que los niños correteaban libres. Mi exmujer Patsy habla con emoción de su infancia en el Taiwán rural, donde los niños aparecían en la casa de un vecino a la hora de cenar para recibir un bol de arroz. La comunidad cuidaba de sus menores; el cuidado de los niños abundaba, por lo que habría sido inviable abrir una guardería.

Para que algo se convierta en objeto de comercio, primero tiene que hacerse escaso. A medida que crece la economía, una parte cada vez mayor de la actividad humana se introduce obligatoriamente en la esfera del dinero, en el ámbito de los bienes y servicios. Por lo general, asociamos el crecimiento económico con un aumento de la riqueza, pero también se puede ver como un empobrecimiento, como un aumento de la escasez. Hoy en día, pagamos por cosas por las que antes ni se nos habría ocurrido pagar. Pero pagar ¿con qué? Con dinero, por supuesto −dinero que obtenemos mediante la lucha y el sacrificio. Si hay algo que escasea, es sin duda el dinero. La mayoría de las personas que conozco viven en un constante estado de ligera ansiedad (y no tan ligera a veces) por miedo a no poseer lo suficiente. Pero, como demuestra la ansiedad de los ricos, por mucho que se tenga nunca será "suficiente".

Desde esta perspectiva, debemos ser cautelosos en nuestra indignación ante hechos como que más de dos mil millones de personas vivan con menos de dos dólares al día. Unos ingresos bajos podrían significar que esas personas satisfacen sus necesidades fuera de la economía monetaria, a través de redes tradicionales de reciprocidad y obsequios, por ejemplo. "El desarrollo" de esas sociedades supone el aumento de los ingresos mediante el traspaso de actividades económicas no monetarias al ámbito de los bienes y servicios, aumentando así la mentalidad de la escasez, la competencia y la ansiedad, tan conocidas para nosotros los occidentales pero tan desconocidas para el cazador-recolector o el campesino de subsistencia, ajenos al dinero.

En los capítulos siguientes se explican los mecanismos y el significado de la conversión de la vida y del mundo al dinero, la creciente mercantilización que se ha venido practicando durante siglos. Cuando todo está sujeto al dinero, su escasez repercute en la escasez de todo, incluso de la base de la vida y la felicidad humana. Así es la vida del esclavo: sus acciones están impulsadas por la amenaza a su supervivencia.

Tal vez la prueba más significativa de nuestra esclavitud sea la monetización del tiempo, un fenómeno con raíces más profundas que el sistema monetario ya que depende de la cuantificación previa del tiempo. Un animal o un niño tienen "todo el tiempo del mundo". Y así era también, al parecer, para los pueblos de la Edad de Piedra, que tenían una concepción del tiempo muy poco rígida y rara vez se apresuraban. De hecho, los idiomas primitivos no solían tener tiempos verbales, y a veces incluso carecían de palabras para "ayer" o "mañana". La relativa despreocupación de los pueblos primitivos por el tiempo sigue aparente hoy en las zonas más rurales y tradicionales del mundo. La vida se mueve más rápido en la gran ciudad, donde siempre tenemos prisa porque el tiempo escasea, pero en épocas pasadas percibíamos el tiempo como algo abundante.

Cuanto más monetizada está la sociedad, más ansiosos y apresurados son sus ciudadanos. En partes del mundo algo alejadas de la economía monetaria, donde sigue existiendo la agricultura de subsistencia y donde los vecinos se ayudan mutuamente, el ritmo de la vida es más lento, menos acelerado. En el México rural, las cosas se dejan para mañana. Una mujer campesina de Ladakh, entrevistada en la película *Ancient Futures* de Helena Norberg-Hodge, lo resume muy bien cuando describe a su hermana que vive en la ciudad: "Tiene una olla para el arroz, un automóvil, un teléfono… todo tipo de aparatos para ahorrar tiempo. Pero cuando la visito, está siempre tan ocupada que apenas nos queda tiempo para hablar".

Para el animal, el niño o el cazador-recolector, el tiempo es esencialmente infinito. Hoy, su monetización lo ha vinculado, al igual que todo lo demás, a la escasez. El tiempo es vida, y cuando lo percibimos como escaso percibimos la vida como corta y pobre.

Si naciste antes de que la infancia se viera invadida por los horarios de los adultos, que ahora llevan a los niños corriendo de una actividad a otra, quizás recuerdes aún la eternidad subjetiva de la niñez, las tardes interminables, la libertad intemporal de la vida que precedió a la tiranía del calendario y el reloj. "Los relojes", escribe John Zerzan, "hacen que el tiempo sea escaso y la vida corta". Una vez cuantificado, el tiempo también se podría comprar y vender, y la escasez de todas las mercancías ligadas al dinero afectaría, por consiguiente, al tiempo. "El tiempo es oro", reza el dicho, una equivalencia que también queda patente cuando decimos "no puedo invertir tiempo en esto".

Si el mundo material es fundamentalmente un mundo de abundancia, mucho más abundante aún es el mundo espiritual: creaciones de la mente humana como canciones, historias, películas, ideas y todo lo que denominamos propiedad intelectual. Ahora que la era digital permite reproducir esas creaciones y difundirlas virtualmente sin costo alguno, se les tiene que imponer una escasez artificial a fin de restringirlas al ámbito monetizado. Las empresas y los gobiernos imponen esa escasez mediante los derechos de autor, las patentes y las codificaciones, permitiendo así que los titulares se beneficien económicamente de dicha propiedad.

La escasez es, en la mayoría de los casos, una construcción cultural ilusoria. No obstante, puesto que vivimos en un mundo en el que prácticamente todo es un constructo cultural, vivimos la escasez como algo muy real, tan real que unos mil millones de personas sufren de desnutrición y unos 5.000 niños mueren cada día por causas relacionadas con el hambre. Por lo tanto, nuestras reacciones a la escasez —la ansiedad y la avaricia— resultan perfectamente comprensibles. Cuando algo es abundante, nadie duda en compartirlo. Vivimos en un mundo abundante, convertido en lo contrario debido a nuestras percepciones, nuestra cultura y nuestros relatos, experiencias tan arraigadas que nos son invisibles. La ilusión de la escasez es como una profecía que se autocumple, y el dinero es el cimiento de esa construcción ilusoria que se cosifica a sí misma.

Al convertir la abundancia en escasez, el dinero engendra avaricia. Pero no se trata del dinero en sí, sino del tipo de dinero que usamos hoy, que encarna nuestro concepto cultural del *yo*, nuestros mitos inconscientes y una relación hostil con la naturaleza que se ha venido forjando durante miles de años. Sin embargo, todo eso empieza a cambiar. Así pues, analicemos cómo el dinero ha llegado a afectar tanto a nuestras mentes y costumbres para que podamos imaginar un nuevo sistema monetario acorde al cambio de conciencia que estamos viviendo.

CAPÍTULO 3

EL DINERO Y LA MENTE

Cuando todos están aislados por el egoísmo, no hay nada más que polvo, y con la llegada de una tormenta, no queda más que un lodazal.

—Benjamin Constant

El poder de inducir la alucinación colectiva de la escasez no es más que una de las formas en las que el dinero afecta a nuestras percepciones. Este capítulo explorará algunos efectos psicológicos y espirituales profundos del dinero sobre nuestra forma de ver el mundo, la religión, la filosofía e incluso la ciencia. El dinero está entretejido en nuestras mentes, percepciones e identidades. Por eso, cuando nos azota una crisis económica, parece como si el tejido de la realidad se deshilachara, como si el mundo mismo estuviera desmoronándose. Pero esto es motivo de gran optimismo, por otra parte, porque el dinero es un concepto social que tenemos el poder de cambiar. ¿Qué clase de percepciones y acciones colectivas novedosas irían de la mano de un nuevo tipo de dinero?

Aquí estamos en el Capítulo 3, ¡y ni siquiera he definido el "dinero" aún! La mayoría de los economistas define el dinero por sus funciones: medio de intercambio, unidad de contabilidad y acumulación de valor.

De acuerdo a esa definición, el origen del dinero data de una época muy antigua, hace cinco mil años posiblemente, coincidiendo con la aparición de productos básicos que desempeñaban dichas funciones, tales como el grano, el aceite, el ganado o el oro. Sin embargo, cuando yo hablo de dinero, hablo de algo muy diferente, algo que apareció por primera vez en la Grecia del siglo VII antes de la era cristiana. Se podría decir que fue en aquel momento cuando el dinero pasó de ser un simple bien a pertenecer a una categoría totalmente diferente. A partir de ahí, podríamos hablar no solo de lo que el dinero hace, sino también de lo que es.

El folclore de la economía sostiene que las monedas fueron inventadas para garantizar el peso y la pureza del metal del que estaban hechas. Según esta versión, el valor de la moneda se basaba enteramente en el del oro o la plata que contenía. Pero al igual que ocurre con la teoría de que el dinero se originó en el trueque, o con el supuesto de la escasez, esta versión del origen de la moneda no es más que la fantasía de un economista; una fantasía con un ilustre linaje, sin duda. Aristóteles escribió:

> Se convino en dar y recibir en los cambios una materia que, además de ser útil por sí misma, fuese fácilmente manejable en los usos habituales de la vida; y así se tomaron el hierro, por ejemplo, la plata, u otra sustancia análoga, cuya dimensión y cuyo peso se fijaron desde luego, y después, para evitar la molestia de continuas rectificaciones, se las marcó con un sello particular, que es el signo de su valor.[1]

Esta explicación parece bastante razonable, pero existen pruebas históricas que la contradicen. Las primeras monedas, acuñadas en Lidia, estaban hechas de electro (una aleación de plata y oro), cuya consistencia variaba considerablemente.[2] La monetización

---

1. Aristóteles, *La política*, lib.; 1, sec. 9.
2. Seaford, *Money and the Early Greek Mind* (El dinero y la mente griega temprana), 132–3.

se extendió enseguida a Grecia, donde las monedas eran bastante homogéneas en peso y pureza pero solían tener un valor más elevado que el de la plata que contenían.[3] De hecho, algunas ciudades-estado (incluida Esparta) acuñaron monedas a partir de metales comunes como el hierro, el bronce, el plomo o el estaño; tales monedas poseían un valor intrínseco insignificante, pero aún así servían de dinero.[4] En ambos casos, las monedas acuñadas tenían un valor (que denominaremos "valor fiduciario", siguiendo la nomenclatura empleada por el historiador Richard Seaford) mayor que el de un disco de metal idéntico sin acuñar. ¿Por qué? ¿Cuál era el misterioso poder que encerraba una simple estampa? No era una garantía de peso y pureza, ni tampoco era una extensión del poder de un gobernante o autoridad religiosa en particular. Richard Seaford observa:

> Así como los lacres parecen simbolizar el poder del propietario del mismo, los cuños de las monedas no crean ningún vínculo imaginario entre las monedas y su procedencia".[5] Más bien, el cuño de la moneda autentifica que el metal posee cierto valor. Y no lo hace transmitiendo un poder (mágico o de cualquier otro tipo) a la pieza de metal, sino imponiendo sobre ella una forma que, de manera reconocible, le asigna una categoría de objeto distinta, la categoría de moneda auténtica. … El cuño de la moneda … cumple, en efecto, una función de mero símbolo.[6]

Los símbolos no tienen ningún valor intrínseco sino que lo derivan de la interpretación que los humanos hacemos de ellos; los

---

3. Ibíd., 137.
4. Ibíd., 139–45.
5. Ibíd., 119.
6. Ibíd.

signos o símbolos ejercen un poder social en la medida en que una sociedad comparte ciertas interpretaciones comunes. El nuevo tipo de dinero que surgió en la antigua Grecia asumió su valor a partir de un acuerdo social, simbolizado por las marcas en las monedas.[7] Dicho acuerdo constituye la esencia del dinero. Eso es algo que debería resultar obvio hoy en día, cuando casi todo el dinero es electrónico, y el que no lo es posee un valor intrínseco más o menos equivalente a un trozo de papel higiénico. Pero el dinero siempre ha sido un acuerdo, desde los días de la antigua Grecia. Los reformistas que abogan por recuperar las monedas de oro para volver a los buenos tiempos del "dinero de verdad" pretenden volver a algo que nunca existió, salvo quizás por unos breves instantes de la historia, casi como un ideal. Creo que el siguiente paso en la evolución del dinero humano no consistirá en el retorno a un tipo de moneda antigua sino en transformar el dinero de una expresión inconsciente de nuestros acuerdos a una expresión consciente.

En el transcurso de cinco mil años el dinero ha evolucionado de ser una simple mercancía, a ser luego un símbolo inscrito sobre un material, a acabar como el puro símbolo que es hoy en día. La *sacroeconomía* no pretende revertir esta evolución, sino completarla. El acuerdo que el dinero representa no existe aislado de los demás sistemas de símbolos y señales por los que se rige nuestra civilización. Así pues, podemos plasmar en nuestro dinero acuerdos que reflejen una nueva relación con el planeta, las especies y lo que consideramos sagrado. Desde hace mucho tiempo, hemos sacra-

---

7. La excepción eran las monedas utilizadas para el comercio exterior, monedas que circulaban fuera del alcance de un acuerdo social, y que sí dependían del valor intrínseco del metal que contenían. Pero incluso en este caso hubo que ampliar la percepción social del valor para poder asignárselo, ya que la plata y el oro no eran, en sí mismos, metales muy útiles.

lizado el "progreso", los avances en la ciencia y en la tecnología así como la conquista del mundo natural. Nuestro sistema monetario ha contribuido a esos fines. Pero nuestras metas están cambiando y, con ellas, los grandes meta-relatos de los cuales forma parte ese acuerdo llamado dinero: el Relato del Ser, el Relato de las Personas y el Relato del Mundo.

El objeto de este libro es contar un nuevo relato del dinero; esclarecer los nuevos acuerdos que podríamos plasmar en esos talismanes fiduciarios, de modo que el dinero sea el aliado, y no el enemigo, del mundo más bello que el corazón nos dice que es posible.

No es ninguna casualidad que la antigua Grecia, el lugar donde nació el dinero simbólico, alumbrase también el concepto moderno del individuo así como las nociones de la lógica y la razón y los fundamentos filosóficos de la mentalidad moderna. En su obra académica maestra *Money and the Ancient Greek Mind* (El dinero y la mente griega temprana) el catedrático de literatura clásica Richard Seaford estudia el impacto del dinero en la sociedad y en el pensamiento griegos, destacando los rasgos que confieren un carácter único al dinero: es material y abstracto a la vez, es homogéneo e impersonal, constituye un medio universal y también una ambición universal, y es ilimitado. La introducción de aquel poder nuevo y único en el mundo tuvo profundas consecuencias, muchas de las cuales siguen tan enraizadas en nuestras creencias y cultura, en nuestra psique y sociedad, que apenas somos capaces de percibirlas, y muchos menos de cuestionarlas.

El dinero es homogéneo en tanto que, más allá de cualquier variación física entre las piezas, todas las monedas que sirven de divisa son idénticas (siempre que tengan la misma denominación). Nuevas o viejas, desgastadas o relucientes, todas las monedas de un dracma son iguales. Esto representaba una novedad en el siglo VI antes de nuestra era. Mientras que en los tiempos arcaicos, comenta Seaford, eran los objetos-talismán únicos los que conferían poder (un cetro supuestamente entregado por Zeus, por ejemplo), con el dinero sucede lo opuesto: adquiere su poder de un símbolo estándar que elimina cualquier variación en peso y pureza. Lo importante es la cantidad, no la calidad. Puesto que el dinero es convertible en cualquier otra cosa, acaba contaminándolo todo de esa misma característica: transforma a todas las cosas en mercancías, objetos que, mientras cumplan determinados criterios, se consideran idénticos. Lo único que importa es cuántos o cuánto. Según Seaford, el dinero fomenta un sentido de homogeneidad entre las cosas en general. Todas las cosas son iguales porque pueden venderse a cambio de dinero, que a su vez, puede utilizarse para comprar cualquier otra cosa.

En un mundo mercantil, los bienes o servicios equivalen al dinero que puede reemplazarlos. Su principal atributo es su "valor": una abstracción. La siguiente frase me transmite distanciamiento y decepción: "Siempre podrás comprarte otro". ¿Ves cómo esto fomenta el antimaterialismo, el desapego del mundo físico en el que cada persona, lugar y objeto es especial y único? No es de extrañar que los filósofos griegos de aquella era comenzaran a elevar lo abstracto por encima de lo real, culminando en Platón y su invención de un mundo de formas perfectas, más real que el mundo de los sentidos. No es de extrañar que incluso hoy tratemos el mundo físico con tanta despreocupación. Ni es de extrañar que tras dos mil años inmersos en la mentalidad del dinero nos hayamos acostumbrado a que todo sea reemplazable, hasta tal punto que, aunque destruyésemos el planeta, nos comportamos como si pudiéramos comprar uno nuevo.

He titulado este capítulo "El dinero y la mente". La mente, como el dinero de valor fiduciario, es una abstracción contenida en un vehículo físico. Al igual que sucedió con el valor fiduciario del dinero, la idea de la mente como esencia separada e inmaterial se desarrolló a lo largo de miles de años, hasta llevarnos al concepto moderno de la conciencia inmaterial, el espíritu incorpóreo. Resulta revelador que, tanto en el pensamiento secular como en el religioso, esa abstracción haya cobrado más importancia que su vehículo material, del mismo modo que el "valor" de un objeto es más importante que sus atributos físicos.

En la introducción presenté la idea de que hemos creado un dios a imagen y semejanza de nuestro dinero: una fuerza invisible que lo mueve todo, que infunde vida al mundo; una "mano invisible", inmaterial pero ubicua, que ordena la actividad humana. Muchos de esos atributos de Dios, o del espíritu, se remontan a los filósofos presocráticos, quienes desarrollaron sus ideas durante la misma época en la que el dinero se impuso en su sociedad. Según Seaford, ellos fueron los primeros en siquiera distinguir entre la esencia y la apariencia, entre lo concreto y lo abstracto —una distinción totalmente ausente (incluso implícitamente) de la obra de Homero—. Desde el *ápeiron* de Anaximandro, al *logos* de Heráclito, a la doctrina pitagórica de "todo es número", los antiguos griegos enfatizaron la primacía de lo abstracto: un principio invisible que gobierna el mundo. Esta ideología se ha infiltrado en el ADN de nuestra civilización hasta tal punto que el tamaño del sector financiero merma la economía real —el valor total de los derivados financieros es diez veces superior al Producto Interior Bruto del mundo— y las mayores recompensas de nuestra sociedad acaban en manos de los hechiceros de Wall Street, cuya única labor consiste en manipular símbolos. Para el corredor de bolsa frente a su computadora, el "todo es número" de Pitágoras es un hecho innegable.

Una manifestación de esta fisura entre espíritu y materia que otorga primacía a lo primero es la idea de que, "aunque la reforma económica es una causa justa, sin duda, mucho más importante es la transformación de la conciencia humana". Esta visión es errónea, a mi juicio, porque se basa en una falsa dicotomía entre conciencia y acción y, en resumidas cuentas, entre espíritu y materia. Existe una estrecha vinculación entre el dinero y la conciencia; lo uno está íntimamente ligado a lo otro.

El desarrollo de la abstracción monetaria forma parte de un vasto contexto meta-histórico. El dinero no pudo haberse creado sin una base de abstracción en forma de palabras y números. Las etiquetas y las cifras ya nos distancian del mundo real y preparan a nuestra mente para pensar de manera abstracta. El uso de un sustantivo confiere una identidad específica a los muchos objetos así nombrados; al decir que hay "cinco" objetos convertimos a cada uno de ellos en una unidad. Comenzamos a pensar en los objetos como representativos de una categoría, y no como entes únicos por sí mismos. Así pues, aunque las categorías genéricas más comunes no empezaron con el dinero, el dinero sí aceleró enormemente su prevalencia conceptual. Es más, la homogeneidad del dinero acompañó al rápido desarrollo de los bienes estandarizados para el comercio. Dicha estandarización era primitiva en los tiempos preindustriales, pero los objetos manufacturados de hoy en día son tan prácticamente idénticos que convierten la mentira del dinero en verdad.

Al considerar la forma que tendrá el dinero del futuro, tengamos presente el poder del dinero para homogeneizar todo lo que toca. Quizás el dinero debería utilizarse solo para aquello que es, o debería ser, estándar, cuantificable y genérico; quizás haría falta un tipo de dinero diferente, o ningún dinero en absoluto, para la circulación de aquellas cosas que son personales y únicas. Solo podemos comparar precios basándonos en cantidades estándar. Por lo tanto, cuando nos dan algo más, algo inconmensurable, lo percibimos como un extra, un bien por el que no hemos pagado. Es decir, lo aceptamos como un obsequio. Claro que se puede comprar arte, pero si lo vemos como un mero bien, nos parece demasiado caro, y si lo percibimos como verdadero arte, nos parece infinitamente barato. Del mismo modo, se puede comprar sexo, pero no amor, o se pueden comprar calorías, pero no una nutrición de verdad. Hoy padecemos una pobreza de lo inconmensurable, de lo invaluable, una carencia de todo aquello que no se puede comprar con dinero y un exceso de lo que sí se puede comprar (aunque ese exceso está tan desigualmente distribuido que muchos también sufren una carencia de bienes comprables).[8]

Del mismo modo que el dinero homogeneiza todo lo que toca, también homogeneiza y despersonaliza a sus usuarios. Como señala Seaford, "Facilita la clase de intercambio comercial que está desligado de cualquier otra relación".[9] Dicho de otro modo, las personas se convierten en meros partícipes de una transacción. A diferencia de las diversas motivaciones que caracterizan la entrega y aceptación de obsequios, en una transacción puramente económica todos somos iguales en tanto que todos queremos conseguir el mejor precio. La economía presupone que esta homogeneidad entre los seres humanos es una causa cuando, en realidad, es un efecto. El relato de que la evolución del dinero partió del

---

8. Este exceso se refleja en el persistente problema de "sobrecapacidad" que afecta a casi cualquier industria, por lo que las soluciones a la crisis económica normalmente implican estimular la demanda.
9. Ibíd., 151.

trueque da por sentado que el deseo de maximizar el interés propio es algo inherente a la naturaleza humana. En este sentido, a los seres humanos se les considera idénticos. Pero cuando no existe un estándar de valor, cada ser humano tiene aspiraciones distintas. En cambio, cuando el dinero es canjeable por cualquier cosa, todo el mundo quiere lo mismo: dinero.

Seaford escribe: "Despojado de toda asociación personal, el dinero es promiscuo, capaz ser intercambiado con cualquier persona a cambio de cualquier cosa, indiferente a toda relación interpersonal no monetaria".[10] A diferencia de otros objetos, el dinero no preserva ningún vestigio de su procedencia ni de las personas por cuyas manos ha pasado. Mientras que un regalo siempre parece encerrar algo del dador, el dinero es siempre igual, independientemente de quién lo entregue. Si tengo dos mil dólares en el banco, la mitad de mi amigo y la mitad de mi enemigo, no puedo elegir gastarme primero los mil dólares de mi enemigo y ahorrar los de mi amigo, porque todos los dólares son idénticos.

Mucha gente rechaza, por principio, mezclar los negocios y la amistad a fin de evitar el conflicto esencial que existe entre el dinero y las relaciones personales, una decisión sensata seguramente. El dinero despersonaliza las relaciones al transformar a las dos personas en "partes de un intercambio", motivado por el objetivo universalmente aceptado de maximizar el interés propio. Si yo persigo maximizar mi interés particular, aunque sea a costa tuya, ¿cómo vamos a ser amigos? En esta sociedad altamente monetizada donde satisfacemos casi todas nuestras necesidades con dinero, ¿qué obsequios personales nos quedan para construir una amistad?

---

10. Ibíd., 155.

Que el ánimo de lucro suponga la antítesis de cualquier motivación personal benévola es casi un axioma, de ahí la frase: "No te lo tomes como algo personal, solo son negocios". Hoy en día, existen movimientos a favor de las empresas e inversiones éticas que persiguen reconciliar la oposición entre el amor y el beneficio, pero por muy sinceras que sean sus motivaciones, dichas iniciativas suelen devenir en relaciones públicas, el falso ecologismo o una pretendida superioridad moral. Y no es ninguna casualidad. En posteriores capítulos explicaré la contradicción tan dañina que encierra el propósito de invertir éticamente, pero por ahora quédate con el natural escepticismo que esto te suscita, y con la desconfianza respecto a quienes aseguran que se puede ganar dinero haciendo el bien.

Siempre que nos encontramos con una iniciativa aparentemente altruista, tendemos a pensar: "¿Dónde está el truco? ¿Cómo sacan dinero sigilosamente de esto? ¿Cuándo van a pedirme dinero? La sospecha de que la gente actúa por interés económico es casi universal. Enseguida vislumbramos motivos de lucro en lo que hacen las personas y nos sentimos muy conmovidos cuando alguien tiene un gesto tan magnánimo o tan ingenuamente generoso que su ausencia de motivos económicos resulta evidente. Nos parece irracional, incluso milagroso, que alguien pueda dar sin ninguna estratagema de recompensa. Como explica Lewis Hyde: "En los imperios de la usura, el sentimentalismo del hombre de corazón blando nos llama la atención porque nos habla de lo que se ha perdido".[11]

La cuasi-universalidad de la sospecha de un posible afán de lucro oculto demuestra que el dinero es un objetivo universal.

---

11. Hyde, *The Gift* (El obsequio), 182.

Imagínate en tus tiempos de estudiante charlando con un asesor de carreras profesionales sobre cuáles son tus aptitudes y cómo podrías emplearlas para ganarte la vida (es decir, convertirlas en dinero). Este hábito de pensamiento está muy arraigado; cuando mi hijo adolescente Jimi me muestra los videojuegos que crea, a veces me encuentro pensando en cómo podría comercializarlos y qué habilidades de programación podría desarrollar a continuación para ser más competente. Casi siempre que alguien tiene una idea interesante y novedosa, surge a continuación el pensamiento: "¿Cómo podemos ganar dinero con esto?". Pero cuando convertimos el beneficio económico de una creación artística en el objetivo de la obra, y no en una consecuencia colateral, dejamos de crear arte para vendernos al mejor postor. Ampliando este principio a la vida en general, Robert Graves advierte: "Elijes tus empleos para obtener unos ingresos estables, así como tiempo libre para rendir un valioso servicio a tiempo parcial a tu adorada diosa. ¿Quién soy yo, te preguntarás, para advertirte de que ella exige nada menos que un servicio a tiempo completo?"[12]

El dinero como objetivo universal está integrado en nuestro lenguaje. Hablamos de "sacar provecho" de nuestras ideas y usamos el término "gratuito" (algo que no se paga) como sinónimo de innecesario. También está enraizado en la economía, claro está, en el supuesto de que el ser humano persigue maximizar un interés propio que equivale a dinero. E incluso en la ciencia, la noción del propósito universal se refleja en el propio interés reproductivo.

Es más, la idea de que exista un supuesto "propósito universal" en la vida (ya sea el dinero o cualquier otra cosa) no está tan clara. Este concepto surgió aproximadamente al mismo tiempo

---

12. Graves, *The White Goddess* (La diosa blanca), 15.

que el dinero, al parecer, por lo que quizás fuera el dinero mismo el que sugirió tal idea a los filósofos. Sócrates empleaba una metáfora explícitamente monetaria al proponer la inteligencia como fin universal: "Solo existe una moneda apropiada por la que deberíamos intercambiar todas esas cosas [placeres y penurias]: la inteligencia".[13] En términos religiosos, esto corresponde a la búsqueda de un propósito supremo, tal como la salvación o la iluminación, del cual fluyen todas las demás cosas buenas. ¡Qué parecido al propósito ilimitado del dinero! Me pregunto qué efecto tendría sobre nuestra espiritualidad si cesáramos en la búsqueda de una meta única y abstracta que fuera, supuestamente, la clave de todo lo demás. ¿Cómo nos sentiríamos si nos liberásemos del empeño de mejorarnos constantemente para progresar hacia un objetivo? ¿Qué pasaría si nos dedicásemos simplemente a jugar, a vivir? Al igual que la riqueza, la iluminación es una meta que no conoce límites, y en ambos casos la propia búsqueda puede esclavizarnos. Creo que el objeto que perseguimos, tanto en lo material como en lo espiritual, es un falso sustituto de la variedad de anhelos auténticos que sentimos las personas.[14]

En una sociedad plenamente monetizada, en la que casi todo es un bien o un servicio, el dinero convierte la multiplicidad del mundo en unidad: "un solo objeto que sirve para medir, y ser intercambiado por prácticamente todo lo demás".[15] El ápeiron, el

---

13. Platón, *Teeteto,* 146d. Citado por Seaford en *Money and the Early Greek Mind* (El dinero y la mente griega temprana), 242.

14. Entre las mayores necesidades insatisfechas hoy en día está la de la conexión, tanto con otras personas como con la naturaleza. Irónicamente, el dinero, con su abstracción e impersonalidad, atenúa nuestras relaciones con ambos. La espiritualidad, entendida como una búsqueda personal e individual que es preferible realizar apartado del mundo, consigue lo mismo. ¿Podemos concebir un tipo de dinero diferente que surta el efecto opuesto?

15. Seaford, *Money and the Early Greek Mind* (El dinero y la mente griega temprana), 150.

logos y demás conceptos similares eran versiones de una unidad subyacente de la cual nacen todas las cosas. Es aquello de lo que todo surge y a lo que todo retorna. Como tal, se parece muchísimo a la ancestral concepción china del Tao, del que nace el yin y el yang y, posteriormente, "las diez mil cosas". Resulta curioso que el semi-legendario preceptor del taoísmo, Lao Tzu, viviera aproximadamente en la misma época que los filósofos presocráticos –lo que también coincide más o menos con el momento en el que se acuñó la primera moneda en China–. En cualquier caso, hoy en día sigue siendo el dinero el que da vida a "las diez mil cosas". Para poder crear cualquier iniciativa en este mundo, primero hace falta realizar una inversión de dinero. Y después, cuando el proyecto se ha terminado, llega la hora de venderlo. Todo procede del dinero, y todo retorna al dinero.

Por lo tanto, el dinero no es solo un objetivo universal, sino también un medio universal; y este es precisamente el principal motivo por el que representa un objetivo universal, un bien del que nunca tenemos suficiente. O, al menos, así es como lo percibimos. A menudo he presenciado debates sobre cómo crear una comunidad intencional, o iniciar algún otro proyecto, que acaban con el reconocimiento desalentador de que nunca podrá llevarse a cabo porque "¿de dónde vamos a sacar el dinero?". El dinero se considera (comprensiblemente) como el factor crucial y determinante de lo que podemos llegar a crear; al fin y al cabo, nos permite comprar casi cualquier bien e inducir a la gente a prestar prácticamente cualquier servicio. "Todo tiene un precio", decimos. Incluso parece que el dinero permite comprar cosas tan intangibles como el estatus social, el poder político o la benevolencia divina (o al menos ganarnos el favor de las autoridades religiosas, que es lo que más se le aproxima). Estamos muy acostumbrados a ver el dinero como la clave para colmar todos nuestros deseos. ¿Cuántos de tus sueños supones que podrías alcanzar si (y solo si) tuvieras dinero? Supeditamos nuestros sueños al dinero, transformándolo en un fin más que un medio.

Yo no defiendo la abolición del dinero. El dinero ha sobrepasado sus límites apropiados al convertirse en un recurso para conseguir cosas que nunca deberían verse infectadas por su homogeneidad y despersonalización. Y entretanto, ya que lo hemos universalizado como medio, aquellas cosas que son imposibles de comprar con dinero se han vuelto inalcanzables; por mucho dinero que tengamos, solo podremos obtener algo de características similares. La solución consiste en reestablecer la correcta función del dinero. Reconozco que existen cosas que el ser humano solo puede crear con dinero, o con algún medio equivalente que sirva para coordinar la actividad humana a gran escala. Pero en su forma sagrada, el dinero representa el instrumento de un relato, de un acuerdo materializado que asigna funciones y concentra intenciones. Volveré a este tema más adelante cuando describa cómo sería el dinero en una economía sagrada.

Como lo que se puede comprar con dinero parece ilimitado, igual de ilimitado suele ser nuestro deseo de él. Este insaciable afán de riqueza ya era muy evidente para los antiguos griegos. A principios de la era del dinero, el gran poeta y reformador Solón observó que la riqueza no parece tener límites para el hombre, ya que aquellos de nosotros que más riqueza poseemos ansiamos tener el doble. Aristófanes, por su parte, escribió que el dinero es único porque de todas las demás cosas (como el pan, el sexo, etc.) puede uno saciarse, pero del dinero, no.

"¿Cuánto es suficiente?", le preguntó una vez un amigo a un multimillonario, a lo que el multimillonario reaccionó con perplejidad. La razón por la que ninguna cantidad de dinero puede ser suficiente jamás es porque lo usamos para colmar necesidades que el dinero es realmente incapaz de colmar. Al igual que cualquier otra sustancia adictiva, atenúa temporalmente el dolor de una necesidad insatisfecha pero sin llegar a satisfacerla nunca; aunque se vaya aumentando cada vez más las dosis, ninguna cantidad puede bastar para calmar el dolor. Hoy en día, la gente usa el dinero como sustituto de las relaciones, las emociones, el respeto por uno mismo, la libertad y otras tantas cosas. "¡Si tuviera un millón de dólares, sería libre!" ¿Cuánta gente talentosa ha sacrificado su juventud con la esperanza de poder retirarse pronto a una vida de libertad, pero luego, al llegar a la mediana edad, se encuentra esclavizada por el dinero?

Cuando el dinero sirve primordialmente como medio de intercambio, está sujeto a las mismas limitaciones que los bienes por los cuales se intercambia. De este modo, el deseo de dinero queda restringido por nuestro grado de satisfacción. Pero cuando el dinero adquiere la función adicional de la acumulación de valor, nuestro deseo de él se vuelve ilimitado. Por ello, una propuesta que analizaré será la de separar el dinero como medio de intercambio, por una parte, del dinero como acumulación de valor, por otra. Se trata de una idea cuyas raíces se remontan a los tiempos de Aristóteles, quien distinguía entre dos motivos para obtener riqueza: para su acumulación y para satisfacer otras necesidades.[16] La primera forma de obtener riqueza es, según Aristóteles, "antinatural" y no conoce límites.

A diferencia de lo que sucede con los bienes materiales, la abstracción del dinero nos permite poseer, en teoría, cantidades

---

16. Aristóteles, *La política*, lib.; 1, sec. 9.

infinitas de él, lo cual explica que los economistas crean tan fácilmente en la viabilidad de un crecimiento exponencial ilimitado, en el que el tamaño de la economía está representado por una mera cifra. La suma de todos los bienes y servicios se plasma en un número, y ¿se puede limitar el aumento de ese número? Perdidos en la abstracción, ignoramos los límites de la naturaleza y de la cultura para soportar tal crecimiento. En la línea de lo que decía Platón, convertimos la abstracción en algo más real que la realidad misma; nos dedicamos a arreglar los problemas de Wall Street mientras la economía real languidece. La esencia monetaria de las cosas se denomina "valor", lo que, como esencia abstracta y uniforme que es, restringe la pluralidad del mundo. Todo se reduce a su valor económico, creando así la impresión ilusoria de que el mundo es igual de ilimitado que las cifras. Todo se puede comprar por un precio, incluso la piel de una especie en peligro de extinción.[17]

Implícito en lo ilimitado del dinero, yace otro aspecto supuestamente ilimitado: el del dominio humano, es decir, la porción del mundo que pertenece al ser humano. Al fin y al cabo, ¿qué tipo de cosas compramos y vendemos por dinero? Compramos y vendemos propiedades, objetos que poseemos, cosas que entendemos que nos pertenecen. La tecnología ha ido expandiendo constantemente ese ámbito, permitiendo que poseamos cosas que nunca antes habían sido obtenibles, o siquiera concebibles: minerales de las profundidades terrestres, ancho de banda en el espectro electromagnético, secuencias genéticas, etc. La expansión tecnológica a nuestro

---

17. El lector quizá se haya percatado de la paradoja: vivimos en un mundo de abundancia, como se describió en el Capítulo 2, pero, al mismo tiempo, estamos agotando una biosfera limitada. Para resolver dicha paradoja, consideremos que la mayor parte de nuestro exceso de producción y consumo no satisface ninguna necesidad real sino que está motivada por la percepción de escasez y la soledad existencial del ser aislado, desvinculado de la naturaleza y de la comunidad.

alcance ha sido paralela a la progresión de la mentalidad de la "propiedad", a medida que la tierra, los derechos sobre el agua, la música o las narraciones pasaron a formar parte de lo que podía ser poseído. Lo ilimitado del dinero implica que el reino de las posesiones puede crecer indefinidamente y que, por consiguiente, el destino de la humanidad consiste en conquistar el universo y llevarlo todo al dominio del ser humano, hasta hacernos con el mundo entero. Este destino forma parte de lo que he descrito como el Mito del Ascenso y del Relato de las Personas que nos define. Hoy en día, ese relato está quedando rápidamente obsoleto y tenemos que inventar un sistema monetario coherente con el nuevo relato que lo reemplace.[18]

Las características del dinero que he analizado no son necesariamente negativas. Al contribuir a homogeneizar o estandarizar todo lo que toca, sirviendo de medio universal, el dinero ha permitido que los seres humanos hayamos logrado maravillas. El dinero ha desempeñado un papel fundamental en el nacimiento de la civilización tecnológica pero quizás, como ocurre con la tecnología, apenas hayamos aprendido a utilizar este potente instrumento creativo para su verdadero propósito. El dinero ha fomentado el desarrollo de artículos estandarizados como los componentes mecánicos o los microchips, pero ¿también queremos que nuestros alimentos sean homogéneos? La impersonalidad del dinero fomenta la cooperación a través de largas distancias, ayudando a coordinar el trabajo de millones de personas que, por lo general, ni siquiera se conocen. Pero, ¿queremos que nuestras relaciones con las personas

---

18. Lo mismo es aplicable al otro relato que define a nuestra civilización: "el *yo* individual y aislado". Nuestro sistema monetario también concretiza este relato, disolviendo nuestros lazos personales, disponiéndonos a la competición y desconectándonos tanto de la comunidad como de la naturaleza.

de nuestro propio vecindario sean también impersonales? El dinero como medio universal nos posibilita hacer prácticamente cualquier cosa, pero ¿queremos que sea un medio exclusivo, sin el que no podamos hacer casi nada? Ha llegado la hora de dominar esta herramienta, ahora que la humanidad está asumiendo un nuevo papel consciente e intencionado en la Tierra.

CAPÍTULO 4

EL PROBLEMA DE LA PROPIEDAD

¿Cuál sería el resultado en el mismo cielo si quienes llegaran primero instituyeran la propiedad privada en la superficie del cielo y la parcelaran como una propiedad absoluta entre ellos mismos, al igual que parcelamos la superficie de la Tierra?

—Henry George

El hombre no creó la Tierra y, aunque tuviera el derecho natural a ocuparla, no tenía ningún derecho a colocar bajo su propiedad perpetua ninguna parte de ella; el Creador de la Tierra tampoco abrió una oficina de registro de terrenos de donde saliesen los primeros títulos de propiedad.

—Thomas Paine

EL ANSIA DE POSEER

Hemos vivido en una Era de Separación en la que, poco a poco, se han ido disolviendo nuestros lazos con la comunidad, con la naturaleza y con nuestra localidad, quedando abandonados a un mundo ajeno. La pérdida de esos lazos es más que una reducción de nuestras riquezas, supone una reducción de nuestro propio ser. El empobrecimiento que sentimos, aislados de la comunidad y de la naturaleza, es un empobrecimiento del alma. Y se debe a que, contrariamente a los supuestos de la economía, la biología, la psicología, la filosofía política y la religión institucional, no somos seres esencialmente aislados que mantienen relaciones. Somos relación.

Una vez oí que Martín Prechtel, al hablar de su aldea en Guatemala, explicaba: "En mi aldea, si ibas al curandero con un niño enfermo, nunca decías: 'Yo estoy sano, pero mi hijo está enfermo'. Decías: 'Mi familia está enferma'. O si se trataba de un vecino, decías: 'Mi pueblo está enfermo'". Sin lugar a dudas, en una sociedad como esa sería igualmente inconcebible decir: "Yo estoy sano, pero el bosque está enfermo". Creer que una persona puede estar sana cuando su familia, su aldea –o incluso la Tierra, el agua o el planeta– no lo están, sería tan absurdo como decir: "Tengo una enfermedad hepática mortal, pero solo me afecta al hígado, ¡yo estoy sano!" Al igual que mi sentido de identidad incluye mi hígado, el de Prechtel incluía a su comunidad social y natural.

El ser moderno, en cambio, es un sujeto individual y separado en un universo que se percibe como *otro*. Ese sujeto es el Hombre Económico de Adam Smith; es el alma encarnada de la religión; es el gen egoísta de la biología. Subyace a las crisis que convergen en nuestro tiempo, que son todas variaciones sobre el tema de la separación, la separación de la naturaleza, de la comunidad y de partes perdidas de nosotros mismos. Subyace a todos esos "malhechores" habitualmente acusados de la continua destrucción del medio ambiente y del sistema político, tales como el capitalismo o la codicia humana. Nuestro sentido del *yo* conlleva la idea de que "más para mí significa menos para ti"; de ahí que tengamos un sistema monetario basado en el interés, que encarna precisamente ese principio. En sociedades antiguas, basadas en el obsequio, sucedía todo lo contrario.

El ansia de poseer surge como respuesta natural a una ideología alienante que cercena las conexiones percibidas y nos deja solos en el universo. Cuando excluimos el ámbito del *yo*, la identidad diminuta y solitaria que queda siente una necesidad voraz de reclamar para sí misma la mayor parte posible de ese ser perdido. Si la totalidad del mundo, la vida y la Tierra ya no forma parte de mí, al menos puedo compensar esa carencia apropiándome de todo ello. Y como otros seres aislados hacen lo mismo, vivimos en un mundo de competencia y de ansiedad omnipresente. Esto va incorporado en nuestra definición de nosotros mismos. Es el déficit del ser, el déficit del alma con el que nacemos.

Atrapados en la lógica del yo y lo mío, tratamos de recuperar una pequeña fracción de nuestra riqueza perdida expandiendo y protegiendo el *yo* separado así como su extensión: el dinero y la propiedad. Aquellos que carecen de los medios económicos para inflar el ser tienden a inflar el ser físico, una de las razones por las que la obesidad afecta desproporcionadamente a los pobres. Las adicciones a las compras, al dinero y a la adquisición provienen del mismo origen, básicamente, que la adicción a la comida: todas son fruto de la soledad, del dolor de nuestra existencia escindida de gran parte de lo que somos.

Al ver las minas a cielo abierto y los bosques talados y las zonas muertas y los genocidios y la cultura del consumo degradado, nos preguntamos, ¿cuál es el origen de esta máquina monstruosa que devora belleza y escupe dinero? Al ser individual y separado, que básicamente percibe el universo como Otro, le parece normal tratar el mundo natural y humano como un montón de cosas meramente instrumentales y accidentales. El resto del mundo es fundamentalmente un no-ser.[1] ¿Por qué debería importarnos todo eso, más allá de su previsible utilidad para nosotros mismos? Desde esta perspectiva, Descartes, un pionero en la articulación del sentido moderno del ser, habló de la ambición de convertirse en "señores y poseedores" de la naturaleza. Tal como indica la palabra "poseedor", la idea de la propiedad aparece de forma muy natural en el ser separado.

Nuestra distinción limitada y rígida entre el *yo* y el *otro* está llegando a su fin, debido a sus propias premisas. Según las enseñanzas de los místicos, el ser separado solo puede mantenerse temporalmente, y a un precio muy elevado. Ya lo hemos mantenido mucho tiempo, y hemos construido sobre él una civilización que busca la conquista del mundo natural y de la naturaleza humana. La convergencia actual de diversas crisis ha puesto al descubierto la futilidad de ese objetivo. Implica el fin de la civilización tal y como la conocemos y la consiguiente instauración de un nuevo estado del ser humano definido por un sentido más fluido y más inclusivo del *yo*.

Una de las teorías del origen de la propiedad lo atribuye a la noción de autonomía, o auto-soberanía, que emergió gradualmente de nuestro pasado tribal y comunitario. Charles Avila describe la lógica de esta manera: "Si soy dueño de mí mismo y del poder de mi trabajo, lo que produzco también es mío".[2] Aquí encontramos,

---

1. "Lo que está arriba es como lo que está abajo". Habiendo hecho de la naturaleza un adversario, o como mínimo un montón de "recursos", no es ninguna sorpresa que manifestemos la misma relación dentro de nuestros cuerpos. Las patologías definitorias de nuestro tiempo son las enfermedades autoinmunes, la somatización de nuestra confusión entre el yo y el otro. Al igual que el pueblo, el bosque y el planeta son partes inseparables de nuestro ser que confundimos con un ente ajeno, nuestro sistema inmunológico rechaza nuestros propios tejidos corporales. Lo que le hacemos a la naturaleza, nos lo hacemos a nosotros mismos, ineludiblemente.

2. Charles Avila, *Ownership: Early Christian Teaching* (La propiedad: Primeras enseñanzas cristianas), (Nueva York: Orbis Books, 2004), 5.

por tanto, el prerrequisito ideológico para cualquier concepto de propiedad: "soy dueño de mí mismo". Esta idea no representa en absoluto un precepto universal en las sociedades humanas. En otras sociedades, el clan, la tribu, la aldea, e incluso toda la vida en su conjunto, podrían haber tomado prioridad sobre la concepción individual del ser, en cuyo caso el poder de trabajo no pertenecería a uno mismo, sino a algo más grande.[3] La institución de la propiedad no constituye, por tanto, la raíz de nuestro mal presente sino un síntoma de nuestra desconexión y aislamiento. Así pues, este libro no aboga por abolir la propiedad (porque con ello se trataría el síntoma en lugar de la causa) sino por transformarla en el marco de una evolución más amplia del estatus de ser humano.

Otros pensadores, en particular Wilhelm Reich y Genevieve Vaughan, vinculan el origen de la propiedad al surgimiento de la dominación masculina y la sociedad patriarcal.[4] Aunque estos argumentos me parecen fundados, he decidido no explorar aquí los aspectos sexuales del dinero y la propiedad, un tema que merece su propio tratado. Cada institución de nuestra Era de la Separación está ligada a todas las demás; el distanciamiento de la naturaleza, del cuerpo y de lo femenino sagrado refleja nuestra alienación del

---

3. Incluso hoy en día, de hecho, nuestro sentido espiritual nos dice que nuestro trabajo no nos pertenece. Esto se manifiesta en el deseo de trabajar para algo más grande que nosotros mismos, es decir, dedicar nuestros esfuerzos a una causa más allá de nuestro interés racional propio. Las personas religiosas lo describirían como "entregar la vida a Dios". Otra forma de expresarlo es que sentimos la necesidad de regalar nuestro trabajo y sus frutos, así como todas las habilidades y los talentos que lo conforman. Es entonces cuando nos sentimos satisfechos, tranquilos al saber que estamos cumpliendo nuestro propósito aquí en la Tierra. Intuitivamente, sabemos que nuestros dones deben regalarse a su vez, y no acumularse para el engrandecimiento breve e ilusorio del ser separado.

4. Véase, por ejemplo, Sex-Pol de Wilhelm Reich y *Gift Giving as the Female Principle vs. Patriarchal Capitalism* (El obsequiar como principio femenino vs. el capitalismo patriarcal) de Genevieve Vaughan.

mundo producida por ese concepto de propiedad que convierte las cosas en objetos de comercio separables.

El ansia de poseer disminuye a medida que crece nuestro sentido de conexión y gratitud y la conciencia de que nuestra capacidad de trabajo no es nuestra propiamente dicha, ni lo que producimos con él tampoco. Si mi propia vida es un regalo, ¿acaso no lo es también mi capacidad de trabajo? En el momento en que comprendemos eso, deseamos entregar nuestras creaciones a todo aquello que ha contribuido a nuestra existencia y nos ha concedido el don de la vida.

Ciertos filósofos socialistas han convertido ese deseo, motivado por la gratitud, en una obligación y una justificación para que el Estado se apropie de la mano de obra individual. Tenemos una "deuda con la sociedad", y el Estado se convierte en el cobrador de la deuda. En forma menos extrema, justifica el impuesto sobre la renta, que también representa una expropiación del trabajo individual. En ambos casos, se nos obliga a dar por fuerza. Pero ¿podríamos crear un sistema económico que libere, celebre y premie el impulso innato de dar? Eso es precisamente lo que describe este libro: un sistema que recompensa el flujo y no la acumulación, el crear y no el poseer, el dar y no el tener.

EL ROBO ORIGINAL

La soberanía del individuo fue tan solo un primer paso hacia el concepto moderno de propiedad, pues la mayor parte de lo que existe en la Tierra no es fruto del trabajo de nadie. Según la lógica de "lo que produzco es mío", cualquier cosa que existiera al margen del esfuerzo humano no le pertenecería a nadie. Reclamar la titularidad de tales cosas –la tierra, los ríos, los animales, los árboles– equivaldría a robar, del mismo modo que yo sería un ladrón si me apoderase de algo que has creado tú.

A partir de este entendimiento, ha surgido una distinguida línea de pensamiento económico, cuyos exponentes más notables fueron P. J. Proudhon, Karl Marx, Henry George y Silvio Gesell. "La propiedad es un robo", proclamó Proudhon. En efecto, si rastreamos el origen de cualquier propiedad a través de una sucesión de transferencias "legítimas", finalmente llegamos al primer propietario –el que simplemente se apoderó de ella, quien la apartó del reino de lo "nuestro" o de "Dios" para llevarla al terreno de lo "mío". Esto se hacía generalmente por la fuerza, como ha sucedido con la incautación de vastas tierras de Norteamérica a lo largo de los últimos tres siglos. Se trata de una historia que se ha repetido de diversas formas en todo el mundo durante milenios. Al fin y al cabo, antes de la época romana no existía nada parecido a una escritura. La tierra, como el aire o el agua, no podía tener dueño. De ello se deduce que los primeros propietarios no pudieron haberla adquirido legítimamente; se la apropiaron sin más.

A menudo se argumenta que la propiedad de la tierra es una consecuencia natural de la agricultura. Mientras que el cazador-recolector invierte poco en sus tierras, el agricultor dedica esfuerzo a que produzca más (alimentos para los seres humanos, concretamente). Sería manifiestamente injusto para el agricultor que, después de todo un año de trabajo, al llegar la época de la cosecha, vinieran unos "recolectores" y vivieran de los frutos de su labranza. Se supone que la propiedad privada aporta un incentivo para hacer mejoras en la tierra. ¿Pero no sería más justo que existiera alguna forma de poseer las mejoras sin necesidad de poseer la tierra misma?

En sus orígenes, los derechos sobre la tierra casi siempre fueron de dominio colectivo; le correspondían a la aldea o a la tribu, y no al individuo. En las grandes civilizaciones agrarias como Egipto, Mesopotamia y la China de la Dinastía Zhou, apenas existía el concepto de propiedad privada de la tierra. Todas las tierras eran patrimonio del rey, y como el rey era el representante de lo divino en la Tierra, las tierras eran, por consiguiente, propiedad de Dios.

Hay un gran abismo conceptual entre el derecho a los frutos de la labranza de la tierra y la posesión de la tierra misma. El concepto absoluto de la propiedad del suelo que predomina en Occidente parece haberse originado en Roma, fertilizado tal vez por la concepción griega del individuo. Fue en Roma donde la tierra se calificó por primera vez de *dominium*, "el derecho máximo, que no tenía ningún otro derecho detrás de él; el derecho que legitimaba todos los demás, sin necesidad de legitimación alguna en sí mismo, ... el derecho 'de usar, disfrutar y abusar' –ius utendi, fruendi, abutendi".[5]

En Oriente, la propiedad explícita de la tierra comenzó un poco antes, al menos como concepto. En China, concretamente, se remonta al reinado de Shang Yang en el siglo IV antes de la era cristiana (AEC), o posiblemente antes, aunque incluso entonces seguía presente la memoria histórica de un tiempo anterior a la tenencia de la tierra, según lo evidenciado por las declaraciones de Confucio sobre lo inapropiado de vender terrenos en "tiempos antiguos".[6] También es probable que la India conociera ya la

---

5 Avila, Charles. (2004) *op. cit.*, 20.

6. Xu, *Ancient China in Transition* (La China Antigua en transición), 112. Este libro trata de interpretar la postura confuciana como crítica a la concentración de la propiedad. Deng, *A Comparative Study on Land Ownership* (Un estudio comparativo sobre la tenencia de la tierra), 12. Deng sostiene que, anteriormente, estaba prohibida la enajenación de la tierra puesto que su totalidad era propiedad del rey. Deng también argumenta que, en la práctica, la tierra no solía ser enajenable ni fungible al menos hasta el final de la dinastía Song en la Edad Media.

propiedad privada de la tierra en torno al siglo VI AEC, aunque las pruebas son algo contradictorias.[7] En cualquier caso, la mayoría del terreno de la India era de propiedad comunal hasta la época del dominio británico.[8]

En la Europa Medieval, la mayor parte de la tierra o bien era de propiedad común, o bien pertenecía a los señores feudales que no la "poseían" en el pleno sentido moderno: como mercancía enajenable que se puede comprar y vender libremente. Sí poseían ciertos derechos sobre la tierra, que podían ser transferidos a los vasallos a cambio de diversos servicios, de porciones de cultivos o, posteriormente, a cambio de dinero. En Inglaterra, la libre división del terreno no fue posible hasta el siglo XV.[9] A partir de entonces, las vastas tierras comunales inglesas no tardaron en caer en manos privadas gracias a las Leyes de Cercamiento, un proceso que se desarrolló paralelamente en la Europa continental, mediante la "emancipación" de los siervos, por ejemplo. Lewis Hyde escribe:

> Mientras que antes un hombre podía pescar en cualquier riachuelo y cazar en cualquier bosque, de pronto se encuentra con personas que afirman ser propietarios de esos bienes comunes. La base de la tenencia de la tierra se había transformado. El siervo medieval había sido casi lo opuesto a un propietario: la tierra se había adueñado de él. No podía moverse libremente de un lugar a otro y, aun así, gozaba de derechos inalienables sobre la parcela de tierra a la cual estaba ligado. Pero entonces, aparecieron aquellos hombres que afirmaban poseer la tierra

---

7. Altekar, *State and Government in Ancient India* (Estado y gobierno en la India Antigua), 273-4.

8. Kuhnen, *Man and Land* (El hombre y la tierra), secs. 2.1.1 y 2.1.2.

9. Deng, *A Comparative Study on Land Ownership* (Un estudio comparativo sobre la tenencia de la tierra), 10.

y ofrecían alquilársela por una renta. Mientras que un siervo no podía ser desalojado de su terreno, un inquilino sí, no solo por el impago de la renta, sino por un simple capricho del propietario.[10]

Como sucede con muchas reformas sociales, la liberación de los siervos supuso otro paso en la consolidación del poder económico y político en manos de los ya poderosos. Personas que, libremente y durante generaciones, habían pastoreado sus rebaños, recogido leña y cazado en las tierras de su entorno, dejaron de poder hacerlo por un medio u otro.[11] Aquellas tierras que habían sido un bien común, propiedad de todos y de ninguno, se convirtieron en propiedad privada para siempre.

Si la propiedad constituye un hurto, el sistema legal que protege los derechos de propiedad privada es, por tanto, un sistema que perpetúa el delito. Al hacer de la propiedad algo inviolable, validamos el robo original. Esto no debería sorprendernos demasiado pues esas leyes las hicieron los mismos ladrones para legitimar sus mal conseguidas ganancias. Y así fue: en Roma, así como en otros lugares, los ricos y poderosos eran quienes se apoderaban de la tierra y, además, hacían las leyes.

Para que la lectora no crea que le estoy soltando un discurso marxista, insisto en aclarar que no defiendo la abolición de la propiedad privada. Por un lado, la mentalidad de la abolición

---

10 Hyde, *The Gift* (El obsequio), 121.

11. Como es natural, los campesinos se resistieron a ser despojados del procomún, fomentando la sangrienta lucha conocida en Alemania como Guerra de los Campesinos, una lucha que se repite una y otra vez por todo el mundo cuando el pueblo resiste la incursión de los derechos de propiedad en otro ámbito más de la relación humana. Como señala Hyde, "La Guerra de los Campesinos fue la misma guerra que la que los indios de América tuvieron que librar con los europeos, una guerra contra la comercialización de propiedades anteriormente inalienables".

supone un cambio ferviente, abrupto y discordante que se impone a los reacios a la fuerza. En segundo lugar, la propiedad privada no es más que un síntoma de una enfermedad más profunda (la Separación) y, si abordamos ese síntoma desde la mentalidad de la Separación, de la conquista, de vencer al mal, terminaremos con las mismas iniquidades en formas diferentes. Finalmente, incluso en el plano económico, el problema no es la propiedad privada *per se*, sino las ventajas injustas que trae consigo. Aunque está mal que alguien se beneficie de la mera posesión de lo que una vez fue común, todo el mundo se beneficia cuando los recursos se destinan a quienes le sacan mayor utilidad. Dichos recursos incluyen la tierra, el suelo, los minerales, los acuíferos y la capacidad de la atmósfera para absorber los residuos.

Necesitamos un sistema económico que desautorice los beneficios procedentes de la posesión pero que, aun así, recompense el espíritu del emprendedor que dice "conozco una forma de aprovecharla mejor", y que dé rienda suelta a ese espíritu. Los sistemas marxistas no solo eliminan las ganancias basadas en el control exclusivo de los escasos recursos de capital, sino que también impiden obtener beneficios de su uso eficaz. El resultado de ello es la ineficiencia y el estancamiento. ¿Podemos premiar a aquellos que mejor utilicen los recursos sin recompensar su mera propiedad? Este libro describe un sistema monetario que preserva la libertad de la propiedad privada sin permitir que sus propietarios acumulen ventajas injustas.

En todos los lugares y épocas en los que se privatizó el suelo, dicha privatización trajo consigo una concentración de la propiedad. En los primeros tiempos de la Antigua Roma, la tierra era propiedad colectiva (no particular), a excepción de una pequeña

parcela propia: "Los cultivos de maíz eran de derecho público".[12]
A medida que Roma se expandía mediante la conquista, las nuevas tierras iban dejando de ser "públicas" para pasar enseguida a manos de las familias más adineradas –la clase patricia–, estableciendo así la norma para los siglos venideros. Sus patrimonios también crecieron a expensas de los feudos plebeyos originales, cuyos propietarios solían verse llamados a servir en las legiones y, en cualquier caso, no podían competir económicamente con la mano de obra barata de los esclavos de las haciendas patricias. Así, acumularon deudas insuperables y, debido a que la tierra se había convertido en mercancía enajenable, se vieron obligados a abandonar sus haciendas para dedicarse a la mendicidad, al bandidaje o, si tenían suerte, a las profesiones artesanas de la urbe.

Cuando la fortuna del imperio dio un giro y se agotó el suministro de esclavos, muchos grandes terratenientes debieron recurrir a agricultores arrendatarios, llamados *coloni*, para que les cultivaran los campos. Obligados por sus deudas, esos arrendatarios acabaron convirtiéndose en los siervos medievales. Expliquémoslo de esta manera: si me debes una deuda impagable, estás obligado a pagarme, al menos, la mayor cantidad posible, y las ganancias de tu trabajo me pertenecen de ahora en adelante. Cuánto se parece esto a las normas promulgadas por la Ley de "Reforma" de la Bancarrota aprobada por el gobierno estadounidense en 2005, que obliga a la persona que se declara en quiebra a comprometer una porción de sus ingresos futuros a sus acreedores.[13] Cuán similar también a

---

12. Avila, Charles. *Ownership: Early Christian Teaching* (La propiedad: primeras enseñanzas cristianas), 16, citando una fuente antigua de H. F. Jolowicz y Barry Nicholas, *Historical Introduction to the Study of Roman Law* (Introducción histórica al estudio del derecho romano), 139.

13. Es más, muchos tipos de deuda, como la deuda tributaria, la pensión alimenticia y los préstamos estudiantiles, no resultan afectados por la bancarrota. *(sigue en la pág. siguiente)*

la situación de los países del Tercer Mundo, que se ven obligados a reestructurar sus economías y dedicar todo su superávit económico a la liquidación de la deuda. Estos son los equivalentes contemporáneos de aquellos siervos, obligados a trabajar para los dueños del dinero al igual que los siervos trabajaban para los dueños de la tierra. Esta condición se conoce como "peonaje por deudas".

El paralelismo entre la Antigua Roma y nuestro mundo actual resulta sorprendente. Tanto ahora como entonces, la riqueza se concentra cada vez más en manos de unos pocos. Ahora, como entonces, la gente se ve obligada a asumir deudas que no llegarán a saldar en su vida, simplemente para poder satisfacer sus necesidades cotidianas. En aquel entonces se hacía mediante el acceso a la tierra; hoy en día mediante el acceso al dinero. Aquellos esclavos, siervos y arrendatarios dedicaban toda una vida de trabajo al enriquecimiento de los terratenientes; hoy, los beneficios de nuestro trabajo acaban en manos de los propietarios del dinero.

En la historia del pensamiento radical, la comprensión de que la propiedad representa un robo suele ir acompañada de rabia y deseo de venganza contra los ladrones culpables. Sin embargo, el asunto no es tan simple. Los dueños de la riqueza, ya sea heredada o no, desempeñan un papel creado y requerido por los grandes relatos invisibles de nuestra civilización, que nos obligan a convertir el mundo en bienes y dinero, seamos conscientes de ello o no.

No malgastemos nuestra energía psíquica en odiar a los ricos, ni siquiera a los saqueadores originales. Nosotros, en su lugar, habríamos representado el mismo papel. De hecho, la mayoría de nosotros participa, de una manera u otra, en el constante hurto del

---

13. *(viene de la pág. anterior)* En el momento de este escrito, la deuda de préstamos estudiantiles supera, en los Estados Unidos, la deuda de las tarjetas de crédito, lo cual representa una enorme carga para los estudiantes que se gradúan.

procomún. No odiemos, no prolonguemos aún más la Era de la Separación ni perpetremos una revolución insuficientemente profunda, como la de los bolcheviques, que solo lograría re-crear el orden antiguo de forma diferente y distorsionada. Pero tampoco perdamos de vista la naturaleza del delito inconsciente de la propiedad y sus efectos, para que podamos revertir nuestro mundo a su abundancia original, que todavía yace latente.

La transición entre el derecho a beneficiarse de la tierra y su propiedad absoluta fue un proceso gradual que culminó en la práctica de la venta de terrenos a cambio de dinero. Tengamos en cuenta que se trató de una transformación conceptual (la tierra no admite ser posesión de nadie), una proyección humana sobre la realidad. La propiedad de la tierra (y toda forma de propiedad) dice más de nuestra percepción del mundo que de la naturaleza del bien poseído. La transición desde los primeros tiempos, cuando ser dueño de un terreno era tan impensable como ser dueño del cielo, el sol o la luna, hasta la actualidad, cuando prácticamente cada metro cuadrado de tierra constituye una propiedad de algún tipo, no es sino la transición de nuestra perspectiva de nosotros mismos en relación al universo.

LA TRADICIÓN GEORGISTA

La distinción entre el derecho de utilización y la posesión propiamente dicha refleja la distinción primitiva entre lo que se produce a través del esfuerzo humano y lo que ya existe. Este concepto persiste hoy en la distinción entre bienes "inmuebles" y "personales", y forma la base de miles de años de pensamiento reformista.

Dado que el Imperio Romano desarrolló el fundamento jurídico de los derechos de propiedad tal y como los conocemos en la actualidad, no es de extrañar que también diera lugar a algunas de las primeras críticas respecto a la propiedad. Personajes destacados de la Iglesia cristiana de los siglos III y IV dictaminaron con meridiana claridad que los productos de la tierra eran bienes a compartir entre todos. Ambrosio escribió: "Ricos y pobres disfrutan por igual de los espléndidos ornamentos del universo. ... La casa de Dios es común a ricos y pobres. ... Es la voluntad del Señor nuestro Dios que esta tierra sea posesión común de todos y que sus frutos sustenten a todos".[14] En otro escrito declara que la propiedad privada:

> ... no concuerda con la naturaleza, pues la naturaleza lo ha engendrado todo para todos en común. Así, Dios lo ha creado todo de tal manera que todas las cosas sean poseídas colectivamente. Por lo tanto, la naturaleza es la madre del derecho común, y la usurpación es la madre del derecho particular.[15]

Otros padres del cristianismo, en particular Juan Crisóstomo, Agustín, Basilio el Grande y Clemente, manifestaron opiniones similares, alentando a sus discípulos a seguir las enseñanzas de Jesús al pie de la letra y a entregar todas sus posesiones a los pobres. La suya no era una filosofía puramente teórica: muchos de esos líderes hicieron exactamente eso. Ambrosio, Basilio y Agustín, que habían sido hombres de considerable riqueza antes de entrar en el clero, regalaron todas sus posesiones.

Pese a los preceptos de sus fundadores, la Iglesia misma adquirió numerosas propiedades y se alió con el poder imperial. Las enseñanzas de Jesús se convirtieron en ideales etéreos que no se recomendaban en serio a nadie, y el Reino de Dios fue trasladado

---

14. En *Psalmum CXVIII Expositio,* 8, 22, PL 15:1303, citado por Avila, *op. cit.,* 72.
15. Avila, Charles. (2004) *op. cit.,* 74.

de la Tierra al Cielo. Esto supuso un paso importantísimo en la división conceptual entre espíritu y materia, que ha contribuido a hacer de la materialidad —sobre todo del dinero— algo profano en nuestros días. Y lo que resulta aún más irónico es que muchos de los que hoy profesan seguir las enseñanzas cristianas les han dado la vuelta totalmente al asociar el socialismo con el ateísmo y la riqueza privada con el favor de Dios.

Los primeros padres de la Iglesia hicieron referencias frecuentes a la distinción entre aquello que la gente produce con su propio esfuerzo y aquello que Dios dio a la humanidad para que todos lo usáramos en común. Muchos críticos sociales y económicos de los últimos siglos se han hecho eco de aquella indignación ante la apropiación de los bienes comunes y han desarrollado propuestas creativas para remediarla. Uno de los primeros críticos, Thomas Paine, escribió:

> Y como es imposible desligar la tierra de las mejoras resultantes del cultivo de esa tierra, dicho vínculo inseparable dio lugar a la idea de la propiedad privada; no obstante, es cierto que solo el valor de las mejoras, y no el de la tierra misma, es de propiedad individual. ... Todo propietario de tierras cultivadas, por ende, debe a la comunidad una renta del suelo (pues no conozco un término mejor para expresar este concepto) por la tierra que posee.[16]

El primer economista en desarrollar plenamente esa idea fue Henry George en *Progreso y miseria*, su elocuente clásico de 1879. Partía de prácticamente la misma premisa que Paine y los primeros cristianos:

---

16. Paine, *Agrarian Justice* (Justicia agraria), apdo. 11-12.

Pero, ¿quién creó la Tierra para que cualquier hombre pudiera reclamar tal propiedad sobre ella, o cualquier parte de ella, o el derecho a dar, vender o legarla? Puesto que la Tierra no la creamos nosotros, sino que es tan solo una morada temporal en la que una generación de hombres sigue a otra, y puesto que nos hallamos aquí, manifiestamente, con igual permiso del Creador, resulta manifiesto que nadie puede poseer ningún derecho exclusivo de propiedad sobre la tierra, y que los derechos de todos los hombres sobre la tierra han de ser iguales e inalienables. Debe haber un derecho exclusivo de posesión de la tierra, pues el hombre que la utiliza debe tener una posesión segura de la tierra a fin de cosechar los productos de su trabajo. Pero su derecho de posesión ha de estar limitado por la igualdad de derechos de todos y, por lo tanto, condicionado al pago de un equivalente a la comunidad por cualquier privilegio de valor especial que se le haya concedido al poseedor.[17]

¿Por qué debe uno beneficiarse del valor de la utilización de la tierra por el mero hecho de poseerla, sobre todo cuando el origen de esa propiedad se basa en una antigua injusticia? Como respuesta, Henry George propuso su famoso impuesto único, que es esencialmente un impuesto del cien por ciento sobre la "renta económica" derivada de la tierra. Este gravamen iba a ser implementado mediante un impuesto sobre el valor de la tierra, diferenciándolo de las mejoras de la tierra; por ejemplo, se tributaría por la tierra pero no por los edificios ni por los cultivos. Se llamaba "único" porque abogaba por la abolición de todos los demás impuestos, argumentando que gravar la propiedad privada legítima

---

17. Henry George, "The Single Tax" (El impuesto único).

es un robo equivalente a sacar provecho de algo que nos pertenece a todos. Los escritos de George provocaron un movimiento político masivo que casi resultó en su elección para la alcaldía de Nueva York pero, como era de esperar, el poder financiero establecido luchó contra él a cada oportunidad.[18] Las ideas de George se han adoptado esporádicamente en todo el mundo (los dos lugares donde he vivido la mayor parte de mi vida, Taiwán y Pensilvania, recaudan impuestos sobre el valor inherente a un terreno) y han influido enormemente en el pensamiento económico.

Uno de sus admiradores, Silvio Gesell, propuso un impuesto sobre la tierra muy similar al de George: la propiedad pública de todas las tierras, disponibles para el alquiler privado a un precio aproximadamente equivalente a la renta económica.[19] El razonamiento de Gesell es convincente y notablemente profético en su comprensión de la ecología y del ser conectado. Recomiendo este extraordinario pasaje de 1906:

> Con frecuencia escuchamos la frase: El hombre tiene un derecho natural a la Tierra. Pero eso es absurdo, porque sería igualmente correcto decir que el hombre tiene derecho a sus extremidades. Si hablamos de los derechos en este sentido, también debemos decir que un pino tiene derecho a hundir sus raíces en la tierra. ¿Acaso el hombre puede pasar su vida en un globo? La tierra pertenece al hombre, y forma parte orgánica de él. Concebir al hombre sin la tierra es como concebirlo sin cabeza o estómago. La tierra forma parte del hombre, es un órgano semejante a

---

18. Otro motivo de su derrota política fue que George era rígidamente dogmático, rechazando alianzas políticas con quienes no respaldaran sin concesiones su impuesto único.

19. *La renta económica* se refiere a las ganancias de la propiedad, tales como alquileres, regalías, dividendos e intereses.

la cabeza. ¿Dónde comienzan y terminan los órganos digestivos del hombre? No tienen principio ni fin; forman un sistema cerrado sin comienzo ni final. Las sustancias que el hombre requiere para mantenerse en vida son indigeribles en su estado natural, por lo cual deben pasar por un proceso digestivo preparatorio. Y esta labor preparatoria no la realiza la boca, sino la planta. Es la planta la que recoge y transmuta las sustancias para que puedan convertirse en nutrientes durante su avance a través del canal digestivo. Las plantas y el espacio que ocupan son parte del hombre, tanto como lo son la boca, los dientes o el estómago. ...

¿Cómo, entonces, podemos tolerar que individuos confisquen para sí mismos parcelas de tierra como si fueran de su propiedad exclusiva, o que erijan barreras y, con la ayuda de perros guardianes y esclavos entrenados, nos mantengan alejados de partes de la tierra, de partes de nosotros mismos, que nos arranquen miembros del cuerpo, por decirlo así? ¿No es este un procedimiento comparable a la automutilación?[20]

Gesell continúa, con gran floritura retórica, argumentando que tal mutilación es aún peor que la amputación de una parte del cuerpo, pues las heridas del cuerpo sanan, pero

... la herida que deja ... la amputación de una parcela de tierra supura para siempre y nunca se cierra. Al cumplirse el plazo para abonar la renta, en ese día de pago, se abre la herida y brota la sangre dorada. El hombre, sangrado hasta la palidez, avanza tambaleándose. La amputación de una parcela de

---

20. Gesell, *El orden económico natural*, tomo 3, cap. 5, "Argumentos para la nacionalización de la tierra".

nuestro cuerpo planetario es la más sangrienta de todas las operaciones; deja una enorme herida purulenta que no puede sanarse a menos que el miembro robado se injerte de nuevo.

Creo que esta es una herida que todos sentimos, no solo en la renta que va incorporada en el costo de todo lo que compramos, sino también como privación espiritual. Hace algún tiempo, una amiga francesa y yo íbamos en coche por las carreteras del centro de Pensilvania y nos sentimos atraídos por las suaves montañas y los grandes valles; parecía como si el suelo estuviera rogando ser pisado por nuestros pies. Así que decidimos buscar un lugar para estacionar nuestro vehículo y caminar. Condujimos durante una hora, pero no conseguimos encontrar un campo o bosque que no estuviera plagado de señales de "Prohibido el paso". Cada vez que veo una de esas señales, siento una punzada, una pérdida. Cualquier ardilla o venado es más libre que yo, porque esos letreros van dirigidos exclusivamente a los seres humanos. En ello reside un principio universal: el régimen de la propiedad, el cercado de lo que no nos pertenece, nos ha hecho más pobres a todos. La promesa de libertad que encerraba ese paisaje extenso y exuberante no era más que un espejismo. Las palabras de Woody Guthrie suenan a verdad:

Había un muro grande y alto que trató de detenerme.
El cartel estaba pintado, decía propiedad privada.
Pero al otro lado no decía nada.
Ese lado estaba hecho para ti y para mí.[21]

---

21. De la canción "This Land is Your Land" (Esta tierra es tu tierra). Estos versos generalmente se omiten de los cancioneros.

Después de trescientos años de expansión económica, estamos tan empobrecidos que carecemos de la riqueza y libertad de una ardilla. Los pueblos indígenas que vivían en América antes de que llegaran los europeos eran dueños de la tierra. Eran libres de decir simplemente: "Escalemos esa montaña. Nademos en ese lago. Pesquemos en ese río". Ni siquiera los más adinerados entre nosotros gozan hoy de esa libertad. Incluso una propiedad de mil millones de dólares tiene menor extensión que el territorio de un cazador-recolector.[22]

Esta situación no se da en la mayor parte de Europa; en Suecia, por ejemplo, el derecho de *Allemansrätt* permite a los ciudadanos caminar, recoger flores, acampar durante un día o dos, nadar o esquiar en un terreno privado (aunque no demasiado cerca de una vivienda). Conocí a un aficionado a los caballos que me contó cómo, en Irlanda, dejan abiertas las verjas de los caminos y pastizales de todas las granjas privadas. No existe el concepto de "violar la propiedad privada"; la tierra está abierta a todos. Los jinetes respetan a los campesinos tanto como respetan la tierra, limitándose a los perímetros para no perturbar a los animales ni los pastos. Al oír hablar de este sistema, pienso que no hay ningún estadounidense que pueda mirar las vastas extensiones de este país con sus verjas, vallas y señales de "prohibido el paso" sin una sensación de confinamiento o de pérdida. ¿Puedes sentir la "herida" de Gesell: que nos han amputado la tierra misma?

---

22. El lector podría pensar en la territorialidad de los animales, muchos de los cuales no son libres de vagar a sus anchas. Sin embargo, no todos los animales son territoriales y los que lo son exhiben, a menudo, territorialidad de grupo, no territorialidad individual. Así ha sucedido con los seres humanos durante la mayor parte de nuestra existencia. Como mínimo, cada persona tenía la libertad de todo el territorio tribal. ¿Deberíamos reducir hoy nuestro territorio hasta el nivel de la familia nuclear? O ¿deberíamos ampliar nuestra tribu para incluir toda la Tierra?

La enorme contribución de Gesell fue llevar más allá el pensamiento de George para aplicarlo, no solo a la tierra, sino al dinero, inventando un nuevo tipo de sistema monetario que describiré más adelante, tras sentar las debidas bases, como elemento clave de una economía sagrada.

La insistencia de Henry George en gravar solamente la tierra, que ya fue controvertida entre los progresistas de su tiempo, tiene aún menos sentido en estos momentos, cuando tantísimos bienes comunes han pasado a formar parte de la esfera de la propiedad privada.[23] La "comercialización de propiedades anteriormente inalienables" de la que habló Hyde ha ido mucho más allá de la tierra para abarcar casi todo lo esencial para la vida y la felicidad del ser humano. Nos han arrancado nuestras conexiones con la naturaleza, la cultura y la comunidad; primero nos despojan de ellas y luego nos las venden de vuelta. Hasta ahora me he centrado en la tierra, pero casi todos los demás bienes comunes han sufrido el mismo sino. La propiedad intelectual ofrece el ejemplo más obvio, y los derechos de autor que se derivan de ella desempeñan un papel similar al del alquiler de la tierra. (Si crees que la propiedad intelectual difiere de la propiedad de la tierra por tratarse de creaciones humanas, ¡sigue leyendo!). Pero hay una forma de propiedad que contiene y desbanca a las demás: la propiedad del dinero. En el ámbito de las finanzas, el interés desempeña el papel de las regalías

---

23. Hay otros problemas significativos en el programa de George. En particular, resulta muy difícil separar el valor de los terrenos del valor de las mejoras en ellos, sobre todo porque el valor intrínseco de la tierra está determinado no solo por sus características físicas, sino también por su ubicación en relación a otras parcelas de tierra con mejoras humanas. Al construir en un terreno, fomentas la construcción en terrenos cercanos, aumentando así el valor de tu propia tierra y desincentivando la construcción. Esta es una de las razones por las que prefiero el enfoque de arrendamiento de Gesell para resolver el problema de la renta económica.

y los alquileres, garantizando que la riqueza que fluye de la creatividad y el trabajo humanos fluya principalmente hacia quienes poseen dinero. El dinero es tan delictivo en sus orígenes como lo son otras formas de propiedad –un robo continuo que impulsa, a la vez que incorpora, la expropiación del procomún–.

Para devolver a la economía su carácter sacro, tenemos que enmendar ese hurto original porque se trata, en definitiva, del robo y la reducción de un obsequio divino; algo que en su día fue sagrado, único y personal se ha convertido en simple mercancía. No resulta inmediatamente obvio que el derecho a beneficiarse de la mera posesión de dinero sea tan ilegítimo como el derecho a beneficiarse de la mera propiedad de la tierra. Al fin y al cabo, el dinero, a diferencia de la tierra, es una creación humana. Obtenemos dinero de utilizar nuestros dones humanos, nuestro propio tiempo, energía y creatividad. ¿No es legítimo que las ganancias de ese trabajo correspondan al trabajador? Se podría decir que no todo el dinero es de origen ilegítimo, ¿verdad?

Esa visión es ingenua. De hecho, el dinero está profunda e irremediablemente implicado en la conversión del procomún de la tierra en propiedad privada, cuya etapa final y definitoria consiste en su reducción a una mercancía que se compra y se vende. Del mismo modo, otros elementos de nuestro legado natural y cultural se han visto cercados, convertidos en propiedades y finalmente en "bienes y servicios"; es decir, en dinero. Esto no significa que sea inmoral trabajar por dinero; al contrario, es inmoral que el dinero trabaje para ti. El interés es al capital lo que el alquiler a la tierra. El dinero representa el cadáver del procomún; es la encarnación de todo lo que antaño fue colectivo y libre y que ahora se ha transformado en propiedad, en su sentido más estricto. Los siguientes capítulos corroborarán esta afirmación al describir exactamente cómo y por qué el capital que genera interés provoca, por su misma naturaleza, la usurpación del procomún, la destrucción del planeta y el sometimiento de la gran mayoría de la humanidad a la servidumbre.

CAPÍTULO 5
EL CADÁVER DEL PROCOMÚN

Llamamos sinvergüenza al barón feudal que prohibía al campesino remover un terrón de tierra a menos que entregara una cuarta parte de la cosecha a su señor. Nos referimos a esos tiempos como bárbaros. Pero, aunque las formas han cambiado, las relaciones han permanecido iguales. El trabajador se ve forzado, bajo el denominado contrato libre, a aceptar obligaciones feudales. Y es que, vaya adonde vaya, no encontrará mejores condiciones. Todo se ha convertido en propiedad privada y él debe aceptarlo o morir de hambre.

—Peter Kropotkin

Detrás de cada gran fortuna se encuentra un gran crimen.

—Honoré de Balzac

A pesar de que, como es obvio, la existencia de la tierra es independiente del esfuerzo humano, no es tan diferente de cualquier otro tipo de propiedad. Consideremos primero la propiedad material, es decir, cualquier objeto hecho de metal, madera, plástico, plantas, animales, minerales, etc. ¿Acaso no son componentes de la tierra, alterados mediante la aplicación del esfuerzo humano? Por consiguiente, la distinción entre la tierra y sus modificaciones posteriors −la distinction entre le que ya existe y lo creado por el esfuerzo humano− no es más o menos válida para la tierra que para cualquier otro bien material. Todo lo que usamos y todo lo que poseemos está compuesto por pedacitos modificados de la tierra. Juntos forman el "capital natural" –la riqueza y la bondad que la naturaleza nos ha legado–. En un principio, esos bienes no eran propiedad de nadie; entraron en ese ámbito a medida que la tecnología amplió nuestro alcance y la mentalidad de la separación intensificó nuestra voluntad de poseer. Hoy, se han convertido en propiedad, formas de capital natural cuya existencia desconocíamos prácticamente: el espectro electromagnético, las secuencias de ADN e, indirectamente, la diversidad ecológica y la capacidad de la tierra para absorber los residuos industriales.[1]

Tanto si se ha convertido directamente en objeto de posesión –por ejemplo, el terreno, el petróleo o los árboles– como si aún constituye un bien comunal del que extraemos otros tipos de propiedad –el mar abierto– el Gran Procomún original se ha vendido: convertido primero en propiedad privada y luego en dinero. Es este último paso el que confirma que un bien ha completado definitivamente su metamorfosis en propiedad. El que algo se pueda comprar y vender libremente significa que ha quedado disociado de su matriz de relaciones original, es decir, se ha vuelto "alienable". Por ese motivo, el dinero se ha encarnado en sustituto de la tierra y de todos los demás bienes y, debido a eso también, cobrar una renta por su uso (interés) tiene las mismas repercusiones y representa la misma injusticia ancestral que cobrar renta por una parcela de tierra.

---

1. Los créditos por contaminación y otros planes similares buscan convertir en propiedad la capacidad de absorción de la Tierra. Pero incluso sin ellos, constituye ya un componente invisible que va incorporado en todo producto manufacturado, una aportación esencial de la que hay un suministro limitado. Aun sin derechos de propiedad explícitos, dicha capacidad de absorción se está tomando del procomún.

EL CAPITAL CULTURAL Y ESPIRITUAL

El capital natural es una de las cuatro grandes categorías de la riqueza común, que además comprende el capital social, cultural y espiritual. Cada una de ellas consta de bienes que antes fueron gratuitos, que formaban parte de una economía autónoma o del obsequio, y por los que ahora pagamos. Así pues, el objeto del robo no ha sido la madre Tierra sino la "madre cultura".

De esas otras categorías de capital, la más conocida en el discurso económico es el capital cultural, también denominado propiedad intelectual. En épocas anteriores, el gran fondo de historias, ideas, canciones, motivos artísticos, imágenes e inventos técnicos constituían un bien común al que todos podían recurrir para el placer y la productividad o para incorporarlo a otras innovaciones. En la Edad Media, los juglares escuchaban las canciones de otros juglares, tomaban las nuevas melodías que les gustaran, las modificaban y las hacían circular nuevamente en el procomún musical. Los artistas actuales y sus patrocinadores corporativos se esfuerzan por registrar y proteger cada nueva creación y persiguen enérgicamente a cualquiera que intente incorporar esas canciones en las suyas propias. Lo mismo ocurre en todos los demás ámbitos creativos.[2]

La justificación moral para la propiedad intelectual es, una vez más: "Si soy dueño de mí mismo y mi poder de trabajo me

---

2. Las productoras cinematográficas, por ejemplo, necesitan departamentos legales para la "adquisición de derechos" a fin de impedir la utilización involuntaria de alguna imagen con derechos de autor en su película. Estas podrían incluir imágenes de muebles de diseño, edificios, logotipos de marcas y ropa, es decir, casi todo lo creado por el ser humano. Como resultado, se ha sofocado la creatividad y se ha desechado gran parte del arte más interesante como ilegal. (Esto es inevitable cuando el arte plasma cosas de la vida que nos rodea para su temática y esas cosas ya forman parte del ámbito de la propiedad).

pertenece, lo que produzco también es mío". Pero aun aceptando la premisa de que "soy dueño de mí mismo", el supuesto implícito de que las creaciones artísticas e intelectuales surgen *ex nihilo* de la mente del creador, al margen del contexto cultural, es absurdo. Cualquier creación intelectual (incluyendo este libro) contiene fragmentos del mosaico cultural que nos rodea así como del fondo de imágenes, melodías e ideas que están profundamente grabadas en la psiquis humana, o incluso forman parte innata de ella. Así es como lo expresa Lewis Mumford: "Una patente es un dispositivo que le permite a un hombre reclamar recompensas económicas especiales por ser el último eslabón en el complicado proceso social que ha producido el invento".[3] Lo mismo sucede con las canciones, las historias y demás innovaciones culturales. Al transformarlas en propiedad privada, estamos amurallando algo que no es nuestro; estamos robando del procomún cultural. Y dado que, como en el caso de la tierra, esas parcelas del procomún cultural producen riqueza por sí mismas, ese robo representa un continuo delito que contribuye a la brecha entre ricos y pobres, entre propietarios e inquilinos, entre acreedores y deudores. El anarquista ruso Peter Kropotkin explicó esta cuestión con elocuencia:

> Toda máquina tiene el mismo pasado −una larga historia de noches de insomnio y de pobreza, de desilusiones y de alegrías, de mejoras parciales descubiertas por varias generaciones de trabajadores anónimos, que han ido mejorando el invento original con esas pequeñas nimiedades, sin las cuales hasta la idea más

---

3. Mumford, *Technics and Civilization* (Técnica y civilización), 142. Por supuesto, la persona que realiza la última fase del proceso de invención merece recompensa por su ingenio y esfuerzo, pero también hay que reconocer el contexto social. Esto sucede cada vez menos, pues los períodos de las patentes y los derechos de autor se han expandido de una o dos décadas, en un principio, a un siglo o más, en algunos casos.

fértil seguiría siendo infructuosa–. Es más, cada nuevo invento es una síntesis, es el resultado de innumerables inventos que lo han precedido en el inmenso campo de la mecánica y la industria.

La ciencia y la industria, el conocimiento y su aplicación, el descubrimiento y su puesta en práctica –que llevan, a su vez, a nuevos descubrimientos, llenos de astucia y habilidad, de un duro trabajo tanto mental como muscular–, todo ello funciona conjuntamente. Cada descubrimiento, cada avance, cada incremento de la suma de las riquezas humanas se debe al trabajo físico y mental del pasado y del presente.

¿Con qué derecho, entonces, puede cualquiera apropiarse del más mínimo bocado de este inmenso todo y decir: esto es mío, no tuyo?[4]

Estas consideraciones me han impulsado a ofrecer mis libros gratuitamente en Internet y a renunciar a algunos de los derechos de autor normales. No podría haber escrito este libro aislado de una inmensa matriz orgánica de ideas, una mancomunidad de capital cultural que no tengo ningún derecho legítimo a restringir.[5]

El capital espiritual es más sutil. Se refiere a facultades mentales y sensoriales como, por ejemplo, la capacidad de concentrarse, de crear mundos imaginarios y de obtener placer de la experiencia de la vida. Cuando yo era niño, poco antes de que la televisión y los videojuegos llegaran a dominar el mundo infantil en Estados

---

4. Kropotkin, *The Conquest of Bread* (La conquista del pan), cap. 1.

5. Una discusión detallada de los derechos de propiedad intelectual está fuera del alcance de este libro. Ciertamente, he hecho una contribución a esta matriz de ideas (¡al menos así lo creo!) y merezco ser apoyado en mi trabajo. Sin embargo, me parecería una tacañería impedir que otras personas incorporaran mis escritos y otras creaciones en nuevas creaciones propias. Desde un punto de vista práctico, abogo por una amplia expansión de la doctrina del "uso justo" y una reducción drástica de los plazos de los derechos de autor y de las patentes.

Unidos, creábamos nuestros propios mundos con tramas complejas, ensayando así las tecnologías psíquicas que los adultos pueden utilizar para modelar sus vidas y su realidad colectiva: formando una visión, contando una historia en torno a esa visión que asigna significados y roles, interpretando esos roles, etc. Hoy, esos mundos de la imaginación vienen prefabricados por los estudios de televisión y las compañías de software, y los niños recorren mundos vulgares, chabacanos y a menudo violentos, creados por desconocidos ajenos. Esos mundos vienen con imágenes prefabricadas también, atrofiando así la capacidad de los niños para formar sus propias imágenes (lo que denominamos imaginación). Incapaz de visualizar un mundo nuevo, la niña crece acostumbrada a aceptar cualquier realidad que le venga dada.[6] ¿Estará contribuyendo esta situación a la pasividad política del público estadounidense?

Otro factor que reduce el capital espiritual es la intensa estimulación sensorial de los medios electrónicos. Las películas de acción de hoy en día, por ejemplo, son tan veloces y estruendosas, tan extremadamente excitantes, que las películas antiguas resultan aburridas en comparación, por no mencionar los libros o el mundo de la naturaleza. A pesar de mis esfuerzos por limitar su exposición a los excesos contemporáneos, mis hijos apenas soportan ver cualquier película hecha antes de 1975. Una vez habituados al estímulo intenso, en su ausencia padecemos el síndrome de abstinencia que llamamos aburrimiento. Al volvernos dependientes, nos vemos obligados a pagar por algo que, en su día, estuvo a nuestro alcance por el simple hecho de estar vivo. Un bebé o un cazador-recolector se queda fascinado observando los serenos procesos de la natura-

---

6. O no acepta ninguna realidad, descartándolo todo como tantas otras imágenes y símbolos. Por un lado, esto le permite "discernir lo que hay detrás de la mentira", pero por otro, le fomenta su escepticismo y hastío.

leza: una ramita flotando en el agua, una abeja visitando una flor u otros detalles que escapan a la anémica capacidad de atención de los adultos de hoy. Al igual que los *coloni* romanos debían pagar por usar la tierra que necesitaban para su supervivencia, hoy en día, la mayoría pagamos a los dueños de los procesos, de los medios de comunicación y del capital invertido en crear la estimulación sensorial extrema que ansiamos para sentirnos vivos.

Quizás no resulte tan evidente que el capital espiritual constituya un bien común, porque lo que se apropia en este caso es, en realidad, algo en lo cual centrar la atención. Las facultades de la mente humana a las que denomino capital espiritual no existen de forma aislada; nuestra educación, nuestra crianza y nuestro entorno cultural son los que las potencian y las canalizan. Nuestro poder de imaginación y nuestra capacidad de obtener satisfacción sensorial son, en gran parte, una facultad colectiva. Hoy ya no podemos desarrollar esa facultad a partir de las fuentes de libre acceso que nos brindan la mente y la naturaleza, sino que debemos adquirirla de sus nuevos dueños.

La atención colectiva de la raza humana es un bien comunal semejante a la tierra o el aire, como materia prima de la creatividad humana que es. Fabricar una herramienta, realizar un trabajo o cualquier otra actividad requiere que centremos nuestra atención en esa tarea en lugar de en otra cosa. La ubicuidad de la publicidad y de los medios de comunicación en nuestra sociedad acapara la atención colectiva del ser humano y merma nuestra herencia divina. Cuando viajo por carretera, dondequiera que mire, veo alguna valla publicitaria. En el metro, en Internet, en la calle, hay mensajes publicitarios que compiten por captar nuestra atención. Se infiltran en nuestros pensamientos, en nuestras narrativas, en nuestro diálogo interno y, a través de estos, encauzan nuestras emociones, deseos y creencias hacia la creación de productos y ganancias. Nuestra atención apenas nos pertenece ya; así de fácil es dejarse manipular por los poderes de la política y del comercio.

Después de tanto tiempo sometida a la manipulación y la fragmentación, habiéndose habituado a los estímulos intensos, al zarandeo entre un objeto estridente (y vacío) y otro, nuestra atención está tan dividida que nos vemos incapaces de mantenerla el tiempo suficiente como para crear algo independiente de los programas que nos rodean. Perdemos la capacidad de centrar el pensamiento, de captar los matices y ponernos en la piel de otra persona. Susceptibles a cualquier relato simplista que apele a las emociones viscerales, nos hemos convertido en blancos fáciles, no solo para la publicidad, sino también para la propaganda, la dema-gogia y el fascismo. Todo ello sirve al poder del dinero de diversas maneras.

LA SOCAVACIÓN DE LA COMUNIDAD

El tipo de capital más importante para el propósito de este debate es el capital social. El capital social se refiere principalmente a las relaciones y las habilidades, a los "servicios" que las personas solían realizar para sí mismas y para los demás en la economía de la generosidad, tales como la preparación de la comida, el cuidado infantil, la atención sanitaria, la hospitalidad, el entretenimiento, el asesoramiento, el cultivo de alimentos, la fabricación de ropa y la construcción de viviendas. Apenas una o dos generaciones atrás, muchas de esas funciones estaban considerablemente menos comercializadas que hoy en día. Cuando yo era chico, comer en un restaurante era un capricho poco frecuente para la mayoría y era habitual que los vecinos cuidaran a los hijos de los demás después de la escuela. La tecnología ha sido instrumental en el traspaso de las relaciones humanas al ámbito de los "servicios", del mismo modo que ha ido traspasando partes cada vez más profundas y ocultas de la tierra al ámbito de las mercancías. Por ejemplo, la tecnología que dio lugar al fonógrafo y a la radio contribuyó a convertir la música —algo que la gente solía crear por sí misma— en un artículo comercial. Las tecnologías de almacenamiento y transporte han hecho lo mismo con la transformación de los alimentos.

En general, la sofisticada división del trabajo que acompaña a la tecnología nos ha llevado a depender de desconocidos para casi todo lo que utilizamos, haciendo improbable que nuestros vecinos dependan de nosotros para cualquier cosa que produzcamos. Por lo tanto, ha habido una escisión entre los lazos económicos y los lazos sociales, lo cual nos deja con poco que ofrecer a nuestros vecinos, así como pocas ocasiones para conocerlos.

La monetización del capital social significa la socavación de la comunidad. No debería sorprendernos que el dinero esté estrechamente ligado a la desintegración de la comunidad, porque el dinero es el epítome de lo impersonal. Si dos bosques distintos se convierten en dinero, acabarán siendo lo mismo. Aplicado a las culturas, el mismo principio crea una monocultura global en la que todo servicio es un servicio remunerado. Cuando el dinero media en todas nuestras relaciones, nosotros también perdemos nuestra singularidad para convertirnos en un consumidor estándar de bienes y servicios estándar y un funcionario estándar que realiza otros servicios. Cualquier relación económica personal se vuelve insignificante porque siempre podemos "pagar a otra persona para que lo haga". No es de extrañar que, por mucho que nos esforcemos, nos resulte tan difícil crear una comunidad. Ni es de extrañar que nos sintamos tan inseguros, tan reemplazables. Todo ello se debe a la conversión –impulsada, como veremos, por el interés– de lo singular y lo sagrado en algo genérico y monetizado. En *The Ascent of Humanity* (El ascenso de la humanidad) escribí:

> "No nos necesitamos los unos a los otros en realidad". ... ¿Qué mejor manera de describir la pérdida de lo comunitario en el mundo de hoy? No nos necesitamos los unos a los otros en realidad. No tenemos por qué conocer a quienes cultivan, transportan y procesan nuestros alimentos, ni a quienes hacen nuestra ropa, ni a quienes construyen nuestra vivienda, ni a quienes crean nuestra música, ni a quienes fabrican o reparan nuestro automóvil; ni siquiera necesitamos conocer a quienes cuidan de nuestros hijos mientras estamos en el trabajo. Dependemos de la función, pero nuestra dependencia de la persona que cumple esa función es meramente casual. Nos basta con pagar a alguien para que haga lo que necesitemos (o para que pague a otro que lo haga), siempre y cuando dispongamos de dinero. Y ¿cómo conseguimos el dinero? Mediante la realización de alguna otra labor especializada que, probablemente, consiste en que tal persona nos pague para que hagamos algo por ella...
>
> Las necesidades de la vida se han puesto en manos de especialistas, dejándonos sin nada significativo que hacer (más allá de nuestro campo de especialización) salvo entretenernos. Mientras tanto, los pocos quehaceres de la vida cotidiana que nos quedan son actividades mayormente solitarias: trasladarnos de un lugar a otro, ir de compras, pagar facturas, cocinar alimentos precocinados o realizar tareas domésticas, ninguna de las cuales requiere de la ayuda de vecinos, parientes o amigos. Desearíamos tener más relación con nuestros vecinos; nos consideramos personas amables y les ayudaríamos con gusto,

pero poco podemos hacer por ellos. Y es que todos somos auto-suficientes en nuestras cajas-vivienda. O, mejor dicho, somos autosuficientes respecto a las personas que conocemos pero dependemos más que nunca de completos desconocidos que viven a miles de kilómetros de distancia.

La mercantilización de las relaciones sociales nos deja con una sola actividad colectiva: consumir. Y el consumo colectivo no contribuye en absoluto a construir una comunidad porque no precisa de obsequios. Creo que la lamentable vacuidad de la mayoría de las reuniones sociales se debe a la creciente consciencia de que no nos necesitamos mutuamente. Yo no necesito que me ayudes a consumir alimentos, bebidas, medicamentos o entretenimiento. El consumo no invita al obsequio, no invoca a nuestro verdadero ser. La comunidad y la intimidad no pueden surgir del consumo colectivo, sino únicamente de dar y co-crear.

Cuando la derecha libertaria estadounidense aclama la invio-labilidad de la propiedad privada, perpetúa involuntariamente la necesidad de ese Estado benefactor al que tanto desprecia. En ausencia de cualquier lazo comunitario, los individuos atomizados restantes dependen de una autoridad remota −un Estado legal-mente constituido− para muchas de las funciones sociales que antes desempeñaban las estructuras de la comunidad: la seguridad, la resolución de conflictos y la asignación del capital social colectivo. La apropiación y privatización de la esfera económica nos deja desamparadamente independientes, por así decirlo, independien-tes de cualquier persona conocida y dependientes de instituciones impersonales y coactivas que nos gobiernan desde la lejanía.

Cuando le pregunto a la gente qué es lo que más echa en falta en su vida, la respuesta más frecuente es "vivir en comunidad".

Pero ¿cómo podemos construir una comunidad cuando todos sus pilares —lo que hacemos los unos por los otros— se han convertido en dinero? La comunidad se teje con obsequios. A diferencia de las transacciones monetarias o el trueque, en las que cualquier obligación queda saldada una vez finalizado el intercambio, el obsequio siempre conlleva la oferta de futuros obsequios. Cuando nos regalan algo, nos sentimos en deuda; la gratitud es el reconocimiento de haber recibido y el deseo de dar a su vez. ¿Pero qué regalos existen hoy? Ni las necesidades más básicas, como la comida, la vivienda o la ropa, ni el entretenimiento, ni los cuentos, ni los cuidados sanitarios se regalan: todo el mundo compra esas cosas. De ahí la necesidad que muchos sentimos de huir de todo para volver a una vida más autosuficiente donde construir nuestra propia vivienda, cultivar nuestros propios alimentos y hacer nuestra propia ropa, en comunidad. Aunque este movimiento tiene sus méritos, dudo de que el ansia de vivir en comunidad impulse a mucha gente a retroceder a una forma tan trabajosa de hacer las cosas. Pero aparte de alejarnos de la especialización laboral y la maquinización de la edad moderna, existe otra solución, que brota del hecho de que el dinero no colma en absoluto muchas de nuestras necesidades. Hay necesidades muy importantes que siguen insatisfechas hoy, y el dinero, debido a su carácter impersonal, es incapaz de satisfacerlas. La comunidad del futuro surgirá de las necesidades que el dinero, por su propia naturaleza, no puede colmar.

Ahora entenderás por qué me refiero al dinero como "el cadáver del procomún". La conversión del capital natural, cultural, social y espiritual en dinero supone la culminación de su poder de homogeneizar todo lo que toca, tal como lo describe Richard Seaford: "Al reducir la individualidad a la impersonalidad homogénea, el poder del dinero se asemeja al poder de la muerte".[7] De hecho, el día en que todos los bosques se hayan convertido en madera, y todo ecosistema se haya pavimentado, y todas las relaciones humanas se hayan reemplazado por un servicio, cesarán los procesos mismos de la vida social y planetaria. Lo único que quedará será el dinero, frío y muerto, tal como se previno en el mito del Rey Midas hace ya muchos siglos. Estaremos muertos pero seremos muy, muy ricos.

LA CREACIÓN DE NECESIDADES

Los economistas dirían que artículos como los fonógrafos, las excavadoras y otros avances tecnológicos nos han enriquecido, al representar nuevos bienes y servicios que antes no existían. A un nivel profundo, sin embargo, las necesidades humanas que esas cosas sacian no son nuevas. Lo único que hacen es saciarlas de forma diferente —una forma por la que ahora debemos pagar—.

Consideremos las telecomunicaciones, por ejemplo. Los seres humanos no tenemos ninguna necesidad abstracta de comunicarnos a larga distancia. Pero sí sentimos la necesidad de mantenernos en contacto con las personas a quienes nos unen vínculos emocionales y económicos. En tiempos pasados, esas personas solían encontrarse a poca distancia. A un cazador-recolector o a un campesino ruso del siglo XIV no le habría servido de mucho un teléfono. Los teléfonos comenzaron a satisfacer una necesidad a partir del momento en que otros desarrollos tecnológicos y culturales dispersaron a los seres humanos cada vez más, separando a las familias y las comunidades locales. Así pues, la necesidad fundamental que satisfacen no representa nada nuevo bajo el sol.

---

7. Seaford, *Money and the Early Greek Mind* (El dinero y la mente griega temprana), 157.

Consideremos también otra oferta tecnológica, a la que mis hijos –para mi gran consternación– parecen sentirse irresistiblemente atraídos: los fantasiosos juegos de rol online en los que participan multitud de jugadores. La necesidad que estos juegos suplen tampoco es nada nuevo. Los preadolescentes y adolescentes sienten el ímpetu de explorar, vivir aventuras y establecer una identidad mediante interacciones con compañeros que comparten ese espíritu aventurero. Esto también sucedía en el pasado, en el mundo exterior real. Cuando yo era niño, aunque no gozábamos, ni mucho menos, de la libertad que habían vivido generaciones anteriores –como queda patente en *Las aventuras de Tom Sawyer*–, mis amigos y yo a veces deambulábamos durante kilómetros hasta llegar a un arroyo, un pozo de mina abandonada, una colina no urbanizada o las vías del tren. Hoy en día, apenas vemos a pandillas de muchachos caminando por el campo. Esto se debe a que cada parcela de tierra está cercada y marcada con letreros de "prohibido el paso", a que la sociedad está obsesionada con la seguridad y a que los niños se ven desbordados por un apretado horario de actividades y la obligación de rendir al máximo. La tecnología y la cultura han privado a nuestros hijos de algo que necesitan de forma innata, para vendérselo luego en forma de videojuego.

Aún recuerdo el día en que me di cuenta de esto. Estaba mirando casualmente un episodio de la serie de los Pokémon, que trata básicamente de tres niños que deambulan de un lugar a otro para vivir aventuras mágicas. Esos personajes televisivos ficticios –de marca registrada– vivían las aventuras mágicas que los niños solían tener en el mundo real. Pero ahora tienen que pagar (mediante la publicidad) por el privilegio de verlas. Todo ello ha contribuido a aumentar el PIB. Se han creado nuevos "bienes y servicios" (todo aquello que forma parte de la economía del dinero) que reemplazan funciones anteriormente realizadas de forma gratuita.

Basta con reflexionar un poco para darse cuenta de que casi todos los bienes y servicios disponibles actualmente satisfacen necesidades que antes se satisfacían gratis. ¿Y qué hay de la tecnología médica? Si comparamos nuestra pobre salud actual con la maravillosa vitalidad de la que disfrutaban los cazadores-recolectores y agricultores primitivos, resulta evidente que estamos comprando, a un gran costo, nuestra capacidad de rendimiento físico. ¿Y el cuidado de los niños? ¿Y el procesamiento de los alimentos? ¿Y el transporte? ¿Y la industria textil? Las limitaciones de espacio no me permiten analizar cada una de estas necesidades que nos han sido robadas y luego vendidas. Pero sí destacaré otro hecho que corrobora mi punto de vista: Si el crecimiento económico estuviera impulsando realmente la satisfacción de nuevas necesidades por medios tecnológicos y culturales, ¿no deberíamos sentirnos más realizados que cualquiera de los seres humanos que nos precedieron?

¿Acaso nos sentimos más felices, más plenos, por tener películas en lugar de narradores de historias tribales, o reproductores de mp3 en lugar de reuniones alrededor de un piano? ¿Somos más felices consumiendo alimentos producidos en masa que comiendo productos del campo de un vecino o de nuestro propio huerto? ¿Somos más felices en nuestras viviendas prefabricadas o McMansiones que los colonos de Nueva Inglaterra en sus casas de piedra o los indios americanos en sus tiendas wigwam? ¿Somos más felices? ¿Se ha satisfecho alguna necesidad nueva?

Aunque no sea así, no descartaré la tecnología en su conjunto, pese a la tremenda ruina que ha causado a la naturaleza y a la humanidad. De hecho, los logros de la ciencia y la tecnología sí satisfacen ciertas necesidades importantes, necesidades que serán motores clave de una economía sagrada, y que comprenden la necesidad de explorar, jugar, conocer y crear lo que en el movimiento de la nueva economía llamamos "cool stuff" (inventos geniales). En una *sacroeconomía*, la ciencia, la tecnología y la especialización laboral que requieren seguirán siendo agentes para la satisfacción de esas necesidades. De hecho, ya se puede ver ese noble propósito en el mundo de la ciencia y la tecnología; es como un gen recesivo que surge inconteniblemente pese a su eterna comercialización. Ese espíritu de asombro, esa emoción y ese entusiasmo por lo novedoso residen en el corazón del auténtico científico o inventor. Cada institución del viejo mundo tiene su equivalente en el nuevo, la misma nota en otra octava. Así pues, no instamos a una revolución que erradique lo viejo para crear lo nuevo desde cero. Esa clase de revolución ya se ha intentado, con los mismos resultados una y otra vez, porque esa mentalidad es en sí misma parte del viejo mundo. La *sacroeconomía* forma parte de otro tipo de revolución totalmente diferente que pretende transformar, no purgar. En esta revolución, los perdedores ni siquiera se darán cuenta de que han perdido.

Son muy pocos los productos comerciales y tecnológicos que, hasta hoy, han suplido las necesidades anteriormente mencionadas. No solo seguimos sin satisfacer nuestro deseo de jugar, explorar y asombrarnos, sino que incluso la satisfacción de nuestras necesidades físicas conlleva grandes esfuerzos y una enorme ansiedad. Esto contradice la afirmación de los economistas de que, aunque no se sacien nuevas necesidades, la tecnología y la división del trabajo nos permiten saciar las necesidades existentes de forma más eficaz. Se dice que una máquina puede realizar el trabajo de mil hombres y que una computadora puede coordinar el trabajo de mil máquinas. Por eso los futuristas, desde el siglo XVIII, han venido pronosticando una inminente era del ocio. Pero esa era nunca llegó y, de hecho, parece que se ha alejado aún más en los últimos treinta y cinco años. Obviamente, algo no está funcionando.

Uno de los dos supuestos primordiales de la economía es que los seres humanos tendemos a actuar racionalmente por interés propio, y que lo que nos interesa es el dinero. Dos personas solo llevarán a cabo un canje (por ejemplo, comprar algo con dinero) si ese canje beneficia a ambas. Y cuantos más intercambios se realicen, más beneficios se obtienen. Por consiguiente, los economistas asocian el dinero con la "utilidad" de Bentham –es decir, el bien–. Esa es una de las razones por las cuales el crecimiento económico representa el Santo Grial incontestable de la política económica: cuando la economía crece, sube el supuesto nivel del bien en el mundo. ¿Qué político no querría atribuirse el mérito de un crecimiento económico?

La lógica económica dicta que cuando se crea un nuevo bien o servicio, el hecho de que alguien esté dispuesto a pagar por él implica, supuestamente, que le reporta algún beneficio. En cierto sentido estrecho, eso es verdad. Si yo te robo las llaves del auto, puede que te beneficie comprármelas de vuelta. Si te robo un terreno, quizá te convenga alquilármelo de vuelta para poder sobrevivir. Pero es absurdo citar las transacciones monetarias como prueba de un aumento de utilidad generalizado; o, mejor dicho, presupone que las necesidades que satisfacen no estaban satisfechas ya. Si simplemente pagamos por algo que antes obteníamos mediante la autogestión o la economía del obsequio, la lógica del crecimiento económico sería incorrecta. Existe una motivación ideológica oculta detrás de la teoría de que la vida primitiva era, en palabras de Hobbes, "solitaria, pobre, cruel, brutal y corta". Un pasado tal justificaría el presente, que en realidad, y en diversos sentidos, muestra todas las características descritas por Hobbes. ¿Cómo es la vida enclaustrada de las zonas residenciales sino solitaria? ¿Cómo es la vida en África Ecuatorial sino corta?[8] ¿Ha existido alguna época comparable al último siglo en su crueldad y brutalidad? Tal vez la visión hobbesiana del pasado como una dura lucha por la supervivencia sea, en realidad, una proyección ideológica de nuestra propia condición.

Para que la economía crezca, debe crecer también la cantidad de bienes y servicios a los que se les ha asignado un valor monetario. El dinero tiene que suplir cada vez más necesidades. El Producto Interior Bruto (PIB) se define, de hecho, como la suma total de los bienes y servicios que produce una nación, y solo incluye los que se intercambian por dinero.

Si yo cuido a tus hijos desinteresadamente, los economistas no lo contarán como un servicio ni lo añadirán al PIB ya que no sirve para pagar una deuda financiera. No puedo ir al supermercado y decir: "he cuidado a los hijos de mis vecinos esta mañana, así que dame comida por favor". Pero si abro una guardería y te cobro dinero, creo un "servicio", sube el PIB y, según los economistas, la sociedad se hace más rica. He hecho crecer la economía y aumentado el bien en el mundo. Los "bienes" son esos objetos por los que pagas dinero. Dinero = Bien. Esa ha sido la ecuación de nuestro tiempo.

Lo mismo ocurre si talo un bosque y vendo la madera. Mientras siga en pie e inaccesible, el bosque no constituye un bien. Solo se transforma en "bien" cuando construyo un camino forestal, contrato mano de obra, lo talo y lo transporto a un comprador. Si

---

8. La vida contemporánea también es breve: pese a la esperanza de vida relativamente elevada, a una persona muy ocupada y apresurada, la vida se le hace corta.

convierto un bosque en madera, en mercancía, el PIB sube. Del mismo modo, si compongo una nueva canción y la comparto gratuitamente, el PIB no sube y la sociedad no se considera más rica, pero si la registro y la vendo, se convierte en un bien. O puedo buscar una sociedad tradicional que utilice hierbas y técnicas chamánicas para la curación, destruir su cultura, obligarla a la compra de productos farmacéuticos, desalojarla de sus tierras para que no pueda subsistir de su agricultura y se vea obligada a comprar comida, desbrozar el terreno y contratar a sus habitantes en una plantación bananera; de ese modo habré enriquecido al mundo, habré trasladado varias funciones, relaciones y recursos naturales a la esfera del dinero.

Cada vez que una persona paga por algo que antes recibía como obsequio, o que hacía por sí misma, sube el nivel del "bien" en el mundo. Cada árbol talado y convertido en papel, cada idea acaparada y convertida en propiedad intelectual, cada niño que usa videojuegos en lugar de crear mundos de fantasía, cada relación humana que se convierte en un servicio pagado, va agotando poco a poco el procomún natural, cultural, espiritual y social para convertirlo en dinero.

Si un profesional de guardería cuida a cuarenta niños a la vez, supone menos horas de trabajo, ciertamente, que si los padres se quedan en casa para cuidarlos ellos mismos. También resulta más eficiente cultivar campos de cientos de hectáreas con mega-tractores y productos químicos que producir la misma cantidad de alimentos en cien explotaciones pequeñas utilizando herramientas manuales. Pero toda esta eficacia no nos ha dado más tiempo libre ni ha satisfecho ninguna necesidad fundamentalmente nueva. La eficiencia no hace más que suplir necesidades ancestrales mediante una elaboración obscena e interminable, llegando finalmente al extremo de armarios llenos de ropa y zapatos casi nuevos que van a parar a la basura.

El carácter limitado de las necesidades humanas ha suscitado problemas desde el comienzo de la era industrial, empezando por la industria textil. A fin de cuentas, ¿cuántas prendas de vestir necesita realmente una persona? La solución a la inminente crisis de sobreproducción ha sido manipular a la gente para que colme en exceso su necesidad de ropa. Empezó con la industria de la moda que, de una manera sorprendentemente consciente y cínica, alentó a los aspirantes a dandy a estar al día de las nuevas tendencias. La gente aceptó esto, en parte, porque las vestimentas ocupan un lugar especial en todas las culturas al satisfacer necesidades de diversa índole, ya sean sagradas, festivas, solemnes o de diversión, y satisfacen en gran medida una profunda necesidad de identidad social. Adornar nuestros cuerpos es tan natural como condimentar la comida, así que no se está saciando ninguna necesidad nueva. Para suplir la misma necesidad, simplemente se dedica una cantidad cada vez más elevada de medios de producción, de forma cada vez más elaborada.

Por otra parte, la misma industrialización que introdujo la producción textil en masa también provocó la desintegración social que destruyó comunidades tradicionales y propició la susceptibilidad de la gente al sector de la moda. Describí esto en un contexto algo más amplio en *The Ascent of Humanity* (El ascenso de la humanidad):

Para introducir el consumismo en una cultura previamente aislada es necesario derribar primero su sentido de identidad, del siguiente modo: perturbar sus redes de reciprocidad mediante la oferta de artículos de consumo del exterior; erosionar su autoestima con imágenes glamorosas de Occidente; menospreciar sus mitologías a través de obras misioneras y de la enseñanza científica; desmantelar sus formas tradicionales de transmitir conocimientos autóctonos mediante la escolarización con currículos foráneos; destruir su idioma proporcionando dicha enseñanza en inglés u otro idioma nacional o mundial; y truncar sus lazos con la tierra mediante la importación de alimentos baratos para hacer poco rentable la agricultura local. Así es como se crea un pueblo hambriento del calzado deportivo perfecto.

La crisis de sobreproducción, que ocurre cuando una necesidad ha quedado básicamente cubierta, se resuelve traspasándola a otra necesidad. Una forma igualmente válida de ver esto es que diversos tipos de riqueza natural, social, cultural y espiritual van dejando de ser bienes comunes para convertirse en propiedad y, luego, en dinero. Cuando el capital social de la fabricación textil (es decir, las habilidades y tradiciones, así como los medios para su transmisión) se transforma en mercancía y ya nadie hace ropa más allá de la economía monetaria, es hora de vender aún más prendas y destruir aún más estructuras sociales en las que se sustenta la identidad de un pueblo. La identidad pasa a ser mercancía, y la ropa —entre otros artículos de consumo— viene a representar esa pseudo-identidad.

La ecología social del obsequio —las habilidades, costumbres y estructuras sociales compartidas que satisfacen necesidades mutuas— es una fuente de riqueza tan abundante y contiene tantas vetas de tesoros como la ecología natural y la Tierra que la sustenta. La pregunta es, ¿qué pasa cuando todas estas formas de capital común se agotan? ¿Qué pasará cuando no haya más peces que convertir en pescado, ni más bosques que convertir en papel, ni más suelo que convertir en jarabe de maíz, ni más servicios que la gente preste desinteresadamente a los demás?

A primera vista, esto no debería suponer una crisis en absoluto. ¿Por qué hay que seguir creciendo? Dado que todas nuestras necesidades se satisfacen ahora con mayor eficacia, ¿por qué no trabajamos menos horas? ¿Por qué no llegó nunca la prometida era del ocio? Como veremos, mientras mantengamos el sistema monetario actual, esa era nunca llegará. No hay, ni habrá nunca, una maravilla tecnológica capaz de lograrlo. Y es que el sistema monetario que hemos heredado siempre nos obligará a elegir el crecimiento sobre el ocio.

Se podría decir que el dinero sí ha suplido una carencia que nunca antes se había suplido: la necesidad de la especie humana de expandirse para llevar a cabo operaciones a escala multitudinaria. Puede que nuestra necesidad de alimentos, música, cuentos, medicamentos, etc. no esté más cubierta ahora que en la Edad de Piedra, pero por primera vez podemos crear cosas gracias a los esfuerzos coordinados de millones de especialistas de todo el mundo. El dinero ha facilitado el desarrollo de un organismo metahumano de siete mil millones de células, el cuerpo colectivo de la especie humana. Funciona como una molécula de señalización, que coordina las contribuciones de individuos y organizaciones hacia fines que ninguna agrupación reducida podría alcanzar jamás. Todas las necesidades que el dinero ha creado o transferido desde lo personal a lo estándar y genérico han formado parte de ese desarrollo del organismo. Incluso la industria de la moda ha contribuido a ello, al crear una identidad y un sentido de pertenencia que se expande a lo largo de grandes distancias sociales.

Al igual que un organismo multicelular, la humanidad es un ente colectivo que precisa de órganos, subsistemas y medios para coordinarlos. El dinero ha sido instrumental en su desarrollo, junto con la cultura simbólica, la tecnología de la comunicación y la educación, entre otros. También ha actuado como una hormona de crecimiento, que no solo estimula el desarrollo sino que además rige la manifestación de ese desarrollo. Todo parece indicar que estamos llegando a los límites del crecimiento y, por tanto, al fin de la infancia de la humanidad. Nuestros órganos ya están completamente formados; de hecho, algunos ya han perdido su utilidad y podrían revertirse a su forma vestigial. Estamos madurando. Quizás estemos a punto de reorientar nuestro multitudinario poder de creación recién descubierto hacia un propósito más maduro. Tal vez necesitemos, por consiguiente, un tipo de dinero distinto, capaz de seguir coordinando este organismo meta-humano sumamente complejo, pero sin obligarlo a crecer ya más.

EL PODER MONETARIO

Las múltiples formas de propiedad actuales muestran un rasgo definitorio en común: todas se pueden comprar y vender. Todas se traducen en dinero, pues quien posee dinero puede poseer cualquier otra forma de capital así como el poder productivo que conlleva. Y no olvidemos que cada una de esas formas de propiedad surgió del procomún; no eran propiedad de nadie, pero en algún momento fueron arrancadas del procomún y hechas propiedad. Lo mismo que ha sucedido con la tierra ha sucedido con todo lo demás, depositando la misma concentración de riqueza y poder en manos de los poseedores. Como bien sabían los primeros padres del cristianismo, así como Proudhon, Marx y George, robarle a alguien su propiedad y luego hacerle pagar por usarla es un acto inmoral. Sin embargo, eso es lo que ocurre cada vez que se cobra renta por la tierra o interés sobre el dinero. No es ninguna casualidad que prácticamente todas las religiones del mundo impongan prohibiciones a la usura. Nadie debería beneficiarse por el simple hecho de poseer algo que existía ya antes de ser poseído. El dinero encarna actualmente todo aquello que existía antes de que existiera la propiedad; es la esencia destilada de la propiedad.

Pero los sistemas monetarios anti-interés que propondré y describiré en este libro no nacen de una motivación meramente moral. El interés representa algo más que los beneficios de un delito, incluso más que los ingresos continuos por un delito ya cometido. También actúa como motor del robo continuado, una fuerza que nos impulsa a todos, por muy bienintencionados que seamos, a ser cómplices –voluntarios o involuntarios– de la explotación de la Tierra.

Durante mis viajes, primero en mi viaje interior y luego en mis desplazamientos como conferenciante y escritor, me he topado muchas veces con una profunda angustia e impotencia ante la ubicuidad de la maquinaria que está devorando nuestro planeta y la práctica imposibilidad de huir de ella. Por poner un ejemplo entre millones, quienes se enfurecen contra los grandes almacenes Wal-Mart siguen comprando allí o en otros comercios que participan en la cadena de depredación global porque consideran que no pueden pagar el doble por un artículo ni tampoco prescindir de él. ¿Y qué hay del suministro eléctrico que alimenta mi vivienda –carbón arrancado de las cimas de las montañas–? ¿Y de la gasolina que necesito para trasladarme o recibir envíos si vivo independiente de la red energética? Puedo minimizar mi participación en esa gran devoradora del planeta, pero no puedo esquivarla por completo. Cuando la gente toma conciencia de que el simple hecho de vivir en sociedad significa contribuir a los males del mundo, a menudo pasa por una fase de querer encontrar una comunidad intencional totalmente aislada y autosuficiente, pero ¿de qué sirve eso mientras Roma siga ardiendo? ¿Qué importa que contribuyas un poquito a la contaminación que está sofocando la Tierra? Seguirá sucediendo sin importar si vives en el bosque alimentándote de raíces y bayas o si resides en el extrarradio de una ciudad y consumes comida transportada en camiones desde California.[9] El deseo de exculpación personal por los pecados de la sociedad es una especie de fetiche, comparable a instalar placas solares en una casa de 400 metros cuadrados.

Pese a lo loable de sus iniciativas, los movimientos para boicotear a Wal-Mart o para reformar el sistema sanitario, educativo, político o cualquier otra cosa se vuelven esfuerzos fútiles en cuanto chocan contra el poder financiero. Para causar el más mínimo impacto, hay que realizar el esfuerzo agotador de nadar contracorriente, y en cuanto nos paramos a descansar, volvemos a vernos arrastrados por un nuevo motivo de indignación y horror, otro abuso de la naturaleza, la comunidad, la salud o el espíritu, siempre en aras del dinero.

¿Qué es exactamente el "poder financiero"? Aunque lo pudiera parecer, no se trata de una cábala de banqueros malvados que controla el mundo por medio del Grupo de Bilderberg, la Comisión Trilateral y otros instrumentos de los "Illuminati". En

---

9. No obstante, los esfuerzos que hacemos para reducir nuestra complicidad con la destrucción del planeta son muy importantes a nivel de ritual. El ritual consiste en la manipulación de símbolos con el fin de alterar la realidad —incluso el dinero es un instrumento del ritual—, por lo que ejerce un gran poder práctico. Así que, por favor, no permitas que mis palabras te disuadan de boicotear a Wal-Mart. Para un análisis más a fondo, lee mi ensayo "Rituals for Lover Earth" (Rituales para la Amante Tierra), que está disponible en Internet, preferiblemente después de haber leído hasta el Capítulo 8 de este libro.

mis viajes y correspondencia, me encuentro con personas que han leído libros de David Icke y otros que plantean convincentes argumentos sobre una antigua conspiración global dedicada a crear un "Nuevo Orden Mundial", simbolizado por un ojo omnisciente en la cima de una pirámide, que controla a todos los gobiernos e instituciones y que es dirigida entre bastidores por un grupito secreto de monstruos hambrientos de poder –que incluso cuenta con los Rothschild y los Rockefeller entre sus títeres–. Debo de ser muy ingenuo, o muy ignorante, para no comprender la verdadera naturaleza del problema.

Pues aunque confieso ser ingenuo, ignorante no soy. He leído mucho sobre este tema y no me ha terminado de convencer. Si bien es evidente que acontecimientos como el ataque a las torres gemelas o los asesinatos de los Kennedy ocultan muchos hechos que no nos han contado, y que el sector financiero, el crimen organizado y el poder político están estrechamente interrelacionados, creo que, en términos generales, las teorías de la conspiración dan demasiado crédito a la capacidad del ser humano para gestionar y controlar sistemas tan complejos con éxito. Algo misterioso está ocurriendo, sin duda, y las "coincidencias" que señalan personas como Icke desafían cualquier explicación convencional, pero si se me permite una breve incursión en la metafísica, a mí me parece que, en última instancia, nuestras ideologías y nuestros sistemas de creencias más profundos, así como sus sombras inconscientes, generan una matriz de sincronías que se asemeja mucho a una conspiración. Se trata, en realidad, de una conspiración sin conspiradores. Todos somos títeres, sí, pero sin titiriteros.

Por otra parte, el atractivo de las teorías de la conspiración, que suelen ser difíciles de refutar, es tanto psicológico como empírico. Estas teorías tienen un oscuro encanto porque conectan con nuestra indignación primaria y ofrecen una vía para canalizarla, algo o alguien a quien culpar y odiar. Pero tal como han descubierto numerosos revolucionarios tras derrocar a los oligarcas, desgraciadamente, nuestro odio está mal canalizado. La culpa es de algo mucho más profundo y generalizado. Trasciende el funcionamiento consciente del ser humano e incluso los banqueros y los oligarcas viven bajo su servidumbre. Los verdaderos malhechores son los dirigentes supremos extraterrestres que gobiernan el mundo desde sus platillos voladores. ¡Es broma![10] El auténtico culpable, el verdadero titiritero que manipula a nuestras élites entre bastidores es el propio sistema monetario: un sistema basado en el crédito e impulsado por el interés que surge y crece de la ancestral marea de la separación; un sistema que propicia la competencia, la polarización y la avaricia; que obliga a un crecimiento exponencial ilimitado; y, lo que es más importante, que está tocando a su fin debido al agotamiento del capital social, natural, cultural y espiritual que impulsan ese crecimiento.

Los siguientes capítulos describen este proceso así como la dinámica del interés, reformulando la crisis económica actual como la culminación de una tendencia que ha venido forjándose durante siglos. Una vez revelado esto, podemos entender mejor cómo crear, más que un nuevo sistema monetario, un nuevo tipo de sistema monetario que produzca los efectos opuestos a los de

---

10. Bueno, no del todo. Imputar el control nefasto a entes extraterrestres o demoníacos codifica un discernimiento válido: que la fuente del mal en nuestro mundo reside más allá de la conducta consciente del ser humano. Hay titiriteros, sí, pero son sistemas e ideologías, no personas. En cuanto a los extraterrestres, me cuesta responder a la pregunta de si "creo en ellos". Tal vez la pregunta de si "existen" encierre supuestos ontológicos inciertos, en especial la idea de que haya un trasfondo objetivo en el cual las cosas existen o no existen objetivamente. Así que generalmente me limito a contestar que "sí".

nuestro sistema actual: compartir en vez de codiciar, igualdad en vez de polarización, enriquecimiento del procomún en vez de su explotación, y sostenibilidad en lugar de crecimiento. Por otro lado, este nuevo tipo de sistema monetario provocará una transformación aún más profunda de la identidad humana que el cambio que vemos ya hoy, llevándonos hacia la interrelación, hacia nuestra vinculación a todos los demás seres que integran el ciclo del obsequio. Cualquier moneda que forme parte de esa Reunión, de ese Gran Giro, merece llamarse, sin duda, sagrada.

CAPÍTULO 6

LA ECONOMÍA DE LA USURA

Pese a las santas promesas que se hacen de erradicar la guerra de una vez por todas, pese a los millones de gritos de "no a la guerra", pese a tantas esperanzas de un futuro mejor, he de decir lo siguiente: Si sigue en funcionamiento el sistema monetario actual, basado en el interés y el interés compuesto, hoy me atrevo a predecir que en menos de veinticinco años volveremos a tener una nueva guerra, incluso peor. Puedo prever claramente el inminente desarrollo. El actual grado de avance tecnológico precipitará un rendimiento industrial sin precedentes. La acumulación de capital será rápida a pesar de las enormes pérdidas registradas durante la guerra y, mediante la sobreoferta [de dinero], se rebajará la tasa de interés [hasta que los especuladores de dinero se nieguen a continuar bajando sus tasas]. Entonces se producirá una acumulación de capital [que causará una deflación predecible], disminuirá la actividad económica y un número creciente de personas desempleadas deambularán por las calles; ... entre estas masas descontentas, surgirán ideas descabelladas, revolucionarias, y con ello también proliferará la planta venenosa llamada "supernacionalismo". Ningún país se entenderá con los demás y la consecuencia solo puede ser otra guerra más.

—Silvio Gesell (1918)

Nos enfrentamos a una paradoja. Por un lado, el dinero es, propiamente dicho, una muestra de gratitud y confianza, un agente del encuentro entre obsequios y necesidades, un facilitador de intercambios entre quienes, de otro modo, no podrían realizar ninguno. Como tal, debería hacernos más ricos a todos. Pero no es así. Por el contrario, nos ha traído inseguridad, pobreza y la liquidación de nuestro procomún cultural y natural. ¿Por qué?

La causa de todo ello se oculta en el meollo mismo del sistema monetario actual; es inherente a los métodos de creación y circulación de dinero que hoy se emplean. La pieza central de este sistema es la usura, más conocida como interés. La usura es la antítesis del obsequio, pues en lugar de dar a los demás cuando uno tiene más de lo que necesita, la usura pretende usar el poder de la propiedad para ganar aún más –para robar, en lugar de dar, a los demás–. Y, como veremos, no solo es contrario al espíritu del obsequio en su motivación, sino también en sus efectos.

La usura va incorporada al propio tejido del dinero actual, desde el momento de su creación. El dinero se origina cuando la Reserva Federal (el BCE o cualquier otro banco central) adquiere en el mercado abierto valores que generan interés (tradicionalmente, eran pagarés del Tesoro, pero ahora incluyen toda clase de títulos respaldados por hipotecas y otras basuras financieras). La Reserva Federal o el banco central crea ese dinero de la nada, con una simple anotación (manual o digital). Por ejemplo, cuando la Fed compró 290 mil millones de dólares en valores respaldados por hipotecas del Deutsche Bank en 2008, no usó dinero existente para hacerlo; fabricó nuevo capital realizando una entrada de contabilidad en la cuenta del Deutsche Bank. Este es el primer paso en la creación de dinero. Todo lo que la Fed o cualquier banco central adquiere es siempre un título que genera interés. Es decir, el dinero que se crea va acompañado de una deuda correspondiente, y la deuda es siempre mayor que la suma de dinero creado.

La clase de dinero que acabo de describir se conoce como la "base monetaria", o M0, y existe como reservas bancarias (y dinero en efectivo). El segundo paso se produce cuando un banco otorga un préstamo a una empresa o individuo. Aquí, de nuevo, se crea dinero en forma de una entrada de contabilidad en la cuenta del prestatario. Cuando un banco le presta un millón de dólares a una empresa, no extrae esa cantidad de alguna otra cuenta; le basta con escribir unos dígitos para que esa suma se materialice. Así se crea un millón de dólares, y más de un millón de deuda.[1] Este nuevo dinero se conoce como M1 o M2 (según el tipo de cuenta donde se encuentre), activos que sí se llegan a gastar en bienes y servicios, bienes de capital, empleo y demás.

La anterior explicación de cómo se crea el dinero, aunque generalmente aceptada, no es del todo exacta. Matizo dicha explicación en el apéndice pero, por ahora, la doy por suficientemente aproximada para el propósito de describir los efectos de la usura.

UNA PARÁBOLA ECONÓMICA

La usura genera la escasez endémica de hoy a la vez que impulsa el crecimiento perpetuo, el motor que está devorando nuestro planeta. Para explicar cómo lo hace, comenzaré con una parábola creada por el gran economista y visionario Bernard Lietaer, titulada "El undécimo círculo", de su libro *El futuro del dinero*:

Había una vez, en un pueblecito de la Australia rural, gente que utilizaba el trueque para todas sus transacciones. Cada día

---

1. Deliberadamente, he dejado fuera temas tales como los requisitos de márgenes de reserva, los requisitos de capital y otras normas que limitan la capacidad de un banco para conceder préstamos porque no son directamente relevantes para lo que me interesaba exponer en este capítulo.

que había mercado, la gente se paseaba por ahí con pollos, huevos, jamones y panes, y entablaban prolongadas negociaciones para intercambiar lo que necesitaban. En épocas clave del año, como durante las cosechas o cuando alguien necesitaba reparar importantes daños a su granero tras una tormenta, la gente recordaba la tradición de ayudarse los unos a los otros que se practicaba en su país de origen. Sabían que si algún día tenían un problema, alguien les devolvería el favor.

Un día de mercado, llegó un forastero con zapatos negros relucientes y un elegante sombrero blanco y observó todo el proceso con una sonrisa sardónica. Cuando vio a un granjero corriendo para acorralar a seis pollos que quería intercambiar por un jamón grande, no pudo contener la risa. "Pobre gente", dijo, "tan primitiva". La esposa del granjero oyó sus palabras y lo desafió: "¿Cree usted que puede manejar mejor los pollos?" "Los pollos, no", respondió el desconocido, "pero hay un método mucho mejor para eliminar toda esa molestia". "¿Ah, sí? ¿Cómo?", preguntó la mujer. "¿Ve ese árbol de ahí?", replicó él. "Pues esperaré allí a que uno de ustedes me traiga una gran pieza de cuero de vaca. Luego, dígales a todas las familias que me visiten. Les explicaré el mejor método".

Y así sucedió. El forastero tomó el cuero, recortó círculos perfectos en él y marcó cada uno de ellos con un sello elaborado y elegante. Luego le dio a cada familia diez de esas piezas redondas y les explicó que cada una representaba el valor de un pollo. "Ahora pueden comerciar y negociar con los círculos en vez de hacerlo con esos incontrolables pollos", explicó.

Tenía sentido. Todo el mundo se quedó impresionado con el hombre de zapatos relucientes y sombrero inspirador.

"Ah, por cierto", añadió después de que todas las familias hubieran recibido sus diez círculos, "dentro de un año, volveré y me sentaré bajo el mismo árbol. Quiero que cada uno me traiga once círculos. Ese undécimo círculo será una muestra de agradecimiento por la mejora tecnológica que acabo de aportar a sus vidas". "¿Pero de dónde sacaremos el undécimo círculo?", preguntó el granjero de los seis pollos. "Ya lo verán", dijo el hombre con una sonrisa tranquilizadora.

Suponiendo que la población y su producción anual siguieran siendo exactamente las mismas durante el siguiente año, ¿qué crees que tenía que pasar? Recuerda que ese undécimo círculo nunca se creó. En resumidas cuentas, una de cada once familias tenía que perder todos sus círculos, aunque todo el mundo administrara bien sus asuntos, con el fin de proporcionar el undécimo círculo a las otras diez.

De este modo, cuando una tormenta amenazó la cosecha de una de las familias, la gente se volvió menos generosa con su tiempo para ayudar a recogerla antes de que llegara el desastre. Aunque resultaba mucho más práctico intercambiar los círculos en lugar de pollos en los días de mercado, el nuevo juego conllevaba el efecto secundario involuntario de desalentar activamente la tradicional cooperación espontánea del pueblo. El nuevo juego del dinero estaba generando una corriente subyacente y sistémica de competencia entre todos los participantes.

Esta parábola representa una primera muestra de cómo la competencia, la inseguridad y la codicia forman parte integral de nuestra economía a causa del interés. Esos componentes nunca podrán eliminarse mientras las necesidades de la vida estén valoradas en una divisa ligada al interés. Pero sigamos con la historia ahora para demostrar que el interés también ejerce una interminable presión para que haya un crecimiento económico perpetuo.

Existen fundamentalmente tres finales posibles para la historia de Lietaer: el impago, el aumento de la base monetaria o la redistribución de la riqueza. Una de cada once familias podría acabar en la quiebra y entregar su granja al hombre del sombrero (el banquero), o él podría conseguir otro cuero de vaca y hacer más divisas, o los aldeanos podrían burlar al banquero y negarse a pagar los círculos. Esas mismas opciones son las que afronta cualquier economía basada en la usura.

Así que imagina ahora que los aldeanos se reúnen alrededor del hombre del sombrero y le dicen: "Señor, ¿podría darnos algunos círculos adicionales para que ninguno de nosotros tenga que arruinarse?"

El hombre dice: "De acuerdo, pero solo se los daré a quienes puedan asegurar que me los pagarán de vuelta. Puesto que cada círculo equivale al valor de un pollo, les prestaré nuevos círculos a las personas que tengan más pollos que el número de círculos que ya me deben. De esa manera, si no me devuelven los círculos, podré confiscarles los pollos. Ah, y como soy un buen tipo, incluso haré nuevos círculos para aquellos que no tengan pollos adicionales, siempre y cuando puedan convencerme de que criarán más pollos en el futuro. ¡Muéstrenme su plan de negocios! Muéstrenme que son de confianza (un aldeano puede crear 'reportes de crédito' para ayudarle a hacerlo). Prestaré a un 10% de interés, y los criadores inteligentes podrán aumentar su bandada en un 20% anual, pagarme a mí y enriquecerse también".

Los aldeanos señalan: "Eso suena bien, pero como usted ofrece los nuevos círculos al 10% de interés también, seguirá sin haber suficiente para pagarle al final".

"Eso no será un problema", asegura el hombre. "Verán, cuando llegue ese momento, habré creado todavía más círculos y, cuando venza el plazo para devolverlos, crearé aún más. Siempre estaré dispuesto a crear y prestar nuevos círculos. Claro que ustedes tendrán que producir más pollos, pero mientras siga aumentando la producción, no habrá ningún problema".

Un niño se le acerca y le dice: "Disculpe, señor, mi familia está enferma y no tenemos suficientes círculos para comprar comida. ¿Puede usted hacer algunos círculos nuevos para mí?"

"Lo siento", dice el hombre, "pero no puedo hacer eso. Es que solo creo círculos para aquellos que me los van a devolver. Ahora bien, si tu familia tiene unos pollos que pueda comprometer como aval, o si pueden ustedes demostrar que serán capaces de trabajar un poco más para incrementar la cría de pollos, entonces estaré encantado de darte los círculos".

Con unas pocas excepciones desafortunadas, el sistema funcionó bien durante un tiempo. Los aldeanos aumentaron sus parvadas de pollos lo suficientemente rápido como para obtener los círculos adicionales que debían pagar al hombre del sombrero. Pero ya fuera por mala fortuna o por su ineptitud, algunos sí quebraron, y los vecinos más afortunados y eficientes se hicieron cargo de sus granjas y los contrataron como mano de obra. No obstante, la mayoría de las parvadas crecieron a un 10% anual, a la par que la masa monetaria. El pueblo y sus granjas de pollos crecieron tanto que al hombre del sombrero se le sumaron muchos otros como él, todos cortando afanosamente nuevos círculos y emitiéndoselos a cualquiera que presentara un buen plan para incrementar la cría.

Pero de vez en cuando surgían problemas. Por un lado, se hizo evidente que nadie necesitaba tantos pollos. "Estamos hartos de comer huevos", se quejaban los niños. "Todas las habitaciones de la casa tienen un colchón de plumas ahora", lamentaban las amas de casa. Para poder seguir aumentando el consumo de productos de pollo, los aldeanos crearon todo tipo de inventos. Se puso de moda comprar un nuevo colchón de plumas cada mes así como adquirir una casa más grande para guardarlos y tener enormes granjas llenas de pollos. Surgieron conflictos con otros pueblos que se resolvían mediante grandes batallas de lanzamiento de huevos. "¡Tenemos que crear una mayor demanda de pollos!", gritaba el alcalde, que era cuñado del hombre del sombrero. "De esa forma, todos continuaremos enriqueciéndonos".

Un día, una anciana del pueblo percibió otro problema. Los campos de los alrededores del pueblo, que una vez fueron verdes y fértiles, se habían quedado yermos y putrefactos. Toda la vegetación había sido despojada a fin de sembrar grano para alimentar a los pollos. Los estanques y arroyos, antes llenos de peces, eran ahora pozos negros de estiércol maloliente. "¡Esto tiene que parar!", declaró la mujer. "Si seguimos expandiendo nuestras parvadas, ¡pronto nos ahogaremos en mierda de pollo!"

El hombre del sombrero se dirigió a ella por separado y, en tono tranquilizador, le dijo: "No se preocupe, hay otro pueblo cercano que tiene un montón de campos fértiles. Los hombres de nuestro pueblo planean subcontratar la producción de pollos con ellos. Y si no están de acuerdo... bueno, nosotros somos más. De todos modos, no dirá en serio lo de detener el crecimiento. ¿Por qué? ¿Cómo pagarían los vecinos sus deudas si no? ¿Cómo podría crear yo nuevos círculos? Incluso yo acabaría en la quiebra".

De modo que, uno a uno, todos los pueblos se fueron convirtiendo en apestosos pozos negros alrededor de enormes parvadas de pollos que nadie necesitaba en realidad, y los pueblos se enfrentaban por los pocos espacios verdes restantes que pudieran soportar unos años más de crecimiento. Pero a pesar de sus mejores esfuerzos por mantener el crecimiento, el ritmo comenzó a disminuir. Y a medida que se ralentizaba el crecimiento, iba aumentando la deuda en proporción a los ingresos, hasta que mucha gente gastó todos los círculos que tenía en pagar al hombre del sombrero. Muchos quebraron y tuvieron que trabajar por salarios de subsistencia para empleadores que apenas podían cumplir sus propias obligaciones con el hombre del sombrero. Había cada vez menos personas que pudieran permitirse comprar productos avícolas, lo cual dificultó aún más sostener la demanda y el crecimiento. En ese entorno de superabundancia de pollos que estaba destrozando el medio ambiente, un número creciente de aldeanos carecían de medios suficientes para vivir, lo cual nos lleva a la paradoja de la escasez en medio de la abundancia.

Y así es como están las cosas hoy.

EL IMPERATIVO DEL CRECIMIENTO

Espero que haya quedado claro cómo esta historia simboliza la economía real. Debido al interés, la cantidad de dinero que se debe en cualquier momento dado supera la suma de capital que ya existe. Para emitir dinero nuevo y mantener así el funcionamiento del sistema, tenemos que criar más pollos; es decir, tenemos que crear más "bienes y servicios". La principal manera de hacerlo es comenzar a vender algo que una vez fue gratis. Hay que convertir los bosques en madera, la música en producto, las ideas en propiedad intelectual y la reciprocidad social en servicios remunerados.

Gracias a la tecnología, se ha acelerado en los últimos siglos la mercantilización de bienes y servicios anteriormente gratuitos, hasta tal punto que hoy apenas queda nada fuera del ámbito del dinero. Los extensos bienes comunes, ya sean de la tierra o de la cultura, han sido cercados y vendidos, todo para seguir el ritmo del

117

crecimiento exponencial del dinero. Esto es lo que, en el fondo, nos lleva a convertir los bosques en madera, las canciones en propiedad intelectual y así sucesivamente. Es por ello que dos tercios de las comidas estadounidenses se preparan fuera del hogar en la actualidad, y que los remedios herbarios populares han dado paso a los medicamentos farmacéuticos, que el cuidado infantil se ha convertido en un servicio remunerado, y que el agua potable ha sido la categoría de bebida con mayor crecimiento de ventas.

El imperativo del crecimiento perpetuo que conlleva una divisa basada en el interés es lo que impulsa la incesante conversión de la vida, el mundo y el espíritu en dinero. Para completar el círculo vicioso, cuantos más aspectos de la vida convertimos en dinero, más dinero necesitamos para vivir. La usura, y no el dinero, es la raíz de todos los males, como se suele decir.

Examinemos con más detalle cómo sucede esto. Al igual que el hombre del sombrero, un banco o cualquier otro prestamista solo nos concede un crédito, por lo general, si hay una expectativa razonable de que lo pagaremos. Esta expectativa podría basarse en la previsión de ingresos futuros, en un aval o en una buena calificación crediticia y está reforzada a su vez por la amenaza de serias consecuencias en caso de impago. El pago de una deuda depende no solo de nuestra capacidad para hacerlo, sino también de diversas formas de presión social, económica y legal. Los tribunales pueden ordenar la incautación de activos para cumplir con las obligaciones contractuales de la deuda y, aunque ya no tenemos cárceles para morosos,[2] los deudores sufren un acoso interminable

---

2. En realidad, están reapareciendo de manera encubierta en algunos estados de Estados Unidos, donde se encarcela a la gente por no asistir a las citaciones judiciales por impago de deudas. Véase el artículo de Martha White, "America's New Debtor Prison: Jail Time Given to Those Who Owe" (La nueva prisión (sigue en la pág. siguiente)

a manos de las agencias de cobro y se les niega el alquiler de viviendas, empleos y acreditaciones de seguridad. Muchas personas sienten además la obligación moral de saldar sus deudas, lo cual es natural; también en las economías del obsequio, aquellos que reciben sienten la presión social y moral de dar.

El dinero para pagar el capital principal más el interés proviene de la venta de bienes y servicios, o podría conseguirse con más préstamos. Cada vez que usamos dinero, básicamente ofrecemos una garantía: "He prestado un servicio o proporcionado un bien de valor equivalente al que estoy comprando". Y cada vez que pedimos un préstamo, estamos diciendo que vamos a proporcionar un bien o servicio equivalente en el futuro. En teoría, esto nos debería beneficiar a todos, porque permite la confluencia de obsequios y necesidades no solo a través de espacios y profesiones, sino también a través del tiempo. El dinero basado en el crédito intercambia mercancías actuales por mercancías futuras. Esto no es incompatible con los principios del obsequio. Recibo ahora, y daré más adelante.

Los problemas se originan en el interés. Como todo el dinero que se crea viene acompañado de una deuda con intereses, en cualquier momento dado, el monto de la deuda excede la cantidad de dinero en existencia. La escasez de dinero nos lleva a competir entre nosotros y nos relega a un estado de escasez inherente y constante. Es como el juego de las sillas musicales, en el que nunca hay suficientes lugares para que todos estén a salvo. La presión de la deuda es endémica al sistema. Aunque algunos salden sus deudas, en general, el sistema requiere un estado de endeudamiento generalizado y creciente.

---

2. *(viene de la pág. anterior)* de deudores en prisión de deudores en Estados Unidos). *Daily Finance*, 15 julio 2010.

La continua presión subyacente de la deuda significa que siempre habrá personas inseguras o desesperadas que, por instinto de supervivencia, estén dispuestas a talar el último bosque, pescar el último pez, venderle a alguien un zapato, o liquidar cualquier capital social, natural, cultural o espiritual que aún esté a su alcance. Nunca llegará el momento en que tengamos "suficiente" porque, en un sistema de deuda basada en el interés, el crédito no se limita a canjear "bienes actuales por bienes futuros", sino bienes actuales por una cantidad mayor de bienes futuros. Para poder pagar una deuda o sencillamente para vivir, o tomamos fondos existentes de otras personas (de ahí la competencia), o creamos "nueva" riqueza extrayéndola del procomún.

He aquí un ejemplo concreto que ilustra cómo funciona esto. Supongamos que vas al banco y dices: "Señora Banquera, quisiera un préstamo de un millón de dólares para comprar este bosque y protegerlo de ser talado. No voy a generar ningún beneficio del bosque de esa forma, así que no podré pagar los intereses.

Pero si el banco necesita el dinero de vuelta, yo podría vender el bosque y devolverles el millón de dólares". Desafortunadamente, la banquera tendrá que rechazar tu propuesta, aunque deseara aceptarla en el fondo de su corazón. Pero si vas al banco y dices: "Quisiera un millón de dólares para comprar este bosque, alquilar excavadoras, talarlo y vender la madera por un total de dos millones de dólares, de los cuales yo les pagaré un 12% de interés y sacaré una buena ganancia para mí también", entonces un banquero astuto aceptará tu propuesta. En el primer caso, como no se crean nuevos bienes y servicios, no tendrás fondos a tu disposición. El dinero se concede a aquellos que crean nuevos bienes y servicios. Por esta razón existen muchos empleos remunerados donde se realizan labores que contribuyen a la conversión del capital natural y social en dinero, y pocos puestos de trabajo donde se reclamen los bienes comunes y se protejan los tesoros naturales y culturales.

La presión generalizada e incesante sobre los deudores para que produzcan bienes y servicios es una presión orgánica hacia el crecimiento económico (definido como el crecimiento del número de bienes y servicios que se intercambian por dinero). Esta es otra forma de verlo: puesto que la deuda es siempre mayor que la masa monetaria, la creación de dinero genera la necesidad de aún más dinero en el futuro. La suma de dinero tiene que crecer con el tiempo; y el nuevo dinero se destina a aquellos que producen bienes y servicios; por lo tanto, el volumen de bienes y servicios también está destinado a aumentar.

Pero el aparente carácter ilimitado del dinero, que se observa desde la Antigua Grecia, no es lo único que nos permite creer en la posibilidad del crecimiento eterno. Nuestro propio sistema monetario también exige e impulsa ese crecimiento. La mayoría de los economistas considera que esta inherente presión por crecer es algo bueno. Dicen que motiva a la innovación, al progreso y a satisfacer más necesidades con una eficiencia cada vez mayor. Una economía basada en el interés es, fundamental e inalterablemente, una economía de crecimiento y, a excepción de un sector muy radical, la mayoría de los economistas y probablemente todos los responsables políticos ven el crecimiento económico como señal de éxito.

Todo este sistema de dinero con interés funciona bien mientras el volumen de bienes y servicios remunerados le siga el ritmo a su crecimiento. Pero ¿qué pasa si no lo hace? Es decir, ¿qué pasa si el índice de crecimiento económico es menor a la tasa de interés? Al igual que la gente de la parábola, estamos obligados a considerar esto en un mundo que parece estar llegando a los límites de crecimiento.

LA CONCENTRACIÓN DE LA RIQUEZA

Puesto que el crecimiento económico es casi siempre inferior a la tasa de interés, lo que ocurre generalmente en tales condiciones no es ningún misterio. Si los deudores no pueden, en conjunto, pagar los intereses con la nueva riqueza que crean, deben entregar una parte cada vez mayor de sus riquezas existentes a sus acreedores y/o comprometer una creciente proporción de sus ingresos actuales y futuros al pago de la deuda. En el momento en que se agoten sus activos e ingresos discrecionales, se verán obligados a declararse en quiebra. Cuando la rentabilidad de una inversión es, de promedio, inferior a la tasa de interés que se paga para obtener el capital a invertir, ¿qué remedio queda?. La bancarrota es la única salida para cierta proporción de prestatarios.

En teoría, el impago de una deuda no es algo necesariamente malo: conlleva consecuencias negativas a las decisiones que no fomenten el bien general, es decir, que no ofrezcan una producción más eficiente de los bienes que quiere la gente. El acreedor tendrá la precaución de no conceder un préstamo a alguien que no vaya a contribuir a la economía, y el prestatario se verá presionado a actuar de manera que sí contribuya a la economía. Incluso en un sistema de interés cero, la gente podría quebrar si tomara decisiones insensatas, pero no existiría la necesidad inherente y orgánica de declararse en quiebra.

Aparte de los economistas, a nadie le gusta la quiebra, y mucho menos a los acreedores, dado que es su dinero el que desaparece. Una manera de evitarla, al menos temporalmente, es conceder un crédito adicional para que la deudora pueda seguir realizando los pagos del préstamo original. Esto podría justificarse si la prestamista se enfrentase a una dificultad temporal o si hubiera motivos para prever una mayor productividad en un futuro próximo que le permitiese saldar todas las deudas. Pero, a menudo, los acreedores prestan aún más dinero a quienes tienen dificultad para pagar porque no quieren contabilizar las pérdidas resultantes de la quiebra, que podrían desembocar en su propia ruina. Mientras el prestatario siga haciendo pagos, el prestamista puede fingir que todo sigue su curso normal.

Esta es esencialmente la situación que ha tenido la economía mundial durante los últimos años. Después de años, o incluso décadas, de tasas de interés que superan el crecimiento económico, sin ningún aumento compensatorio de las quiebras, nos enfrentamos a un enorme sobreendeudamiento. Los gobiernos, a instancias del sector financiero (es decir, los acreedores y dueños del dinero), han hecho lo posible por impedir la morosidad y mantener así el valor total de las deudas en su contabilidad, con la esperanza de que un nuevo crecimiento económico permita continuar pagando esas deudas.[3] "Creceremos para salir de la deuda", dicen.

Esa presión política por fomentar el "crecimiento económico" se corresponde con la de los planos individual y empresarial. El deudor se ve obligado a vender algo, aunque sea su mano de obra, con el fin de obtener dinero para pagar la deuda. Esta es otra consecuencia esencial de las políticas favorables al crecimiento: facilitan la venta de cualquier cosa; es decir, promueven la conversión del capital natural y social, entre otros, en dinero. Cuando relajamos las medidas de control de la contaminación, favorecemos la conversión de la atmósfera vital en dinero. Cuando subvencionamos la construcción de carreteras en bosques antiguos, favorecemos la

---

3. Incluso cuando ya es obvio que estos activos basados en deuda son basura y que las deudas nunca se saldarán, las autoridades hacen lo posible por ocultar este hecho y mantenerlas en su valor nominal.

conversión de ecosistemas en dinero. Cuando el Fondo Monetario Internacional (FMI) presiona a los gobiernos a privatizar los servicios sociales y recortar el gasto público, estimula la conversión del capital social en dinero.

Por eso, en Estados Unidos, tanto los Demócratas como los Republicanos están siempre ansiosos por "abrir nuevos mercados" y por "hacer cumplir los derechos de propiedad intelectual", etc. Es por eso, también, que cualquier elemento del procomún cuya explotación sea inaccesible, como el petróleo en el refugio natural de Alaska, las economías de alimentos locales protegidas por aranceles, o las reservas naturales de África, deben soportar el ataque constante de políticos, corporaciones o cazadores furtivos. Si el ámbito monetario deja de crecer, desaparecerá el estadio intermedio entre la morosidad y la polarización de la riqueza, originando malestar social y, finalmente, la revolución. No existe otra alternativa cuando las deudas aumentan exponencialmente en un mundo finito sin crecimiento.

Mientras esta conversión de los bienes comunes en dinero crezca a un ritmo más rápido que la tasa de interés, todo va bien (al menos desde la perspectiva financiera, aunque no desde la humana o ecológica). Si hay suficiente demanda de pollos y suficientes recursos naturales para alimentarlos, los aldeanos pueden prestar al 10% para aumentar sus parvadas en un 20%. En el lenguaje convencional se diría que la inversión de capital genera un rendimiento superior a los costos del capital; por lo tanto, el prestatario obtiene una riqueza mayor a la suma que paga al acreedor. Así fue en los tiempos de los pioneros norteamericanos, cuando había abundantes cosechas silvestres de las que adueñarse. Y tal es el caso aún hoy en comunidades donde las relaciones sociales no están completamente monetizadas, algo que en términos económicos se denomina "mercado subdesarrollado". Solo con crecimiento económico pueden "elevarse todos los barcos" —los acreedores se hacen más y más ricos, y los prestatarios también pueden prosperar—.

Pero incluso en épocas de prosperidad, el crecimiento no suele ser lo bastante rápido como para mantenerse al ritmo del interés. Imaginemos ahora que los aldeanos solo pueden aumentar sus parvadas de pollos en un 5% anual. En vez de pagar una porción del nuevo crecimiento a los banqueros, ahora tienen que pagarlo todo (de promedio) además de una porción de su riqueza existente y/o ganancias futuras. La concentración de la riqueza, tanto de ingresos como de activos, es una consecuencia inevitable de que la deuda crezca más rápido que los bienes y servicios.

Los pensadores económicos desde los tiempos de Aristóteles han reconocido el problema esencial. Aristóteles ya observó que puesto que el dinero es "estéril" (es decir, no tiene descendencia como el ganado o el trigo), es injusto prestarlo a un interés. Ya para el año 350 AEC se había visto muchas veces la concentración de riqueza que esto producía, y lo mismo seguiría sucediendo repetidamente después, por ejemplo, en la época romana. Mientras el imperio se expandía rápidamente, con la adquisición de nuevas tierras y nuevos tributos, todo funcionaba pasablemente bien, y no hubo una concentración extrema de riqueza. Pero en cuanto el crecimiento del imperio se ralentizó, la concentración de la riqueza se intensificó y la dilatada clase de pequeños agricultores, que había sido la columna vertebral de las legiones, acabó sumida en el peonaje por deuda. El imperio no tardaría en convertirse en una economía esclavista.

No necesito extenderme sobre los paralelismos entre Roma y el mundo de hoy. A medida que el crecimiento se ha desacelerado, tanto individuos como naciones están entrando en un estado similar a la servidumbre por deuda de la Antigua Roma. Una proporción cada vez mayor de ingresos se destina al servicio de la deuda y, cuando eso no basta, se toman como garantía los activos preexistentes y luego se embargan hasta que no queda ninguno. Así es como ha ido disminuyendo progresivamente el valor líquido de las viviendas en Estados Unidos durante medio siglo, del 85% en 1950 a cerca del 40% en la actualidad (incluyendo un tercio que posee la totalidad de sus viviendas, sin deudas pendientes). Es decir, las personas ya no poseen sus propias casas. Y la mayoría de la gente que conozco tampoco es dueña de sus propios automóviles sino que se los alquilan a los bancos por medio de préstamos. Incluso las corporaciones operan bajo un grado de apalancamiento sin precedentes, de modo que gran parte de sus ingresos va a manos de los bancos y de los titulares de bonos. Lo mismo sucede con la mayoría de las naciones, que sufren unos ratios de deuda superinflados respecto al PIB del país. A todos los niveles, estamos cada vez más esclavizados por la deuda, obligados a entregar los frutos de nuestro trabajo a nuestros acreedores.

Aunque no tengamos ninguna deuda, los costos del interés van incorporados al precio de casi todo lo que compramos. Por ejemplo, aproximadamente un 10% del gasto público (y de impuestos) de los Estados Unidos se destina a pagar los intereses sobre la deuda nacional. Si alquilamos una vivienda, la mayor parte del precio del alquiler va a cubrir el gasto más elevado que tiene el propietario: la hipoteca. Cuando comemos en un restaurante, los precios reflejan en parte el costo del capital invertido por el restaurador. Además, los costos de electricidad, suministro de alimentos y alquiler del restaurante también incluyen el interés que los proveedores pagan sobre el capital, y así sucesivamente. Todo ese dinero representa una especie de tributo, un impuesto sobre todo lo que compramos, y que va a parar a los dueños del dinero.

El interés se compone de al menos seis elementos: una prima de riesgo, el costo de conceder un préstamo, una prima de inflación, una prima de liquidez, una prima de maduración y una prima de riesgo cero.[4] Una discusión más sofisticada sobre los efectos del interés podría diferenciar estos componentes y concluir que solo los tres últimos —y particularmente el último— representan prácticas usureras. Sin ellos, la concentración de la riqueza ya no se da por hecha porque esa parte del dinero no se queda en manos de los prestamistas. (Aunque sí se seguiría propulsando el crecimiento). En nuestro sistema actual, sin embargo, los seis componentes contribuyen al predominio de las tasas de interés. Eso significa que quienes poseen dinero pueden aumentar su riqueza simplemente en virtud de poseerlo. A menos que los prestatarios puedan aumentar su riqueza a la misma velocidad, lo cual solo es posible en una economía en expansión, la riqueza se concentrará en manos de los prestamistas.

Lo expresaré de forma sencilla: una porción de la tasa de interés dice: "Yo tengo dinero y usted lo necesita, así que le voy a cobrar por acceder a él, solo porque puedo, porque yo lo tengo y usted no". Para evitar la polarización de la riqueza, esa parte ha de ser menor que la tasa de crecimiento económico; de lo contrario, la mera posesión de dinero permite aumentar la riqueza más rápida-

---

4. En realidad, el interés no está formado por "componentes" —una ficción analítica— pero podemos fingir que lo hace. La mayoría de las autoridades enumera solo tres o cinco componentes del interés. No daré definiciones aquí —pueden buscarlas ustedes mismos— excepto la del concepto más relevante: la prima de riesgo cero que es equivalente a la tasa sobre los títulos del Estado a corto plazo (bonos del Tesoro) estadounidenses, y que conlleva un riesgo prácticamente nulo y una liquidez total. Se podría decir que también hay riesgo en este caso, pero si las cosas se desmoronasen hasta tal punto que el gobierno estadounidense fuese incapaz de emitir dinero, ninguna clase de activo estaría a salvo.

mente que la eficiencia marginal media de la inversión de capital productivo. En otras palabras, uno se enriquece más rápido por poseer que por producir. En la práctica, casi siempre ocurre así porque, cuando se acelera el crecimiento económico, las autoridades suben aún más las tasas de interés. La justificación es evitar la inflación, pero también es una manera de seguir aumentando la riqueza y el poder de los dueños del dinero.[5] Ante la ausencia de medidas redistributivas, la concentración de la riqueza se intensifica tanto en los tiempos buenos como en los malos.

Cuanto más dinero se posee, menos prisa se tiene por gastarlo, generalmente. Por eso, desde la época de la Grecia Antigua, la gente ha mostrado lo que Keynes llamó "preferencia por la liquidez": una preferencia por el dinero sobre las mercancías, excepto cuando estas son de necesidad urgente. Tal preferencia es inevitable cuando el dinero constituye un medio y un fin universal. El interés refuerza la predilección por la liquidez, animando a aquellos que ya disponen de capital a guardarlo. Quienes necesitan dinero ahora deben pagar por usar el dinero de quienes no lo necesitan. El interés sobre el préstamo deberá pagarse con ganancias futuras. Esta es otra manera de entender cómo el interés desvía dinero de los pobres a los ricos.

Se podría justificar quizás el pago de intereses sobre arriesgadas inversiones no líquidas a largo plazo, pues dichos intereses son en

---

5. La nueva forma de mantener los tipos de interés por encima del crecimiento es el poder recién concedido a la Fed para ofrecer interés sobre las reservas bancarias. Actualmente está en casi cero, pero la Fed planea elevar estas tasas cuando la economía empiece a crecer. (Véase, por ejemplo, "Why Are Banks Holding So Many Excess Reserves?" [¿Por qué los bancos están reteniendo tal exceso de reservas?], de Keister y McAndrews.) Esto asegura que cualquier riqueza que se cree mediante el crecimiento económico corresponderá a los bancos y a los titulares de bonos que se beneficiaron de la facilidad de liquidez ofrecida por la Fed.

realidad una especie de compensación por renunciar a la liquidez. Esto estaría en consonancia con los principios del obsequio en el sentido de que, cuando regalas algo, a menudo recibes un regalo mayor a cambio (aunque no siempre y nunca con absoluta seguridad; de ahí el riesgo). Pero en el sistema actual, se carga interés incluso a los depósitos a la vista que están asegurados por el gobierno así como a los títulos del estado a corto plazo, que no conllevan riesgo, lo cual permite a los "inversionistas" obtener beneficios sin prácticamente desprenderse del dinero. Este componente sin riesgos se agrega como prima oculta a todos los demás préstamos, garantizando así que quienes ya poseen seguirán poseyendo cada vez más.[6]

La doble presión que he descrito –para que crezca el ámbito monetario, por un lado, y para que se polarice la riqueza, por otro– son dos aspectos de la misma fuerza. O el dinero se incrementa devorando el ámbito no monetizado o se devora a sí mismo. Como lo primero ya está agotado, se intensifica la presión por lo segundo, incrementando así la concentración de la riqueza. Cuando eso sucede, surge otra presión para rescatar el sistema: la redistribución de la riqueza. Y es que la creciente polarización entre ricos y pobres no es, en definitiva, sostenible.

---

6. La situación ha empeorado mucho en los últimos años, ya que se ha expandido la categoría de inversiones sin riesgo para incluir todo tipo de basura financiera que el gobierno ha decidido respaldar. Al garantizar la solvencia de las instituciones financieras que asumen riesgos y la liquidez de sus ofertas financieras, el gobierno ha aumentado las recompensas sin riesgo de la posesión de capital y ha acelerado la concentración de la riqueza. La tasa sobre los fondos de la Fed o sobre las Letras del Tesoro ha dejado de ser el punto de referencia del interés libre de riesgo. El concepto de riesgo moral que ha surgido en torno a las instituciones financieras llamadas "too big to fail" (demasiado grandes para quebrar) no es solo una cuestión moral. Cuando las apuestas por los productos financieros arriesgados con un elevado interés no son realmente arriesgadas, aquellos que disponen del dinero para hacer tales apuestas aumentarán su riqueza mucho más rápido que todos los demás (y a expensas de estos últimos). El riesgo moral es un atajo hacia la concentración extrema de la riqueza.

REDISTRIBUCIÓN DE LA RIQUEZA Y LUCHA DE CLASES

La redistribución de la riqueza es una medida obligada para evitar el caos social en un sistema monetario basado en la deuda con intereses, sobre todo cuando el crecimiento se decelera. Dicha redistribución siempre se lleva a cabo pese a la resistencia de la clase adinerada, porque es su riqueza la que se redistribuye. La política económica refleja, por tanto, un juego de malabarismo entre la redistribución y la preservación de la riqueza, aunque siempre tiende hacia un grado de redistribución mínimo, justo lo necesario para mantener el orden social. Tradicionalmente, los gobiernos de centro-izquierda han tratado de disminuir la concentración de la riqueza mediante políticas redistributivas tales como impuestos progresivos sobre la renta, impuestos de sucesiones, programas de bienestar social, salarios mínimos altos, una sanidad universal, la enseñanza superior gratuita y otras medidas sociales. Estas políticas son redistributivas porque aunque los impuestos recaen desproporcionadamente sobre los ricos, los gastos y programas sociales benefician a todos por igual, o incluso favorecen a los pobres. De este modo, contrarrestan la concentración de la riqueza a la que tiende, de forma natural, un sistema basado en intereses. También perjudican la situación de los ricos, a corto plazo por lo menos. Por eso, en el clima político conservador de la actualidad, esas políticas suelen describirse como lucha de clases.

Al oponerse a las políticas redistributivas, los gobiernos conservadores parecen ver la concentración de la riqueza como algo positivo. Cualquiera de nosotros también podría verlo así, si fuésemos ricos, porque la concentración de la riqueza se traduce a: más para mí y menos para los demás. La contratación de personal me sale más barata, mientras que mi riqueza, poder y privilegios son relativamente mayores.[7] Por lo tanto, los gobiernos que sirven a los intereses (cortoplacistas) de la clase acaudalada defienden lo contrario de dichas políticas redistributivas: un impuesto no progresivo sobre la renta, la reducción de los impuestos de sucesión, recortes en los programas sociales, la privatización de la salud y así sucesivamente.

En la década de 1930, Estados Unidos y muchos otros países tuvieron que afrontar una decisión: o redistribuían la riqueza gradualmente a través del gasto público y el gravamen a los ricos, o permitían que continuase la concentración de riqueza hasta el punto de la revolución y redistribución violenta. Para los años 50, la mayoría de países había adoptado el convenio social forjado en el New Deal: los ricos consiguieron quedarse en la cima pero tuvieron que renunciar a cierta cantidad, mediante impuestos, para compensar los beneficios que obtenían por poseer el capital. El acuerdo funcionó durante un tiempo, mientras el crecimiento se mantuvo alto, hasta la década de los años 70.

Sin embargo, incluso esta solución moderada conlleva muchas consecuencias indeseables. Los elevados impuestos sobre la renta penalizan a quienes ganan mucho, en lugar de hacerlo a quienes poseen mucho. También desencadenan una batalla interminable entre las autoridades fiscales y los ciudadanos, que generalmente terminan encontrando maneras de evadir al menos parte de sus

---

7. El argumento conservador de que poner dinero en manos de los ricos estimula la inversión, el empleo y la prosperidad para todos solo se sostiene si el capital así invertido da un rendimiento superior a la prevalente tasa de interés sobre las inversiones financieras sin riesgos. Como lo demuestra la implacable concentración de la riqueza y la ausencia de redistribución, tales circunstancias son raras, y se harán aún más infrecuentes, o incluso inexistentes, a medida que nos acerquemos a los límites del crecimiento.

impuestos, lo cual ha dado trabajo a miles de abogados y asesores fiscales. ¿Es ese el mejor uso de nuestros recursos humanos? Además, este sistema significa que damos a los dueños del dinero con una mano y se lo quitamos con la otra.

En un sistema basado en el interés, la lucha de clases es inevitable, ya sea de forma explícita o silenciada. Los fines cortoplacistas de los poseedores de la riqueza se oponen a los de la clase deudora. En el momento de este escrito, la balanza se ha inclinado hacia los ricos en la mayoría de los países occidentales ya que sus representantes políticos han desmantelado el mosaico de programas sociales redistributivos implementados en los años 30. Por un tiempo, durante la época posterior a la Segunda Guerra Mundial, el alto crecimiento ocultó la existencia de una lucha de clases, pero esa época se acabó. Hasta que el sistema monetariono se someta a un cambio fundamental, podemos esperar una intensificación de la lucha de clases en los próximos años. Este libro pretende cambiar las reglas básicas y eliminar por completo los motivos de la lucha de clases.

A medida que el contrato social forjado en los años 30 se derrumba y los niveles de deuda alcanzan proporciones de crisis, podrían hacer falta medidas más radicales. Antiguamente, algunas sociedades abordaron la polarización de la riqueza con una anulación periódica de toda la deuda. Los ejemplos incluyen la *Seisachtheia* solónica, el "sacudirse todas las cargas", en la que se cancelaban los débitos y se suprimía el peonaje por deuda, así como el Jubileo de los antiguos hebreos. "Al cabo de cada siete años habrá una liberación. Y esta se realizará del siguiente modo: cada acreedor que hubiere prestado a su vecino deberá liberarlo de su deuda; no le exigirá el pago a su vecino ni a su hermano, pues esa es la liberación del Señor" (Deuteronomio 15:1-2). Estas dos prácticas antiguas eran mucho más radicales que la quiebra actual porque el deudor podía conservar tanto sus posesiones como sus avales. Bajo Solón, incluso se devolvían las tierras a sus dueños originales.

Un ejemplo más reciente lo constituye la anulación parcial de la deuda externa de las naciones empobrecidas y afectadas por desastres naturales. Por ejemplo, el FMI, el Banco Mundial y el Banco Interamericano de Desarrollo cancelaron la deuda externa de Haití en 2008. Durante décadas, ha existido un movimiento más amplio para la cancelación de la deuda del Tercer Mundo en general, pero hasta ahora ha tenido muy poca aceptación.

Otra forma de redistribución es la quiebra, por la cual se libra al deudor de sus obligaciones, normalmente tras habérsele confiscado la mayor parte de su propiedad en favor de los acreedores. Aun así, se trata de una transferencia nominal de riqueza del acreedor al deudor puesto que la cantidad de propiedad confiscada es inferior a la cantidad adeudada. En Estados Unidos, se ha vuelto mucho más difícil declararse insolvente como persona física últimamente ya que las leyes actuales (modificadas a instancias de los emisores de tarjetas de crédito) obligan al deudor a un plan de pagos mediante el cual se compromete a destinar una porción de sus ingresos al acreedor a lo largo de muchos años.[8] Las deudas se están volviendo cada vez más ineludibles, reclamando al deudor toda una vida de trabajo y relegándolo a un estado de peonaje. A diferencia de la Seisachtheia y del Jubileo, la quiebra transfiere los activos al acreedor, quien pasa a controlar el capital tanto físico como financiero, y el deudor no tiene más remedio que endeudarse nuevamente. En conclusión, las

---

8. Es más, algunos tipos de deuda, tales como los créditos estudiantiles y las deudas tributarias, no se pueden liquidar mediante la quiebra.

quiebras suponen una traba insignificante para la concentración de la riqueza.

Más extrema es la negación absoluta a pagar una deuda o entregar sus avales al acreedor. Por lo general, el acreedor puede demandar al deudor y emplear la fuerza del Estado para apoderarse de sus bienes. El repudio de la deuda solo es posible cuando el sistema jurídico y la legitimidad del Estado comienzan a desmoronarse.[9] Tal desmoronamiento pone de manifiesto que el dinero y la propiedad no son más que meros acuerdos sociales. Despojado de todo lo que se basa en la interpretación convencional de símbolos, Warren Buffett no es más rico que yo, salvo que su casa es más grande que la mía. Pero hasta ese hecho es una cuestión de convenio en la medida en que él es dueño de su casa gracias a una escritura.

En el momento que escribo esto, el repudio de la deuda no es una opción muy viable para los ciudadanos. Pero para las naciones soberanas, la situación parece ser totalmente distinta. En teoría, los países con una fuerte economía doméstica y recursos para canjear con sus vecinos pueden dejar de pagar sus deudas soberanas sin más. En la práctica, sin embargo, rara vez lo hacen. Los gobernantes, democráticos o no, suelen aliarse con el establecimiento financiero global y reciben generosas recompensas por hacerlo. Y si lo desafían, se enfrentan a todo tipo de hostilidades. La prensa los desacredita; los mercados de bonos se vuelven contra ellos; se les tacha de "irresponsables", "izquierdistas" o "antidemocráticos";

---

9. Ya hay indicios del comienzo de este desmoronamiento en la crisis de documentación hipotecaria estadounidense de 2010, cuando se cuestionó la red de acuerdos que constituye una hipoteca. Las hipotecas se habían dividido en tantos fragmentos que llegó a ser difícil probar quién era el verdadero dueño de la propiedad. El corpus de contratos, leyes, reglamentos y prácticas de documentación comenzó a derrumbarse bajo el peso de su propia complejidad.

los partidos opositores reciben el apoyo de los poderes fácticos; incluso podrían acabar siendo el blanco de un golpe de estado o una invasión. Cualquier gobierno que se resista a la conversión de su capital social y natural en dinero es presionado y castigado. Eso fue lo que pasó en Haití cuando Aristide se resistió a las políticas neoliberales y fue derrocado en un golpe de estado en 1991, y de nuevo en 2004; sucedió en Honduras en 2009; ha sucedido en todo el mundo, centenares de veces. (Fracasó en Cuba y, luego, en Venezuela, que hasta ahora ha podido eludir la amenaza de invasión). Más recientemente, en octubre de 2010, hubo un intento de golpe fallido en Ecuador, país que había repudiado una deuda de 3.900 millones de dólares en 2008 y que la reestructuró posteriormente a una relación de 35 centavos por cada dólar adeudado. Tal es el destino de cualquier nación que se resiste al régimen de la deuda.

El ex-economista John Perkins esboza dicha estrategia en *Confesiones de un sicario económico:* comienza con sobornos a gobernantes, luego llegan las amenazas, luego el golpe de estado y, como último recurso, la invasión. El objetivo es conseguir que el país acceda a realizar los pagos de la deuda, a que siga endeudado indefinidamente. Ya sea a nivel individual o nacional, la deuda comienza a menudo con un megaproyecto —un aeropuerto, una red de carreteras o un rascacielos, la renovación de una vivienda o unos estudios universitarios— que augura grandes recompensas futuras pero que, en realidad, enriquece a poderes externos y activa los resortes de la trampa de la deuda. En la Antigüedad, los instrumentos del imperio eran el poder militar y el tributo obligado; hoy en día es la deuda. La deuda obliga a naciones e individuos a dedicar su productividad al dinero. Las personas renuncian a sus sueños y trabajan en empleos para mantenerse al día con sus deudas; las naciones convierten la agricultura de subsistencia y la autosuficiencia local, que no generan intercambio de divisas, en cultivos de mercancías de exportación y fábricas maquiladoras, que sí lo hacen.[10] Haití ha estado en deuda desde 1825, cuando se vio obligado a indemnizar a Francia por la propiedad (es decir, los esclavos) perdida en la revuelta de esclavos de 1804. ¿Cuándo saldará su deuda? Nunca.[11] De hecho, ¿cuándo saldará su deuda cualquier país del Tercer Mundo para poder destinar su productividad a sus propios ciudadanos? Nunca. ¿Cuándo saldaremos la mayoría de nosotros nuestros préstamos estudiantiles, tarjetas de crédito e hipotecas? Nunca.

No obstante, ya sea a nivel personal o soberano, el momento de repudiar la deuda podría estar más cerca de lo que creemos. La legitimidad del estatus quo está cada vez más en entredicho, y basta con que unos cuantos deudores repudien su deuda para que los demás sigan su ejemplo. Incluso hay una base legal sólida para el impago: el principio de la deuda odiosa, que invalida las deudas que se hayan incurrido de forma fraudulenta. Las naciones pueden disputar las deudas incurridas por dictadores que se confabularon con los prestamistas para enriquecerse a sí mismos y a sus compinches y que construyeron megaproyectos inútiles que no han servido a la nación. Y los individuos, por su parte, pueden disputar los créditos hipotecarios o al consumo que les fueran vendidos mediante prácticas engañosas. Quizás esté llegando la hora de liberarnos de nuestras cargas.

---

10. No es casualidad que la política del Banco Mundial solo permita créditos agrícolas para el desarrollo de cultivos de exportación. Los cultivos de consumo interno no generan divisas con las que pagar los préstamos.

11. Después de escribir este capítulo, la deuda externa de Haití fue anulada por un mundo que se solidarizó con su situación tras el terremoto. Ahora el país tiene ingresos y activos no comprometidos, que representan blancos perfectos para la colateralización como base para una nueva deuda.

LA INFLACIÓN

Por último está la redistribución de la riqueza a través de la inflación. A simple vista, la inflación viene a ser una manera encubierta de anular parte de la deuda ya que permite realizar los pagos en una moneda cuyo valor ha disminuido respecto a su valor inicial en el momento de concederse el préstamo. Es una fuerza igualadora que va reduciendo tanto el valor del dinero como el de la deuda. Sin embargo, el asunto no es tan simple como pudiera parecer. Por un lado, la inflación suele ir acompañada de un aumento de los tipos de interés, porque las autoridades monetarias elevan las tasas para "combatir la inflación" y porque los prestamistas potenciales prefieren invertir en mercancías a prueba de inflación que prestar dinero a un interés inferior a la tasa de inflación.[12]

La economía convencional nos dice que la inflación es consecuencia de un aumento de la oferta de dinero sin un aumento correspondiente en la oferta de mercancías. ¿Cómo se aumenta la oferta de dinero entonces? En 2008-2009, la Reserva Federal rebajó los tipos de interés a casi cero e incrementó la base monetaria considerablemente sin causar una inflación apreciable. Eso se debió a que los bancos no aumentaron los préstamos, lo cual habría transferido el dinero a manos de personas y empresas que lo hubieran gastado. Sin embargo, ese excedente de dinero nuevo se acumuló en reservas bancarias o se dilapidó en los mercados de valores; de ahí, la subida de las acciones bursátiles entre marzo y agosto de 2009.[13]

---

12. Además, muchos préstamos tienen hoy tasas de interés variables, a menudo indexadas a la inflación (ya existen incluso bonos indexados a la inflación).

13. Desde julio de 2008 hasta julio de 2009, se duplicó la base monetaria, de 838 mil millones de dólares a 1,6 billones; sin embargo, el M1 aumentó en menos del *(sigue en la pág. siguiente)*

Dada la escasa solvencia de los prestatarios y la falta de crecimiento económico, no es de extrañar que la bajada de los tipos de interés contribuyera poco a estimular la concesión de créditos. Aunque la Fed comprara todos los Bonos del Tesoro existentes, multiplicando la base monetaria por diez, podría seguir sin producirse una inflación. Porque la inflación requiere que el dinero esté en manos de quienes lo gastan. ¿El dinero que nadie gasta puede considerarse dinero? ¿Y el dinero que un avaro entierra y luego olvida?[14] Nuestras intuiciones newtoniano-cartesianas ven el dinero como un objeto cuando, en realidad, se trata de una relación. Cuando la riqueza se concentra en manos de unos pocos, nos volvemos menos conectados, menos vinculados a todo aquello que sustenta y enriquece la vida.

Los rescates de la Reserva Federal destinaron casi todo el dinero a los bancos, donde ha permanecido. En tiempos de recesión económica, hacer llegar el dinero a quienes lo van a gastar requiere eludir el proceso de creación de crédito privado que dictamina: "Tendrás acceso al dinero con la condición de que produzcas aún más". La principal forma de hacer eso es por medio de estímulos fiscales –es decir, gasto público–. Ese gasto sí resulta potencialmente inflacionario. ¿Y por qué es mala la inflación? A nadie le gusta ver subir los precios, pero si los ingresos aumentan al mismo ritmo,

---

13. *(viene de la pág. anterior)* 20% y el M2 en menos del 10%. El M1 y M2 son, en realidad, medidas bastante limitadas de la masa monetaria, pero la Fed ya no publica las estadísticas para el M3, que es más inclusivo. Sin embargo, algunos economistas externos aún tratan de seguirle la pista, entre ellos John Williams de www.shadowstats.com, quien estima el crecimiento del M3 en torno al 5% durante el mismo período. Hasta la redacción de este capítulo (2010), el estancamiento del crecimiento de la masa monetaria no muestra signos de mejora.

14. Los economistas intentan lidiar con esta cuestión mediante el concepto de la "velocidad del dinero". Pero como se explica en el Apéndice, la distinción entre la oferta de dinero y la velocidad del dinero se viene abajo cuando se analiza en detalle.

¿qué tiene de malo? Solo es malo para aquellos que tienen ahorros; a los endeudados, en cambio, les beneficia. Lo que el ciudadano medio teme es una inflación de los precios sin la correspondiente inflación salarial. Si los precios y los salarios aumentan a la vez, la inflación es esencialmente un impuesto sobre el dinero ocioso, que redistribuye la riqueza de los ricos y contrarresta los efectos del interés.[15] Volveremos a este aspecto beneficioso de la inflación más adelante, cuando consideremos los sistemas monetarios de interés negativo.

Según la teoría estándar, el gobierno puede financiar el gasto inflacionario a través de impuestos o mediante el gasto deficitario. ¿Por qué sería inflacionario un gasto que está financiado por los contribuyentes? Lo único que se hace, en realidad, es tomar dinero de unos para dárselo a otros. Solo es inflacionario si lo toma de los ricos y se lo da a los pobres, quienes lo gastarán enseguida. Del mismo modo, el gasto deficitario solo es inflacionario si el dinero se destina a quienes lo van a gastar y no, por ejemplo, a los grandes bancos. En cualquier caso, la inflación es más bien una consecuencia o un síntoma de la redistribución de la riqueza, y no un medio para lograrla.[16]

Así pues, la inflación, no se puede desligar de las formas más básicas de redistribución de la riqueza. No es casualidad que los políticos conservadores, tradicionales guardianes de los ricos, sean

---

15. Existen otros efectos negativos de la inflación, como son los denominados "costes de menú" (o costos de precios variables), dificultades de contabilidad y otros. Si la inflación es muy elevada —por encima del costo de almacenamiento de las mercancías— puede resultar en la acumulación de bienes. Estas consideraciones se tienen en cuenta a la hora de concebir sistemas de dinero a interés negativo.

16. El único tipo de inflación que no proviene de la redistribución de la riqueza surge de la escasez de bienes causada por guerras o embargos. En este escenario, que a veces provoca una hiperinflación, no hay un efecto ecualizador ya que los ricos se limitan a acumular bienes a prueba de inflación.

los más acérrimos "halcones del déficit". Se oponen al gasto deficitario, que tiende a desviar el dinero hacia los deudores en lugar de los poseedores. Y si el gasto deficitario ya se ha realizado, abogan por los recortes, la subida de los tipos de interés y la reducción de la deuda pública, lo cual representa una redistribución de la riqueza en sentido inverso. Estos argumentos los defienden incluso cuando la inflación brilla por su ausencia; les basta con invocar el fantasma de la inflación.

Cualquier Estado que tenga una moneda soberana puede, en principio, crear cantidades ilimitadas de dinero sin necesidad de impuestos, bien sea emitiéndolo directamente u obligando al banco central a comprar bonos a interés cero. Sí, resultaría inflacionario, ya que subirían los precios y salarios y bajaría el valor relativo de la riqueza acumulada. El hecho de que los gobiernos prefieran recurrir al mecanismo de bonos con intereses para crear dinero es un indicador clave de la naturaleza de nuestro sistema monetario. Aquí, en el corazón mismo de los poderes soberanos del Estado, es donde se rinde tributo a los dueños del dinero.

¿Por qué debe un gobierno pagar intereses a la clase acaudalada por el privilegio soberano de emitir una divisa? Desde la Antigüedad, el derecho a acuñar monedas se ha considerado como una función sagrada o política que constituye el centro neurálgico del poder social. Está claro dónde reside ese poder en la actualidad. "Si se me permite emitir y controlar el dinero de una nación, nada me importará quién haga sus leyes", declaró Meyer Rothschild. Hoy en día, el dinero sirve a la riqueza privada. De hecho, ese es el principio fundamental de la usura. Pero la edad de la usura está llegando a su fin; pronto, el dinero servirá a otro maestro.

MÁS PARA TI SIGNIFICA MENOS PARA MÍ

Las causas sistémicas de la avaricia, la competencia y la ansiedad, tan prevalentes hoy en día, contradicen algunas de las enseñanzas de la Nueva Era con las que me encuentro regularmente: que el dinero no es más que una forma de energía, y que todos podemos tener abundancia de dinero si simplemente adoptamos una actitud de abundancia. Cuando los maestros de la Nueva Era nos dicen que "nos liberemos de nuestras creencias limitantes sobre el dinero", que "nos despojemos de la mentalidad de la escasez", que "nos abramos al flujo de la abundancia", o que nos hagamos ricos mediante el poder del pensamiento positivo, ignoran una cuestión importante. Aunque sus ideas provienen de una fuente válida –la consciencia de que la escasez de nuestro mundo es un artefacto de nuestras creencias colectivas y no una realidad fundamental–, son intrínsecamente incompatibles con el sistema monetario que tenemos hoy. He aquí un ejemplo bien formulado de ese tipo de pensamiento, tomado de *The Soul of Money* (El alma del dinero) de Lynn Twist:

> El dinero en sí no es ni malo ni bueno, el dinero en sí ni tiene poder ni deja de tenerlo. Es en nuestra interpretación del dinero, en nuestra interacción con él, donde reside la verdadera fechoría y donde encontramos la verdadera oportunidad para el autoconocimiento y la transformación personal.[17]

Lynn Twist es una filántropa visionaria que ha inspirado a muchos a utilizar el dinero para el bien. Pero, ¿te imaginas cómo le sonarán

---

17. Twist, Lynn, *The Soul of Money: Reclaiming the Wealth of Our Inner Resources* (El alma del dinero: Reclamar la riqueza de nuestros recursos internos). 2006, 19.

estas palabras a una persona que, por falta de dinero, vive en la indigencia? Cuando yo estaba arruinado hace un par de años, recuerdo haberme sentido molesto cuando amigos espirituales bien intencionados me decían que mi problema era "una actitud de escasez". Cuando se derrumba la economía de todo un país como Grecia o Letonia y millones se quedan en la ruina, ¿echamos toda la culpa a sus actitudes? ¿Y qué pasa con los niños pobres y hambrientos? ¿Acaso ellos también tienen una mentalidad de escasez?

"En una sección posterior del libro, Twist describe las actitudes tóxicas de escasez del siguiente modo: "Es como ese juego infantil de las sillas musicales, en el que hay un asiento menos que el número de jugadores. Tu atención se centra en no perder y no ser la que, al final del barullo, se queda sin silla".[18]

Pero como mencioné anteriormente, el sistema monetario *sí* es un juego de sillas musicales, una pelea caótica en la que algunos siempre se quedan fuera. De todos modos, a un nivel profundo, Twist está en lo cierto. Tiene razón en tanto que el sistema monetario representa una extensión de nuestra actitud de escasez —una actitud que se basa en un cimiento aún más profundo: los mitos e ideologías fundamentales de nuestra civilización, a las que denomino Relato del ser y Relato del mundo—. Pero no podemos limitarnos a cambiar nuestras actitudes sobre el dinero; también debemos cambiar el dinero mismo, que al fin y al cabo encarna nuestras actitudes. En última instancia, el trabajo del mundo interior es inseparable del trabajo del mundo exterior. Lo uno refleja lo otro; lo uno sirve de vehículo para lo otro. Cuando nos cambiamos a nosotros mismos, cambian asimismo nuestros valores y acciones. Cuando realizamos

---

18. Ibíd., 49.

labores en el mundo, surgen problemas internos que debemos afrontar si queremos ser eficaces. Por ello intuimos una dimensión espiritual en la crisis planetaria, invocando lo que Andrew Harvey llama "Activismo Sagrado".

El sistema monetario actual es la manifestación de la mentalidad de escasez que ha dominado a nuestra civilización durante siglos. Cuando esa mentalidad cambie, el sistema de dinero se transformará para encarnar la nueva conciencia. Hoy es matemáticamente imposible que más de una minoría de personas viva en la abundancia, porque el proceso de creación de dinero mantiene la escasez sistémica. La prosperidad de uno se traduce en la pobreza de otro.

Uno de los principios de la "programación para la prosperidad" es librarse de la culpa derivada de la creencia de que solo se puede ser rico si otro es pobre, que más para mí significa menos para ti. El problema es que, bajo el sistema monetario actual, ¡es cierto! Más para mí sí significa menos para ti. El ámbito de lo monetizado crece a expensas de la naturaleza, la cultura, la salud y el espíritu. La culpa que sentimos en torno al dinero está absolutamente justificada.

Ciertamente, el dinero nos permite crear cosas hermosas, organizaciones dignas y causas nobles, pero si nos proponemos lucrarnos con estos objetivos en mente, en cierto sentido le estamos robando a Pedro para pagarle a Pablo.

Quiero dejar claro que no es mi intención desalentar a nadie de abrirse al flujo de la abundancia. Al contrario, cuando suficientes personas lo hagan, el sistema monetario cambiará para adaptarse a la nueva creencia. Y es que este sistema está construido sobre la base de la Separación. Es tanto un efecto como una causa de nuestra percepción de nosotros mismos como sujetos individuales y separados en un universo que es Otro. Solo podremos dar paso a la abundancia cuando nos libremos de esa identidad y nos abramos a la riqueza de nuestro verdadero yo conectado. Y esta nueva identidad no quiere ser partícipe de la usura.

Veamos un ejemplo extremo que ilustra lo que falla en la "programación para la prosperidad" e, indirectamente, en el sistema monetario actual. Hace algunos años, una mujer me presentó una organización muy especial a la que se había unido, llamada "Obsequiar". Básicamente, funcionaba del siguiente modo: primero "regalabas" $10.000 a la persona que te invitaba, luego encontrabas a cuatro personas que te "regalaran" $10.000 cada una y, a continuación, cada una de ellas llevaba el concepto del obsequio a cuatro personas más, para que les "regalaran" $10.000 dólares respectivamente. Todos acababan con una suma neta de $30.000. En el material de información sobre el programa, esto se explicaba como una manifestación de la abundancia universal. Lo único que se requería era una actitud expansiva apropiada. Así que aproveché la oportunidad, claro. ¡Es broma! Pero lo que sí hice fue preguntar a la mujer: "¿no están simplemente sacándole el dinero a los amigos?"

"No", respondió ella, "porque ellos también van a terminar ganando $30.000, siempre que crean plenamente en los principios del obsequio".

"Pero van a ganar ese dinero quitándoselo a sus amigos. En algún momento ya no habrá más personas que reclutar, así que las últimas acabarán perdiendo $10.000. Se les está robando a ellas, en definitiva, empleando el lenguaje del obsequio para ello".

Por sorprendente que parezca, nunca más supe de aquella mujer. Su indignada negación es comparable a la de los beneficiarios de la economía monetaria en general, que también tiene una estructura similar a la de este timo piramidal. Para verlo, imagina que cada cuota inicial de $10.000 fuera como una deuda con intereses (que de hecho lo es), y que te ves obligado a introducir a más personas por debajo de ti porque, si no, perderás tu propiedad. La única manera en la que "los de abajo" pueden evitar la penuria es atrayendo a aún más gente a la economía monetaria, por ejemplo, mediante la colonización (ejem, me refería a "abrir nuevos mercados al libre comercio") y mediante el crecimiento económico: la conversión de las relaciones, la cultura, la naturaleza, etc. en dinero. Esto no hace más que retrasar lo inevitable: la polarización de la riqueza, cuyo fantasma aparece cada vez que el crecimiento merma. Las personas que se han quedado con la bolsa de la deuda en las manos no tienen manera de saldarla: no queda nadie a quien quitarle el dinero, ni nada para convertir en dinero nuevo. Como veremos, esta es precisamente la raíz de la crisis económica, social y ecológica que afronta nuestra civilización de hoy.

CAPÍTULO 7

LA CRISIS DE LA CIVILIZACIÓN

Tenemos casas más grandes pero familias más pequeñas;
más comodidades pero menos tiempo;
más títulos universitarios pero menos sentido;
más conocimiento pero menos juicio;
más expertos, pero más problemas;
más medicinas pero menos salud.
Hemos llegado hasta la luna y hemos vuelto,
pero nos cuesta cruzar la calle para conocer a nuestro nuevo vecino.
Construimos computadoras para guardar más copias que nunca,
pero tenemos menos comunicación real.
Nos hemos vuelto grandes en cantidad,
pero pequeños en calidad.
Vivimos tiempos de comida rápida pero digestiones lentas;
hombres de mucha altura pero de poco carácter
beneficios muy elevados pero relaciones poco profundas.
Vivimos una época en la que el escaparate está lleno de cosas,
pero no hay nada en el interior.

—Autor anónimo

La crisis financiera que afrontamos hoy en día se debe al hecho de que apenas queda capital social, cultural, natural o espiritual convertible en dinero. Siglos de creación de dinero casi continua nos han dejado tan arruinados que ya no nos queda nada por vender.

Nuestros bosques han sufrido daños irreparables, nuestro suelo está agotado y engullido por el mar, nuestras pesquerías se están quedando sin peces y la capacidad rejuvenecedora de la tierra para reciclar nuestros deshechos ha llegado a la saturación. Nuestro patrimonio cultural, de canciones, relatos, imágenes e iconos ha sido saqueado y convertido en propiedad intelectual. Cualquier frase audaz que se nos ocurra ya está registrada como eslogan publicitario. Incluso nuestras relaciones y habilidades humanas nos han sido arrebatadas y vendidas de vuelta, de modo que ahora dependemos de extraños y, por consiguiente, del dinero para muchas cosas que una vez fueron gratuitas: la comida, el cobijo, la ropa, el entretenimiento, el cuidado infantil y la preparación de alimentos. La vida misma se ha convertido en un artículo de consumo.

Estamos vendiendo los últimos vestigios de nuestro legado divino: la salud, la biosfera, el genoma e incluso nuestras propias mentes. La frase "todo es número" de Pitágoras es prácticamente una realidad; el mundo se ha trasformado en dinero. Este es el proceso que está culminando en nuestra era, y que ya casi se ha completado, especialmente en Estados Unidos y el resto del mundo "desarrollado". En los países "en vías de desarrollo" (nótese cómo estos términos asumen el sistema económico occidental como el destino de toda sociedad) aún hay pueblos que viven primordialmente en la cultura del obsequio, donde la riqueza natural y social sigue sin ser propiedad de nadie. La globalización es el proceso mediante el cual se nos despoja de esos bienes para alimentar la máquina del dinero y su necesidad existencial e insaciable de crecer. Pero la explotación de otras tierras también está llegando a sus límites, por la eficacia de crecientes focos de Resistencia, y porque ya no queda apenas nada de qué apropiarse.

El resultado de todo ello es que la masa monetaria —y el correspondiente volumen de deuda– supera, desde hace ya décadas, la producción de bienes y servicios que el dinero nos ofrece. Este fenómeno está íntimamente relacionado con lo que la economía clásica denomina problema de la sobrecapacidad. Para postergar la crisis del capital de la que habla Marx –un círculo vicioso en el que bajan los beneficios, los sueldos y el consumo, y aumenta la sobreproducción en los sectores consolidados– nos vemos obligados a desarrollar constantemente nuevos sectores y mercados de alto rendimiento. La continuidad del capitalismo tal y como lo conocemos exige una oferta ilimitada de ese tipo de industrias, lo cual implica monetizar una cantidad ilimitada de ámbitos del capital social, natural y espiritual. El problema es que esos recursos son finitos, y cuanto más se aproximan al agotamiento, más dolorosa resulta su extracción. Es por ello que, junto con la crisis económica, estamos viviendo una crisis ecológica y una crisis de salud. Las tres están estrechamente ligadas porque resulta ya casi inviable transformar más tierra y más cuidados sanitarios en dinero sin que la base misma de la vida se vea amenazada.

Hay un antiguo mito chino que ilustra lo que está ocurriendo. Según se cuenta, había un monstruo llamado Tao Tie que estaba poseído por un apetito insaciable. Devoraba a toda criatura que se cruzara en su camino, incluso a la propia tierra, pero su hambre no conocía límites. Así que finalmente recurrió a su propio cuerpo; empezó a comerse los brazos, las piernas, el torso… hasta que ya solo le quedaba la cabeza.

Una cabeza no puede sobrevivir sin cuerpo. Pero ante el agotamiento de los bienes no monetizados, el capital financiero ha comenzado a devorar a su propio organismo: la economía industrial a la que supuestamente sirve. Cuando los ingresos de la producción de bienes y servicios no alcanzan para saldar la deuda, los acreedores se dedican a confiscar activos, algo que se está haciendo tanto en Estados Unidos como en los demás países del mundo. Las hipotecas, por ejemplo, se concibieron con el fin de que el titular llegase a ser propietario absoluto de su vivienda, comenzando con un pago inicial de un 20% del valor de la propiedad. Pero hoy en día ya pocos sueñan con saldar los pagos pendientes de su hipoteca; la mayoría se conforma con poder refinanciarla una y otra vez, lo cual equivale básicamente a pagar un alquiler al banco. A nivel global, los países del Tercer Mundo se encuentran en una situación similar ya que los planes de austeridad del FMI les obligan a vender bienes nacionales y a recortar servicios sociales. Del mismo modo que el individuo puede dedicar prácticamente toda su labor productiva al servicio de una deuda, la economía de esos países está destinada, en su totalidad, a producir bienes para liquidar su deuda extranjera.

Con sus medidas de austeridad, el FMI actúa de forma idéntica a un tribunal que impone un plan de pagos a un deudor. Lo que viene a decir es: "Tendrás que arreglártelas con menos, trabajar más y destinar mayor parte de tus ingresos a saldar tu deuda. ¡Me darás todas tus posesiones y todas tus ganancias futuras!" Las pensiones de los trabajadores, los salarios de los profesores, la minería, el petróleo, todo se destina al pago de la deuda. Aunque las formas de esclavitud han ido cambiando con el tiempo, la directriz primordial sigue siendo la misma. Y lo irónico es que, a la larga, las medidas de austeridad ni siquiera beneficiarán a los acreedores; están ahogando el crecimiento económico debido a la reducción del consumo, de la demanda y de las oportunidades de inversión en empresas. Los empleos se evaporan, bajan los precios de los productos, y los deudores —ya sean individuos o países— tienen cada vez más dificultades para pagar lo que deben.

Incapaces de ver más allá del corto plazo, a los poderes monetarios les encanta la austeridad porque significa que el deudor promete dedicar una porción cada vez mayor de su trabajo y de sus recursos a la liquidación de la deuda. La austeridad permite que las deudas impagables puedan seguir pagándose durante un tiempo más. Esto es lo que está sucediendo en Europa en el momento en que escribo esto (2010): los gobiernos recortan pensiones y privatizan servicios sociales para poder garantizar el pago a los inversores en Bonos del Estado. Los rugidos de la austeridad también se oyen en Estados Unidos, donde muchos alertan del excesivo déficit federal. Desde la lógica de los mercados de bonos y de los déficits presupuestarios, la defensa de una mayor responsabilidad presupuestaria resulta irrefutable. Pero más allá de esa lógica, resulta absurdo: unas simples cifras, la mera interpretación de unos bits, ¿nos van a obligar a erosionar la calidad de vida de la mayoría para preservar la riqueza de unos pocos?

Al cabo del tiempo, los deudores ya no tienen ingresos ni bienes tangibles de los que puedan prescindir. De hecho, la crisis actual debería haber ocurrido hace muchos años, pero se crearon diversos activos falsos e inflados para postergarla un poco más. Y mientras tanto, el Tao Tie financiero sigue devorándose a sí mismo, cubriendo deuda con más deuda. Los esfuerzos por apuntalar este edificio no sirven de nada porque está obligado a seguir creciendo (todas esas deudas generan intereses), pero las autoridades siguen empeñadas en intentarlo. Cuando oigas la frase "rescatar al sistema financiero", tradúcelo en tu mente a "mantener las deudas en los registros contables". Se esfuerzan por conseguir que los deudores (ya sean personas o naciones) sigamos pagando y que la deuda siga creciendo. Una pirámide de deuda no puede aumentar eternamente. En algún momento, cuando todos los bienes de los deudores se hayan agotado y todos sus ingresos se hayan destinado al pago de la deuda, los acreedores no tendrán otro remedio que prestar más dinero a los deudores para que puedan hacer frente a sus obligaciones. En cuestión de poco tiempo, el saldo pendiente será tan elevado que deberán pedir un crédito solo para poder pagar los intereses, lo cual significa que el dinero habrá dejado de fluir del deudor al acreedor. Esta es la fase final, que suele ser breve pero que se ha prolongado en nuestros días gracias a la "magia" financiera de Wall Street. Los préstamos y los productos derivados empiezan a perder su valor, provocando una deflación de la deuda.

En esencia, existe una doble conexión entre la crisis financiera y la profunda crisis de crecimiento de nuestra civilización. El dinero basado en la deuda con intereses impulsa el crecimiento económico, y la crisis de la deuda es un síntoma que aparece cada vez que ese crecimiento merma.

La presente crisis es la etapa final de lo que comenzó en la década de 1930. Desde entonces se han venido aplicando, y agotando, sucesivas soluciones al problema de base: la necesidad de seguir el ritmo a un dinero que crece con las tasas de interés. La primera solución eficaz fue la guerra, una industria a la que se ha alimentado desde 1940. Por desgracia —o por fortuna, mejor dicho— el armamento nuclear y la trasformación de la conciencia humana han obstaculizado la escalada militar sin límites. La guerra entre superpotencias ya no es posible. E igualmente obsoletas son otras soluciones como la globalización, la tecnología que ha permitido el desarrollo de nuevos bienes y servicios para reemplazar funciones humanas nunca antes mercantilizadas, el saqueo de recursos naturales que en otros tiempos eran territorio vedado y, por último, el auto-canibalismo financiero. A menos que existan fuentes de riqueza que no se hayan sondeado todavía o niveles aún mayores de pobreza, miseria y alienación que soportar, lo inevitable parece ya inminente.

La burbuja crediticia a la que se achacan nuestros males económicos actuales no ha sido la causa, ni mucho menos, sino un mero síntoma. Cuando el rendimiento de las inversiones de capital comenzó a caer a principios de los años 70, el capital emprendió una búsqueda desesperada de otros métodos para mantener su expansión. Cada vez que estalla una burbuja —las materias primas a finales de los 70, las inversiones inmobiliarias de las entidades de ahorro y crédito en los 80, las acciones bursátiles del sector "puntocom" en los 90, y los derivados financieros del sector inmobiliario en los 2000— el capital se trasfiere enseguida a la siguiente burbuja, perpetuando el espejismo de la expansión económica. Mientras tanto, la economía real se estanca por falta de una demanda suficiente para absorber la sobrecapacidad de producción, y se agota el capital social y natural disponible para convertir en dinero.

Si se pretende perpetuar el crecimiento exponencial del dinero, hay dos alternativas: o se mantiene el ritmo de crecimiento del sector de bienes y servicios, o se intensifica el imperialismo y la guerra de forma indefinida. Como ambas opciones han alcanzado su límite, ya no se sabe a qué recurrir.

Nuestra actual incapacidad de convertir la naturaleza en mercancías y las relaciones en servicios no es un impasse transitorio: es que queda muy poco por convertir. El progreso tecnológico y la mejora de los procesos industriales no nos ayudarán a obtener más peces del mar si apenas quedan peces; ni nos ayudará a incrementar la producción de madera si los bosques están sobreexplotados; ni nos permitirá extraer más petróleo si las reservas están agotándose. Tampoco podemos seguir expandiendo el sector de los servicios si apenas quedan ya cosas que se hagan desinteresadamente por los demás. Ya no hay margen para el crecimiento económico tal y como lo conocemos. Es decir, no queda margen para la conversión de la vida y el mundo en dinero. Por lo tanto, aunque sigamos las prescripciones políticas más radicales de la izquierda, que proponen una quita de la deuda y una redistribución de los ingresos para impulsar el crecimiento económico, solo conseguiremos agotar lo poco que queda de nuestro divino legado natural, cultural y comunal. En el mejor de los casos, las medidas de estímulo económico permitirán una modesta expansión a corto plazo mientras los bienes y servicios desmonetizados durante la recesión se vayan re-monetizando. Por ejemplo, debido a la situación económica, algunos amigos y yo nos ayudamos mutuamente con el cuidado de los hijos, cuando en tiempos de prosperidad quizás les habríamos mandado a una guardería. Nuestra cooperación representa una oportunidad para el crecimiento económico: lo que hacemos desinteresadamente por los demás puede convertirse en un servicio monetizado. Generalizando esto al conjunto de la sociedad, se trata simplemente de una oportunidad para crecer y volver al punto de partida, momento en el que resurgirá la misma crisis una vez más. "Contraerse para crecer", objetivo esencial de la guerra y de la deflación, solo funciona (y cada vez menos) como medida de contención mientras se accede a nuevas esferas del capital social y natural por explotar.

El problema actual es, por tanto, mucho más sistémico de lo que comúnmente se cree. Analicemos este ejemplo típico de un diario económico:

> [Paul] Volcker está en lo cierto. Las obligaciones de deuda y los valores avalados por hipotecas que se utilizan como colateral, y demás juguetitos complejos engendrados gracias a la infor-

mática no constituían una solución a las necesidades básicas de la economía, sino a la insaciable codicia de Wall Street. Sin ellos, los bancos no habrían tenido otro remedio que seguir destinando su capital y sus talentos a satisfacer las necesidades reales de las empresas y de los consumidores, y no se habría producido la crisis, ni el desplome de la bolsa ni la recesión.[1]

Esto describe únicamente el nivel más superficial de un problema muy profundo. Las obligaciones de deuda colateralizadas (CDO por sus siglas en inglés) y demás derivados financieros no son más que síntomas. La cuestión de fondo es que no existían suficientes "necesidades reales" a las cuales los bancos pudieran destinar su capital, porque solo aquellas necesidades que generen beneficios superiores a la tasa de interés justifican la concesión de un préstamo. Pero en una economía plagada de sobreproducción tales oportunidades son escasas. Así que la industria financiera se dedicó a jugar con los números. Las CDO y demás instrumentos financieros fueron consecuencia, y no causa, de la crisis financiera que se originó por la imposibilidad de seguir expandiendo la economía al mismo ritmo que los intereses.

Varios expertos han observado que la estafa piramidal de Bernard Madoff no era muy diferente de la estructura piramidal del sector financiero, con sus derivados hipotecarios y demás. Estos provocaron su propia burbuja que, al igual que la de Madoff, solo podía sostenerse por medio de un crecimiento incesante e incluso exponencial del influjo de nuevo dinero. Como tal, representa un símbolo de nuestros días en mayor medida de lo que la gente supone. La economía de casino de Wall Street no es el único

---

1. Coxe, Don. "Financial Heroin" (Heroina financiera), *Case Strategy Journal.*, 12 noviembre 2009: 13.

timo piramidal insostenible. También lo es el sistema económico en su conjunto, basado en la eterna monetización de unos bienes comunes limitados. Se podría comparar con una hoguera que debe arder con una fuerza cada vez mayor hasta agotar todo el combustible disponible. Solo un necio pensaría que un fuego puede arder indefinidamente si el suministro de combustible es limitado. Por continuar con esta metáfora, la reciente desindustrialización y financiarización de la economía equivaldría a usar el calor para crear más combustible. De acuerdo a la segunda ley de la termodinámica, la cantidad de energía generada es siempre inferior a la empleada para generarla. La práctica de prestar nuevo dinero para cubrir el principal y los intereses de antiguas deudas es obviamente insostenible, pero eso es precisamente lo que la economía ha estado haciendo a lo largo de la última década.

Aunque abandonemos esta locura, tendremos que afrontar el agotamiento del combustible (y no me refiero literalmente a fuentes de energía, sino a cualquier tipo de vínculo con la naturaleza o la cultura que pueda convertirse en mercancía). La mayoría de propuestas para solucionar la presente crisis se reducen a buscar más combustible. Ya se trate de perforar nuevos pozos petrolíferos, de pavimentar más espacios verdes o de alentar el consumo, el objetivo es reavivar el crecimiento económico —es decir, expandir el dominio de los bienes y servicios—. Significa encontrar nuevas cosas que se puedan monetizar. Hoy en día pagamos incluso por el agua o las canciones, algo inimaginable para nuestros antepasados. ¿Qué más queda para convertir en dinero?

El primer economista en reconocer el problema fundamental y su relación con el sistema monetario, que yo sepa, fue Frederick Soddy, premio Nobel y pionero de la química nuclear que desvió su atención hacia las ciencias económicas en los años 20. Soddy fue de los primeros en desacreditar la ideología del crecimiento económico exponencial e ilimitado, llevando la argumentación de Thomas Malthus de la demografía a la economía. Herman Daly describe la visión de Soddy de forma sucinta:

> La idea de que las personas puedan vivir de los intereses de su endeudamiento mutuo ... es simplemente otra falacia del movimiento perpetuo, una vulgar estafa a gran escala. Soddy parece señalar que lo que es obviamente imposible para una comunidad (que todos vivan de los intereses) debería estar igualmente prohibido para los individuos, por un principio de equidad. Si no se prohíbe, o al menos se limita de algún modo, llegará un momento en el que el creciente gravamen sobre los limitados ingresos de los deudores será mayor de lo que los futuros contribuyentes puedan soportar, lo cual desencadenará un conflicto. Y ese conflicto se manifestará como un repudio de la deuda. La deuda crece a un interés compuesto y, como cifra puramente matemática que es, no hay nada que la frene. La riqueza crece durante un tiempo a un interés compuesto pero, al poseer una dimensión física, su crecimiento se topa con límites tarde o temprano.[2]

Esta asociación del crecimiento económico con el consumo de recursos está especialmente extendida hoy en día entre los teóricos del "pico del petróleo", quienes predicen que la economía irá desmoronándose a medida que la producción de petróleo comience su "largo declive". Sus detractores argumentan que sí puede haber crecimiento económico independientemente del consumo energé-

---

2. Daly, Herman. "The Economic Thought of Frederick Soddy" (El pensamiento económico de Frederick Soddy), *History of Political Economy* (Historia de la economía política) 12, nº 4 (1980): 475.

tico, gracias a la tecnología, la miniaturización, las mejoras en eficiencia y demás adelantos. Desde 1960, el crecimiento económico de EE UU ha sobrepasado su consumo energético, una tendencia que se aceleró en los años 80 (ver Figura 1). Alemania lo ha hecho incluso mejor, habiendo mantenido prácticamente el mismo consumo energético desde 1991 a pesar de su considerable crecimiento económico. Sin embargo, esta objeción viene a ilustrar una cuestión más amplia. Ciertamente, es posible mantener el crecimiento económico si vamos cambiando nuestros hábitos de consumo entre un bien y otro (consumiendo gas en lugar de petróleo o comercializando los servicios humanos y la propiedad intelectual en vez de la pesca de bacalao), pero si contemplamos la totalidad del procomún social, natural, cultural y espiritual, el argumento básico del pico del petróleo sigue siendo válido. No solo nos enfrentamos a un pico del petróleo sino a un pico de todo.

Cuando estalló la crisis financiera de 2008, la primera respuesta del gobierno −el rescate a la banca y el estímulo monetario− representó un intento de sostener la torre de deuda sobre una deuda más grande que superaba con creces su base en la economía real. Como tal, su aparente éxito fue transitorio, un simple aplazamiento de lo inevitable: "disimular y prorrogar", como se dice en Wall Street. La alternativa, que consiste en el estímulo económico, está condenada al fracaso por una razón más sustancial: ya estamos al límite. Hemos saturado la capacidad de la naturaleza para asimilar nuestros desechos sin destruir la base ecológica de la civilización; hemos saturado la capacidad de nuestra sociedad para soportar la pérdida del espíritu comunitario y de interrelación; hemos saturado la capacidad de nuestros bosques para resistir más talas indiscriminadas; y hemos saturado la capacidad del cuerpo humano para subsistir en un planeta agotado e intoxicado. El hecho de

PIB y consumo energético 1949-1999

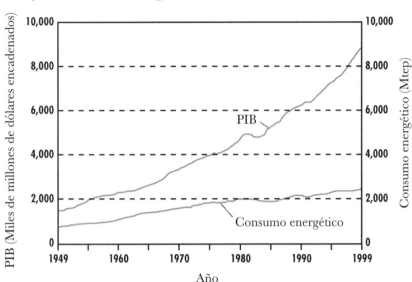

Figura 1. *Fuente:* Departamento de energía de EE UU, 2000.

que también hayamos llegado al límite del crédito pone de relieve que ya no nos queda nada para convertir en dinero. ¿Realmente necesitamos más carreteras y puentes?[3] ¿Podemos sostener aún más infraestructuras, y la economía industrial que conllevan? Las medidas de estímulo gubernamentales solo podrán, en el mejor de los casos, prolongar el actual sistema económico dos o tres años más, quizá con un breve período de crecimiento, mientras completamos el saqueo de la naturaleza, el espíritu, el cuerpo y la cultura.

---

3. Hay quienes dicen que los países del Tercer Mundo necesitan más carreteras y puentes para elevar su calidad de vida. Pero tengamos en cuenta que las inversiones en grandes proyectos de infraestructura, tan características del Banco Mundial, son clave para la integración de economías previamente autónomas en la esfera del comercio internacional. Quizás lo que necesiten no sean más carreteras y puentes sino protección ante los depredadores de la economía mercantil global, que emplean este tipo de proyectos como medio para sus fines.

Cuando esos vestigios de nuestra riqueza común hayan desaparecido, ya no habrá nada capaz de detener el gran desmantelamiento del sistema monetario.

Aunque los tiempos y los pormenores de ese desmantelamiento son imposibles de predecir, yo creo que lo primero que experimentaremos será una deflación persistente, con un estancamiento económico y una polarización de la riqueza, seguida de la convulsión social, la hiperinflación o el desplome de las divisas. En ese momento, cobrarán protagonismo las alternativas que estamos explorando actualmente y se nos brindará la oportunidad de construir una nueva *sacroeconomía*. Cuanto más intenso sea el colapso, más atractivas resultarán las propuestas presentadas en este libro.

A la vista del inminente descalabro económico, la gente se pregunta qué puede hacer para protegerse. "¿Comprar oro? ¿Hacer acopio de comida enlatada? ¿Edificar un recinto fortificado en una zona remota? ¿Qué debo hacer?" Me gustaría plantear un tipo de pregunta diferente: "¿Qué es lo más hermoso que puedo hacer?" Porque el colapso que se avecina representa una oportunidad formidable. La deflación, o destrucción del dinero, solo es un mal categórico si la creación de dinero se ve como un bien categórico. Pero los ejemplos que he citado demuestran que, en muchos sentidos, la creación de dinero nos ha empobrecido a todos. Por contra, la destrucción del dinero tiene el potencial de enriquecernos; nos ofrece la oportunidad de reclamar parcelas de la riqueza común anteriormente conquistadas por el reino del dinero y la propiedad.

Esto es lo que ocurre cada vez que se produce una recesión económica. Como la gente ya no puede pagar diversos bienes y servicios, tiene que recurrir a amigos y vecinos. Donde no hay dinero para facilitar las transacciones, resurgen las economías del obsequio y se crean nuevos tipos de dinero. Pero, por lo general, tanto los ciudadanos como las instituciones tratan de aferrarse al antiguo sistema durante el mayor tiempo posible. La reacción inicial más común a una crisis económica es crear y almacenar más divisas, acelerando la conversión de todo lo posible en dinero. A nivel sistémico, el aumento de la deuda supone un enorme incentivo para la monetización de la riqueza común. Prueba de ello son los llamamientos a la perforación petrolera en Alaska o en el suelo marino, entre otros. Sin embargo, ha llegado el momento de iniciar en serio el proceso inverso: la devolución de bienes y servicios al ámbito del obsequio, la reciprocidad, la autonomía económica y el compartir con la comunidad. No lo olvidemos: esto va a ocurrir de todas maneras tras el desmoronamiento del sistema monetario, cuando la gente se quede sin empleo o se empobrezca tanto que no pueda comprar nada. Las personas se ayudarán las unas a las otras y volverán a emerger comunidades de verdad.

Aunque tu mayor preocupación sea tu propio futuro, lo mejor que puedes hacer, probablemente, es invertir en lo comunal. Cuando el sistema financiero se desplome, la mayoría de las inversiones no serán más que trozos de papel y ficheros de datos electrónicos. Su valor solo se basa en la red de acuerdos sociales que los contienen e interpretan. Ni siquiera el oro físico aporta demasiada seguridad cuando las cosas se ponen realmente feas. En tiempos de crisis extrema, los gobiernos suelen confiscar las propiedades de oro − ya lo hicieron Hitler, Lenin y Roosevelt−. Incluso en el caso de que caiga el gobierno, vendrán personas armadas y se llevarán el oro o cualquier otra reserva de riqueza.

A veces leo la web financiera Zero Hedge por su compresión extraordinariamente aguda de las pretensiones y maquinaciones de la élite del poder financiero. Desde la perspectiva pesimista de esa web, el oro y otros tipos de bienes físicos son los únicos activos que están a salvo hoy en día. Concuerdo con esa lógica dentro de sus límites, pero no llega al fondo de la cuestión. Si el sistema se derrumba hasta llegar a la hiperinflación, la institución de la propiedad, una convención social al igual que el dinero, se derrumbará con él. En tiempos de turbulencia social, no puedo imaginar nada más peligroso que poseer centenares de onzas de oro. La única seguridad real reside en la comunidad: la gratitud, las relaciones y el apoyo entre las personas de un mismo entorno. Si posees riquezas ahora, como asesor de inversiones, te recomendaría que las invirtieses en enriquecer de manera duradera a las personas que te rodean.

Mientras tanto, hasta que el actual sistema caiga, cualquier cosa que hagamos para impedir la monetización de un recurso natural o social acelerará el colapso y, *a la vez* mitigará, su severidad. Cualquier bosque que salvemos de un plan urbanístico, cualquier carretera cuya construcción paralicemos, cualquier guardería cooperativa que montemos, cualquier enseñanza que impartamos para que la gente aprenda a sanarse, a construirse su propia casa, a cocinar su propia comida o a hacer su propia ropa, cualquier riqueza que crees o que sumes al dominio público, cualquier bien que protejas de la máquina que está devorando al mundo, contribuirá a acortar la vida de ese monstruo insaciable. Y si en el momento en que el sistema monetario se derrumbe ya no dependes del dinero para ciertas necesidades y placeres de la vida, esa transición te resultará mucho menos dura. Lo mismo ocurre a nivel social. Cualquier tipo de riqueza natural, ya sea la biodiversidad, el terreno fértil o el agua limpia, y cualquier comunidad o institución social que no sirva de vehículo para la monetización del procomún, contribuirán a sustentar y enriquecer la vida después de "la muerte" del dinero.

Con ello, me refiero al dinero tal y como lo conocemos. Enseguida describiré un sistema monetario contrario a la conversión de lo bueno, lo auténtico y lo bello en dinero. Se trata de un sistema que encarna una identidad humana fundamentalmente distinta, un concepto del *yo* totalmente distinto del que hoy predomina. Aquello de "más para mí significa menos para ti" dejará de ser cierto. A nivel personal, la revolución más profunda que podemos promover es la de nuestro sentido del ser, la de nuestra identidad. El ser individual y separado de Descartes y Adam Smith se está quedando obsoleto; tiene los días contados. Estamos tomando conciencia de que somos inseparables tanto de los demás seres como de la vida en su totalidad. La usura contradice tal unión porque busca el crecimiento del ser individual a costa de algo externo, algo ajeno. Cualquiera que lea este libro estará de acuerdo, seguramente, con los principios de la interrelación, ya sea desde una perspectiva espiritual o ecológica, pues ha llegado el momento de vivirla. Es hora de vivir el espíritu del obsequio, la conciencia de la no-separación que todos sentimos. Se está haciendo muy evidente que menos para ti (en todas sus dimensiones) significa menos para mí también. La ideología de la ganancia perpetua nos ha llevado a tal estado de pobreza y desamparo que nos empieza a faltar el aire. Esa ideología, junto con la civilización que en ella se basa, es la que se está desmoronando en estos momentos.

Resistirse al colapso, o posponerlo, no hará más que agravarlo. Buscar nuevas formas de inflar la economía solo servirá para consumir la poca riqueza que nos queda. Dejemos de resistirnos a la revolución del ser humano. Si queremos superar las múltiples crisis que afrontamos hoy, no nos propongamos sobrevivir a ellas. Esa es la mentalidad de la separación; es resistirse, aferrarse a un pasado moribundo. Cambiemos nuestra perspectiva para caminar hacia el reencuentro y pensemos en términos de lo que podemos ofrecer. ¿En qué podemos contribuir cada uno de nosotros para construir un mundo más bello? Esta es nuestra única responsabilidad y nuestra única seguridad.

Más adelante, desarrollaré el tema del sustento y la inversión apropiadas. Podemos participar en la destrucción del dinero con un propósito consciente, en lugar de la destrucción inconsciente que se produce en esta economía fracasada. Si aún tienes dinero para invertir, inviértelo en empresas cuya meta explícita sea desarrollar la comunidad, proteger la naturaleza o preservar el procomún cultural. Cuenta con que tus beneficios económicos sean nulos, o incluso negativos, –será una buena señal de que no estás monetizando aún más bienes involuntariamente–. Tanto si tienes dinero para invertir como si no, puedes reclamar ciertos bienes anteriormente mercantilizados alejándote poco a poco de la economía monetaria: aprende a hacer cosas para ti mismo o para los demás sin necesidad de pagar por ello; reutiliza materiales desechados o reciclados; crea tus propios objetos en lugar de comprarlos y regálalos en lugar de venderlos; aprende o enseña una nueva habilidad, canción o creación artística; todo ello mermará el dominio del dinero y nutrirá la economía del obsequio que nos sustentará durante la inminente transición. Nos hallamos ante la llegada del mundo del Obsequio, reflejo de la generosidad de las sociedades primitivas, del tejido ecológico y de siglos de enseñanzas espirituales. Este nuevo mundo apela a nuestro corazón y despierta nuestra naturaleza más dadivosa. ¿Responderemos a su llamada antes de que se extinga toda la belleza de la Tierra?

CAPÍTULO 8

EL PUNTO DE INFLEXIÓN DE UNA ERA

*Durante al menos cien años más debemos fingir ante nosotros mismos
y ante los demás que lo justo es ilícito y que lo injusto es lícito;
pues lo injusto resulta útil y lo justo no. La avaricia, la usura y la
precaución deberán ser nuestros dioses por un tiempo más.*

—John Maynard Keynes (1931)

EL DINERO: HISTORIA Y MAGIA

A medida que la crisis económica avanza hacia su siguiente fase, comenzamos a ver la irrealidad de gran parte de lo que considerábamos real. Las certezas de dos generaciones se tornan inciertas y, pese a que no desistimos en nuestra esperanza de que todo vuelva pronto a la normalidad —"a mediados de 2012" o "más lento de lo esperado"—, empieza a darnos la sensación de que esa normalidad nunca volverá.

Cuando nos enfrentamos a un cambio abrupto en nuestra realidad personal, ya sea la muerte de un ser querido o la Gestapo que llega a nuestra ciudad, la primera respuesta del ser humano suele ser la negación. Mi reacción inicial a una tragedia suele ser: "¡No me lo puedo creer!" Por eso, no me sorprende que nuestros líderes políticos y empresariales negaran durante mucho tiempo que se estaba gestando una crisis. Consideremos estas citas de 2007: "Los cimientos económicos del país son sólidos", declaró George W. Bush. "No veo que los apuros del mercado hipotecario representen un problema serio. Creo que serán contenidos en su mayor parte", dijo el Secretario del Tesoro Henry Paulson. "Una recesión es poco probable". "Estamos observando una corrección del sector de la vivienda". "Estados Unidos no está en recesión". "Es probable que los precios de la vivienda no se recuperen hasta principios de 2009". Hoy también, las autoridades siguen "pronosticando" (o tratando de hacer realidad con sus palabras) un crecimiento económico de más del 5% para el período 2010-2015.[1]

Como es evidente, muchos de estos pronunciamientos fueron intentos deshonestos de manipular la percepción de la realidad. Las autoridades esperaban que, mediante el control de la percepción pública, pudieran controlar la realidad misma —es decir, que mediante la manipulación de los símbolos pudieran manipular la realidad que simbolizan—. Esto es, en esencia, lo que los antropólogos denominan "pensamiento mágico-religioso". No es ninguna casualidad que a nuestras élites financieras se les haya descrito como un sacerdocio. Sus vestimentas ceremoniales, su lenguaje arcano y sus misteriosas inscripciones les confiere el poder de dictar el ascenso y la caída de fortunas y naciones enteras con una simple palabra o rúbrica.

Y es que el pensamiento mágico-religioso surte efecto. Ya se trate de un rito chamánico, la firma de una ley presupuestaria o la publicación de un balance de cuentas, cuando la gente cree en un

---

1. Departamento del Tesoro de EE UU, "Informe anual sobre la deuda pública", junio 2010.

ritual que forma parte de un relato aceptado, actúa en consecuencia, interpretando los roles y respondiendo a la realidad que dicho relato determina. En tiempos antiguos, cuando se comprobaba que un rito chamánico había fallado, todos sabían que se trataba de un acontecimiento trascendental que señalaba el fin del mundo; un cambio de visión respecto a lo que era real y lo que no; el final del antiguo Relato de las Personas y, tal vez, el principio de uno nuevo. Desde esta perspectiva, ¿cuál es la importancia del fracaso acelerado de los ritos financieros?

Algunos se burlan de los cavernícolas primitivos por haber creído que sus representaciones rupestres de animales ejercían un efecto mágico sobre la caza. Pero hoy también producimos nuestros propios talismanes, nuestros sistemas de simbología mágica, y de hecho alteramos la realidad a través de ellos. Con solo cambiar unas cifras aquí y allá, se consigue que miles de obreros construyan un rascacielos o que una respetada empresa cierre sus puertas. La deuda externa de un país del Tercer Mundo, que también son solo números en una computadora, esclaviza indefinidamente a sus ciudadanos en la producción de mercancías para su exportación. Los estudiantes universitarios, asolados por la ansiedad, renuncian a sus sueños y se lanzan al mercado laboral para poder devolver sus préstamos estudiantiles, sometiendo su propia voluntad a un trozo de papel con símbolos mágicos (el «extracto de cuenta») que reciben una vez cada ciclo lunar, como una especie de pagaré hechicero en un culto vudú.[2] Esos vales de papel, o puntos de luz electrónicos, que llamamos dinero ¡encierran una magia de lo más potente!

---

2. No pretendo denigrar los cultos vudú ni citarlos como ejemplo de palabrerío primitivo. De hecho, ni siquiera pretendo denigrar el palabrerío. Ya sea el sistema financiero moderno o un ritual vudú, la magia simbólica funciona según los mismos principios básicos. Nuestro sistema contemporáneo difiere poco del primitivo.

¿Y cómo funciona esa magia? Los rituales y los talismanes afirman y perpetúan el imaginario colectivo del que todos somos partícipes —los relatos que conforman nuestra realidad—, coordinan nuestra actividad laboral y organizan nuestras vidas. Solo dejan de funcionar en momentos excepcionales: cuando ese relato popular se desmorona. Un momento así es el que nos está tocando vivir ahora. Las medidas económicas adoptadas para contener la crisis que comenzó en 2008 solo han surtido un efecto temporal, porque no llegan al fondo del problema. La única reforma que resultará eficaz será aquella que incorpore, afirme y perpetúe un nuevo relato colectivo. Para atisbar cómo será ese nuevo relato, hemos de perforar los diversos estratos de realidades fallidas y su relación con el dinero.

Cuando la primera respuesta del gobierno estadounidense a la crisis de 2008 —la negación— resultó en vano, la Reserva Federal y el Departamento del Tesoro intentaron variar su gestión de la percepción. Desplegando su arsenal de encantamientos místicos, aseguraron que el gobierno no permitiría la quiebra de grandes entidades financieras como Fannie Mae. Confiaban en que sus promesas bastarían para mantener la confianza en los activos ligados a la solvencia y prosperidad de dichas empresas. Habría funcionado si no fuera porque el relato que esas medidas simbólicas invocaban ya estaba muy trillado. Y lo está. Lo que ya no resultaba creíble era concretamente la asignación de valor a títulos hipotecarios y otros derivados basados en créditos impagables. A diferencia del valor de un camello o de una fanega de grano, el valor de esos productos financieros —como el de cualquier divisa actual— se basa exclusivamente en lo que la gente cree que valen. Es más, no se trata de una creencia aislada sino que está íntimamente ligada a otros millones de creencias, hábitos, convenciones, acuerdos y rituales.

El siguiente paso fue comenzar a inyectar enormes cantidades de efectivo en las entidades financieras que se tambaleaban, ya fuera a cambio de acciones (nacionalizándolas, de hecho, como en el caso de Fannie Mae, Freddie Mac y AIG) o a cambio de nada en absoluto, como en el llamado Programa de Alivio para Activos Problemáticos (o TARP por sus siglas en inglés). Mediante este programa, el Departamento del Tesoro avalaba o adquiría activos tóxicos de los bancos con la esperanza de mejorar sus balances y poder prestar dinero nuevamente, expandiendo aún más la burbuja crediticia. Pero no funcionó. Los bancos simplemente se guardaron el dinero (a excepción de las primas que pagaron a sus propios ejecutivos) para evitar quedar expuestos a muchos otros activos tóxicos, o bien lo utilizaron para adquirir bancos más pequeños y saneados. No estaban dispuestos a continuar concediendo créditos a los consumidores, que ya estaban al límite de sus recursos, ni a empresas con sobreapalancamiento por culpa de la recesión. Así que el valor de la propiedad siguió cayendo, el índice de impago por insolvencia siguió aumentando y todo el edificio de activos derivados que se había construido sobre esa base se desmoronó. El consumo y la actividad empresarial se desplomaron, el desempleo se disparó y estallaron las protestas en las calles de Europa. ¿Y cuál fue el desencadenante? El simple acto de modificar unas cifras digitales. Es verdaderamente asombroso, y solo tiene sentido si vemos esas cifras como talismanes que simbolizan ciertos acuerdos. Un proveedor extrae minerales del suelo y los envía a una fábrica, ¿a cambio de qué? De unos cuantos trozos de papel o, más probablemente, de una serie de bits que dan vueltas en alguna computadora, con la necesaria autorización del banco que "ofrece el crédito".

Antes de que nos alarmemos demasiado por los billones y billones de dólares que se han repartido entre los ricos, volvamos por un momento a la realidad del dinero. ¿Qué pasa exactamente cuando ese dinero se entrega? Casi nada. Lo único que sucede es el cambio de unos bits en una computadora, tras lo cual las pocas personas que saben interpretarlos declaran que ya se ha transferido cierta suma de dinero. Esos bits son la representación simbólica de un relato acordado, un relato que determina quién es rico y quién es pobre, quién posee y quién debe. Se dice que nuestros hijos y nietos tendrán que pagar la deuda incurrida por culpa de los rescates y medidas de estímulo, pero sería perfectamente posible negar su existencia. La existencia de esa deuda es tan real (o irreal) como el relato que le hemos acordado, ni más ni menos. Así que nuestras nietas solo tendrán que pagarla si persiste ese relato, ese sistema de significados, que la define. Creo que cada vez más gente intuye que la deuda estadounidense, tanto federal como externa, así como gran parte de la deuda privada generada por hipotecas y tarjetas de crédito, no se llegarán a saldar jamás.

Pensamos en esos magnates de Wall Street que se fugaron con millones, pero ¿qué son esos millones? También son cifras digitales que, en teoría, podrían ser borradas por decreto. Lo mismo sucede con el dinero que Estados Unidos debe a China o con el que los países del Tercer Mundo deben a los bancos: una simple declaración bastaría para hacerla desaparecer. Así pues, los cuantiosos rescates realizados a diversas entidades financieras pueden interpretarse como otro ejercicio de control de la percepción, aunque en este caso es un ejercicio inconsciente. Tales rescates constituyen actos rituales que pretenden perpetuar una narrativa, una matriz de acuerdos, y las actividades humanas que implica. Suponen un intento de preservar el poder mágico de los pagarés vudú que propulsan al estudiante hacia el mundo laboral y que encadenan al hombre de mediana edad a su hipoteca —concediendo a unos pocos el poder de mover montañas mientras mantienen esclavizada a la mayoría–.

Hablando de China, resulta instructivo analizar la realidad que hay detrás del desequilibrio comercial. Lo que está ocurriendo, básicamente, es que China nos envía enormes cantidades de objetos –ropa, juguetes, artículos electrónicos, casi todo lo que se encuentra en la cadena Wal-Mart– y nosotros, a cambio, reordenamos unos bits en unas computadoras. Entretanto, los obreros chinos trabajan tanto como nosotros, pero a un sueldo diario muy inferior. Trasladando esto a antiguos términos imperialistas, China vendría a ser el "estado vasallo" y los artículos que nos venden serían su "tributo".[3] No obstante, China también hará todo lo posible por perpetuar el actual Relato del Dinero, por la misma razón fundamental que lo hacemos nosotros: sus élites se benefician de ello. Ocurre exactamente lo mismo que en la Antigua Roma, donde las élites de la capital y de las provincias del imperio prosperan a expensas de la miseria del pueblo, situación que va empeorando con el tiempo. Para aplacar a las masas y mantenerlas dóciles e ignorantes, se les proporciona pan y circo: comida barata, emociones intensas, noticias sobre famosos y eventos deportivos como el Super Bowl.

Tanto si somos nosotros quienes ponemos fin al Relato del Dinero como si cae por su propio peso, su caída acarreará muchas otras cosas. Ese es el motivo por el que Estados Unidos se empecina en cumplir los pagos de su deuda. Y es que si no lo hiciera, se

---

3. En ocasiones, el poder se transfiere al vasallo cuando el poder hegemónico se vuelve tan decadente y dependiente de la riqueza importada que pierde su propia capacidad de crear riqueza. Esto es lo que parece suceder en la China actual, aunque quizás el país asiático solo esté desempeñando el papel de vasallo temporalmente mientras persigue otro objetivo.

acabaría también el relato por el cual importamos crudo de Oriente Medio, aparatos electrónicos de Japón, textiles de la India y plástico de China. Por desgracia o por fortuna, mejor dicho, ese relato no puede sostenerse para siempre, fundamentalmente porque depende del continuo crecimiento exponencial de la deuda en un mundo finito.

Cuando el dinero se evapora, como sucede en el actual ciclo deflacionario de la deuda, apenas se notan cambios inmediatos en el mundo físico. No es que ardan grandes fajos de billetes, ni estallen las fábricas, ni se detengan los motores, ni se agoten los pozos petrolíferos, ni desaparezcan las capacidades económicas de la gente. Siguen existiendo todas las materias y habilidades que se intercambian en una economía humana, de las cuales dependemos para nuestro alimento, cobijo, transporte, entretenimiento, etc. Pero sí desaparece, en cambio, nuestra capacidad de coordinar actividades y de centrarnos en esfuerzos colectivos. Seguimos pudiendo diseñar un nuevo aeropuerto pero ya no podemos construirlo. Ese talismán mágico que transforma el deseo de construir un aeropuerto en una realidad física ha perdido sus poderes. Aunque las mentes y manos humanas, y la maquinaria que hemos creado, conserven todas sus facultades, nos resulta imposible hacer lo que antes hacíamos. Lo único que ha cambiado es nuestra percepción.

Por lo tanto, los rescates, la flexibilización cuantitativa y demás medidas para salvar la economía también pueden verse como ejercicios de control de la percepción, aunque a un nivel más profundo y menos consciente. A fin de cuentas, ¿qué es el dinero? No es más que un acuerdo social, un relato que asigna significados y roles. La definición clásica del dinero –medio de intercambio, reserva de valor, unidad contable– describe su función, pero no lo que es. Como objeto físico, el dinero se ha vuelto prácticamente insignificante. Pero en el plano social, tiene un significado enorme: es el agente primordial para la coordinación de la actividad humana y el epicentro de nuestros propósitos colectivos.

La utilización de billones de dólares por parte del gobierno no difiere mucho de su anterior utilización de palabras vacías. En ambos casos, se trata de manipular ciertos tipos de símbolos, y ambos han fracasado por razones idénticas: el relato que tratan de perpetuar se ha quedado obsoleto. Lo que aceptábamos como "normal" era insostenible.

Era insostenible a dos niveles. El primer nivel de "normalidad" que habíamos aceptado es la pirámide de la deuda, el crecimiento exponencial del dinero que, inevitablemente, acaba sobrepasando a la economía real. La solución a esto es lo que proponen los economistas de izquierdas (que se suelen identificar como Keynesianos): la redistribución de la riqueza, el estímulo económico, la quita parcial de la deuda, etc.,; medidas mediante las cuales esperan reavivar el crecimiento económico. Pero el crecimiento es precisamente la segunda "normalidad" que está tocando a su fin.

LA INICIACIÓN DE LA HUMANIDAD A LA MADUREZ

El relato que está concluyendo en nuestros días va mucho más allá del dinero. Es lo que denomino el Ascenso de la Humanidad, una historia de crecimiento ilimitado. El sistema monetario actual encarna ese relato al facilitar e impulsar la conversión de la esfera natural en dominio humano. El relato comenzó hace milenios, cuando el ser humano aprendió a controlar el fuego y a hacer herramientas; se aceleró cuando aplicamos esas herramientas a la domesticación de la fauna y nos dispusimos a conquistar la vida salvaje para apropiarnos del mundo. Luego, alcanzó su glorioso cénit en la Edad de la Máquina, cuando creamos un mundo totalmente artificial, utilizando todas las fuerzas de la naturaleza como si fuésemos sus dueños y señores. Y hoy, al fin, despertamos a la inexorable comprensión de que ese relato era falso. Pese a nuestras pretensiones e ilusiones, el mundo nunca fue nuestro, nunca lo hemos controlado en realidad. Ahora que proliferan las consecuencias involuntarias de la tecnología y se deterioran nuestras comunidades, nuestra salud y la base ecológica de la civilización, ahora que descubrimos niveles de miseria, violencia y enajenación sin precedentes, nos hallamos en las últimas fases del relato: la crisis, el clímax y el desenlace. De nada sirven los rituales de los narradores de esta historia, porque no hay relato capaz de perdurar más allá de su final.

Del mismo modo que la vida no acaba con el fin de la adolescencia, tampoco la evolución de la civilización se detiene con el fin del crecimiento. Nos encontramos en medio de una transición comparable al paso de la adolescencia a la mayoría de edad. Cuando cesa el crecimiento físico, los recursos vitales se dirigen hacia adentro para potenciar el crecimiento a otros niveles.

Hay dos acontecimientos clave que marcan la transición entre la infancia y la edad adulta, ya sea como individuos o como especie. El primero es el enamoramiento, una relación amorosa distinta de la que siente la niña hacia su madre. En la infancia, la relación de amor se caracteriza sobre todo por el acto de recibir. A mí me complace dar todo lo que pueda a mis hijos y quiero que lo acepten sin restricciones; es natural que un niño haga lo necesario para crecer, tanto física como mentalmente. Un buen progenitor proporciona los recursos necesarios para ese desarrollo, al igual que la Madre Tierra nos los ha proporcionado a nosotros.

Hasta hoy, los humanos hemos mantenido una relación infantil con la Tierra. Nuestra gestación comenzó en el vientre de la prehistoria, donde, como cazadores-recolectores, no distinguíamos entre lo humano y lo natural porque nos hallábamos envueltos en ello. Un bebé no nace con un claro sentido de separación entre el yo y el otro; tarda un tiempo en formar su identidad y su ego, en aprender que el mundo no es una extensión del ser. Y lo mismo ha sucedido con la humanidad en su conjunto. Mientras que el cazador-recolector no reconocía división alguna entre la naturaleza y el ser humano, el agricultor, cuya supervivencia dependía de la concreción y manipulación de la naturaleza, empezó a ver a esta como un ente aparte. Durante la era agraria −o infancia− la civilización humana desarrolló una identidad propia y creció. Luego, al llegar a la era industrial −o adolescencia− pegó el último estirón. En el plano intelectual, la ciencia cartesiana nos llevó al extremo de la separación, al ego plenamente desarrollado y a la hiperracionalidad propia del joven adolescente que, al igual que la humanidad en la era de la ciencia, completa la fase de desarrollo cognitivo conocida como "operaciones formales", es decir, la capacidad de manejar la abstracción. Pero del mismo modo que el extremo del yang contiene el nacimiento del yin, el extremo de la separación contiene la semilla de lo que le sigue: el reencuentro.

Al alcanzar la adolescencia nos enamoramos, y nuestro mundo de perfecto egoísmo y racionalidad se desintegra; el yo se expande para abrir sus confines al ser amado. Surge una nueva relación de amor, que no solo consiste en recibir sino también en dar y cocrear. Una vez que nos hemos individualizado totalmente del otro, podemos enamorarnos de él y vivir una experiencia de reunión aún mayor que la unión original, gracias a todo el camino de separación recorrido.

El primer gran despertar de la nueva conciencia del amor ocurrió con el inicio del movimiento medioambiental de los años 60. En la cúspide de nuestra separación, mientras observábamos triunfantes nuestra supuesta conquista de la naturaleza, empezamos a darnos cuenta de cuánto nos había dado; tomamos conciencia de sus males, de sus heridas, y nos surgió el deseo de dar, proteger y apreciar a nuestro planeta además de tomar de él. Ese deseo no partía del miedo a la extinción (eso llegó más tarde) sino del amor. Nos estábamos enamorando de la Tierra. Durante esa década recibimos las primeras fotografías desde satélites que orbitaban el planeta, y la belleza de aquellas imágenes nos transformaron. Ver la Tierra desde fuera fue el penúltimo paso en nuestra separación de la naturaleza; el último fue el ascenso de los astronautas, que se alejaron físicamente del planeta. También ellos se enamoraron de la Tierra. He aquí las palabras del astronauta Rusty Schweickart:

> Desde la luna, la Tierra se ve tan pequeña y tan frágil, como un precioso puntito en el Universo que se puede tapar con el dedo pulgar. Entonces te das cuenta de que en ese punto, en esa cosita azul y blanca, se encuentra todo lo que valoras en tu vida −toda la historia, la música, la poesía, el arte, la muerte, el nacimiento, el amor, las lágrimas, la alegría, los juegos, todo ello está en ese puntito que puedes tapar con el dedo pulgar−. Y desde esa perspectiva percibes que has cambiado para siempre, que hay algo nuevo ahí, que la relación ya no es la que era.

La segunda marca de la transición hacia la edad adulta es la prueba de iniciación. En las antiguas culturas tribales se practicaban diversas ceremonias y ritos de iniciación que −mediante el aislamiento, el dolor, el ayuno, las plantas psicodélicas u otros métodos− fragmentaban intencionadamente la identidad menos desarrollada del adolescente para luego reconstruirla y reincorporarla en una identidad más grande y transpersonal. Aunque los hombres y mujeres de hoy buscamos esa prueba de forma intuitiva a través del alcohol, las drogas, las fraternidades, las novatadas militares, etc., solo experimentamos esa iniciación de forma parcial, lo cual nos deja en una especie de adolescencia perpetua, hasta que interviene el destino y hace tambalear nuestro mundo. En ese momento nos adentramos en un ser más amplio, para quien dar y recibir son impulsos igual de naturales. Una vez finalizada la transición a la madurez, el hombre o la mujer asume plena posesión de sus dones y desea contribuir al bien común como miembro adulto de la tribu.

La humanidad está atravesando una prueba similar hoy en día. La convergencia de múltiples crisis nos enfrenta a una dura experiencia que pone en cuestión nuestra identidad misma, una prueba a la que ni siquiera sabemos si vamos a sobrevivir. Esta prueba nos incita a emplear capacidades desconocidas y a relacionarnos con el mundo de una manera nueva. La desesperación que sienten las personas sensibles ante la crisis forma parte de esta prueba.[4] Al igual que un iniciado tribal, cuando los seres humanos superemos este trago, también nosotros nos uniremos a la comunidad de todos los seres y nos convertiremos en integrantes adultos de la "tribu" de la vida y ofreceremos nuestras singulares capacidades tecnológicas y culturales al servicio del bien común.

Tal vez fuese apropiado que, durante la infancia de la humanidad, nuestro sistema monetario encarnase y exigiese el crecimiento, la creciente apropiación de los frutos de la tierra. Constituyó una parte integral del Relato del Ascenso. Pero estamos a punto de

---

4. Todo va bien en realidad: la crisis está cumpliendo su función evolutiva. Pero no dejes que eso aplaque tus temores. Todo va bien debido, precisamente, a nuestra percepción de que todo va terriblemente mal.

dejarlo atrás, porque es un sistema incompatible con el amor adulto, con el compañerismo co-creativo y con el graduarse en el arte de Dar que caracteriza a la madurez. Esa es la razón más profunda por la cual resulta inviable cualquier reforma financiera o económica que no incluya un nuevo tipo de dinero. Esa moneda debe representar un nuevo relato en el que la naturaleza no solo desempeñe el papel de madre sino también de amante. Seguiremos necesitando el dinero durante mucho tiempo porque precisamos de símbolos mágicos para hacer realidad el Relato de las Personas, para usarlo como patrón creativo en el mundo físico. El carácter esencial del dinero no cambiará: estará formado por talismanes mágicos, ya sean físicos o electrónicos, mediante los cuales asignaremos roles, centraremos nuestros propósitos y coordinaremos la actividad humana.

La próxima sección de este libro estará dedicada a describir ese sistema monetario, así como la economía y la psicología que traerá consigo. La metamorfosis narrativa en la que nos adentramos tiene una dimensión personal, incluso espiritual, dirían algunos. El dinero basado en la usura forma parte del Relato de la Separación, en el que "más para mí significa menos para ti", y esa es precisamente la esencia del interés: solo "compartiré" dinero contigo si, a cambio, consigo más al final. A un nivel sistémico pasa lo mismo: el interés sobre el dinero genera competencia, ansiedad y polarización de la riqueza. Por otro lado, la frase "más para mí significa menos para ti" también es el lema del ego, y una afirmación evidente dado el carácter individual y separado del ser en la economía, la biología y la filosofía de hoy.

Solo cuando nuestro sentido del ser se expanda para incluir a otros, esa afirmación será reemplazada por la opuesta: "más para ti significa también más para mí". Esa es la verdad esencial de las auténticas enseñanzas espirituales del mundo, ya sea la malinterpretada Regla de Oro de Jesús, que debería interpretarse como "haz a los demás lo que quieres que te hagan a ti", o la doctrina budista del karma. Sin embargo, no basta con comprender y concordar con dichas enseñanzas; muchos de nosotros nos sentimos divididos entre lo que creemos y lo que vivimos. Es necesaria una transformación real en nuestra manera de experimentar el ser, y tal transformación suele comenzar de forma parecida a la transformación colectiva que vivimos hoy: mediante la destrucción del antiguo Relato del Ser y Relato del Mundo, y el nacimiento de uno nuevo. Porque, en definitiva, el ser también es un relato con principio y final. ¿Has tenido alguna vez una experiencia que te dejara en un estado de crisis de identidad?

El ser maduro e interrelacionado llega a un equilibrio entre dar y recibir. Ya se trate de una persona o de una especie entera, en ese estado cada una da según sus capacidades y, en conexión con otros de espíritu semejante, recibe según sus necesidades.

Acabo de parafrasear (y no es casualidad) un principio fundamental del socialismo: De cada cual según sus capacidades, a cada cual según sus necesidades. Esta idea describe muy bien cualquier red de generosidad, sea el cuerpo humano, un ecosistema o una cultura tribal del obsequio. Y tal como explicaré, también describe acertadamente la *sacroeconomía*. Su moneda contribuye a un Relato de las Personas, del Ser y del Mundo muy distinto al de la moneda de la usura. Es cíclica en lugar de exponencial, porque siempre vuelve a su fuente; promueve la protección y el enriquecimiento de la naturaleza en lugar de su explotación; redefine la riqueza como función de la generosidad, y no del acaparamiento; representa la manifestación de la abundancia, y no la de la escasez. Tiene el potencial de recrear la dinámica del obsequio de las sociedades primitivas a escala mundial, fomentando la dedicación de los dones humanos a las necesidades del planeta.

Recuerdo que, de adolescente, leí *La rebelión del Atlas* de Ayn Rand, cuyos personajes estereotipados, hiperracionalidad y absolutismo moral atrajeron mucho a mi mente inmadura. Se trata de un manifiesto del ser individual y separado, del ego mercenario, y sigue seduciendo a mentes adolescentes hasta hoy. El libro ridiculiza con especial corrosividad la frase "de cada cual según sus capacidades, a cada cual según sus necesidades", plasmando una imagen de personas que compiten en sus posturas de necesidad para que se les asigne una porción mayor de recursos, mientras que los productores no tienen ninguna motivación para producir. Este escenario, que hasta cierto punto se dio en el antiguo bloque comunista, refleja un miedo primario del *yo* actual que se halla condicionado por la escasez: ¿qué pasa si doy y no recibo nada a cambio? Tal deseo de una garantía de recompensa, un premio por el riesgo de la generosidad, constituye la mentalidad básica del interés, una mentalidad adolescente que será desbancada por un ser adulto y más expansivo que ha madurado hasta su plena membresía en la comunidad de la existencia. Estamos aquí para expresar nuestros dones; es uno de nuestros deseos más profundos y, hasta que no se cumpla, no podremos sentirnos totalmente vivos.

Las necesidades han sido monetizadas en su mayoría, al tiempo que ha disminuido la cantidad de mano de obra necesaria para satisfacerlas. Por lo tanto, para que los dones de la gente alcancen su máxima expresión, todo este exceso de creatividad humana deberá dedicarse a otros fines, a las necesidades u objetivos que sean adversos al dinero de la separación. No cabe duda de que el régimen del dinero ha destruido, y sigue destruyendo, muchas cosas hermosas —prácticamente cualquier bien público susceptible de privatización–. He aquí algunos ejemplos: una noche estrellada sin contaminación lumínica; un paisaje rural sin ruido de tráfico; una economía urbana local, multicultural y dinámica; lagos, ríos y mares impolutos; la base ecológica de la civilización humana. Muchos de nosotros tenemos dones que contribuirían a todo eso, pero nadie nos pagaría por utilizarlos. Y es que el dinero tal y como lo conocemos se basa fundamentalmente en convertir lo público en privado. El nuevo dinero alentará lo contrario y supondrá el fin del conflicto entre nuestros ideales y la realidad económica.

El dinero de la usura es el dinero del crecimiento, que fue perfecto para la fase de desarrollo de la humanidad en la Tierra así como para el Relato del Ascenso, el Dominio y el Control. La siguiente etapa será de una relación co-creativa con la Tierra. El Relato de las Personas para esta nueva fase se está tejiendo en estos momentos, y sus tejedores son los visionarios de campos como la permacultura, la medicina holística, la energía renovable, la micorremediación, las monedas locales, la justicia restaurativa, la crianza con apego y muchísimos más. Para deshacer el daño que la Era de la Usura ha causado a la naturaleza, la cultura, la salud y el espíritu, se requerirán todos los dones que nos hacen humanos, lo cual es tan increíblemente exigente que esas facultades alcanzarán un nuevo nivel de desarrollo.

Lo que propongo puede parecer muy ingenuo, difuso y utópico. En *The Ascent of Humanity* (El ascenso de la humanidad) expuse parte de mi lógica y la expondré con más detalle en la segunda mitad de este libro. Pero por ahora, sopesa las voces opuestas del idealismo y el escepticismo que hay en ti, y pregúntate lo siguiente: ¿Acaso puedo conformarme con algo menos? ¿Puedo tolerar un mundo de tanta fealdad? ¿Puedo permitirme creer que es inevitable? La respuesta es: no. Tal creencia acabará destruyendo poco a poco tu alma. A la mente le gusta el escepticismo porque le reconforta y le da seguridad, y le cuesta creerse cualquier cosa que se salga de lo normal, pero el corazón nos incita a lo contrario; nos pide belleza, y tenemos que responder a su llamada para atrevernos a crear un nuevo Relato de las Personas.

Estamos aquí para crear algo precioso; yo lo llamo "el mundo más bello que nuestro corazón nos dice que es posible". A medida que esa verdad nos vaya calando más hondo y a medida que la convergencia de las diversas crisis nos saque a la fuerza del viejo mundo, no cabe duda de que cada vez más personas vivirán en base a esa verdad; la verdad de que más para ti no significa menos para mí; la verdad de que lo que te hago a ti, también me lo hago a mí; la verdad de vivir para dar lo que puedas y tomar lo que necesites. Y podemos empezar a hacerlo ahora mismo. Cuando superamos el miedo y lo hacemos de verdad, el mundo satisface nuestras necesidades de forma creciente. Entonces descubrimos que el Relato de la Separación, simbolizado por el dinero que conocemos, no es cierto y nunca lo ha sido. Aun así, los diez últimos milenios no han sido en vano. A veces es necesario vivir una mentira hasta sus últimas consecuencias para estar dispuesto a dar el siguiente paso hacia la verdad. La mentira de la separación en la Era de la Usura ya está completa. La hemos explorado plenamente, hasta el extremo, y hemos visto todo lo que ha provocado: los desiertos y las prisiones, los campos de concentración y las guerras, el desperdicio de lo bueno, lo verdadero y lo bello. Ahora, las capacidades que hemos desarrollado durante este largo viaje de ascenso nos servirán para la inminente Era del Reencuentro.

2ª PARTE

LA ECONOMÍA DE LA REUNIÓN

A medida que finaliza nuestra estadía en la etapa de la separación, también va diluyéndose nuestra actitud de excepcionalismo humano frente a las leyes de la naturaleza. El movimiento ecologista lleva ya décadas diciéndonos que no estamos exentos de esas leyes, una verdad que vivimos de manera creciente y dolorosa. Al igual que un niño toma de su madre, felizmente ignorante de sus sacrificios, nosotros hemos tomado de la Tierra durante la larga infancia de la especie humana. Y nuestro sistema monetario e ideología económica han servido, para bien o para mal, de agente en todo ello. Ahora que nuestra relación con la Tierra se torna en una relación de amante, nos hemos vuelto plenamente conscientes del daño que estamos causando. En una relación amorosa, lo que le haces a tu pareja tiene un efecto rebote en ti mismo: su dolor es tu dolor.

Y así, mientras la humanidad afronta la dura prueba de iniciación que supone la actual crisis y realiza su transición hacia la madurez, emerge un sistema económico distinto que encarna la nueva identidad humana, un ser conectado a la Tierra por una relación de co-creatividad. Nuestros sistemas económico y monetario dejarán de ser agentes de la apropiación, la explotación y el ensalzamiento del yo separado para convertirse en agentes de la generosidad, la creación, el servicio y la abundancia. Los siguientes capítulos describen los elementos que conformarán esta *sacroeconomía*, los cuales son visibles ya, de hecho; yacen latentes dentro de las viejas instituciones, o incluso nacen de ellas. Y es que esta no es una revolución al uso, no es una purga o eliminación de todo lo anterior, sino más bien una metamorfosis. La Era del Reencuentro lleva mucho tiempo gestándose en el seno de las instituciones de la Separación. Y hoy comienza a abrirse paso.

CAPÍTULO 9

EL RELATO DEL VALOR

Era una vieja historia que había dejado de ser verdad. … Las historias pueden perder su verdad. Lo que era cierto pierde su sentido, o incluso se convierte en mentira, porque la verdad se ha trasladado a otro relato. El agua del manantial brota en otro lugar.

—Ursula K. Le Guin

El dinero subyace de manera inextricable los relatos que definen nuestra civilización: tanto el del *yo* como el de la humanidad en su conjunto. Forma parte integral de la ideología y la mecánica del crecimiento, del "ascenso de la humanidad" hacia el caciquismo del planeta; también ha desempeñado un papel decisivo en la disolución de nuestros vínculos con la naturaleza y la comunidad. A medida que esas historias se desmontan, con el derrumbamiento vertiginoso de su dimensión monetaria, se nos presenta la oportunidad de imbuir al dinero los atributos de esos nuevos relatos que los reemplazarán: el ser conectado que vive una relación co-creativa con la Tierra. Pero ¿cómo se le imbuye un relato al dinero?

A lo largo de su historia milenaria, la forma del dinero ha evolucionado aceleradamente. La primera etapa fue la del dinero-mercancía (el grano, el aceite, el ganado, el metal y muchas otras cosas) que funcionaba como medio de cambio sin valor fiduciario alguno. Esa etapa duró varios milenios. El siguiente paso fue la acuñación de moneda, que añadió un valor fiduciario al valor intrínseco del oro y la plata. Así, el dinero ya constaba de dos componentes: el material y el simbólico.

De forma natural, el símbolo acabó desvinculándose del metal, como ocurrió con la llegada del dinero-crédito en la Edad Media e incluso anteriormente. En China, el primer papel moneda (una especie de cheque bancario) ya estaba en circulación para el siglo IX, llegando hasta Persia.[1] También en el mundo árabe se extendió el uso de un tipo de cheque en torno a esa época. Para el siglo XII, los mercaderes italianos ya utilizaban letras de cambio, una práctica que se expandió rápidamente y desembocó en la introducción del sistema bancario de reserva fraccional en los siglos XVI y XVII.[2] Dicho sistema supuso una gran innovación ya que, gracias a él, la masa monetaria se independizó del suministro de metal, permitiendo así que la oferta de dinero aumentara de manera orgánica en función de la actividad económica. La desvinculación del dinero y el metal fue gradual; durante la era de la banca de reserva fraccional, que duró varios siglos, los billetes bancarios aún estaban respaldados por metal, al menos en teoría.

La etapa de la banca de reserva fraccional ya pasó a la historia. Hoy, el dinero es puro crédito, algo que, de hecho, la mayoría de la gente no sabe. Muchas autoridades, incluyendo la mayor parte de los libros de texto de economía y la propia Reserva Federal,[3] aún mantienen la falacia de que las reservas son un factor que limita

---

1. Temple, Robert. *The Genius of China: 3,000 Years of Science, Discovery, and Invention* (El genio de China: 3.000 años de ciencia, descubrimiento e invención). Rochester, VT.: Inner Traditions (2007), 117, 119.
2. Vallely, Paul. "How Islamic Inventors Changed the World" (Cómo los inventores islámicos cambiaron el mundo). *The Independent*, 11 marzo 2006.
3. Ver, por ejemplo, la publicación de la Reserva Federal de Chicago: "Modern Money Mechanics" (La mecánica moderna del dinero), que está disponible en Internet.

la creación de dinero, pero en la práctica casi nunca lo son.[4] Las únicas restricciones reales sobre la creación de dinero por parte de la banca son su volumen de capital y su capacidad de encontrar prestatarios dispuestos y solventes –es decir, con perspectivas de ingresos no comprometidos o con activos que sirvan de aval–. En otras palabras, lo que rige la creación del dinero son los acuerdos sociales, y ante todo la máxima de que el dinero debe entregarse a quienes seguirán ganando más en el futuro –algo que viene codificado en el interés–. El dinero de hoy en día se sustenta en el crecimiento, y cuando ese crecimiento se ralentiza, como ocurre actualmente, el edificio financiero entero se empieza a derrumbar.

El dinero se desarrolló en paralelo a la tecnología y padece defectos similares. Ambos conllevan una incesante compulsión por crecer: en el caso de la tecnología se debe a la mentalidad de la solución tecnológica, que significa emplear cada vez más tecnología para remediar los problemas causados por la tecnología ya existente; y en el caso del dinero, se debe a la dinámica del interés anteriormente descrito, que consiste en emitir más deuda para pagar los intereses de la deuda existente. El paralelismo es bastante exacto. Otra similitud es que ambos han usurpado dominios que en realidad corresponden a otros modelos de relación. De todos modos, en ninguno de los dos casos defiendo una vuelta atrás en la historia;

---

4. Si el margen de reservas de un banco es insuficiente para cumplir los requisitos, simplemente pide prestada la liquidez necesaria a la Reserva Federal o a los mercados monetarios. Cuando hay una insuficiencia de reservas en todo el sistema, la Fed amplía la base monetaria a través de operaciones en el mercado abierto. Por eso el crecimiento del M0 suele ir unos meses por detrás del crecimiento del M1 y M2 –lo contrario a lo que cabría esperar del efecto multiplicador si viviéramos en un sistema de reserva fraccional (ver Steve Keen, "The Roving Cavaliers of Credit" (Los caballeros andantes del crédito), *Debtwatch*, 31 enero 2009)–. Esa es también la razón por la que la reciente "flexibilización cuantitativa" de la Reserva Federal y otros bancos centrales hayan hecho tan poco por incrementar la oferta de dinero.

creo que el desarrollo de la tecnología y del dinero hasta su estado actual tiene su razón de ser. El dinero-crédito marca un final lógico en la evolución del dinero hacia el valor puramente fiduciario, un mero acuerdo. Llegados a este punto, ahora somos libres de darle un sentido a ese acuerdo. Somos como una adolescente que, habiendo desarrollado sus capacidades físicas y mentales a través del juego infantil, ya está preparada para encauzar esas capacidades hacia su verdadero propósito.

En vista de las desastrosas consecuencias provocadas por las actuales divisas basadas en el crédito, hay quienes propugnan un nostálgico retorno a los tiempos en los que el dinero estaba respaldado por un bien tangible como, por ejemplo, el oro. Argumentan que las divisas avaladas por mercancías detendrían la inflación y eliminarían la obsesión por el crecimiento continuo. Yo creo que algunos de esos defensores del "dinero real" o "moneda fuerte" expresan un deseo atávico de volver a la sencillez de antaño, cuando las cosas eran lo que parecían. Al dividir el mundo en dos categorías, la realidad objetiva y la convencional, ven el dinero-crédito como una ilusión, una mentira que se desmorona inevitablemente con cada ciclo de caída. Pero esta dicotomía es en sí misma una ilusión, un artificio que refleja mitologías muy arraigadas, como la doctrina de la objetividad en las ciencias físicas, que también se están derrumbando en nuestros tiempos.

La diferencia entre una divisa respaldada por un bien tangible y otra que no lo está no es tan grande como uno pudiera suponer. A simple vista parecen muy distintas: la primera debe su valor a algo real mientras que el valor de la segunda se basa únicamente en un acuerdo. Pero esa distinción es falsa: en ambos casos, lo que confiere valor al dinero es, en definitiva, el relato que lo rodea, un conjunto de convenciones sociales, culturales y jurídicas.

Ahora es cuando el defensor del "dinero real" podría objetar: "No, esa es precisamente la cuestión: el valor del dinero real se deriva de la mercancía que lo respalda, no de los acuerdos".

¡Incorrecto!

En primer lugar, consideremos a qué se refieren generalmente estos defensores del "dinero real": a monedas de oro y plata. Son valiosas, según ellos, gracias al valioso material del que están hechas. Esa es la fuente de su valor; las marcas grabadas en ellas representan una garantía fiable de su peso y pureza. Pero a pesar de la nostalgia del dinero real de antaño, muchas monedas de oro y plata de la historia no se correspondían con esa descripción ya que su valor sobrepasaba el del metal (ver Capítulo 3). Difiere del dinero-papel en grado, pero no en su esencia. El dinero en papel y el dinero electrónico no son una desviación de la moneda metálica sino una extensión de ella.

Para complicar aún más las cosas, pregunto: ¿qué es eso que llamamos el valor de una mercancía? Al igual que el dinero, la propiedad es un artificio social. ¿Qué significa poseer algo? La posesión física solo se considera propiedad si esa tenencia está legitimada socialmente; si la propiedad se considera legítima, ni siquiera es necesaria su posesión física. De hecho, en los actuales mercados de bienes, la mayoría de los inversores ni siquiera toca las mercancías que compra. Sus transacciones constituyen una serie de rituales y manipulaciones simbólicas cuyo poder se basa en creencias compartidas. La naturaleza ficticia de la propiedad no es un fenómeno reciente. Incluso el famoso dinero de los isleños de Yap, unos anillos de piedra demasiado enormes y pesados para moverlos, puede cambiar de propietario fácilmente si todos acuerdan que fulano de tal es el nuevo dueño. El oro no tiene que salir de la caja fuerte para servir de aval de una divisa; ni siquiera tiene que salir del suelo. Aunque adoptáramos el patrón oro, la mayoría de las transacciones seguirían realizándose mediante el papel o los símbolos digitales. Lo único que cambiaría sería el relato que confiere valor a esos símbolos.

Es más, el valor de los productos también depende de acuerdos sociales. Esto es especialmente cierto en el caso del oro porque, a diferencia del auténtico dinero-mercancía como el ganado o los camellos, apenas posee valor utilitario. Puedes hacer bonitos ornamentos con él pero tiene una escasa utilidad industrial comparado con otros metales preciosos como la plata o el platino. Esto significa que el valor del oro se basa en un pacto, por lo que resulta ciertamente extraño que sea el metal elegido por quienes aspiran a un dinero de valor "real" e independiente de las convenciones.

Lo dicho acerca del oro resulta igualmente cierto para otros bienes. En una sociedad como la nuestra, con un alto grado de división laboral, la utilidad de la mayoría de los productos depende, al igual que la del dinero, de una red de acuerdos sociales. ¿Qué utilidad tiene para nosotros un lingote de hierro? ¿O un barril de petróleo crudo? ¿O una tonelada de hidróxido de sodio industrial? ¿O un saco de grano de soja? Su valor viene dado, en distintas medidas, por la enorme cantidad de personas que realiza las funciones específicas e interrelacionadas para las cuales se emplean tales productos. Es decir, las mercancías, al igual que el dinero, tienen un valor fiduciario añadido a su valor intrínseco —y visto más de cerca, la distinción entre dinero y mercancía se derrumba casi por completo—.

Pensemos detenidamente en lo que significa que el dinero se soporte en un bien material. A primera vista, está claro. Tomando el ejemplo del dólar estadounidense antes de 1972, significaba que podías llevar un dólar a la Reserva Federal y canjearlo por un treintavo (u otra porción) de onza de oro. Pero esa visión simple oculta muchas complicaciones. Aunque estuviera permitido, en la práctica, a la mayoría de usuarios del dólar no les resultaba factible acudir a una caja fuerte de la Reserva Federal. Según mis datos, el transporte físico del oro era muy poco frecuente, incluso para ajustar cuentas entre los propios bancos. El oro de los bancos se custodiaba en las entidades de la Reserva Federal y su titularidad quedaba registrada en libros contables, sin necesidad de que el titular lo poseyera físicamente. El sistema hubiera funcionado incluso en el caso de que no hubiera existido ese oro en realidad. Nadie, excepto los bancos extranjeros, canjeaba sus dólares por oro. ¿Por qué iban a hacerlo si era el dólar, y no el oro, lo que se utilizaba como divisa? Creemos que el dólar de la época del patrón oro era valioso debido a que era intercambiable por ese metal, pero ¿no es más cierto lo contrario: que el oro era valioso porque podía intercambiarse por dólares?

Solemos presuponer que en un sistema de dinero en papel o en formato electrónico, ese dinero no es más que una representación de las monedas reales que lo respaldan. Pero el dinero real es, de hecho, el de papel. Su asociación al oro fue la mera proyección de un significado, una fórmula casi mágica, que nos permitía creer en el relato del valor. Pero el relato es precisamente lo que crea el valor. En realidad, nunca hubiera sido posible que todo el mundo canjeara sus billetes por oro porque, si lo intentaban demasiadas personas a la vez, el banco central podía declarar que dejaba de realizar el canjeo (algo que hacía a menudo).[5] El hecho supues-

---

5. De hecho, esto ha ocurrido muchas veces; durante la Gran Depresión sucedió en casi todos los países. Los poseedores de divisas reclamaron oro a los bancos y, por último, a los bancos centrales, quienes finalmente se negaron. En los años 30, Estados Unidos llegó a ilegalizar, bajo el Decreto 6102 de Roosevelt, la tenencia de más de una pequeña cantidad de oro. Aún así, los dólares cuyo valor supuestamente dependía del oro no se devaluaron.

tamente objetivo de que cada billete era intercambiable por una determinada cantidad de oro no es más que una ficción conveniente ligada a una serie de acuerdos sociales y percepciones compartidas.

De manera similar, antes de que Estados Unidos derogara el acuerdo de Bretton-Woods a comienzos de los años 70, las divisas de todo el mundo estaban sujetas al valor del dólar estadounidense, que a su vez estaba sujeto al oro. Si un país acumulaba reservas de dólares estadounidenses, podía liquidarlos exigiendo a la Reserva Federal que le enviara unas toneladas de oro a cambio. Esto no suponía un gran problema en la época inmediatamente posterior a la Segunda Guerra Mundial, pero para finales de los 60 casi todas las reservas de oro de EE UU estaban ya en manos extranjeras, y la Fed se vio amenazada por la bancarrota. Por consiguiente, Estados Unidos anunció que ya no cambiaría más dólares por oro en el sistema bancario internacional, al igual que había dejado de hacerlo a nivel nacional unas cuatro décadas antes, dejando en evidencia la conveniente ficción del patrón oro.

Proclamar que el dinero está avalado por algo real no es muy diferente de cualquier otro conjuro ritual en cuanto que deriva su poder de una creencia colectiva. Si esto ya era cierto respecto al oro, lo es aún más en el caso de otras alternativas monetarias más sofisticadas tales como el *terra*, la divisa mundial concebida por Bernard Lietaer, o la reciente propuesta de modificar los Derechos Especiales de Giro del FMI para que sean respaldados por un conjunto de productos básicos que refleje la actividad económica general. Este enfoque tiene cierto mérito; de hecho, es un paso en la dirección que propongo en este libro. Aun así, no cabe duda de que ese aval es ficticio: nadie va a cambiar nunca sus *terras* por un envío físico —a la puerta de su casa— de una combinación de aceite, grano, créditos de emisión de CO_2, panceta de cerdo, lingotes de hierro o cualquier otra mercancía que se haya decidido poner en la lista. Nadie necesita tener ninguno de esos bienes en sus manos. Su valor tiene un carácter colectivo; existe únicamente en el contexto de una gran red de relaciones económicas. ¡Pero eso está bien! La posibilidad real y práctica de canjear una divisa no es necesaria para que esa divisa se considere avalada. La reembolsabilidad es un relato ficticio, pero los relatos ejercen su poder. Todo el dinero es un relato, de hecho; no tenemos otra alternativa que crear el dinero dentro de una matriz de relatos. Nada de lo que he escrito descalifica la divisa respaldada, pero si hemos de elegir una, seamos conscientes del porqué. No se trata de convertir el dinero en algo "real", por oposición a las divisas no respaldadas, sino de imbuir al dinero la idea de valor que queramos crear.

El concepto de la divisa respaldada puede emplearse para limitar y orientar la creación del dinero. Hoy en día, limitamos ese derecho a los bancos y lo orientamos hacia el afán de lucro —el dinero va a manos de quienes le den un mayor rendimiento—. Desde un punto de vista estrictamente histórico, la emisión de dinero cumple una función especial, incluso sagrada, que no se debe descartar a la ligera. El dinero encierra el poder mágico del símbolo y encarna el acuerdo de una sociedad entera. Parte del alma de la sociedad reside en él, y el poder de crearlo debe vigilarse tan celosamente como el chamán vigila su bolsa de medicinas. En las manos equivocadas, su poder puede ser utilizado para esclavizar. ¿Acaso no es eso lo que ocurre hoy en día precisamente? ¿Acaso se puede negar que muchísimos ciudadanos, e incluso naciones enteras, se han convertido en cautivos de los prestamistas?

Todos conferimos un cariz sagrado al dinero de forma intuitiva. Es más, todo lo que utilizamos como dinero tiende a volverse sagrado: "Porque donde esté tu tesoro, allí estará también tu corazón" (Mateo 6:21). De ahí que el oro llegara a ser objeto de veneración para muchos. Aunque nadie lo profesara, los actos expresan más que las palabras: el oro era un bien codiciado y adulado, por el que se realizaban sacrificios, dotándolo de un poder sobrenatural y un carácter sacrosanto. Lo mismo ocurría con el ganado en las sociedades que lo utilizaban para el trueque, y con el aceite de oliva o el trigo para quienes los usaban como dinero-mercancía: dichos bienes asumieron un estatus sagrado, distinto de cualquier otra mercancía.

El uso de divisas no avaladas ha ido aumentando a lo largo del último siglo, un período en el que ya nada es sagrado. Como señalé en la introducción, lo único que se venera hoy en día es el dinero mismo. Porque el dinero posee las propiedades que asociamos a la divinidad incorpórea del dualismo: la ubicuidad, la abstracción, la inmaterialidad y, al mismo tiempo, la capacidad de influir en asuntos materiales para crear o destruir. Desligar la divinidad totalmente de la materialidad implica desacralizar todo lo real y tangible. Aun así, dicha ausencia de lo sagrado es ilusoria: como muchos han observado, la ciencia es la nueva religión, con su relato de la cosmogénesis, sus misteriosas explicaciones del funcionamiento del mundo en un lenguaje arcano, sus sacerdotes e intérpretes, su jerarquía, sus ritos de iniciación (la defensa de la tesis doctoral, por ejemplo), sus sistemas de valores y mucho más. De modo análogo, la aparente ausencia de una garantía real detrás del dinero es también engañosa. El dinero-crédito está avalado por todo un sistema económico de bienes y servicios y, a nivel más profundo, por el crecimiento (mediante acuerdos sociales, aunque distintos de los que rigen la divisa avalada).[6] Creado como deuda con sus correspondientes intereses, el dinero-crédito conserva su valor gracias a la interminable expansión del ámbito de los bienes y servicios. Cualquier cosa que sirva de respaldo al dinero se vuelve sagrada, lo cual explica el estatus sacrosanto del crecimiento durante tantos siglos. Con el pretexto del Relato del Ascenso —el progreso, el aprovechamiento de las fuerzas naturales, la conquista de las últimas fronteras o el dominio de la naturaleza—, hemos llevado a cabo una santa cruzada en pro de la productividad y la multiplicación. Pero el crecimiento ya está perdiendo su carácter sagrado para nosotros.

En este libro expondré una forma concreta de respaldar el dinero con otro tipo de cosas que hoy empezamos a considerar sagradas. ¿Y qué cosas son esas? Para determinarlo, basta con observar en qué invertimos nuestros esfuerzos altruistas. El dinero del futuro estará avalado por aquello que queremos nutrir, crear, y preservar: el terreno no urbanizado, el agua limpia, el aire puro, las grandes obras de arte y de arquitectura, la biodiversidad y nuestro procomún genético, los derechos de urbanización no ejercidos, los créditos de emisión de CO_2 no utilizados, los derechos de patente no recaudados, las relaciones que aún no se han convertido en servicios y los recursos naturales que aún no se han transformado en mercancías. Incluso podría estar avalado por el oro que aún quede en el subsuelo.

La asociación de un bien al dinero (es decir, a un "valor" abstracto) no solo lo eleva a la categoría de sagrado sino que nos

---

6. Veámoslo de este modo: el crédito concedido por el banco es respaldado por un aval o, en el caso de préstamos sin garantía, por las futuras ganancias del prestatario. Trasladando esto a la economía en su conjunto, la suma de todo el dinero-crédito que se emite está respaldada por la suma de todos los bienes y servicios existentes y futuros, y, por lo tanto, por la promesa del crecimiento. Otra forma de verlo es que, sin crecimiento, aumentaría el índice de impagos y se reduciría la oferta de dinero.

impulsa a seguir creando ese bien. La vinculación entre el oro y el dinero fomenta el esfuerzo continuo (y muy destructivo para el medio ambiente) por extraer cada vez más. Cavar agujeros en el suelo para rellenarlos después es el colmo del trabajo perdido, pero eso es básicamente lo que se hace en la minería del oro. Con gran esfuerzo, extraemos oro del subsuelo, lo transportamos, lo refinamos y acabamos llevándolo a otros agujeros llamados cámaras acorazadas. Esa labor, así como la escasez del oro, es una manera (muy caprichosa) de regular la oferta de dinero. Pero ¿por qué no regularla mediante acuerdos políticos y sociales con un propósito consciente o a través de un proceso más orgánico que nos ahorre tanta excavación?

Dicho problema del oro también se da en el caso de otros bienes. Allí donde el ganado se emplea como dinero, las reses adquieren un valor superior al de la propia utilidad de su carne y leche, por lo que la gente acaba criando rebaños mayores de lo necesario. Al igual que la minería del oro, esta práctica desperdicia mano de obra y sobrecarga el medio ambiente. Y me temo que cualquier dinero basado en una mercancía tendría el mismo efecto. Si se trata del petróleo, nos incentivará a extraer más crudo —además de la cantidad necesaria para producir combustible, un plus para el lucro—. En líneas generales, el principio es el siguiente: el uso de cualquier bien como moneda de cambio incrementará la oferta de ese bien.

Este es el principio del que parto, en el Capítulo 11, para proponer un sistema monetario que incremente la oferta de bienes estimados como positivos para la humanidad y para el planeta. ¿Y si el dinero estuviera respaldado por el agua limpia, el aire incontaminado, los ecosistemas saludables y el procomún cultural? ¿Hay alguna manera de promover todo eso de forma creciente, del mismo modo que el acuerdo social sobre el valor del oro promueve su extracción? Al igual que la monetización del oro nos hace codiciarlo y perseguir su producción –renunciando a él solo en caso de necesidad real y urgente–, el uso de otro tipo de bienes como aval del dinero promovería su producción creciente y la construcción de un planeta más hermoso en el que solo se renunciaría a tales bienes por motivos justificados –como respuesta a una necesidad real– para crear algo igual de valioso que lo destruido. Hoy en día destruimos muchas cosas a favor del dinero pero no destruimos el dinero mismo, al menos de forma voluntaria. Y así se hará.

La cuestión de las divisas respaldadas suscita preguntas más amplias y esenciales: ¿Quién tiene permiso para crear dinero y mediante qué proceso? ¿Qué límites deberían imponerse a la cantidad que se emite? ¿Cuáles son los acuerdos que el dinero representa? Y en términos más generales, ¿qué relato es el que confiere valor al dinero?

Desde los días de la antigua Grecia, el dinero siempre ha representado un acuerdo, aunque normalmente sea involuntario. La gente asignaba valor al oro sin apenas pararse a pensar que ese valor no era más que una convención. Posteriormente, las monedas fiduciarias en papel representaron una convención aún más evidente pero, que yo sepa, nadie las concibió con un propósito social específico en mente, más allá de su función como medio de intercambio. Nadie se ha planteado nunca esta pregunta: "¿Qué relato del mundo estamos creando y qué tipo de dinero representará y reforzará ese relato? Nadie decidió crear un sistema bancario de reserva fraccional con el propósito consciente de impulsar la expansión del reino humano. Hoy, por primera vez, tenemos la oportunidad de infundir un poco de conciencia en nuestra elección de divisa. Es hora de preguntarnos qué relato colectivo deseamos promulgar en la Tierra y de elegir un sistema monetario que sea coherente con ese relato.

A partir de aquí, esbozaré un sistema monetario que encarne la nueva relación de los seres humanos entre sí y con la Tierra, un sistema que refleje y fomente aquello que empieza a asumir un cariz sagrado para nosotros. Asimismo, ofreceré ideas sobre cómo realizar esa transición desde nuestra situación presente, a nivel tanto colectivo como personal. Esta economía sagrada, o *sacroeconomía*, poseerá las siguientes características:

Restaurará la ideología del obsequio en nuestras vocaciones y en nuestra vida económica.

Invertirá la homogeneización y la despersonalización de la sociedad a las que el dinero nos ha inducido.

Representará una extensión del ecosistema, y no su violación.

Promoverá las economías locales y reavivará lo comunitario.

Fomentará la iniciativa y recompensará el espíritu emprendedor.

Será consecuente con el crecimiento cero, pero promulgando el desarrollo continuo de nuestros singulares dones humanos.

Promoverá la distribución equitativa de la riqueza.

Fomentará un nuevo tipo de materialismo que respete el carácter sagrado del mundo.

Estará en consonancia con las políticas del igualitarismo y el poder del pueblo por encima del control centralizado.

Restaurará el capital natural, social, cultural y espiritual que hemos perdido.

Y lo que es más importante: ¡podemos empezar a crearlo ya mismo!

Los siguientes capítulos presentarán y sintetizarán varios aspectos del nuevo Relato del Valor que definirá el futuro sistema monetario y que, en su conjunto, retratarán una economía muy distinta a la que hoy conocemos.

CAPÍTULO 10

LA LEY DEL RETORNO

El socialismo fracasó por ser incapaz de contar la verdad económica; el capitalismo podría fracasar por ser incapaz de contar la verdad ecológica.

—Lester Brown

Una cosa es cierta: la conversión lineal de recursos en residuos es insostenible para un planeta finito. Y más insostenible aún es el crecimiento exponencial, ya sea del uso de recursos, del dinero o de la población.

No solo es insostenible sino también antinatural. En la ecología, ninguna especie produce un desecho que otra especie no pueda aprovechar, de ahí la máxima: el residuo es alimento. Ninguna otra especie genera cantidades ascendentes de sustancias que sean tóxicas para los demás seres vivos, tales como las dioxinas, los policlorobifenilos (PCB) o los residuos radiactivos. Nuestro crecimiento económico lineal/exponencial viola manifiestamente la ley natural del retorno, el ciclo de los recursos.

Una *sacroeconomía* es una extensión de la ecología, que cumple todas sus normas, entre ellas la ley del retorno. Más concretamente, esto significa que cada sustancia producida mediante procesos industriales y otras actividades humanas, o bien se aprovecha para alguna otra actividad o bien acaba volviendo a la ecología en una forma, y a un ritmo, que los demás seres puedan procesar.[1] Significa que no existe ningún residuo industrial, porque todo circula de regreso a su origen. Como sucede en el resto de la naturaleza, nuestros desechos se convierten en alimento para otros.

¿Por qué hablo de una economía "sagrada", y no de una economía natural o ecológica? Por el carácter sagrado de los obsequios. Respetar la ley del retorno significa honrar el espíritu del obsequio porque recibimos lo que se nos ha regalado y correspondemos regalando algo a cambio. Los obsequios están hechos para pasar de mano en mano; o los guardamos durante un tiempo y después se los damos a otros, o los utilizamos, los digerimos, los integramos y los regalamos en una forma modificada. Resulta evidente, desde una perspectiva tanto teísta como atea, que esto representa una responsabilidad sagrada.

Desde el punto de vista teísta, consideremos este mundo que se nos ha regalado. Sería un grave error asegurar —como me han dicho algunos evangelistas— que no tiene nada de malo utilizar la naturaleza de forma destructiva porque es un regalo de Dios. Desperdiciar un regalo, o usarlo indebidamente, es devaluarlo e insultar a quien nos lo da. Si le das un regalo a alguien y lo destroza ante tus ojos, seguramente te sentirás insultado o decepcionado y, sin duda, dejarás de hacerle regalos. A mi modo de ver, cualquiera que crea verdaderamente en Dios no se atrevería a tratar la creación de ese modo; al contrario, aprovecharía la vida, la Tierra y todo aquello que la habita de la manera más hermosa posible. Es decir, la trataríamos como el regalo divino que es; la usaríamos debidamente, desde la gratitud, y obsequiaríamos algo a cambio. Ese es el motivo teísta para calificar de sagrada una economía sin residuos.

---

1. Eso significa que ciertas sustancias, aunque sean biodegradables, infringen la ley si las producimos en cantidades excesivas.

Desde un punto de vista ateo, una economía sin residuos refleja el entendimiento de la conexión que une a todos los seres. Representa la verdad de que aquello que le hago a otro, me lo hago a mí mismo también. En la medida que reconozcamos nuestra unicidad, desearemos obsequiar, no causar daño, y amar a los demás como a nosotros mismos.

A un nivel más práctico, esta visión de la *sacroeconomía* requiere eliminar lo que los economistas denominan "externalidades". Los costos externalizados son gastos de producción pagados por un tercero. Por ejemplo, las hortalizas del valle central de California son más baratas en Pensilvania que los productos autóctonos, entre otros motivos, porque los precios de los productos californianos no reflejan su costo total. Dado que los productores no son responsables de pagar los costos actuales y futuros del agotamiento de los acuíferos, el envenenamiento por pesticidas, la salinización del suelo u otros efectos de sus métodos de cultivo, esos costos no repercuten en el precio de una lechuga. Es más, el transporte del producto a través del continente también cuenta con numerosos subsidios. El precio de llenar un depósito de gasolina no incluye el costo de la contaminación que produce, ni el de las guerras que se libran para asegurar su suministro, ni el de los derrames de petróleo; tampoco incluye los gastos de la construcción y el mantenimiento de las autopistas. Si todos esos costos estuvieran reflejados en el precio una lechuga, resultaría prohibitivo comprar una lechuga californiana en Pensilvania; los únicos productos no autóctonos que compraríamos serían ciertos artículos especiales.

Actualmente, hay muchas industrias que solo funcionan gracias a la externalización de los costos. Por ejemplo, la limitada responsabilidad legal de las empresas por los derrames de petróleo o por las fugas nucleares hace que la perforación del fondo marino o la energía nuclear sean actividades lucrativas, aunque sus consecuencias para la sociedad resulten negativas. Aunque la compañía petrolera BP tuviera la voluntad de arruinarse en el intento, le sería imposible cubrir todos los costos del derrame de crudo en el Golfo de México. Esos costos los pagará la sociedad mediante una trasferencia de la riqueza pública a los inversores corporativos.[2] Cualquier sector con el potencial de provocar pérdidas catastróficas trasfiere riqueza, esencialmente, de manos públicas a manos privadas, de la mayoría a unos pocos. Esas empresas operan con un seguro gratuito: ellos obtienen los beneficios y nosotros asumimos los riesgos. También es así en el sector financiero, donde las grandes corporaciones pueden afrontar riesgos enormes a sabiendas de que serán rescatadas en caso de que esos riesgos se materialicen. La externalización de costos hace que actividades como la perforación del fondo marino o la producción de energía nuclear resulten más económicas de lo que son en realidad.

Eliminar las externalidades desbarataría el plan de negocios del milenio: yo me embolso los ingresos, y que otro pague los costos; yo abono mi campo con fertilizante nitrogenado, y que los pescadores de camarones paguen los gastos de la eutrofización río abajo; yo quemo carbón para producir electricidad, y que la sociedad pague las facturas médicas resultantes de las emisiones de mercurio así como el costo medioambiental causado por la lluvia ácida. Todas esas estrategias son variaciones sobre un tema que ya he abordado: la monetización del procomún. La capacidad de la Tierra para asimilar diversos tipos de residuos es una forma de riqueza común, como lo es la riqueza del suelo, los mares o los acuíferos. El tiempo

---

2. Aunque la empresa quiebre y se deshaga de todo su stock y sus accionistas actuales, los inversores anteriores ya se lucraron.

de ocio del conjunto de la sociedad podría considerarse también parte del procomún, y este disminuye cuando los contaminadores producen desechos que los demás hemos de limpiar.

"Yo me embolso los ingresos, y que otro pague los costos" refleja la mentalidad del *yo* separado, en la que tu bienestar está fundamentalmente desconectado del mío. ¿Qué importa lo que te ocurra a ti? Si eres pobre, o estás enfermo o en prisión, ¿qué me importa a mí, mientras pueda aislarme suficientemente de la toxicidad social y medioambiental que existe ahí fuera? ¿A mí qué me importa que el Golfo de México esté sucumbiendo bajo una marea negra? Me mudaré a otro lugar, sin más. ¿Qué me importa si hay un remolino de plásticos y basura de unos mil seiscientos kilómetros de diámetro en el Océano Pacífico? Desde la perspectiva de la separación, no importa porque, en principio, podemos aislarnos de los efectos de nuestras acciones. Obtener beneficios de la externalización de costos forma parte integral de esa perspectiva. Pero desde la perspectiva del ser conectado, vinculado a las demás personas y a la Tierra, tu bienestar es inseparable del mío porque tú y yo no somos seres aislados en realidad. La internalización de todos los costos es simplemente la manifestación económica de ese principio de interdependencia: lo que hago a los demás, me lo hago a mí mismo.

La internalización de costes refleja también las percepciones de una cultura del obsequio. En el ciclo del obsequio, tu buena fortuna es mi buena fortuna y tu pérdida es mi pérdida, porque de ello depende que tengas más o menos que dar. Desde esa visión del mundo, es de sentido común que el balance incluya los daños a la sociedad y a la naturaleza. Si yo dependo de ti para los obsequios que me das, es ilógico que me enriquezca a base de empobrecerte a ti. En un mundo así, la mejor decisión empresarial es aquella que enriquece a todos: a la sociedad y al planeta. Una *sacroeconomía* debe encarnar este principio, compatibilizando el beneficio con el bien común.

Algunos empresarios visionarios han comprendido este principio e intentado llevarlo a la práctica conscientemente mediante conceptos como el "triple balance" o la "contabilidad de costos totales". La idea es que la empresa no solo actúe para maximizar sus propios beneficios sino que integre tres tipos de balance en su contabilidad: las personas, el planeta y el beneficio. El problema es que esas empresas se ven obligadas a competir con otras que hacen lo opuesto: trasladar sus costos a las personas y al planeta. Dichos conceptos son útiles para evaluar las políticas sociales (porque engloban más que meros beneficios económicos) pero cuando se trata de la empresa privada, los dos primeros balances (las personas y el planeta) van en contra del tercero (el beneficio). Si soy un pescador que intenta faenar de forma sostenible frente a las pesqueras industriales con sus redes de cientos de millas, mis costos serán mayores, lo cual me incapacitará para competir con ellas. Por eso hace falta algún medio que obligue a la internalización de costos, integrando las personas, el planeta y el beneficio en un solo balance que englobe los tres aspectos. No podemos limitarnos a confiar en que la gente lo entienda; tenemos que crear un sistema que compatibilice el interés propio con el bien común.

Una forma de contabilizar los costos (y beneficios) externalizados es imponiendo sistemas que limitan el daño medioambiental a través de la comercialización de bonos de carbono y de otros cupos de emisiones.[3] Aunque dichos sistemas han dado resultados dis-

---

3. En estos sistemas se establece un límite máximo de emisiones y se asigna derechos de emisión a países y empresas. Esos derechos de contaminación pueden comprarse y venderse, de modo que si una fábrica reduce sus emisiones, puede vender el cupo que no haya utilizado a otra empresa.

pares en la práctica –los límites a la emisión de dióxido de sulfuro han sido bastante exitosos, mientras que los bonos de carbono de la Unión Europea han sido un desastre–, en principio nos permiten implementar un acuerdo colectivo sobre el tope máximo tolerable. Ese tope depende de la capacidad del planeta o de la ecorregión para asimilar la sustancia en cuestión. En el caso del dióxido de sulfuro, Europa podría aplicar límites distintos a los de Estados Unidos para controlar la lluvia ácida; en cuanto al ozono o el óxido nitroso, Los Ángeles podría implementar sus propias restricciones; y el techo para las emisiones de CO_2 y gas CFC podría ser igual para todo el planeta. La imposición de restricciones globales evita la paradoja de Jevons, según la cual una mayor eficiencia no conlleva necesariamente un menor consumo sino incluso todo lo contrario, porque reducir precios y liberar capital permite producir aún más.[4]

Hay bastante controversia en torno a las actuales propuestas para limitar las emisiones por medio de créditos y, en términos generales, coincido con sus detractores. Un plan de permisos de emisiones verdaderamente eficaz consistiría en un sistema de subastas sin compensaciones ni créditos gratuitos ni cláusulas de derechos adquiridos, y que imponga sanciones estrictas a los países infractores. Aun así, persistirían algunos problemas: la volatilidad de los precios, el comercio especulativo de derivados y la corrupción. Su implementación resultaría especialmente problemática por la gran ventaja que el sistema de emisiones comerciables concede

---

4. Por ejemplo, cuando se reducen gastos de iluminación gracias a las bombillas de bajo consumo CFC, algunas empresas reaccionan incrementando su uso de iluminación exterior. Cuando baja el precio de la memoria de las computadoras, los informáticos diseñan programas que requieren más memoria. Cuando cualquier recurso se aprovecha de forma más eficiente, baja la demanda y, con ello, el precio, lo cual incrementa de nuevo la demanda.

a los fabricantes que operan en regiones con normativas menos estrictas, lo cual podría resultar en una contaminación total superior a la que se da en el actual régimen legislativo.[5] Otro problema del sistema de comercio de emisiones es que, mientras unos se esfuerzan en reducir sus emisiones, otros se aprovechan de los recursos o permisos que aquellos han liberado, causándoles una sensación de impotencia.

Dichas desventajas del sistema de comercio de emisiones sugieren que necesitamos un enfoque distinto: gravámenes directos sobre la contaminación, como propone Paul Hawken con su impuesto sobre el carbono. Los combustibles fósiles podrían gravarse en el momento de su importación, y lo recaudado se devolvería al erario público. Esta es otra manera de forzar la internalización de costos, y sería especialmente apropiada en situaciones en las que los costos sociales y medioambientales son fáciles de cuantificar y remediar. Al igual que ocurre con el comercio de emisiones, su implementación a nivel internacional supone un gran problema, ya que la fabricación se volvería más lucrativa en los países que se negaran a aplicar el impuesto o lo recaudaran de forma ineficaz. Además, podría requerir un constante ajuste de la tasa impositiva para poder cumplir el límite de emisiones deseado.

Algunos lectores temblarán ante la mera sugerencia de otro impuesto, pero hay que tener en cuenta que los dos mecanismos que he descrito, el comercio de emisiones y los impuestos ecológicos, no suponen nuevas cargas impositivas para la sociedad en realidad. Alguien va a acabar pagando la factura de la destrucción

---

5. Quienes contaminan en países poco estrictos en la implementación de las normativas podrían vender sus cupos a quienes contaminan en países más restrictivos, permitiendo a estos últimos contaminar a bajo precio, y a los primeros a contaminar por encima de los límites de emisión establecidos.

medioambiental sea como sea. En el sistema actual, ese "alguien" son ciudadanos inocentes así como generaciones futuras. Gracias a estas propuestas, en cambio, la factura la pagan aquellos que generan los costos y se lucran con ellos.

Al margen de cómo se lleve a cabo, cuando los costos de la contaminación se internalizan, la mejor decisión empresarial se alinea con la mejor decisión medioambiental. Supongamos que eres inventor y se te ocurre una idea brillante para que una fábrica reduzca su contaminación en un 90% sin sufrir pérdidas en la productividad. Hoy en día, esa fábrica no tiene ningún incentivo para implementar tu idea porque no paga los costos de la contaminación que genera. Sin embargo, si el costo medioambiental se internalizara, tu invento se convertiría en un producto muy codiciado. De la internalización de los costos surge toda una serie de incentivos económicos. Nuestro benévolo deseo de reducir la contaminación, incluso aunque no nos salga a cuenta, dejaría de estar en conflicto con las presiones de índole económico.

Tanto el comercio de emisiones como los impuestos sobre la contaminación desempeñarían su función en la internalización de los costos sociales y ecológicos, pero también los integraríamos en la estructura del dinero mismo, creando un tipo de moneda que reflejase intencionadamente nuestra veneración por el planeta y nuestro emergente sentido del propósito de la humanidad en la Tierra. Se trata de combinar la internalización de costos con la rectificación de la gran injusticia de la propiedad descrita en el Capítulo 4, retornando los bienes colectivos a la gente, al tiempo que se da rienda suelta al espíritu emprendedor. Asimismo, supondría la aplicación del principio expuesto en el Capítulo 9: convertir el dinero en algo sagrado avalándolo con las cosas que consideramos sagradas, entre ellas, las que se pretenden conservar precisamente con los impuestos ecológicos y medidas similares. Aunque los pormenores del comercio de efluvios tóxicos, la emisión de divisas, etc. pueden parecer un asunto tecnocrático, la intención subyacente, que desarrollaré en el próximo capítulo, es que el dinero sea un reflejo de aquello que veneramos.

Ya sea a través de impuestos tradicionales, del comercio de emisiones o de su incorporación en el dinero mismo, nos embarcamos en una relación totalmente distinta con la Tierra. En la época del Ascenso, la historia del crecimiento del reino humano y de la conquista de la naturaleza salvaje, durante la infancia de la humanidad, cuando el mundo parecía ofrecernos un espacio infinito donde crecer, no había necesidad de realizar acuerdos colectivos sobre cuántos peces pescar, cuántos árboles talar, cuántos minerales extraer o hasta qué punto aprovechar la capacidad de la atmósfera para absorber residuos. Hoy, nuestra relación con el resto de la naturaleza está cambiando a un nivel fundamental, porque es imposible ignorar las limitaciones del medio ambiente. Los peces, los bosques, el agua limpia y el aire puro se aproximan, sin duda, a su agotamiento. Tenemos el poder de destruir la Tierra, o al menos de causarle graves daños; es tan vulnerable respecto a nosotros, como un amante lo es respecto a su amante. En ese sentido, ya no es apropiado verla como Madre Tierra únicamente. Cuando una niña desea algo, no toma en cuenta las limitaciones de su madre, pero entre enamorados la cosa es distinta. Por ello, preveo un futuro en el que respetemos las restricciones locales, regionales y globales a la utilización de diversos recursos. Las capturas pesqueras, el uso del agua subterránea, las emisiones de dióxido de carbono, la producción de madera, la explotación del suelo y muchas otras actividades serán cuidadosamente controladas y mantenidas a niveles sostenibles. Estos recursos —el agua limpia, el aire puro, los minerales, la biota, etc.– serán sagrados para nosotros, tan sagrados que dudo que en el futuro los llamemos "recursos", como tampoco llamamos "recursos" a nuestros propios órganos vitales, ni deseamos mermarlos.

Pero sí mermamos nuestros propios órganos vitales, de hecho, por motivos parecidos a los que nos llevan a mermar los órganos vitales de la Tierra. En coherencia con la comprensión del ser interconectado, aquello que le hacemos a la Tierra, nos lo hacemos a nosotros mismos también. Los paralelismos son profundos así que, para ser breve, me limitaré a citar solo uno: el paralelismo entre el agotamiento de combustible fósil del subsuelo y el de las glándulas suprarrenales, mediante la estimulación psicológica y química. Según la medicina tradicional china, las glándulas suprarrenales forman parte del sistema de órganos del riñón, considerado el depósito de la fuerza vital original, llamada qi, así como la compuerta a un flujo continuo del qi adquirido. Cuando nos encontramos en armonía con el propósito de nuestra vida, esas compuertas de la fuerza vital se abren de par en par y nos surten de una constante fuente de energía. Pero cuando perdemos esa sincronía, debemos usar métodos cada vez más agresivos (la cafeína, las técnicas motivacionales o las amenazas) para propulsar la fuerza vital a través de las suprarrenales. De modo similar, las tecnologías que usamos para acceder a los combustibles fósiles se han vuelto cada vez más agresivas –la fractura hidráulica (o fracking), la remoción de las cimas de las montañas, la explotación de arenas bituminosas, etc.– y usamos esos combustibles con propósitos frívolos o destructivos que obviamente se alejan del propósito de la especie humana en la Tierra. Lo personal y lo planetario se reflejan mutuamente. Esta asociación va más allá de una mera analogía: el tipo de trabajo que nos obligamos a hacer con ayuda de la cafeína y de motivadores externos (por ejemplo, el dinero) es precisamente el tipo de trabajo que contribuye al expolio del planeta. En el fondo, no queremos tratar así ni a nuestro cuerpo ni a nuestro mundo.

Lo que realmente queremos es convertirnos en dadores, y no solo receptores, en nuestra relación con la Tierra. Con eso en mente, mencionaré un aspecto más de la ley del retorno y la unión cósmica del dar y recibir. Parece como si existiera una flagrante excepción a la ley del retorno de la naturaleza, algo que los ecosistemas no reciclan, pero que nos llega constantemente de forma renovada para irse después como desecho. Ese algo es la energía, irradiada por el sol, captada por las plantas y transformada a lo largo de la cadena alimenticia de una forma a otra, moviéndose irreversiblemente hacia su destino final: el calor residual. Toda la radiación electromagnética de baja entropía procedente del sol es emitida de vuelta desde la Tierra, tarde o temprano, como calor de alta entropía.[6]

Así pues, no me sorprende que los pueblos primitivos idolatrasen al Sol; es el único ente conocido que da sin la expectativa ni la posibilidad siquiera de recibir algo a cambio. El Sol es la generosidad en su máxima expresión. Suministra energía a la totalidad del reino de la vida y, en forma de combustibles fósiles y energías fotovoltaica, eólica e hidroeléctrica, es capaz de abastecer a la tecnosfera también. Maravillado ante esa fuente de energía libre, prácticamente ilimitada, puedo intuir la absoluta gratitud, casi infantil, que debieron de sentir los antiguos devotos del Sol.

Pero el asunto no acaba aquí. Existe una corriente en la tradición espiritual que dice que nosotros también devolvemos algo

---

6. "Tarde" podría significar al cabo de cientos de millones de años, por ejemplo, cuando quemamos carbón.

al sol y que, de hecho, el sol sigue brillando a causa de nuestra gratitud.[7] Los ancestrales ritos de adoración al Sol no se realizaban solo para dar gracias al Sol sino también para hacer que siguiera brillando. La energía solar es la luz del amor terrenal que se refleja de vuelta hacia nosotros. Aquí, de nuevo, entra en juego el ciclo del obsequio. Ni siquiera el sol es algo separado de nosotros; quizás eso explique que, en ocasiones, sintamos un sol interior que emana de nuestro ser hacia los demás, irradiando el calor y la luz de la generosidad.

---

7. Curiosamente, en los últimos treinta años, coincidiendo con el cénit de la Era de la Ingratitud, la radiación solar parece haber sufrido un cambio y la fuerza de la heliosfera ha decaído notablemente. Podrían ser imaginaciones mías, pero recuerdo que el sol era más amarillo cuando yo era niño. Por otra parte, entre 2008 y 2010, la actividad de las manchas solares ha disminuido a niveles sin precedentes (ver, por ejemplo, Clark, "Absence of Sunspots Makes Scientists Wonder If They're Seeing a Calm before a Storm of Energy" [La ausencia de manchas solares suscita en los científicos la duda de si están viendo la calma antes de la tormenta energética], *Washington Post*, 22 junio 2010). ¿Podría ser que el Sol, la personificación de la generosidad, haya comenzado una etapa turbulenta que refleja la crisis financiera en la Tierra? No olvidemos que, a fin de cuentas, esta es una crisis del dar y recibir.

CAPÍTULO 11

MONEDAS DEL PROCOMÚN

Todo el dinero es una cuestión de creencia.

—Adam Smith

Vivimos en un planeta de natural abundancia, fuente de regalos que sustentan la vida para todos nosotros. Tal como se comenta en el Capítulo 4, las riquezas del planeta –el suelo, el agua, el aire, los minerales, el genoma– no fueron creadas por el ser humano y, por tanto, no deberían ser propiedad de nadie sino administrarse en común para el bien de todos los seres. Lo mismo vale para la acumulación de la tecnología humana y la cultura, que representan el legado de nuestros antepasados colectivos y una fuente de riqueza a la que ninguna persona tiene menos derecho que otra.

¿Pero qué hacer con esta comprensión? Dichas realidades concuerdan en gran parte con las críticas marxistas y anarquistas de la propiedad, pero la solución marxista –posesión colectiva de los medios de producción, administrados por el Estado– no llega al fondo de la cuestión porque no afronta el problema real.[1] El verdadero problema es que tanto en el sistema comunista como en el capitalista-corporativo, una élite poderosa se adueña y se beneficia de las decisiones sobre cómo distribuir la riqueza de la sociedad.

---

1. Debo reconocer aquí que la teoría marxista pura no prevé la propiedad estatal como la etapa final del comunismo, sino que presupone que el Estado acabará desapareciendo y, con él, el concepto de propiedad.

El convencional concepto de propiedad –pública o privada– se emplea en ambos casos para justificar y facilitar el reparto de la riqueza y del poder.

La metamorfosis de la economía humana que comienza en nuestra época tendrá efectos mucho más profundos que la revolución marxista, porque el Relato de las Personas que tejerá será más que una nueva ficción sobre la propiedad: será el reconocimiento de su carácter convencional y ficticio. ¿Qué es la propiedad sino un acuerdo social en el que una persona tiene ciertos derechos para utilizar un bien de determinadas formas prescritas? La propiedad no es una característica objetiva de la realidad, y cosificarla o convertirla en algo elemental, como sucede tanto en la teoría comunista como en la capitalista, significa esclavizarnos inconscientemente al relato que la sostiene. No creo que una economía sagrada pueda partir de la propiedad como atributo elemental porque esa concepción valida una determinada visión del yo y del mundo que no es real, o que ha dejado de serlo –el del yo individual y separado en un universo objetivo–. Así pues, en vez de decir que el legado de la naturaleza y de la cultura debería ser propiedad de todos, como declararía un marxista, dejemos de aplicar el concepto de propiedad a esas cosas y pensemos en una manera justa, creativa y hermosa de encarnar su valor en un sistema económico.

Hoy en día el acceso al dinero –a través del crédito– recae en quienes más posibilidades tienen de expandir el ámbito de los bienes y servicios. En una *sacroeconomía*, en cambio, accederán al dinero aquellos que contribuyan a un mundo más bello. Aunque quizás no estemos todos de acuerdo en cómo sería ese mundo, actualmente empiezan a surgir muchos valores comunes importantes. En mi interacción con personas de todo el espectro político, me ha resultado gratificante descubrir una reverencia cuasi-universal por la comunidad, por la naturaleza y por los maravillosos frutos de la cultura humana. A partir de estos valores compartidos, que el lenguaje político tiende a ofuscar anteponiendo las divisiones a lo que nos une como humanos, es de donde emergerá la moneda de la *sacroeconomía*.

En este capítulo me referiré al "Gobierno" en el contexto de la emisión de divisas, pero tengamos en cuenta que el Gobierno, como todas nuestras instituciones, va a cambiar radicalmente en los próximos años. Mi visión es, en el fondo, la de una voluntad política emergente que se exprese de forma descentralizada, autogestionada, ecológicamente integrada y entre iguales (P2P). En paralelo a esto, visualizo una ecología del dinero, un sistema económico con muchos modos complementarios de circulación e intercambio, entre ellos, nuevas manifestaciones del obsequio, liberando el trabajo de su carácter coactivo y garantizando las necesidades vitales de todos.

Sea cual sea la forma que tome, un propósito esencial del Gobierno –quizás el más esencial– será servir como garante del procomún. El procomún incluye la superficie de la Tierra, los minerales subterráneos, el agua superficial y subterránea, la riqueza del suelo, el espectro electromagnético, el genoma planetario, la diversidad biológica de los ecosistemas locales y globales, la atmósfera, el saber y la tecnología humanos acumulados durante siglos así como los tesoros artísticos, musicales y literarios de nuestros antepasados. Tal como han venido observando los reformadores sociales durante más de dos mil años, no hay nadie que pueda reclamar legítimamente la propiedad individual de ninguna de esas cosas.

En otra época, yo habría afirmado que el propósito del Gobierno es administrar dichos tesoros para el bien de todas las personas. Ese es un buen comienzo, pero ahora que iniciamos nuestra relación de amantes con la Tierra, opino que el Gobierno representa nuestra administración colectiva de esos tesoros para el bien de la propia Tierra, que hoy integra un nuevo órgano: la humanidad. Ya no podemos ver la humanidad como una forma de vida más sobre el planeta porque poseemos la capacidad de alterarlo, e incluso destruirlo, un poder que jamás ha tenido ninguna otra especie.

¿Qué mejor base podría haber para un sistema monetario –para el Relato del Valor– que todos esos bienes tan valiosos y sagrados? Por ello, parte del dinero sagrado que circule estará "respaldado" por aquellos bienes que administremos colectivamente. Este sistema podría funcionar del siguiente modo: primero llegamos a un acuerdo colectivo, por mediación política, sobre qué porción de la naturaleza sería apropiada aprovechar para fines humanos. Esto incluiría la cantidad de productos marinos, del suelo o del agua; la capacidad de la atmósfera para absorber y transformar residuos, o la de la tierra para recuperarse de las heridas de la extracción de minerales; la cantidad de combustibles fósiles, de minerales metálicos y de otras valiosas riquezas del subsuelo. También habrá que decidir hasta qué punto renunciar a la quietud de la naturaleza en favor del ruido de las máquinas, o a la oscuridad del cielo nocturno a favor de las luces de la ciudad. Estas decisiones requieren a menudo de conocimientos científicos pero también suelen implicar juicios de valor. Ambos factores deberán tenerse en cuenta en nuestro pacto colectivo sobre cuánto capital natural consumir.

La decisiones de esta índole representan un paso sin precedentes en la faz de la Tierra. Aunque es evidente que los gobiernos actuales implementan normativas e impuestos para detener o reducir el consumo de ciertas partes del procomún, nunca nos hemos unido para plantearnos: ¿Cuánto es suficiente? Los pueblos antiguos protegían sus bienes comunes a través de la tradición, las costumbres y la presión social (la llamada "Tragedia de los comunes" es en gran parte un mito),[2] pero dada la escala de la sociedad actual, hemos de crear un proceso político para alcanzar e implementar ese consenso. Dicho proceso tendrá en cuenta el consenso científico sobre qué uso del procomún es sostenible así como el consenso social sobre la relativa importancia de, por ejemplo, las ventajas prácticas y laborales que ofrece el motor de combustión interna frente al placer de un tranquilo día de otoño.

Una vez que hayamos decidido qué porción del procomún debería ser accesible para su aprovechamiento, podremos emitir divisas "respaldadas" por esos bienes. Por ejemplo, podríamos decidir que la atmósfera es capaz de soportar la emisión de dos millones de toneladas de dióxido de azufre anuales como máximo y, a continuación, emplear esos derechos de emisión como aval para la nueva moneda. Y lo mismo se aplicaría al resto del procomún. El resultado sería una larga lista en la que constarían todos los bienes comunes que acordemos utilizar para fines económicos. Conceptualmente, podría ser algo así:

> Nuestro dinero derivará su valor del derecho a pescar 300.000 toneladas de bacalao del caladero de Terranova, o de extraer cien millones de litros de agua mensualmente del Acuífero Ogallala, o de emitir diez mil millones de toneladas de CO_2, o de extraer dos mil millones de barriles de petróleo del subsuelo, o del uso de la banda de X-microhercio del espectro electromagnético...

---

2. La Tragedia de los comunes es un relato pseudo-histórico que pretende ilustrar el problema del oportunismo. En él, se cuenta que el prado colectivo de una aldea acabó despojado de su vegetación porque todos los aldeanos lo aprovecharon para pastar la mayor cantidad de ovejas posible. El que todos persiguieran su propia ventaja resultó en el pastoreo excesivo y, por consiguiente, en pérdidas para todos.

¿Cómo llevar esto a la práctica? Una manera sencilla consistiría en que el Gobierno creara dinero y lo gastara en la economía real, de la misma manera que hoy gasta el dinero de los contribuyentes. El dinero circularía por la economía y, finalmente , volvería al Estado cuando los productores lo canjeasen por los bienes que respalden esa divisa. Esto podría hacerse mediante subasta o bien fijando de antemano los precios relativos de los artículos que avalan la moneda, y luego ajustándolos anualmente en función de su precio real en el mercado secundario. En ambos casos, el canje de dichos bienes por dinero funcionaría como un impuesto sobre la contaminación y el uso de recursos.

Fijémonos en un ejemplo concreto de cómo podría funcionar: un gobierno municipal paga los salarios de la policía, los bomberos y el equipo de limpieza ecológica de esa localidad; uno de esos empleados municipales se gasta el sueldo en alimentos, electricidad y una transmisión nueva para su automóvil; los alimentos provienen de una granja local, que destina parte del precio de sus productos a pagar el derecho a extraer hasta un millón de litros de agua al año del acuífero local; y luego, ese importe vuelve al gobierno municipal, cuya función es administrar dichos bienes comunes.

Por otro lado, parte el importe de la transmisión del automóvil se destina a una fábrica, que a su vez destina una porción de dicho importe a pagar los derechos de contaminación obligatorios, un costo que ya está incluido en el precio de la transmisión, al igual que el pago de los bonos de emisión para la gasolina consumida durante su transporte, el pago de los derechos de uso de los minerales necesarios para la fabricación del hierro, etc. Dichos pagos van dirigidos a los distintos administradores del procomún, que pueden ser locales, regionales, nacionales o internacionales. Cualquier fábrica que encuentre la manera de usar una porción menor del procomún –por ejemplo, contaminando menos o usando metal reciclado de chatarra– será capaz de reducir sus costos y obtener beneficios más elevados. La motivación del rendimiento económico se convertirá así en aliado, y no en enemigo, de nuestro deseo de cicatrizar las heridas de la Tierra.

Recordemos el principio de que cualquier bien que utilizamos como moneda se vuelve valioso y, por consiguiente, codiciado. El uso del oro como dinero nos impulsa a explotar más y más minas auríferas, al margen de la escasa utilidad práctica de este metal. En las sociedades que usan el ganado como moneda, la gente incrementa sus rebaños más allá de sus necesidades. Si usamos el petróleo o la energía como avales del dinero, como proponen algunos, intentaremos producir y acumular más petróleo. Pero, ¿qué ocurrirá si avalamos nuestra divisa con el petróleo que aún yace en el subsuelo, o el oro que no se ha extraído de las montañas, o los bosques vírgenes? ¿No elevaremos el valor de estos bienes también, fomentando su creciente protección? El mecanismo no es nada misterioso. Si nos vemos obligados a pagar todos los costos medioambientales de la explotación petrolera, enseguida buscaremos la manera de dejar el crudo bajo tierra; si hay que pagar por cada unidad de contaminación, nos esforzaremos en contaminar menos.

Otro medio alternativo para alcanzar el mismo fin sería que el Estado creara dinero crediticio, pidiéndolo prestado al banco central correspondiente a interés cero y, luego, saldando la deuda mediante los beneficios de la venta de los bienes comunes que el Estado mantiene en fideicomiso. El Estado también podría emitir bonos a inversores, y el banco central aplicaría la misma política monetaria que aplica hoy: comprar o vender cantidades variables de dichos bonos en el mercado abierto. Pero, para ello, es crucial que los bonos tengan un interés cero (o negativo), una propuesta que explicaré en los dos capítulos siguientes; de lo contrario, requeriría un crecimiento perpetuo de la utilización del procomún.

De cualquiera de estas formas, los productores tendrían un incentivo económico para minimizar el uso de bienes comunes. No existe ningún incentivo similar hoy en día o, si existe, es por azar. Este sistema requeriría internalizar completamente los costos ecológicos y sociales. En la actualidad, cuando una empresa minera drena un acuífero o cuando una flota de pesca de arrastre agota un caladero, los costos tanto para la sociedad como para el planeta quedan excluidos del balance de cuentas del productor, algo que dejaría de ocurrir con el sistema que yo propongo. Dado que esos costos sociales y medioambientales se trasferirían a las industrias transformadoras y, por último, a los consumidores, estos ya no tendrían que enfrentarse al dilema de que los productos que mayores daños sociales y ecológicos causan son mucho más baratos que los productos ecológicos y de comercio justo. Por el contrario, los productos con un proceso de fabricación menos contaminante saldrían más económicos gracias al elevado precio de las cuotas de contaminación; es decir, la carestía de los productos sería proporcional a la cantidad de recursos naturales colectivos que se consumieran para su producción.

Habrá quienes objeten que este sistema implicaría un montón de burocracia y papeleo porque conllevaría el seguimiento de cada costo social y medioambiental generado en la cadena de producción. Mi respuesta a dicha objeción consta de dos partes. En primer lugar, este sistema encarna la nueva actitud de compromiso con el medio ambiente, el deseo de conocer y asumir responsabilidad por el efecto de nuestras acciones sobre los demás seres. Basta con fijarse en lo que le ocurre a la Tierra cuando ignoramos los riesgos de derrames de petróleo o de desastres nucleares. Cada vez tenemos más interés en saber qué estamos haciendo, en conocer todos los efectos de nuestras acciones y asumir responsabilidad al respecto. Se trata de una actitud muy natural para el ser interconectado y consciente de que "lo que le hago al prójimo, me lo hago a mí mismo también".

En segundo lugar, el sistema que he descrito es, de hecho, mucho menos complicado que las regulaciones bizantinas y derrochadoras de hoy, que crean un conflicto entre la responsabilidad medioambiental y el beneficio económico. Desde el punto de vista del usuario, se trata de un mero ajuste fiscal, en el que se eliminan impuestos sobre el consumo y sobre los ingresos para agregarlos a las materias primas y la contaminación. Los productores privados, por otra parte, tendrían que pagar por conceptos que hasta ahora han sido "gratuitos" –al menos para ellos–. Esto podría verse como una forma de fiscalidad indirecta, aunque otro modo de verlo es que los productores costeen los bienes que extraen del procomún, es decir, de todos nosotros. Es lo justo. Se puede decir que una fiscalidad así significaría la puesta en práctica del principio de que "los beneficiarios de la gran comunidad de la vida también deben contribuir a la gran comunidad de la vida"; es decir, quienes se apropian de la riqueza común deben contribuir al bien común en la misma medida.

Las políticas fiscales de hoy, mediante las cuales se recaudan contribuciones para el bien común, son prácticamente la antítesis de aquello que deseamos para nuestro mundo. Se nos permite apropiarnos del procomún –los bienes que no deberían ser propiedad de nadie– sin costo alguno y, sin embargo, lo único que nos pertenece realmente –nuestro propio trabajo productivo– se somete a un gravamen llamado impuesto sobre la renta. Por otro lado, nos vemos obligados a pagar tributos por la circulación de bienes –el impuesto sobre el valor añadido (IVA)– mientras que la acumulación de la riqueza que no se ha utilizado para el intercambio está exenta de todo gravamen. Lo estamos haciendo al revés. El sistema monetario que describo en este capítulo invierte el concepto del impuesto sobre la renta, aliviando la carga fiscal sobre nuestros ingresos y desplazando esa carga a los bienes de los cuales nos adueñamos. En el siguiente capítulo expondré una transformación similar del IVA, que consiste en desgravar el consumo para gravar, en cambio, la acumulación de capital.

A pesar de haberme criado en una familia políticamente progresista, que defiende el impuesto sobre la renta porque la carga fiscal recae en mayor medida sobre quienes más tienen, siempre he sentido una especie de indignación visceral al respecto. Parece injusto. ¿Por qué debe contribuir más la gente que más produce o trabaja? Tiene mucho más sentido que la gente pague directamente por los bienes de los que se apropia.

Para el lector poco familiarizado con el pensamiento económico no ortodoxo, quiero recalcar que esta propuesta forma parte de una respetable tradición al representar una síntesis de varias propuestas anteriores. La idea de trasladar los impuestos a los contaminadores y al consumo de recursos la propuso A.C. Pigou a principios del siglo XX, y fue desarrollada posteriormente por figuras como Herman Daly y Paul Hawken así como por numerosos ecologistas. La idea de eliminar los beneficios de la tenencia de bienes comunes se remonta a la tradición de Henry George, que ya expuse en el Capítulo 4.[3] Por otra parte, numerosos pensadores contemporáneos

---

3. La injusticia y la ineficiencia de la economía rentista también fue reconocida por economistas clásicos y aparece criticada en los escritos de Adam Smith, David Ricardo y John Stuart Mill. Ver Hudson, Michael, "Deficit Commision Follies" (Locuras de la Comisión del déficit), *Counterpunch*, 6 diciembre 2010.

han propuesto respaldar el dinero con energía y otros recursos (aunque no han considerado avalarlo con la energía y los recursos que permanecen en el subsuelo, que yo sepa). Lo que expongo en este capítulo es también la extensión natural de las ideas de Henry George y Silvio Gesell, adaptadas a la era ecológica. En suma, mis propuestas están firmemente asentadas en dos o tres tradiciones de pensamiento convergentes.

El elemento más importante de la riqueza común es, sin duda alguna, la propia tierra, objeto de las primeras críticas sobre la institución de la propiedad. Las propuestas de George y Gesell, que surgen de esta crítica, encajan sin fisuras en el sistema monetario que describo. ¿Qué es el "impuesto único" de George sino una tasa por el derecho a usar un bien común (la tierra)? Este impuesto, que se aplica al valor intrínseco del terreno independientemente de cualquier mejora a la que se someta,[4] también podría asumir la forma de un arrendamiento o un pago por el derecho al uso de una parcela. Dado que las mejoras de un terreno permanecen en el mismo y suelen tardar años o décadas en realizarse, es obvio que el derecho de mejora debería corresponder prioritariamente a los arrendatarios. Se han propuesto muchas maneras de reincorporar la tierra al dominio público de forma gradual y moderada; no hay necesidad de confiscar las propiedades inmobiliarias existentes, sino que se trata de poner en práctica el principio de que la tierra es de

---

4. Esta distinción es un tanto problemática en realidad. El valor de la tierra y el valor de las "mejoras" de la tierra no siempre se pueden separar. En primer lugar, la actividad humana puede alterar la tierra permanentemente y cambiar su "valor intrínseco". En segundo lugar, las mejoras pueden atraer a otras personas a la zona, elevando los precios del terreno en general al margen de las mejoras. Es decir, paradójicamente, la mejora de la tierra puede elevar el valor intrínseco de la tierra no mejorada, desincentivando así su mejora. Creo que estos problemas, que se dan hasta cierto punto en otros tipos de capital natural, son resolubles, pero una discusión detallada de este tema va más allá del alcance de este libro.

todos.[5] Esto significa que a nadie se le debería permitir lucrarse de la mera propiedad de la tierra.

Lo mismo sucede con el espectro electromagnético, los minerales del subsuelo, el genoma o el fondo acumulado del saber humano. Todo ello debería estar disponible para su alquiler, no para su compra, y la recaudación de las rentas debería destinarse al erario público. Se supone que quienes consigan darle el mejor uso a estos activos serán los más interesados en alquilarlos; y aún habría cabida para el espíritu emprendedor, incluso más que ahora, pues el acceso a los recursos estaría basado en la utilización más eficaz, y no en la propiedad previa. Ya nadie sacaría provecho de decir "yo soy dueño y tú no".

La explicación anterior sobre la emisión de moneda puede haber causado la impresión de que es el Gobierno central el que crearía la mayor parte del dinero, pero eso no es lo que propongo. Muchos de los bienes comunes en los que se basará el dinero se pueden administrar mejor a nivel biorregional. Numerosos contaminantes, por ejemplo, producen sus efectos más devastadores sobre los ecosistemas locales, y solo indirectamente a escala planetaria. De poco sirve restringir las emisiones globales de ozono cuando el daño a las personas y a la vegetación es consecuencia de sus concentraciones a nivel regional. Por lo tanto, sería el estado de California, o quizás un distrito político más reducido, el que emitiera moneda respaldada por los límites de emisión de ozono. En algunos casos, cuando confluyen los efectos regionales y globales, los contaminadores podrían verse obligados a pagar por dos

---

5. Por ejemplo, la tierra podría sustraerse gradualmente de la propiedad privada al implementar un impuesto del 3% sobre su valor, tributo que se saldaría inicialmente con el valor estimado del terreno, de modo que los propietarios no tendrían que empezar a pagar ese impuesto hasta treinta y tres años después.

cuotas de emisión diferentes para el mismo agente contaminante.

La tierra, el bien común más importante, forma parte inherente del procomún local –e incluso forma parte de la propia definición de "local"–. Así pues, avalar el dinero con bienes comunes entrañaría devolver la autoridad económica y, en definitiva, política a los órganos locales. Claro que hay ciertos tipos de riquezas naturales y de actividades humanas que implican a todo el planeta, por lo que es inevitable la existencia de un poder político internacional capaz de coordinar dichas actividades, probablemente por medio del dinero. Pero ningún gobierno nacional o internacional debería administrar bienes comunes que sean inherentemente regionales o locales. Dado que gran parte del procomún es local –la tierra, las cuencas de los ríos, los minerales, algunos caladeros y la capacidad de los ecosistemas para soportar diversos tipos de polución–, el sistema monetario que describo concuerda con una mayor descentralización del poder político, lo que permitiría que los gobiernos locales tuvieran el poder de emitir moneda respaldada por riqueza real.

Hasta ahora he descrito cómo los gobiernos nacionales y regionales podrían emitir dinero basado en la riqueza natural que administran en nombre de las comunidades, la humanidad y la Tierra. Sin embargo, no todas las fuentes de riqueza provienen del procomún colectivo. Los críticos de la propiedad, remontándose hasta los primeros Padres de la Iglesia, han reconocido que la persona sí es dueña de su tiempo, su trabajo y su vida. Eso es lo único con lo que nacemos, en realidad, y ni siquiera nos lo llevaremos a la tumba. Si hay algo que nos pertenece es nuestra vida. Así pues, ¿por qué no permitir que las personas emitan dinero u obtengan créditos con el "respaldo" de sus propios recursos productivos?

Bueno, eso ya se hace hoy, de hecho, cuando empresas privadas e individuos crean dinero a través de un crédito bancario. Aunque el concepto de "poseer" nuestra vida sea discutible, como mínimo se puede decir que administramos nuestro propio tiempo y energía así como el poder creativo que reside en nuestro interior. Si un gobierno puede emitir dinero en base a la riqueza productiva que mantiene en fideicomiso, ¿por qué no puede hacer lo mismo una entidad privada?

Planteo esta pregunta porque algunos defensores de la reforma monetaria rechazan esa idea. Estos han construido toda una filosofía económica en torno a sistemas monetarios basados en el patrón oro o en la moneda fiduciaria, que prohibirían la banca de reserva fraccional y la creación de dinero-crédito por parte de entidades privadas. Profundizaré un poco en este asunto porque representa una importante línea de pensamiento dentro de la llamada Nueva Economía. Algunas propuestas recientes del historiador monetario Stephen Zarlenga incluso cuentan con simpatizantes en las facciones más extremas de la política estadounidense, en particular el congresista Republicano Ron Paul. La abolición del sistema bancario de reserva fraccional también forma parte de la filosofía de ciertos seguidores del movimiento del crédito social, de la Escuela austríaca de economía y de muchas otras. Su lógica me pareció convincente a primera vista, porque ofrece un análisis exhaustivo de los desastrosos efectos del crecimiento de la deuda a mediados y finales del siglo XX, cuando el dinero se desacopló del oro. Según este pensamiento, la moneda respaldada por un 100% de reservas bancarias impide que el total de la deuda supere la masa monetaria, pero ¿cómo impedir la concentración de riqueza causada por el interés?

Exceptuando la Escuela austríaca, la mayoría de los partidarios de la reserva bancaria del 100% apoya también alguna forma de redistribución económica o expansión monetaria, como la inyección directa de dinero fiduciario a la economía por parte del Estado, con el fin de que los deudores obtengan suficiente liquidez para devolver el principal y los intereses de sus préstamos. Frederick Soddy, que fue uno de los primeros economistas modernos en reconocer la imposibilidad de un crecimiento exponencial ilimitado y en distinguir entre dinero y riqueza, propuso un requerimiento del 100% de reserva para los bancos, excluyéndolos del negocio de la creación de dinero, pero también promovió que el gobierno emitiese dinero a niveles suficientes para prevenir la deflación. Irving Fisher, uno de los fundadores de la economía matemática y posiblemente el mejor economista que ha dado Estados Unidos, propuso un sistema muy similar, que denominó "dinero 100%". Major Douglas ha ido aún más lejos al abogar por retribuir a todos los ciudadanos mediante un dividendo social.

Pasé bastante tiempo intentando dilucidar si el sistema monetario más adecuando a una economía sagrada sería el de la reserva fraccional o el de la reserva total. Tras leer numerosos documentos que se remontan a la década de 1930 y pelearme con las formidables complejidades del asunto, un día me di por vencido y caí tendido en el sofá, donde comprendí algo un tanto decepcionante aunque previsible: esos dos sistemas no son tan distintos como muchos piensan. La confusión en torno a esta cuestión, que abunda en Internet, es consecuencia de una visión simplista e incorrecta de cómo funciona realmente el sistema de reserva fraccional y, a un nivel más profundo, de la distinción falsa e irrelevante que se hace entre lo convencional y lo real. En el apéndice presento una visión alternativa.

Basta con decir, de momento, que las propuestas de este libro podrían encajar en cualquiera de los dos sistemas bancarios. En general, simpatizo más con un sistema que incorpore el crédito privado, en primer lugar, porque permite una creación orgánica y endógena del dinero, independiente de una autoridad central; en segundo lugar, porque se presta más a incorporar nuevos e interesantes modelos de cooperación económica como son los circuitos comerciales de trueque y los sistemas de crédito mutualistas; en tercer lugar, porque permite una flexibilidad mucho mayor en la intermediación financiera y en la formación de capital; y en cuarto lugar, porque simplifica la compensación del crédito interbancario. Por otra parte, como algunos colaboradores de Irving Fisher comenzaron a observar a mediados de los años 30, resulta prácticamente inevitable que surjan depósitos de reserva fraccional de forma encubierta.[6] Por ejemplo, si alguien entrega un pagaré a un amigo y ese amigo se lo da a otro amigo, en lugar de pagarle en metálico, ese acto ya incrementa la masa monetaria. Esta es otra cuestión que desarrollo en el apéndice.

Sean cuales sean las ventajas y desventajas de la creación privada de dinero a través del crédito, e independientemente de si el Estado emite dinero fiduciario o dinero crediticio en colaboración con un banco central, la proporción de dinero que se origina

---

6. El economista Henry Simons escribió a Fisher en 1934: "Las cuentas de ahorro, los certificados del Tesoro e incluso el papel comercial se aproximan casi tanto a los depósitos a la vista como estos últimos se aproximan a la moneda de curso legal. Todo el problema que actualmente asociamos con la banca comercial podría aparecer fácilmente bajo acuerdos financieros diferentes. ... Se ganaría muy poco imponiendo una reserva del 100% sobre los depósitos a la vista si ese cambio fuera acompañado por una creciente propensión a la tenencia y por facilidades cada vez mayores para la tenencia de reservas de dinero líquido en forma de depósitos a plazo. El hecho de que esos depósitos no puedan servir como capital circulante no tiene una importancia decisiva, ya que son un medio sustitutivo eficaz a efectos de balances de caja. La expansión de los depósitos a plazo, que evita que el circulante se "acumule", podría ser tan inflacionario como la expansión de los depósitos a la vista (y su contracción, igual de deflacionaria)". Citado en Allen, William R., "Irving Fisher and the 100% Reserve Proposal" (Irving Fisher y la propuesta de la reserva del 100%), *Journal of Law and Economics* 36, n° 2 (1993): 708-9.

fuera del sistema bancario privado será muchísimo mayor que hoy. La razón es muy sencilla: gran parte de la riqueza común en la que se basa la actual creación de crédito por parte de entidades privadas pasaría a ser de dominio público. Por ejemplo, una compañía ya no podría conseguir un préstamo en base a los previsibles ingresos futuros que obtendría del agotamiento de un acuífero porque los costos de ese agotamiento se habrían internalizado y retornarían al dominio público gracias a los pagos por el derecho al uso. No obstante, seguiría existiendo la oportunidad de obtener beneficios, por ejemplo, si alguien descubre una forma más eficiente o productiva de aprovechar la misma cantidad de agua. Tales innovaciones constituyen una base legítima para la creación del crédito privado; lo que no es legítimo es crear dinero en base a la apropiación de un bien que debería pertenecer a todos.

Debido a la actual concentración de la riqueza común en manos privadas, la concentración de las ganancias derivadas de la mera posesión es también muy elevada. Cuando los fabricantes (y los consumidores, en último término) paguen el costo total de la energía y las materias primas implícitas en un producto así como un importe justo por la renta de la tierra y otros bienes comunes, mucha de la riqueza que hoy se concentra en manos de unos pocos irá destinada a los administradores del procomún. La situación será análoga a lo que ocurre cuando naciones como Venezuela o Bolivia nacionalizan sus yacimientos de petróleo; los productores extranjeros pueden seguir utilizando los yacimientos pero se lucran únicamente del servicio de extracción del crudo, y no de la posesión del crudo, cuyos beneficios recaen en la propia nación. Lo que ocurra con ese dinero dependerá de la política que se aplique —podría ir a parar a una pandilla de funcionarios corruptos, o destinarse a obras públicas, o entregarse a los ciudadanos directamente a través de algún tipo de derecho de propiedad (como en Alaska, donde cada residente recibe un dividendo de varios miles de dólares anuales)–. Si este concepto se expandiera a la totalidad del procomún, proporcionaría una enorme cantidad de fondos a varios niveles gubernamentales, especialmente a nivel local y biorregional, reemplazando las formas de fiscalidad existentes.

Otra consecuencia de una moneda respaldada por bienes comunes es que subiría considerablemente el precio de muchos artículos que ahora son baratos, ya que sus precios incluirían costos que actualmente desviamos a otras personas o a generaciones futuras. Los bienes físicos serían comparativamente más caros que los servicios, lo cual supone un incentivo para reparar, reusar y reciclar. Significaría el fin del sesgo económico por el cual sale más barato comprar una televisión nueva que arreglar una antigua. Se acabarían los actuales incentivos económicos de la obsolescencia programada. Florecería un nuevo modelo de negocios, que ya está emergiendo en algunos sectores, como por ejemplo máquinas muy duraderas y fáciles de reparar que se alquilan a los consumidores en lugar de venderse.

Hace tan solo dos generaciones, aparatos tan sencillos como una tostadora se llevaban a reparar, e incluso los zapatos y la ropa se remendaban por costumbre. Esos servicios no solo son inherentemente locales, porque ayudan a estimular la economía local, sino que también contribuyen a crear una actitud de respeto hacia las cosas materiales y, por extensión, hacia la materialidad en general. Una vida llena de objetos de usar y tirar no es una vida próspera. ¿Cómo vamos a avanzar hacia una *sacroeconomía* si no reverenciamos sus elementos –los bienes que las personas crean e intercambian–? Me satisfaría enormemente que un sistema monetario basado en la reverencia y protección de la naturaleza nos inspirase ese mismo respeto hacia los bienes que elaboramos de materias primas naturales.

A nivel colectivo, dicha reverencia se manifestará como un enfoque muy diferente del gasto público. La inmensa cantidad de recursos que se liberarán gracias a la recuperación del procomún a favor de la sociedad podrían destinarse a curar los daños causados por el expolio de ese procomún durante siglos. Los desastres ecológicos seguirán centrando nuestra atención en la urgente necesidad de sanar los bosques, las marismas, los océanos, la atmósfera y todos los demás ecosistemas, tras la devastación generada por la era industrial. Esta urgente necesidad acabará por disociar nuestro modelo energético del consumo y de la guerra.

La guerra acompaña inevitablemente a un sistema económico que exige crecimiento. Ya sea mediante la colonización de tierras o la subyugación de los pueblos, nos vemos obligados a acceder constantemente a nuevos recursos de capital social y natural para alimentar la máquina monetaria. Las guerras también incrementan el consumo, al aminorar la crisis de sobrecapacidad descrita anteriormente. La competencia por los recursos y los mercados fue un detonante fundamental de las guerras mundiales del siglo XX, tanto entre las grandes potencias como contra aquellos que resistieron la colonización y el imperialismo. Limitar el consumo de recursos es uno de los pilares de la economía en estado estacionario o en decrecimiento, que desactiva dicho incentivo principal de la guerra y libera vastas cantidades de recursos para sanar al planeta.

El sistema económico que he descrito contribuye en gran medida a eliminar la ancestral injusticia de la propiedad así como la de la depredación de unos pocos frente a la mayoría y frente a las consecuencias futuras de la explotación del procomún. Pero aún falta una pieza esencial: como se explica en el Capítulo 5, la misma injusticia que es inherente a la propiedad, es inherente también al dinero. Ya he hablado de un nuevo Relato del Valor y de cómo incorporarlo al dinero pero, independientemente de ese relato, está la compulsión al crecimiento y a la concentración de la riqueza promovida por el actual sistema monetario, un tema que no he abordado hasta ahora. ¿Es posible tratar el dinero como un bien común al igual que la tierra o la atmósfera? ¿Es posible revocar el mecanismo del interés que, debido a la expropiación del procomún, permite que quienes lo poseen se lucren del simple hecho de poseerlo? Este es el asunto crucial en el que nos centraremos a continuación.

CAPÍTULO 12

LA ECONOMÍA DE INTERÉS NEGATIVO

La deuda puede durar para siempre, pero la riqueza no, porque su dimensión física está sujeta a la fuerza destructiva de la entropía.

—Frederick Soddy

Supongamos que tengo doce hogazas de pan y tú tienes hambre. Como yo no podré comerme todo el pan antes de que se quede duro, te presto una parte encantado. "Toma seis hogazas", digo. "Ya me las devolverás más adelante, cuando tengas pan". Yo te doy seis hogazas frescas ahora, y tú me das seis hogazas frescas en algún momento futuro.

En un mundo donde las cosas que necesitamos y utilizamos se estropean, compartir nos sale de forma natural. El acaparador acaba sentado solo encima de un montón de pan duro, herramientas oxidadas y fruta podrida, y nadie quiere ayudarlo porque él no ha ayudado a nadie. El dinero actual, en cambio, no es como el pan, ni como la fruta o ni como cualquier otro producto natural. De hecho, constituye la única excepción a la ley natural de retorno, la ley de la vida, la muerte y el renacimiento, que dicta que todo regresará, antes o después, a su fuente. El dinero no se deteriora con el tiempo; en su abstracción de lo físico, permanece inmutable o incluso crece exponencialmente al cabo del tiempo gracias al poder del interés.

Asociamos el dinero muy estrechamente con el *yo*; lo vemos como algo propio, casi como una extensión de nosotros mismos. De ahí que empleemos expresiones como "me han sisado" o "me han despellejado" cuando nos despojan de él, porque el dinero no solo viola la ley natural del regreso al origen sino también la ley espiritual de la impermanencia. Asociar algo que persiste y crece indefinidamente a un ser que envejece, muere y vuelve a la tierra es perpetuar una fantasía. Y en el fondo, lo sabemos. Pero aun así visualizamos la suma de riqueza como sumarnos algo a nosotros mismos, apropiándonos imaginariamente del carácter imperecedero del dinero; lo acumulamos para la vejez, como si de ese modo pudiéramos impedir nuestro propio deterioro. ¿Cuál sería el efecto de una moneda que, como todo lo demás, se degenerase y retornase a su fuente original?

Hemos vinculado el dinero, de crecimiento exponencial, a un ser y a un mundo que no son ni exponenciales ni tan siquiera lineales, sino cíclicos. El resultado, como ya he descrito, es la competición, la escasez y la concentración de la riqueza. Anteriormente planteé esta pregunta: ¿Qué fue de esa magnífica idea del dinero como medio capaz de conectar obsequios humanos con necesidades humanas? La respuesta reside básicamente en dos factores: el interés y la usura. La usura en sí misma no representa un fenómeno aislado que podría haberse revertido si se hubiese tomado una decisión más sensata en algún momento. La usura está irremediablemente ligada a nuestro sentido del *yo* como ser aislado en un universo objetivo, cuya evolución es paralela a la del dinero. No es casualidad que la primera sociedad altamente monetizada, la Antigua Grecia, fuera también la cuna de nuestra concepción moderna del individuo.

Sin embargo, este estrecho vínculo entre el dinero y el ser puede verse como algo positivo porque la identidad humana experimenta hoy una profunda metamorfosis. ¿Qué tipo de dinero se adecuaría a este nuevo ser interconectado, a un mundo en el que empezamos a comprender la verdad de la interconexión: más para ti significa también más para mí? Dado el papel determinante del interés, el primer sistema monetario alternativo a considerar sería uno que lo eliminase estructuralmente, o incluso que produjese lo opuesto al interés. Si el interés genera competencia, escasez y polarización, ¿no es posible que lo contrario genere cooperación, abundancia y comunidad? Y si el interés representa las ganancias sobre el crónico y milenario robo de los bienes comunes, ¿acaso no se podrían reponer mediante lo opuesto al interés?

¿Cómo sería lo opuesto al interés? Se trataría de un tipo de dinero que, al igual que el pan, perdiera su valor con el tiempo; una moneda caduca, sujeta a un interés negativo, que se conoce como tasa de sobrestadía.[1] La moneda cuyo valor sufre un deterioro

---

1. El término "sobrestadía" se refería, en un principio, a un recargo por el almacenamiento de mercancías sumado, por ejemplo, a los costos del flete marítimo. Pero se ajusta de forma natural a la moneda de valor decreciente porque se refiere al uso del dinero como "almacén" de valor. Dado que los bienes por los que se puede intercambiar tienen costos de mantenimiento, transporte y almacenamiento, el dinero también debería tenerlos. La pega que tiene este término es que resulta desconocido y algo extraño para la mayoría de la gente. Por otro lado, "moneda de valor decreciente" [o devaluable] capta la idea de que su valor disminuye con el tiempo aunque, desafortunadamente, podría malinterpretarse como el decrecimiento del poder adquisitivo de la divisa misma, y no el del valor de cada unidad representativa de dicha divisa. El término "devaluación" suscita un malentendido semejante ya que, normalmente, se refiere al valor de una divisa respecto a otras. "Interés negativo", sin embargo, transmite la idea básica de forma muy efectiva, sobre todo al describir el sistema en su conjunto. Aun así, puede crear confusión porque el interés suele aplicarse al préstamo de dinero, y no al dinero mismo. Alternaré entre todos estos términos a lo largo del libro, junto con el de "dinero libre", utilizado por Silvio Gesell.

gradual es una de las ideas centrales de este libro, pero antes de exponer su historia, aplicación, teoría económica y consecuencias, quisiera decir algo sobre el término "deterioro", que me han aconsejado evitar por sus connotaciones negativas.

¿Por qué vemos el deterioro como un defecto y la preservación como una virtud? Esta actitud se remonta, de nuevo, a la historia del Ascenso, en la que el destino de la humanidad consiste en trascender la naturaleza, triunfar sobre la entropía, el caos y el deterioro, y establecer un mundo ordenado: científico, racional, limpio, controlado. Como complemento, está la espiritualidad de la separación, en la cual un alma inmaterial, eterna, inmortal y divina habita un cuerpo transitorio, mortal y profano. Por eso, hemos intentado conquistar tanto el cuerpo como el mundo, deteniendo los procesos de deterioro. Lo malo es que, al hacerlo, también detenemos el proceso más amplio del que forma parte ese deterioro: la renovación, el renacimiento, el reciclaje y la evolución en espiral hacia una complejidad más integrada. Por suerte, los relatos de la Separación y del Ascenso están tocando a su fin. Es hora de reclamar la belleza y la necesidad de la degeneración, tanto en nuestra forma de pensar como en nuestra economía.

HISTORIA Y ANTECEDENTES

No cabe duda de que las primeras formas de dinero-mercancía, tales como el grano o el ganado, eran susceptibles al deterioro: el grano se echa a perder, el ganado envejece y muere, e incluso la tierra cultivable se vuelve salvaje si no se cuida. También han existido sistemas de dinero en metálico que se aproximaban al fenómeno de la caducidad al incorporar una especie de tasa de interés negativo. En la Edad Media europea encontramos un ejemplo primitivo, y bastante extendido, en un sistema mediante el cual las monedas (llamadas *Brakteaten* o bracteatos) eran retiradas periódicamente para volver a ser acuñadas a una tasa reducida.[2] En Inglaterra, los reyes sajones re-acuñaban los peniques de plata cada seis años, emitiendo tres de cada cuatro monedas retiradas, por una tasa aproximada de un 4% anual.[3] Con ello, lo que se hacía era penalizar la acumulación de dinero así como fomentar su circulación y su inversión en capital productivo. Quien poseyera más monedas de las que podía utilizar las prestaba gustosamente, incluso a interés cero, porque si se guardaban demasiado tiempo, su valor decrecía. Cabe señalar que esto no repercutía necesariamente en una reducción de la masa monetaria ya que el señor feudal solía inyectar la cantidad restante a la economía para cubrir sus propios gastos. Este interés negativo sobre el capital venía a ser, por tanto, una suerte de impuesto.

El pionero de la teoría del dinero a interés negativo fue el empresario germano-argentino Silvio Gesell, quien lo llamó "dinero libre" *(Freigeld)*, nombre que adoptaré en su honor. El sistema que Gesell propuso en su obra maestra de 1906 *El orden económico natural* consistía en utilizar un papel moneda al que había que ir adhiriendo periódicamente una estampilla, que costaba una pequeña fracción del valor del billete. De ese modo, se fijaba un costo de mantenimiento sobre la riqueza monetaria, convirtiéndola en un bien que "se deteriora", como cualquier otro bien material. La tasa se determinaba en función del valor de las estampillas requeridas para mantener la validez de la moneda. Por ejemplo, si un billete de un dólar requiriese adherir una estampilla de un

---

2. Kennedy, *Interest and Inflation-Free Money* (Dinero sin inflación ni tasas de interés), 40.
3. Zarlenga, *Lost Science of Money* (La ciencia perdida del dinero), 253.

centavo cada mes para evitar su caducidad, el dólar se depreciaría a un tipo de interés negativo del 12% anual.[4]

Gesell llegó a la idea del dinero a interés negativo desde una perspectiva distinta a la mía. Él escribía en una época en la que casi nadie cuestionaba la idoneidad del crecimiento económico y, aunque fue un visionario, nunca dudó (que yo sepa) de la capacidad de la tierra ni de la tecnología para adaptarse al crecimiento ilimitado.[5] Su preocupación principal era remediar la distribución desigual e injusta de la riqueza que existía ya en su tiempo, la pobreza sin precedentes en medio de una abundancia también sin precedentes. Esta situación la atribuía a la enorme ventaja de los poseedores del dinero, puesto que contaban con un bien acumulable que servía, a su vez, de medio monetario. A diferencia del oro y demás monedas, otros bienes (salvo la tierra, posiblemente) no son acumulables ya que se pudren, se oxidan, se deterioran; son propensos al robo y a la obsolescencia; generan gastos de almacenamiento y transporte, etc. En palabras de Gesell:

> El oro no armoniza con el carácter de nuestros bienes. ¡El oro y el trigo, el oro y el petróleo, el oro y el guano, el oro y los ladrillos, el oro y el hierro, el oro y el cuero! Solo un capricho descabellado, una alucinación monstruosa o la doctrina del "valor" podrían salvar esa brecha. El trigo, el petróleo, el guano y demás mercancías solo podrían intercambiarse de forma segura si a todo el mundo le diera lo mismo poseer dinero que poseer bienes, y eso solo sería posible si al dinero le afligieran todos los defectos inherentes a nuestras mercancías. Esto resulta obvio.

---

4. Sin las estampillas, su valor sería, en efecto, de 88 centavos.
5. Muy pocos escritos de Gesell han sido traducidos del alemán a otros idiomas. Me interesaría saber si aborda algún tema ecológico en su extensa obra.

Nuestros bienes se pudren, se deterioran, se rompen y se oxidan. Por consiguiente, solo el dinero que posea esas mismas propiedades desagradables de detrimento servirá para efectuar un intercambio rápido, seguro y barato. Y es que nadie, en ningún caso, preferirá un dinero de esas características a otros bienes.

Solo una moneda que caduque como un periódico, se pudra como las papas, se oxide como el hierro o se evapore como el éter servirá de instrumento de intercambio de papas, periódicos, hierro y éter, porque ni el comprador ni el vendedor preferirá tal dinero a esos bienes. Así pues, la única razón por la que nos desharemos de bienes a cambio de dinero será porque necesitamos el dinero como medio de intercambio, no porque esperamos una ventaja de la posesión del dinero.[6]

Pero hoy, como en la época de Gesell, se prefiere el dinero por encima de los bienes. La capacidad de retener el medio de intercambio permite a los propietarios del dinero cobrar interés. Esto les confiere una posición privilegiada respecto a los poseedores del capital real, y mucho más aún respecto a quienes venden su tiempo, que desaparece al 100% cada día que dejan de venderlo. La creciente polarización del dinero se debe a que, de alguna manera, todos pagamos un tributo a los propietarios del capital.

Una consecuencia de lo que explica Gesell es que resulta injusto pagar por un mero medio de intercambio. Gesell creía que el simple deseo de realizar un intercambio debería ser suficiente. Si yo tengo algo para ofrecer que tú necesitas, ¿por qué debemos pagar por el medio que nos permite dar y recibir esa mercancía? ¿Por qué pagar por el privilegio de recibir un regalo? Este es uno de los moti-

---

6. Gesell, *The Natural Economic Order* (El orden económico natural), cap. 4.1.

vos por los que el dinero de Gesell merece el apelativo de "libre". Como veremos, un sistema de crédito basado en una moneda que se deprecia permite préstamos a interés cero. Aunque eso no nos exima de la obligación de devolver el crédito, ya no tendremos que pagar por él. En ese sentido, el dinero se vuelve de libre (de costos).

Gesell abogaba por la caducidad de la moneda como estrategia para desligar el valor de la acumulación del dinero de su función como medio de intercambio, de modo que el dinero perdería su supremacía sobre la riqueza física. El resultado que Gesell previó fue el fin de la escasez artificial y de la depresión económica que se dan cuando, aun habiendo bienes de sobra para intercambiar, existe una escasez de dinero con el cual realizar el intercambio. Su propuesta obligaría a la circulación del dinero puesto que los propietarios del capital ya no tendrían ningún incentivo para mantenerlo apartado de la economía a la espera de que la escasez aumentase y el rendimiento del dinero real excediera el tipo de interés. Este es el segundo motivo para llamarlo "dinero libre": libre del control de los ricos, el dinero circularía sin trabas en lugar de estancarse en enormes coágulos, tal como sucede hoy en día.

La propiedad del dinero de devengar intereses representaba, para Gesell, un freno a la prosperidad. En el momento que los bienes llegan a ser tan abundantes que el rendimiento de la inversión de capital se sitúa por debajo de la tasa de interés mínimo, los propietarios del dinero retienen el capital en lugar de invertirlo. Así pues, el dinero necesario para realizar transacciones deja de circular y provoca la conocida crisis de sobrecapacidad, con la paradójica consecuencia de una escasez de bienes para la mayoría de la población.

El sistema monetario de 1906 difería bastante del actual. Casi todas las divisas estaban respaldadas por metales preciosos, al menos en teoría, y no existía la desproporcionada expansión del crédito respecto a la base monetaria que existe en la actualidad. De hecho, Gesell veía el crédito como sustituto del dinero; defendía un sistema que permitiría a las empresas realizar negocios sin necesidad de liquidez. Pero el crédito y el dinero cumplen funciones casi idénticas hoy en día. Según la teoría económica vigente, el uso del crédito en lugar del dinero supone un desarrollo positivo, en parte porque permite que la masa monetaria se expanda o se contraiga de forma orgánica respondiendo a la demanda de un medio de intercambio. Sin embargo, como hemos visto, el crédito con interés no solo responde al crecimiento de la economía monetaria sino que lo impulsa. Es más, en su forma actual, está tan sujeto a la escasez como lo estaba el dinero en la época de Gesell.

Aunque las ideas de Gesell eran prácticamente desconocidas en la segunda mitad del siglo XX, tuvieron muchos seguidores en las décadas de 1920 y 1930, llegando a influenciar a importantes economistas como Irving Fisher y John Maynard Keynes. Fisher promocionó las ideas de Gesell vigorosamente en los Estados Unidos; y Keynes lo denominó un "profeta indebidamente ignorado" y calificó su trabajo de "profundamente original", elogios muy poco característicos de Keynes.[7] Durante los tiempos turbulentos que siguieron a la Primera Guerra Mundial, Gesell incluso fue nombrado Ministro de Finanzas de la devastada República de Baviera, cargo en el que duró menos de un año. En la Alemania de los años 20, circuló el *Wara*, una moneda mercancía sellada que fue emitida

---

7. Keynes habla de Gesell en el cap. 23 de su clásico *Teoría general del empleo, el interés y el dinero*, donde califica los razonamientos de Gesell de sólidos pero incompletos por no acabar de llegar al fondo de la cuestión. Su principal crítica es que Gesell olvida considerar la prima de liquidez de otras formas de dinero, un tema que comentaré en una sección posterior.

por un amigo de Gesell. Pero como suele suceder, hizo falta una depresión económica para que la moneda se lanzara en serio. Ya sea en la vida colectiva como en la vida personal, el cambio verdadero siempre se produce en épocas de crisis.

En 1931 el director de una mina de carbón alemana que había cerrado decidió abrirla de nuevo pagando a sus trabajadores en wara. Por otro lado, acordó redimir la moneda por carbón –un artículo de primera necesidad–, consiguiendo así que minoristas y mayoristas admitieran la divisa como forma de pago. Como consecuencia, la ciudad minera floreció y, en cuestión de un año, al menos mil tiendas de toda Alemania aceptaban ya el wara, e incluso algunos bancos comenzaron a admitir los depósitos en wara[8]. Amenazado ante la creciente popularidad de esta divisa, el Gobierno germano intentó que los tribunales la declarasen ilegal y, al fracasar en su intento, acabó por prohibir el wara por decreto de emergencia.[9]

Al año siguiente, la deprimida ciudad austríaca de Wörgl también emitió su propia moneda mercancía inspirada en Gesell y en el éxito del wara. La divisa de Wörgl fue un gran éxito según todos los relatos históricos.[10] Gracias a ella, se pavimentaron carreteras, se construyeron puentes, se pagaron impuestos pendientes, la tasa

---

8. Según informes contemporáneos (por ejemplo, "Wara" de Cohrssen).

9. Fisher, *Stamp Scrip* (Moneda mercancía), cap. 4.

10. Thomas Greco cita tres relatos de la época que aparecieron en una edición de 1934 de la revista científica *Annals of Collective Economy* (Anales de la economía colectiva): Alexander von Muralt, "The Wörgl Experiment with Depreciating Money" (El experimento de Wörgl con la depreciación del dinero); M. Claude Bourdet, "A French View of the Wörgl Experiment: A New Economic Mecca" (Una visión francesa del experimento de Wörgl: Una nueva meca económica); y Michael Unterguggenberger, "The End Results of the Wörgl Experiment" (Los resultados finales del experimento de Wörgl). Greco disputa la opinión de que el éxito de la divisa es atribuible a la tasa de sobrestadía.

de desempleo cayó en picado y la economía prosperó, atrayendo la atención de otras ciudades cercanas. Alcaldes y funcionarios de todo el mundo comenzaron a visitar Wörgl hasta que, al igual que en Alemania, el gobierno central abolió esta divisa, y la ciudad volvió a sumirse en la depresión.

Tanto al wara como a la divisa de Wörgl se les gravaba con una tasa de sobrestadía del 1% mensual que, según los analistas contemporáneos, fomentó su velocidad de circulación. En lugar de generar interés y crecimiento, la acumulación de riqueza se convertía en una carga, al igual que las posesiones son una carga para el cazador-recolector nómada. Tal como teorizó Gesell, este dinero oxidable dejó de favorecerse como depósito de valor frente a cualquier otro bien. Sin embargo, resulta imposible demostrar que el efecto regenerador de esas divisas se debiera efectivamente a la tasa de sobrestadía y no al aumento de la masa monetaria o al efecto económicamente localizador de una moneda local como la de Wörgl.

Otra divisa que emergió por aquellos años, y que sigue en uso hoy en día, fue el WIR suizo, emitido por una cooperativa bancaria y respaldada únicamente por el acuerdo de sus integrantes a admitirlo como método de pago. Creada por adeptos a las teorías de Gesell, esta moneda nació con una tasa de sobrestadía, que luego fue eliminada durante el período de elevado crecimiento que siguió a la Segunda Guerra Mundial.[11] Como explicaré más adelante, el interés negativo resulta innecesario en un ambiente de gran crecimiento, pero ante la incipiente economía de estado estacionario y la nueva fase de desarrollo que se nos aproxima, podría volver a ser una propuesta atractiva.

---

11. Wüthrich, "Alternatives to Globalization" (Alternativas a la globalización).

En Estados Unidos a principios de los años 30 se emitieron numerosas "divisas de emergencia", como se las denominaba. Puesto que la moneda nacional se estaba evaporando debido a una epidemia de fracasos bancarios, los ciudadanos y los gobiernos locales crearon sus monedas propias, con resultados mixtos. Muy pocas se ajustaban al modelo de Gesell ya que imponían una tasa por transacción en lugar de una cuota semanal o mensual,[12] lo cual surte el efecto contrario a la tasa de sobrestadía al penalizar la circulación en vez de la acumulación. No obstante, en 1933 al menos cien ciudades se estaban preparando para lanzar divisas selladas propias, muchas de ellas semejantes a la moneda mercancía concebida por Gesell.[13] Es más, con el respaldo de Irving Fisher, se presentó una propuesta de ley tanto en la Cámara de Representantes como en el Senado para emitir mil millones de dólares en moneda mercancía sellada a nivel nacional. Esta moneda, además de las numerosas divisas estatales y locales propuestas, habría tenido una tasa de sobrestadía muchísimo más elevada —un 2% semanal—, gracias a la cual la divisa se habría auto-liquidado esencialmente en un año. Se trata de un tipo de moneda totalmente distinta a la de Wörgl y a la de la mayoría de las propuestas contemporáneas, pero demuestra que el concepto básico se estaba considerando en serio. He aquí un extracto de la enmienda de Bankhead-Pettengill a la propuesta de ley Costigan-LaFollette de 1933 para reducir el desempleo (S. 5125):

El Secretario del Tesoro ordenará el grabado y la impresión de una divisa de los Estados Unidos en forma de certificados monetarios sellados. Dichos certificados tendrán un valor de

---

12. Champ, "Stamp Scrip" (Moneda mercancía).
13. Fisher, *Stamp Scrip* (Moneda mercancía), cap. 5.

$1 cada uno y su emisión se limitará a $1.000.000.000. Los certificados tendrán un tamaño tal que proporcione suficiente espacio para la adhesión de sellos postales al dorso del mismo... En la cara de dicho certificado se indicará, en lo sustancial, lo siguiente: "El presente certificado representa una moneda de curso legal equivalente a $1 para el pago de cualquier deuda o cuota, ya sea pública o privada, así como de tasas de aduanas e impuestos: siempre y cuando, en la fecha de su trasferencia, se adhieran sellos postales de 2 centavos correspondientes a todas las fechas anteriores a dicha fecha de trasferencia, de acuerdo a los plazos descritos al dorso del certificado".

La Propuesta de Ley 5125 nunca llegó a someterse a votación en el Senado, y cuando Roosevelt lanzó su New Deal un mes más tarde, prohibió toda "divisa de emergencia" por decreto ejecutivo. Según Bernard Lietaer, el motivo que llevó al Presidente a tomar esa decisión no fue porque las divisas locales y estatales hubieran sido ineficaces para acabar con la Depresión sino porque habría restado poder al gobierno central.[14]

Hoy nos encontramos al borde de una crisis semejante y nos enfrentamos a una elección similar entre apuntalar el viejo mundo mediante la intensificación del control centralizado o renunciar a tal control y adentrarnos en el nuevo mundo. Que nadie se engañe: las repercusiones de un sistema de dinero libre serían profundas; englobarían tanto el ámbito económico como el social, el psicológico y el espiritual. El dinero es algo tan fundamental, tan distintivo de nuestra civilización, que sería ingenuo esperar una auténtica transformación social que no llevara consigo una transformación fundamental del dinero.

---

14. Lietaer, *The Future of Money* (El futuro del dinero), 156–160.

APLICACIÓN MODERNA Y TEORÍA

La idea detrás del dinero libre, tan popular a principios del siglo XX, ha yacido latente durante sesenta años. Pero ahora que la crisis económica está derrumbando las garantías del último medio siglo, resurge aquel pensamiento nacido de la Gran Depresión. En parte, se trata de un resurgimiento de los principios keynesianos, puesto que la clásica receta monetarista de bajar los tipos de interés y comprar bonos del Estado para estimular la economía ya no da más de sí, habiendo llegado al límite cero, más allá del cual los bancos centrales no pueden bajar los tipos de interés. La solución keynesiana estándar (basada, de hecho, en una lectura incompleta de Keynes) es el estímulo fiscal, que consiste en subsanar la caída del consumo mediante el gasto público. El primer estímulo fiscal del Presidente Barack Obama fue una medida keynesiana, aunque tal vez no fuera lo suficientemente vigorosa incluso dentro de ese paradigma.

El problema del límite cero ha provocado que incluso algunos analistas convencionales empiecen a pensar en tipos de interés negativos; durante mi investigación para este capítulo, descubrí un trabajo de un economista de la Reserva Federal,[15] un artículo en el *New York Times* de un catedrático de economía de Havard,[16] y un artículo en la revista *The Economist.*[17] Cuando el estímulo keynesiano falla (en definitiva, a causa del agotamiento del procomún, como he explicado), una solución mucho más radical como la moneda oxidable podría asumir relevancia. En estos momentos, la economía experimenta una leve recuperación, por lo que aún es posible mantener la esperanza ilusoria de un retorno a la normalidad. Pero

---

15. Champ, "Stamp Scrip" (Moneda-mercancía).
16. Mankiw, "It May Be Time" (Quizás haya llegado el momento).
17. "The Money-Go-Round" (El carrusel monetario), *Economist*, 22 nero 2009.

como consecuencia del agotamiento de varias formas de capital común, la recuperación será, seguramente, anémica y la "normalidad" se irá desvaneciendo en la lejanía.

El primer fracaso claro del estímulo keynesiano tuvo lugar en Japón, donde el enorme gasto público en infraestructuras que comenzó en los años 90 no consiguió reactivar la economía del país. En una economía altamente desarrollada el margen para que continúe el crecimiento doméstico es mínimo. La solución que se ha aplicado durante al menos veinte años ha sido, en efecto, la importación de crecimiento de los países en desarrollo, empleando la monetización de su procomún tanto social como natural a fin de sostener nuestra propia pirámide de la deuda. Esto puede asumir varias formas: la esclavitud de la deuda, que obliga a una nación a pasar de la producción de subsistencia y la autosuficiencia a la producción de mercancías para pagar los préstamos extranjeros; o la hegemonía del dólar, que obliga a países muy productivos como China a financiar la deuda privada y pública de EE UU (porque ¿qué otra cosa pueden hacer con ese superávit comercial en dólares?). Pero la importación de crecimiento como solución también acabará por fracasar en cuanto los países en desarrollo, y el planeta en su conjunto, alcancen los mismos límites a los que ya han llegado los países desarrollados.

Las estadísticas económicas oficiales han ocultado la probabilidad de que las economías occidentales lleven al menos dos décadas en fase de crecimiento cero. El poco crecimiento que ha habido se debe en gran medida a las burbujas inmobiliarias así como a los gastos en sectores como la sanidad, la educación, los servicios financieros y de seguros, la industria armamentística y la carcelaria, entre otros. Cuanto más caros sean, más se supone que ha crecido la economía. Incluso en ámbitos donde se ha producido un crecimiento real, como en Internet, se trata más bien de una manera encubierta de importar crecimiento. Las ganancias generadas a través de Internet proceden, en gran parte, de las ventas y de la publicidad, y no de la producción de algo nuevo. Sirve para engrasar la cinta transportadora de mercancías entre China y Occidente. De todos modos, los países en desarrollo no podrán mantener la máquina del crecimiento funcionando indefinidamente. Y cuanto más se ralentice, más necesario será encontrar una alternativa al límite cero.

Aunque la idea de adherir estampillas a una divisa suene pintoresca, varios economistas destacados han propuesto alternativas más modernas recientemente. Ya que casi todo el dinero actual es electrónico, la medida clave consistiría en establecer algún tipo de impuesto sobre la liquidez (tal como propuso Irving Fisher ya en 1935) o bien una tasa de interés negativo sobre los depósitos en la Reserva Federal. Lo segundo fue propuesto por Willem Buiter, entonces catedrático de economía y ahora economista jefe de Citibank, en un artículo de 2003 en el *Economic Journal* y, posteriormente, en el *Financial Times* en 2009 (ver la bibliografía). También fue abordado por el catedrático de economía de Harvard Greg Mankiw y por el Presidente de la American Economic Association Robert Hall,[18] e incluso por algunos economistas de la propia Reserva Federal.[19] Espero que estos nombres dejen claro que esta propuesta no es ninguna locura.

La divisa física tendría que estar sujeta a la misma tasa de depreciación que las reservas, por supuesto, lo cual podría lograrse

---

18. Hall and Woodward, "The Fed Needs to Make a Policy Statement" (La Fed tiene que realizar una declaración sobre su política).
19. Koenig and Dolmas, "Monetary Policy in a Zero-Interest Economy" (Política monetaria en una economía de interés cero).

mediante el método de Gesell, estableciendo fechas de caducidad en la divisa, reemplazándola por (o redefiniéndola como) bonos al portador con una tasa de interés negativo, utilizando una moneda en efectivo distinta de la unidad de cuenta oficial o permitiendo la fluctuación del tipo de cambio entre reservas bancarias y dicha divisa.[20] Otra opción sería prohibir totalmente las monedas físicas oficiales, lo cual aumentaría enormemente el poder del gobierno ya que podría documentar cada transacción electrónica. Por mucho miedo que esta medida inquiete a quienes somos recelosos del Estado vigilante, mi respuesta a esa inquietud es: ya es demasiado tarde. Casi todas las transacciones importantes que se realizan hoy en día ya son electrónicas de todos modos, a excepción de las relacionadas con el narcotráfico. El dinero en efectivo también se utiliza de manera extensa en la economía sumergida para ayudar a la gente a evadir impuestos, un incentivo que desaparecería si se dejase de cargar impuestos sobre los ingresos y se cargasen, como propongo, sobre los recursos.

Es más, no hay ninguna razón por la que las divisas extraoficiales no pudieran prosperar junto a la divisa electrónica oficial a interés negativo. El que fueran electrónicas o en papel dependería de su aplicación: las redes de trueque comercial y las cooperativas de crédito usarían dinero electrónico mientras que las monedas locales y comunitarias podrían preferir el papel. En todo caso, las transacciones que empleasen estas divisas estarían fuera del alcance del gobierno central. La comunidad que la utilizase decidiría qué nivel de registro aplicar a la divisa. Las personas que operasen exclusivamente en la economía local, como los hippies, el movimiento

---

20. Las dos últimas opciones las comenta Buiter en "Negative Interest Rates" (Tipos de interés negativo).

Back to the Land (volver al campo) y otros colectivos a los que aprecio, llevarían vidas económicas invisibles a los ojos de las autoridades centrales. Sin embargo, existen otros motivos para que cualquier transacción o registro financiero sea transparente, no solo al gobierno, sino a todo el mundo. De hecho, esto y el que la tecnología de vigilancia sea pública y ubicua es algo que se ha propuesto en un sentido más amplio como antídoto al Estado vigilante, y ya está sucediendo gracias a la proliferación de las cámaras de video de los teléfonos celulares, las consolas de juego portátiles y otros aparatos. Cuando las actividades del gobierno sean igual de transparentes para la gente que las actividades de la gente lo son para el gobierno, tendremos una sociedad verdaderamente abierta.

Quiero hacer hincapié en la viabilidad de las propuestas contemporáneas para introducir el interés negativo. Mientras que la moneda mercancía sellada de Gesell parece una quimera anacrónica que conllevaría enormes trastornos económicos, aplicar una tasa sobre las reservas no requeriría grandes cambios en la infraestructura financiera. De hecho, significaría avanzar por el camino que ya viene recorriendo la política monetaria. La misma Reserva Federal, los mismos bancos centrales, el mismo sistema bancario, en esencia, podrían mantenerse intactos. Claro que produciría cambios profundos, pero serían cambios evolutivos que ahorrarían a la sociedad la perturbación de tener que destruir un sistema financiero para empezar desde cero. Como escribí en el Capítulo 5: "La *sacroeconomía* forma parte de otro tipo de revolución totalmente diferente que pretende transformar, no purgar".

Algunos bancos centrales ya han coqueteado con el interés negativo. En julio de 2009 el Riksbank (el banco central de Suecia) entró en terreno negativo al imponer una tasa del 0,25% sobre los depósitos de reserva, un nivel al que continuaba en febrero del 2010.[21] Aunque hay una ligera diferencia entre esta tasa y cero, la justificación para bajar el interés hasta ese punto también sería aplicable a bajarlo aún más. El Riksbank, Buiter, Mankiw y otros defensores establecidos del interés negativo lo ven como una medida transitoria para obligar a los bancos a prestar dinero de nuevo y a conceder créditos baratos hasta que la economía vuelva a crecer. Una vez se haya conseguido ese objetivo, se supone que los tipos de interés retornarán a cifras positivas. Pero si, por lo contrario, nos dirigimos hacia una economía de crecimiento cero o de decrecimiento permanente, los tipos de interés negativo también podrían hacerse permanentes.

La tasa de interés apropiada, ya sea positiva o negativa, depende de si la economía va a crecer o a contraerse. Según el pensamiento convencional, el propósito de la política monetaria era fomentar el crecimiento económico o restringirlo a un nivel sostenible. La política monetaria actual, en cambio, pretende ajustar el tipo de interés básico en función del índice de crecimiento (o decrecimiento) de la economía. Keynes estimó que debía ser aproximadamente equivalente al exceso del tipo de interés del dinero sobre la eficacia marginal del capital correspondiente a un índice de nueva inversión compatible con el pleno empleo. Esta fórmula debería modificarse si, tal como sugiero en el Capítulo 14, no debiéramos ni pudiéramos aspirar al pleno empleo remunerado como logro social positivo (consecuencia necesaria del estancamiento de la economía, que no sería tan preocupante si existiera el dividendo social). Lo que Keynes propone, básicamente, es que el impuesto sobre la liquidez se fije a un nivel que compense el exceso de interés por encima de la rentabilidad media de la inversión en capital

---

21. Datos de la web oficial del Riksbank, www.riksbank.com/swedishstat/.

productivo. Es decir, hay que fijarlo a un nivel que no favorezca la acumulación de riqueza frente a la utilización de la riqueza.

Buiter y Mankiw no son progresistas en absoluto, lo cual resulta significativo porque sus propuestas son contrarias a los intereses de la clase de acreedores a la que los conservadores suele representar. Los economistas de izquierdas abogan, en ocasiones, por algo casi equivalente a la tasa de sobrestadía: la inflación. La inflación tiene unos efectos muy parecidos a la depreciación de la divisa en tanto que fomenta la circulación del dinero, disuade de la acumulación de bienes y facilita el pago de las deudas. Pero el dinero libre ofrece varias ventajas importantes. Además de eliminar los clásicos costos de la inflación (el precio de un menú, de unos zapatos de piel, etc.), no empobrece a los trabajadores a sueldo fijo. He aquí un argumento típico a favor de la inflación, de Dean Baker del Center for Economic and Policy Research:

> Si resulta políticamente imposible incrementar el déficit, la política monetaria proporciona otra posible herramienta para aumentar la demanda. La Junta de la Reserva Federal puede ir más allá de su programa de flexibilización cuantitativa para adoptar una política dirigida explícitamente a un índice de inflación moderado (de entre el 3% y el 4%, por ejemplo), y así hacer que el tipo de interés real sea negativo. Esto también tendría la ventaja de reducir la enorme carga de la deuda hipotecaria a la que se enfrentan decenas de millones de propietarios de viviendas como consecuencia del estallido de la burbuja inmobiliaria.[22]

---

22. Dean Baker, "No Way Out: Roadblocks on the Way to Recovery" (Sin salida: Obstáculos en el camino de la recuperación), *Counterpunch*, 3 febrero 2010.

El problema es que, en un ambiente deflacionario en el que los bancos no prestan, ¿cómo puede la Reserva Federal crear inflación? Este es el mayor problema que tiene la fórmula de la inflación en una situación de sobreapalancamiento y sobrecapacidad. Mediante la flexibilización cuantitativa se cambia un activo altamente líquido (dinero base, reservas) por activos menos líquidos (como derivados financieros diversos) pero eso no provocaría la inflación de los precios y los salarios si el dinero nuevo no llegase a la gente que lo gastaría.[23] Aunque la Reserva Federal monetizara la totalidad de la deuda pública y privada, el problema fundamental seguiría sin solucionarse. Debido al límite inferior igual a cero, en 2008 y 2009 la Fed se vio incapaz de salir del atolladero de la deuda mediante la inflación. Esto nos lleva de nuevo al propósito original del dinero libre: conseguir que el dinero circule.

En un sistema de reservas a interés negativo, los bancos estarían ansiosos por deshacerse de sus reservas. Si la tasa negativa fuera del orden de entre el 5% y el 8% (que fue lo que propusieron Gesell, Fisher y otros economistas), a los bancos incluso les podría resultar beneficioso conceder préstamos a interés cero, y posiblemente a interés negativo. ¿Cómo ganarían dinero entonces?, te preguntarás. Lo harían básicamente del mismo modo que lo hacen hoy.[24] Los

---

23. De hecho, puede provocar la inflación debido a una puja al alza de los precios de los bienes a falta de oportunidades de inversión productivas.

24. Algunos de mis lectores más informados objetarán, sin duda, que es erróneo pensar que los bancos ganan dinero con las tasas de interés, porque al conceder créditos no entregan dinero de los depositantes, sino que crean dinero nuevo mediante una simple entrada contable. Lamento decir que esa explicación también distorsiona la ontogenia del dinero, una cuestión que desarrollo más extensamente en el Apéndice: "Dinero cuántico y la cuestión de la reserva". Pero la conclusión que aquí nos concierne es que un sistema bancario de interés negativo sería fundamentalmente parecido, en numerosos aspectos importantes, al sistema bancario actual (al menos antes de que se impusiera la "economía de casino").

depósitos también estarían sujetos a una tasa de interés negativo, aunque inferior a la tasa aplicada sobre las reservas. Los bancos aceptarían depósitos a la vista al -7% de interés, por ejemplo, o depósitos a plazos al -5% o al -3%, quizá, y concederían préstamos al -1% o al 0%. (Ahora entenderás por qué el dinero en efectivo también tendría que devaluarse; de lo contrario, ¿quién lo ingresaría en una cuenta a un interés negativo?)

El interés negativo sobre las reservas es compatible con la infraestructura financiera existente. Se podrían conservar los mismos mercados de papeles comerciales, los mismos mercados de dinero interbancario e incluso, si quisiéramos, el mismo aparato de titulización y derivados. Lo único que cambiaría sería el tipo de interés. Cada una de esas instituciones posee un propósito oculto que merodea en su interior como un gen recesivo a la espera del momento de manifestarse. Y lo mismo se puede decir de esa institución tan difamada que representa el "corazón" del sistema financiero: la Reserva Federal (o cualquier otro banco central).

El corazón no bombea sangre a través del sistema, como se cree convencionalmente, sino que la recibe, la percibe y la expulsa de nuevo.[25] Es un órgano perceptivo. De acuerdo a lo que percibe de la sangre, el corazón produce toda una gama de hormonas —muchas de las cuales se han descubierto recientemente— que se

---

25. La mayoría de las descripciones fisiológicas del corazón lo asemejan a una bomba, pero el corazón no proporciona la fuerza de propulsión para la circulación sanguínea en absoluto. Sería imposible que un órgano de 300 gramos bombeara un fluido viscoso a través de miles de kilómetros de pequeños vasos sanguíneos. De hecho, la circulación embrionaria comienza incluso antes de que exista el corazón, y posee su propio impulso endógeno sostenido por su relación con la totalidad del sistema circulatorio y del cuerpo entero. El corazón detiene el flujo temporalmente, lo cual expande el atrio antes de que se lance al ventrículo. Se parece más a un ariete hidráulico que a una bomba, con una función de serpenteo adicional para mantener el movimiento circular de la sangre.

comunican con otras partes del cuerpo, al igual que hormonas exógenas afectan a sus propias células. Este papel de percibir y modular que tiene el corazón ofrece una perspectiva muy distinta del papel de una autoridad monetaria central: un órgano que sirve para escuchar y responder a las necesidades del sistema en lugar de bombear dinero a través de él. Se supone que la Fed escucha y responde al pulso de la economía para regular la circulación de dinero a fin de mantener los tipos de interés al nivel apropiado.[26] La inyección de dinero nuevo en la economía podría hacerse del mismo modo que se hace hoy –mediante operaciones de mercado abiertas– o mediante el gasto, por parte del gobierno, de dinero-signo o fiduciario en función del tipo de rentas derivadas del uso del procomún que se emplee. Por lo general, el dinero que se pierde con la tasa de sobrestadía debería inyectarse otra vez en la economía; de lo contrario, el nivel de reservas disminuiría cada año independientemente de la necesidad de dinero para fomentar la actividad económica. El resultado sería el mismo patrón de morosidad, escasez y concentración de la riqueza al que nos enfrentamos en la actualidad. Por lo tanto, seguiremos necesitando un corazón financiero que observe la circulación sanguínea y los indicadores para la creación de más (o menos) sangre.

El lector despierto podría objetar que si las divisas y los depósitos bancarios estuvieran sujetos a un interés negativo, la gente optaría por otro medio de intercambio que cumpliera mejor la

---

26. De hecho, la Fed ya intenta realizar esta función de prestar atención y de modular. Meredith Walker, antigua economista de la Fed, explica que la mayor parte de su trabajo de preparación para las reuniones del Comité de Mercado Libre consistía en comunicarse con toda una serie de empresas y entidades financieras para escuchar el pulso de la economía. La política monetaria fue una respuesta natural a esa "escucha", excepto cuando las interferencias políticas obstaculizaron esa respuesta, asignando a la Fed un papel de mayor control, parecido a una bomba.

función de reserva de valor, tal como el oro o el papel comercial, por ejemplo. Si te has planteado esta objeción, estás en buena compañía. John Maynard Keynes, en su alabanza de las ideas de Gesell, hizo la siguiente advertencia: "Si se había de privar a los billetes circulantes de su prima de liquidez por el sistema de resello, habría gran cantidad de sucedáneos que le pisarían los talones –dinero bancario, deudas a la vista, dinero extranjero, alhajas y metales preciosos en general, y así sucesivamente".[27] Dicha objeción se puede abordar de distintas maneras (ni siquiera Keynes lo veía como un obstáculo insuperable sino como una mera "dificultad con la que Gesell no se encaró"). Tal y como se explicaba anteriormente, el dinero bancario estaría sujeto a la misma depreciación que el dinero físico. Las deudas a la vista requieren una prima de riesgo que contrarreste la prima de liquidez.[28] Las mercancías, las joyas, etc. conllevan elevados costos de almacenaje. Pero lo más importante es que el dinero representa, en definitiva, un acuerdo social que, mediante leyes de curso legal, costumbres y otras formas de consenso, puede elegirse y aplicarse de forma consciente. A fin de cuentas, como dictaminó el propio Keynes: "La idea base del dinero sellado es sólida".

Desde una perspectiva práctica, todo lo que existe en el mundo material y social tiene costos de transporte, como señaló Gesell empleando ejemplos como los periódicos, las papas, etc. La maquinaria y los equipos se averían, requieren mantenimiento y se quedan obsoletos. Incluso las pocas sustancias que no se oxidan, como el oro y el platino, deben ser transportadas, vigiladas y aseguradas contra robo; las monedas de metal precioso también pueden ra-

---

27. Keynes, *Teoría general del empleo, el interés y el dinero*, lib. 4, cap. 23, sec. 4.
28. Además, en este sistema las tasas de interés sobre las deudas a la vista altamente líquidas tenderían hacia la tasa de sobrestadía.

llarse o abollarse. La idea de que el dinero constituye una excepción a la ley universal del retorno a la naturaleza forma parte de una ideología más amplia sobre el excepcionalismo del ser humano respecto a los demás seres vivos. La moneda oxidable no es, por tanto, un mero artilugio; es un reconocimiento de la realidad. Los antiguos griegos, apoyándose inconscientemente en ese nuevo invento llamado "dinero", crearon una concepción del espíritu que, de igual modo, se situaba por encima de las leyes naturales –eterno, abstracto e inmaterial. Pero esa división entre el espíritu y la materia, y el consiguiente enfoque del mundo como algo no sagrado, está llegando a su fin. Y con ello, se acaba también el tipo de dinero que dio lugar a esa división en un principio. El dinero dejará de ser una excepción a la ley universal de impermanencia.

La "dificultad" de Keynes resalta la importancia de no crear reservas de riqueza artificiales que, al igual que el dinero de hoy, violen las leyes naturales. Un ejemplo de ello son los derechos de propiedad de la tierra, que siempre han servido de vehículo para la concentración de riqueza, al igual que el dinero actual. El interés negativo sobre el dinero debe ir acompañado de impuestos sobre la tierra, como proponían George y Gesell, así como sobre cualquier otra fuente de rentas económicas. El procomún físico de la tierra, el genoma, el ecosistema y el espectro electromagnético, así como el procomún cultural de las ideas, los inventos, la música y las historias y cuentos, deben estar sujetos a los mismos costos de almacenaje que el dinero. De lo contrario, la preocupación de Keynes se hará realidad. Por suerte, se da una feliz convergencia de rectitud y lógica, ya que la obligación social ligada al uso del procomún cumple al mismo tiempo la función de impuesto de liquidez sobre cualquier reserva de valor que lo sustituya. Ya se trate del dinero o del procomún, es básicamente el mismo principio el que está en juego: solo podemos guardarlo si lo usamos de una manera socialmente productiva. Si nos limitamos a retenerlo, lo perderemos.

No todo el mundo se beneficiaría del dinero libre, a corto plazo por lo menos. Al igual que sucede con la inflación, una divisa oxidable beneficia a los deudores y perjudica a los acreedores. En su escrito sobre la inflación, este comentarista anónimo lo resume de forma concisa:

> Este afán por mantener la inflación muy baja radica en el deseo por parte de los poseedores de bonos de obtener un buen rendimiento sobre las inversiones y los depósitos exentos de riesgo. ... Resulta escandaloso que esas personas obtengan un alto rendimiento por prestar dinero de vuelta al banco central que lo emitió. ... La necesidad de que los ricos paguen pocos impuestos existe para que se puedan permitir asumir riesgos e impulsar así la inversión y el crecimiento en la economía real. Si quieren invertir parte de su capital en depósitos exentos de riesgo, no deberían esperar que esa inversión mantenga su riqueza relativa.[29]

Este argumento se remite a la larga tradición de George y Gesell a la que me he referido anteriormente, la cual reconoce que nadie debería poder beneficiarse de la mera posesión. Los propietarios de la riqueza son sus cuidadores, sus administradores, y si no le dan un uso socialmente beneficioso, llegará un momento en el que esa riqueza deberá fluir hacia quienes sí lo hagan.

Los revolucionarios del pasado, reconociendo la ilegitimidad de gran parte de la acumulación de riqueza, se propusieron hacer

---

29. Comentario anónimo en: http://blogs.ft.com/maverecon/2009/05/negative-interest-rates-when-are-they-coming-to-a-central-bank-near-you/.

borrón y cuenta nueva mediante la confiscación y la resdistribución de bienes. Yo defiendo un enfoque más moderado, más gradual. Una manera de verlo es como un impuesto sobre la propiedad monetaria, que asegure que la única forma de conservar la riqueza sea invertirla con riesgo o, digamos, tomar decisiones sensatas sobre cómo dirigir el flujo mágico de la creatividad humana. Esta habilidad, que sin duda merece recompensa, es un elemento esencial que está ausente en las teorías marxistas del valor que ignoran la dimensión emprendedora de la distribución del capital.

Mientras que los valientes, aunque convencionales, economistas que he mencionado ven el interés negativo como una medida temporal para fomentar la concesión de créditos y huir de una trampa de liquidez deflacionaria, su verdadera importancia es mucho más profunda. Una trampa de liquidez no es una aberración transitoria provocada por el estallido de una burbuja: se trata de un estado predeterminado y permanente causado por el declive de la eficacia marginal del capital,[30] que a su vez es consecuencia de los avances tecnológicos y de la competencia. Tal como señaló Keynes:

> A medida que aumenta la existencia de bienes, cuya eficiencia marginal era al principio por lo menos igual a la tasa de interés, esa eficiencia marginal tiende a bajar (por las razones bastante obvias que ya se dieron). De este modo llegará un momento en el que ya no sea costeable producirlos, *a menos que la tasa de interés baje pari passu*. Cuando no hay bien alguno cuya eficiencia marginal alcance la tasa de interés, se suspenderá la producción de bienes de capital.[31]

---

30. La eficacia marginal del capital se refiere al rendimiento esperado por cada dólar de una nueva inversión.

31. Keynes, *Teoría general del empleo, el interés y el dinero*, cap. 17, sec. 2.

Tal como he argumentado ya, dicha eventualidad se ha venido posponiendo durante mucho tiempo mientras que la tecnología y el imperialismo han ido transfiriendo bienes y servicios del procomún a la economía monetaria. Pero cuanto más se va agotando el procomún, más acuciante es la necesidad de eliminar la barrera del tipo de interés. Keynes opina, proféticamente: "De este modo, aquellos reformadores que buscan un remedio en la creación de costos artificiales de almacenamiento para el dinero, mediante el expediente de hacer que la circulación legal haya de sellarse periódicamente a determinado costo para que retenga su cualidad de dinero, o mediante otros procedimientos, han ido por el buen camino; y el valor práctico de sus proposiciones merece ser tomado en consideración".[32] Tal medida (y el equivalente moderno al que me he referido) permitiría la inversión de capital con una eficacia marginal negativa, es decir, los bancos prestarían dinero voluntariamente a empresas que generasen un rendimiento cero, o ligeramente inferior a cero, sobre su inversión.

Dado que el origen de nuestra crisis económica es la inevitable ralentización del crecimiento, y dado que nos hallamos en una transición hacia una economía ecológica de estado estacionario, las propuestas de divisas oxidables ofrecen más que una solución temporal a una economía estancada; prometen una base sostenible a largo plazo para una economía que deje de crecer de forma permanente. La contracción de la economía o el estancamiento de su crecimiento siempre había traído consigo la miseria humana: la polarización económica, la agudización de la brecha entre ricos y pobres. Pero el dinero libre impide que esto suceda al proporcionar una manera de hacer circular el dinero sin necesidad de

---

32. Ibíd., seccción 3.

impulsarlo mediante la concesión de créditos en función del crecimiento.

En combinación con los demás cambios propuestos en este libro, el dinero libre ocasionará consecuencias profundas sobre la economía y la psicología humanas. Nos hemos acostumbrado tanto al mundo del dinero-usura que confundimos muchos de sus efectos con las leyes básicas de la economía o de la naturaleza humana. Como explicaré más adelante, un sistema monetario que encarne un nuevo sentido del ser, así como un nuevo relato de las personas —el ser conectado viviendo en una asociación co-creativa con la Tierra—, tendrá unos efectos muy diferentes. Las intuiciones que se han desarrollado a lo largo de los siglos dejarán de ser verdaderas. Asimismo, dejarán de ser axiomas la codicia, la escasez, la cuantificación y mercantilización de todo, la "preferencia de tiempo" para el consumo inmediato, la desvalorización del futuro en favor del presente, la oposición fundamental entre el interés económico y el bien común, o la ecuación: acumulación = seguridad.

LA CRISIS DE LA DEUDA: UNA OPORTUNIDAD PARA LA TRANSICIÓN

Podríamos encontrarnos a las puertas de una oportunidad de oro para realizar la transición hacia el dinero con interés negativo gracias al "estallido la deuda" que casi derrumbó la economía mundial en 2008. Esa bomba, formada por elevados niveles de deuda soberana, créditos hipotecarios, deudas de tarjetas de crédito, préstamos estudiantiles y otras deudas que nunca podrán amortizarse, no se desactivó; simplemente se retrasó su estallido. Se concedían nuevos créditos para que los deudores pudieran devolver sus créditos antiguos pero, claro, si los deudores no aumentan sus ingresos —y eso solo sucede si hay crecimiento económico– lo único que se hace es postergar el problema para más adelante y empeorar la situación. Entonces, llega un momento en el que la morosidad es inevitable. ¿Hay salida a esta situación?

Sí la hay. La respuesta reside en una versión actualizada de la reforma económica soloniana de hace 2.600 años: el perdón de la deuda y la reforma de las convenciones del dinero y de la propiedad. Más tarde o más temprano, habrá que afrontar la realidad de que las deudas nunca se podrán saldar. Hay dos opciones: o se quedan como están, con las naciones y personas deudoras en perpetua servidumbre, o se puede cancelar la deuda y empezar de cero. El problema que conlleva lo segundo es que, como los ahorros y la deuda son dos aspectos de una totalidad, los ahorradores e inversores inocentes se quedarían sin fondos de golpe y todo el sistema financiero quebraría súbitamente, desencadenando la agitación social, la guerra, la revolución, el hambre, etc. a nivel global. A fin de evitar tales consecuencias, una alternativa intermedia sería reducir la deuda de forma gradual.

La crisis financiera de 2008 nos dio una pista de cómo esa reducción gradual podría llevarse a cabo como parte de una transición hacia una economía de interés negativo. Cuando la crisis amenazó con dejar insolventes a las grandes entidades financieras, la respuesta de la Reserva Federal fue monetizar las deudas malas. Es decir, las compró, intercambiando los instrumentos financieros tóxicos por dinero en efectivo. Y continúa monetizando deuda estatal (que seguramente tampoco se podrá pagar jamás) mediante el programa de flexibilización cuantitativa. Llegará un momento en el que será necesario adoptar medidas similares a una escala aún mayor para evitar el desmoronamiento total.

El problema es que todo ese dinero acaba en manos de los

acreedores, y no de los deudores. Los deudores no aumentan su capacidad de pago, ni los acreedores su voluntad de prestar. La acción de la Fed suscitó fuertes críticas porque, en efecto, dio dinero contante y sonante a las entidades financieras predadoras a cambio de las inversiones basura que, de forma irresponsable, habían creado y vendido, y cuyo valor de mercado estaba seguramente por los suelos. Recibieron el valor nominal por ellas y, para colmo, invirtieron el dinero en bonos sin riesgo, en pagar primas a sus ejecutivos o en adquirir entidades de menor tamaño. A los deudores, en cambio, no se les perdonó la deuda subyacente, por lo que el programa no hizo nada para atenuar la polarización de la riqueza.

¿Y qué ocurriría si la deuda fuera monetizada con dinero libre? En ese caso, aunque los acreedores no perderían su capital de la noche a la mañana como sucede con la morosidad o la quiebra financiera, el rescate tampoco les enriquecería aún más porque recibirían un activo que se devalúa, En cuanto a los deudores, la autoridad monetaria correspondiente podría reducir o cancelar sus deudas en la cantidad que estimase apropiada (lo cual se determinaría mediante un proceso político, probablemente). Esto podría implicar una bajada del tipo de interés a cero o incluso una reducción del capital principal. Por ejemplo, se eliminaría el interés sobre las deudas estudiantiles, se reduciría el principal de las hipotecas a niveles pre-burbuja y se perdonaría la totalidad de la deuda soberana del Tercer Mundo.

Aunque es cierto que dicha monetización de la deuda podría incrementar enormemente la base monetaria, porque el dinero estaría sujeto a cargos de sobrestadía, volvería a contraerse de forma natural con el tiempo. La autoridad monetaria también podría contraerla más rápidamente vendiendo la deuda reestructurada en el mercado libre.

Sin el interés negativo o la cancelación de la deuda que aquí se describe, los rescates de la Fed significan "dinero gratis" (distinto del dinero libre de Gesell) para quienes ya poseen la mayor parte del capital. Si se permite a los grandes bancos y a los financieros conservar sus ganancias, al menos deberían aceptar un sistema que, como contrapartida, desfavorezca una mayor acumulación. Claro que esta propuesta supondría una pérdida (gradual, no obstante) de sus intereses financieros, pero ¿qué alternativa hay? La creciente polarización de la riqueza es insostenible.

La oportunidad que se nos presentó en 2008 se repetirá, porque la crisis de la deuda no va a desaparecer (a menos que se produzca un crecimiento económico milagroso). La solución que siempre se aplica es aumentar la deuda aún más, transfiriéndola de las personas y empresas a las naciones, y viceversa una y otra vez, en un crecimiento continuo. Por ejemplo, cuando los bancos de Irlanda se hallaron al borde de la quiebra en 2010, el gobierno los rescató y traspasó esas cifras negativas a las cuentas del Estado, engendrando así una crisis de deuda soberana. Entonces, a fin de evitar la catástrofe y que el país pudiera ir pagando esa deuda, el FMI y el BCE le concedieron nuevos créditos a un interés del 6%. A no ser que la economía irlandesa crezca a más del 6% anual (lo cual es imposible, dadas las duras medidas de austeridad a las que se condicionaron los préstamos), el problema reaparecerá en unos años, y será aún peor. Lo único que estamos haciendo es relegar el problema al futuro.

Los tenedores de bonos u obligaciones del estado no están dispuestos a asumir pérdidas; quieren más y más para sí mismos.[33]. Pero a la larga, es matemáticamente imposible satisfacer ese deseo.

---

33. Cuando el interés excede el crecimiento económico. Efectivamente están reclamando para sí mismos una proporción cada vez mayor de la riqueza de la sociedad, y sin riesgo alguno, gracias a los rescates.

Solo será sostenible mientras el resto de la sociedad esté dispuesta a aceptar el empeoramiento de su nivel de vida: más austeridad, más pobreza y más ingresos dedicados a saldar la deuda.

En algún momento, los ciudadanos de esta sociedad diremos "¡basta!". Seguirá siendo necesario un rescate, pues las consecuencias de un repentino impago de la deuda en todo el sistema serían catastróficas. Pero cuando suceda —y podría suceder simultáneamente en diversas categorías de deuda— enfrentémonos a la verdad. Hay que acabar con la concentración de la riqueza y la usura que la sustenta. Quizás no haya otro remedio que rescatar a los ricos, porque cada nivel de la economía global está conectado con todos los demás, pero que ese rescate tenga un precio: liberar a la sociedad de la deuda gradualmente.

PENSANDO DE CARA AL FUTURO

Entre tanto dato técnicos sobre el dinero y las finanzas, no perdamos de vista el meollo de este empeño: que el dinero vuelva a su verdadero propósito de conectar obsequios y necesidades y actuar como talismán mágico que coordina la creatividad humana hacia un objetivo común. Me produce una sensación extraña decir que el dinero es un aspecto clave de ese mundo más bello que mi corazón sabe que es posible; y es que el dinero siempre me ha repelido por ser la causa evidente de tanta ruina y tanto mal.

Sin embargo, nuestra repugnancia hacia el dinero se basa en lo que ha sido hasta ahora, y no en lo que podría ser. Una divisa a interés negativo, apoyada por cosas dignas, en una economía ecológica, pondría patas arriba todas las concepciones de la Era de la Usura. Sería algo sumamente revolucionario, que alteraría la experiencia humana de manera fundamental; una transformación que reverberaría a todos los niveles, desde el externo al interno, desde el económico al espiritual.

En el Capítulo 9 "El Relato del Valor", expliqué que el actual acuerdo social sobre la creación del dinero consiste en emitir dinero exclusivamente a quienes ganen aún más, lo cual se reduce básicamente a participar en la expansión del ámbito de los bienes y servicios. La sociedad dirige su energía hacia aquello que amplía la esfera del dinero y de la propiedad, la esfera humana y la de las posesiones. Dicho dominio sobre la naturaleza forma parte del Ascenso de la Humanidad. Situar los tipos de interés por debajo del límite inferior igual a cero posibilitaría inversiones que generen un rendimiento nulo o negativo del capital. ¿Te parece que esta idea va contra el sentido común? ¿Crees que contradice el concepto mismo de "inversión"? Sí, lo contradice, pero esto se debe únicamente a que nuestras intuiciones han estado tan condicionadas por la cultura del crecimiento durante siglos que apenas somos capaces de concebir la posibilidad de otra función del dinero, o de un modelo de negocio que no dependa de los beneficios. (Por supuesto que tenemos organizaciones sin ánimo de lucro, pero se distinguen claramente de los negocios con fines lucrativos, una distinción que se irá desvaneciendo).

He aquí un ejemplo que ilustra la extraña lógica de todo ello. Imagina que vas a un banco y dices: "Quisiera pedir un crédito para mi negocio. En mi plan de negocios verán que, si ustedes me prestan un millón de dólares, yo ganaré novecientos mil en cuatro años. Así pues, préstenme el millón a interés negativo y les devolveré los novecientos mil en pagos mensuales en el plazo de cuatro años".

"Nos encanta su plan de negocios", responde el banco, "aquí tiene su dinero". ¿Por qué aceptan el trato? Porque si ese millón de dólares se quedase como dinero en efectivo, acabaría devaluándose a un índice más alto aún (al 7%, digamos), de modo que al cabo de cuatro años se habrá reducido a solo $740.000 aproximadamente. En suma, el banco se beneficia de conceder el préstamo anteriormente descrito.

Otra manera de entender la dinámica de la divisa de valor decreciente es que, al igual que la inflación, invierte la desvalorización de futuros flujos de efectivo. En *The Ascent of Humanity* (El ascenso de la humanidad) ofrezco el siguiente ejemplo:

> Mientras que el interés promueve la desvalorización de futuros flujos de efectivo, la tasa de sobrestadía fomenta una visión a largo plazo. Según la contabilidad de hoy en día, un bosque que genera un millón de dólares anuales de forma sostenible e indefinida resulta más rentable si se tala por completo para conseguir unos beneficios inmediatos de 50 millones. (El "valor neto actual" del bosque sostenible calculado a una tasa de descuento del 5% asciende a solo 20 millones). Dicha desvalorización del futuro provoca la infame conducta miope de las corporaciones que sacrifican el bienestar a largo plazo (incluso el suyo propio) en pro de los resultados cortoplacistas del trimestre contable. Tal conducta es perfectamente racional en una economía basada en el interés, pero un sistema de sobrestadía se inclinaría por la conservación del bosque, por puro rédito propio. La codicia dejaría de motivar el robo del futuro en beneficio del presente. Dado que la devaluación exponencial de los futuros flujos de efectivo conlleva la "venta" de la Tierra entera, esta característica de la sobrestadía resulta muy atractiva.

Imagina que eres el Presidente del Mundo y que los extraterrestres te hacen la siguiente oferta: "Líder Supremo, el producto mundial bruto (PMB) asciende a diez billones de dólares anuales y nos gustaría ofrecerle una suma de 600 billones a cambio de la Tierra entera. Es cierto que planeamos extraer todos sus recursos, destruir su capa fértil, envenenar los océanos, convertir los bosques en desiertos y utilizarla como depósito de desechos radiactivos, pero piénselo: ¡600 billones de dólares! ¡Serán todos ricos!" Seguro que rechazarías la oferta, claro. Sin embargo, esa es básicamente la oferta que ya hemos aceptado de forma colectiva. Estamos llevando a cabo el plan de los extraterrestres al dedillo para ganar unos 600 billones de dólares en los próximos diez años (el PMB actual es de 60 billones al año). Mediante infinidad de pequeñas decisiones diarias, estamos vendiendo la Tierra.

Y todo esto es bastante económico. A los índices actuales, 600 billones de dólares generan un ingreso anual de al menos 20 billones. En *Ascent* cité a varios economistas destacados que argumentan que, como la agricultura constituye solo el 3% del PIB, ni el calentamiento global ni una caída del 50% de la producción agrícola tendrían mayor importancia. A lo sumo, el PIB (el nivel total de "bondad", como decíamos) descendería en apenas un 1,5%. Aunque parezca absurdo, esto resulta bastante racional dentro de la lógica de la usura. En un artículo de 1997 en la revista *Nature*, el economista ecológico Robert Costanza valoró el ecosistema global en 33 billones de dólares, solo un 20% más que el PMB de ese año. Su intención era buena; esperaba ofrecer una razón económica (y no solo moral) para conservar el planeta, pero, según esa misma lógica del "valor", no nos interesaría conservar el planeta si nos hicieran una oferta mejor.

Es más, ¿no te parece desalentador recurrir al argumento de que conservar el ecosistema es aconsejable por todo el dinero que ahorraríamos? Ese argumento implica la aceptación del supuesto básico que tantos problemas ha originado: que el dinero representa un patrón de valor apropiado; que todo puede y debe ser medido y cuantificado; y que las mejores decisiones se basan en la suma de cifras.

El término "sostenibilidad" lleva tanto tiempo de moda que casi se ha convertido en un tópico. Pero a pesar de que todo el mundo aprueba la idea, la sostenibilidad está librando una batalla perdida contra los beneficios económicos. Los bosques se están muriendo, los lagos secándose, los desiertos expandiéndose y las selvas amazónicas siguen sucumbiendo al talado indiscriminado, a un ritmo que apenas ha decelerado en cuatro décadas de honrosos esfuerzos por parte de los ecologistas. Estos se ven obligados a luchar una y otra vez contra los poderes económicos, que persiguen desesperadamente beneficios rápidos incluso a expensas de su propia supervivencia a largo plazo. Como escribió Lenin en un contexto algo distinto: "Los capitalistas nos venderán la soga con la que los ahorcaremos". La miopía del capital tiene sus orígenes más profundos en el interés, que obliga a la desvalorización de los futuros flujos de efectivo.

Con tasas de interés bajo cero, en cambio, lo que predomina es la mentalidad opuesta. Imagina de nuevo que eres el Presidente del Mundo. Ahora, la oferta de los extraterrestres ya no te parece tan atractiva. De hecho, a un interés negativo, ninguna cantidad de dinero bastaría para comprar la Tierra porque la misma suma tendría un valor incluso mayor en el futuro que en el presente, y ese valor futuro incrementaría exponencialmente con el tiempo. Tu respuesta a los extraterrestres sería: "No vendemos la Tierra a ningún precio".

¿No deberíamos estar diciendo eso mismo hoy, cuando la economía insiste en poner un precio a la base ecológica de la civilización y a la vida misma? ¿No debería ser esa nuestra respuesta ante cualquier intercambio de lo infinitamente valioso por una suma finita de dinero? Creo que es hora de dejar de hacer negocios con la belleza, la vida, la salud y el futuro de nuestros hijos.

Soy consciente de que mi ejemplo de vender la tierra es improbable y que se podría contradecir con algún argumento económico, pero lo que pretendo transmitir es que el interés negativo alterará fundamentalmente el tipo de conducta que consideramos "económica". Las actividades que den beneficios a treinta, cincuenta o cien años —es decir, que beneficien a la séptima gene--ración— adquirirán una motivación económica, a diferencia de lo que sucede hoy, cuando solo un idealista se embarcaría en un proyecto así. Gracias al interés negativo y a la moneda caduca, el actual conflicto entre nuestros ideales y nuestro interés económico particular dejará de existir.

Consideremos un ejemplo práctico. Supongamos que estás pensando en instalar placas solares como fuente de energía para tu negocio. Digamos que el costo inicial es de cien mil dólares y que te ahorrará mil dólares al año. Actualmente, no te saldría a cuenta instalarlas porque el valor neto presente de mil dólares anuales es muy inferior a cien mil (incluso a un interés muy bajo). Pero si el interés fuera nulo o negativo, la decisión sí resultaría económicamente viable. Hay quienes ya están tomando esas decisiones, aun no siendo rentables, porque la verdad interior contradice la lógica económica. En el fondo, sabemos que la ideología que equipara el dinero con el bien es errónea. Tenemos que cumplir nuestro deseo de volver a alinear el dinero y la bondad.

Un ejemplo más: supón que posees un bosque. O bien puedes arrasarlo, vendiéndolo para su talado y excavación por un beneficio inmediato de un millón de dólares, o bien puedes talarlo de forma sostenible y perpetua por diez mil dólares anuales. Bueno, el interés sobre un millón es por lo menos el doble de los ingresos del talado sostenible, así que más te valdría venderlo. Pero si las tasas de interés son negativas, esa lógica ya no tiene fundamento.

La internalización de los costos externos funciona de forma sinérgica con la divisa de valor decreciente, lo que convierte el dinero en una fuerza positiva. La primera medida compatibiliza el beneficio privado con el público mientras que la segunda favorece el pensamiento largoplacista frente al cortoplacista. Aunque las dos reformas supondrán mejoras al sistema actual, ninguna de ellas por separado garantizará un mundo sostenible. Pero en conjunción, alinearán las decisiones económicas con los intereses a largo plazo de la sociedad y del planeta.

Claro que hay momentos en los que el pensamiento largoplacista no es lo apropiado. Tenemos muchas necesidades que queremos satisfacer ahora, y no en un futuro. Si nos morimos de hambre, preferimos consumir una comida diaria ahora a cien dentro de un año. La Escuela austríaca de economía en particular, y la economía neoclásica en general, se basa en casos así para afirmar que el deseo de consumir todo lo posible de inmediato forma parte de la naturaleza humana. El interés representa, a su juicio, una especie de recompensa por la postergación del consumo, un premio por una gratificación diferida. Es decir, a ti, querida lectora, te encantaría maximizar tu utilidad gastándote todo el dinero ya mismo, pero te privas de hacerlo porque sabes que podrás poseer una cantidad aún mayor más adelante gracias al interés. Esto se conoce en ciencias económicas como el postulado de la preferencia temporal. La preferencia temporal –la supuesta preferencia por el consumo inmediato– es un aspecto esencial del modelo de utilidad decreciente desarrollado por Paul Samuelson en los años 30, y que sigue subyacente en la mayor parte de la teoría económica actual. También sirve de fundamento para diversas "refutaciones" modernas de las teorías de Keynes. Es más, en el único trabajo de economía matemática que descubrí al investigar las divisas con tasa de sobrestadía, el postulado de preferencia temporal era la variable clave en el desarrollo de una demostración (engañosa) de que tales divisas perjudican el bienestar social.[34]

La lógica keynesiana que he empleado minimiza la preferencia temporal. Keynes no la descartó del todo pero señaló que el ser humano tiende a gastar una porción cada vez menor de sus ingresos a medida que estos aumentan. Resulta bastante obvio que si pasas hambre, te gastarás todo el dinero inmediatamente en comida, pero si tienes suficientes fondos para saciar todas tus necesidades urgentes, quizás gastes parte del excedente en libros o en ocio y, cuando hayas cumplido esos deseos, puede que te compres un Rolls-Royce. No obstante, cuanto mayores sean tus ingresos, menos urgencia tendrás en gastarlos. Keynes creía, por lo tanto, que la gente es propensa a ahorrar sin necesidad de un incentivo (el interés) para diferir el consumo. De hecho, opinaba que tal propensión a ahorrar puede ser destructiva cuando lleva a la concentración de riqueza. Por eso se mostró abierto a la idea de las tasas de interés bajas o incluso negativas.

Al leer escritos de finales de los años 30 y principios de los 40, me llamó la atención la intensidad y la emotividad levemente encubierta de las críticas que los economistas establecidos dirigían

---

34. Rösl (2006).

a Keynes.[35] Tal desprecio es típico de cualquier debate en el que la ortodoxia dominante intuye que una nueva teoría pone en tela de juicio los preceptos fundamentales y definitorios de su campo. La teoría de Keynes presenta al menos dos desafíos sustanciales. En primer lugar, su creencia en una tendencia natural al ahorro viene a postular que el dinero mismo está sujeto a una utilidad marginal decreciente –cuanto más poseo, menos utilidad obtengo de cada dólar adicional–.[36] A mí me resulta evidente, pero no parece serlo tanto para los economistas clásicos, quienes plantean una ecuación lineal entre el dinero, por una parte, y la utilidad del individuo y de la sociedad, por otra. De hecho, lo definen así, afirmando el supuesto de que el ser humano busca maximizar el interés propio maximizando el dinero.

Rechazar la ecuación lineal del dinero y la utilidad (es decir, "el bien") conlleva rechazar también la preciada ideología de que al maximizar el crecimiento económico se maximiza el bien común. Tal rechazo niega también el argumento utilitario que justifica el capitalismo por su capacidad de maximización de la riqueza, abriendo así la puerta a ideas que favorecen la distribución equitativa de los bienes. Desde una perspectiva matemática, si el dinero está sujeto a una utilidad marginal decreciente, la distribución óptima de ese dinero será: la más equitativa posible. Al ofrecer una justificación para la redistribución de la riqueza en detrimento de

---

35. Véase, por ejemplo, Holden, "Mr. Keynes' Consumption Function and the Time Preference Postulate" (La function del consumo y el postulado de la preferencia temporal del Sr. Keynes). Este trabajo ilustra los principios ideológicos que están en juego, que denomina "leyes psicológicas".

36. Para explicar la utilidad marginal decreciente se suele emplear el ejemplo de los fertilizantes. Al aplicar la primera tonelada, el rendimiento se dobla; la siguiente tonelada aumenta el rendimiento al 10%; la siguiente, a tan solo el 1%; y así sucesivamente. Este es un principio muy general así que, ¿por qué no aplicarlo al dinero también?

los ricos, el pensamiento keynesiano es, naturalmente, un anatema para los ideólogos de la clase adinerada.

Pero la visión de Keynes sobre la preferencia de liquidez implica un desafío aún más profundo. Consideremos de nuevo la postura contraria, ejemplificada por los economistas clásicos y los defensores de la Escuela austríaca, que califica a las personas de derrochadoras por naturaleza. Tal como lo expresó el economista del siglo XIX N.W. Senior, "abstenerse del disfrute a nuestro alcance, o buscar resultados distantes en lugar de inmediatos, se cuentan entre los esfuerzos más dolorosos de la voluntad humana".[37] He aquí un ejemplo más reciente de un seguidor de von Mises:

> No podría existir un suministro de fondos prestables sin unos ahorros previos, es decir, sin *la abstención de un posible consumo* de bienes presentes (un exceso de la producción actual respecto al consumo actual). … No habría ni interés ni tasa de preferencia temporal. O, mejor dicho, la tasa de interés sería infinitamente elevada, lo cual, en cualquier lugar que no fuera el Jardín del Edén, equivaldría a llevar *una existencia meramente* animal, es decir, a ganarse a duras penas una subsistencia primitiva enfrentándose a la realidad sin más que las manos desnudas y un único *deseo de gratificación instantánea*.[38]

El interés constituye, por tanto, una recompensa por el ahorro y el auto-control. Esta visión refleja algunas de las ideologías ocultas que yacen profundamente arraigadas en nuestra civilización; por

---

37. Senior, *"Outline of the Science of Political Economy"* (Resumen de la ciencia de la economía política), citado en Handon y Yosifon, "The Situational Character" (El carácter situacional), 76. Es inevitable darse cuenta de que un doloroso esfuerzo de voluntad representa una virtud admirable.

38. Hoppe, "The Misesian Case against Keynes" (El caso misesiano contra Keynes); énfasis añadido.

ejemplo, que el progreso humano, tanto espiritual como material, se alcanza ganando la guerra contra la naturaleza: contra las fuerzas naturales en el exterior, y contra el deseo, el placer y los impulsos animales en el interior. Esta ideología eleva la categoría de la frugalidad a la de gran virtud, sin la cual no seríamos mejores que los animales, no habríamos ascendido a una dimensión humana superior, apartada de la naturaleza. Karl Marx lo expresó de este modo:

> El culto al dinero tiene su ascetismo, su abnegación y su renuncia −la economía y la frugalidad, el desprecio por los placeres mundanos, transitorios y fugaces; la persecución del tesoro eterno−. De ahí la relación entre el puritanismo inglés, o el protestantismo holandés, y la ganancia de dinero.[39]

Esta mentalidad impregna nuestra cultura. Hay que postergar la gratificación y controlar los deseos pensando en recompensas futuras. Hay que sufrir para ganarse el cielo; hacer los deberes para sacar buenas notas; ir a trabajar para ganarse el pan; hacer ejercicio para mantenerse sano; hacer dieta para adelgazar. Dedícate a una labor que te reporte un buen sueldo, aunque no te apasione, para que puedas disfrutar de una buena jubilación. En todo esto aplicamos un régimen de amenaza e incentivo diseñado para que superemos nuestra pereza y egoísmo. El interés se convierte en un motivador en la guerra contra el yo, a fin de superar nuestra excesiva imprevisión.

Pero, ¿es esa la verdadera naturaleza humana? ¿Está en nuestros genes el consumir, incluso en exceso, sin consideración alguna por los demás seres ni por nuestro propio futuro? No. Los antiguos

---

39. Marx, *Grundrisse* (Elementos fundamentales), 230.

griegos, que no eran muy dados a las visiones especialmente caritativas de la naturaleza humana, acertaron en este sentido. Como decía Aristófanes, en todas las cosas −el pan, el vino, el sexo, etc.− existe un punto de saciedad. Nuestras necesidades son limitadas y, cuando las hemos satisfecho, nos centramos en otras cosas y practicamos la generosidad. El dinero, en cambio, es incapaz de saciar. Lo ilimitado no es la propensión a consumir; al contrario, ese deseo ilimitado viene dado por el dinero. Tras obtener un exceso de artículos de consumo, la gente empieza a ansiar el dinero mismo, no lo que se puede comprar con él, y esa codicia no tiene límite. La economía Neoclásica (y la Escuela austríaca) lo entiende al revés; Gesell y Keynes, en cambio, acertaron en su intento por eliminar al menos algunos de los rasgos del dinero que provocan el ansia insaciable de él. Keynes era consciente −y lo señaló explícitamente− de que el dominio de la preferencia de liquidez sobre la preferencia temporal era un supuesto fundamental de su teoría: una "ley psicológica", como la denominaba.

No cabe duda de que hay personas −los adictos a la comida, al sexo o al alcohol, por ejemplo− que no encuentran la saciedad en esas cosas que Aristófanes citaba. ¿Acaso demuestra esto que el ser humano es avaricioso en realidad? De hecho, el ejemplo de la adicción arroja luz sobre lo pernicioso del dinero. La adicción se produce cuando usamos algo como sustituto de lo que realmente queremos o necesitamos −la comida como sustituto de las relaciones; el sexo como sustituto de la intimidad afectiva, etc.−. El dinero como fin universal también se ha convertido en sustituto de muchas otras cosas, incluso de esas mismas cosas que la economía monetaria ha destruido, como la comunidad, el vínculo con el lugar de origen, la conexión con la naturaleza, el ocio y demás.

Cuando hablamos de "liquidez", simplemente queremos decir que se puede intercambiar ese dinero por lo que se quiera. En una economía monetaria, de hecho, podemos intercambiar cualquier bien por cualquier otro, aunque no con tanta facilidad, a través del medio de intercambio (el dinero). ¿Por qué, entonces, preferimos el dinero a otros bienes? Salvo en casos en los que hay una necesidad acuciante que satisfacer, lo cual sí justifica mantener a mano modestas cantidades del medio de intercambio, la única razón para preferir el dinero es que no pierde valor cuando se almacena. Lo imperecedero del dinero hace que sea no solo un medio universal sino, además, un fin universal. Al convertir el dinero en algo transitorio, en cambio, lo preservamos como medio pero no como fin, inspirando así una concepción de la riqueza radicalmente distinta de lo conocido hasta hoy.

MÁS PARA MÍ SIGNIFICA MÁS PARA TI

Con la introducción de la moneda libre, el dinero se reduce al rango de los paraguas; los amigos y conocidos se ayudan mutuamente prestándose dinero de forma habitual. Nadie guarda, ni puede guardar, reservas de dinero porque se ve forzado a la circulación. Pero, precisamente por el hecho de que nadie puede acumular reservas de dinero, tales reservas son innecesarias dado que la circulación de dinero es regular e ininterrumpida.

—Silvio Gesell

En la economía moderna, "medio universal" y "fin universal" equivalen a "medio de intercambio" y "almacén de valor". Una manera de comprender el efecto del interés negativo es que separa esas dos funciones, lo cual representa una transformación de gran calado. La mayoría de los economistas consideran el medio de intercambio y el almacén de valor como funciones definitorias del dinero. Pero combinar ambas funciones en un único objetivo resulta problemático porque un medio de intercambio debe circular para ser útil, mientras que un almacén de valor se guarda (o almacena) fuera de la circulación. Dicha contradicción lleva siglos (o más) creando un conflicto entre la riqueza del individuo y la riqueza de la sociedad.

Esa tensión entre la riqueza individual y la social refleja el enfoque atomístico del ser, que ha llegado a dominar nuestro tiempo. Un sistema monetario que resuelva dicha tensión augura, por tanto, consecuencias profundas para la conciencia humana. En el Capítulo 1 escribí: "Mientras que el dinero de hoy obedece al principio de 'más para mí significa menos para ti', en la economía del obsequio, más para ti significa también más para mí, porque quien tiene da a quien necesita. El obsequio consolida la comprensión mística del ser como partícipe de algo más grande que uno mismo y, a la vez, ligado a uno mismo. Cambian, así, los axiomas del interés propio racional, porque el yo se expande para incluir algo del otro". ¿Podemos imbuir al dinero de esa misma propiedad del obsequio?

En una economía basada en el dinero libre, la riqueza tiene un significado muy distinto al que tiene hoy y, de hecho, cobra un carácter muy similar al que tenía en las sociedades primitivas basadas en el obsequio. Para las sociedades de cazadores-recolectores, que por lo general eran nómadas, las posesiones suponían, literalmente, una carga. El "costo de inactividad" que todo, salvo el dinero, tiene hoy era muy real en aquel entonces. También en las sociedades agrícolas sedentarias, posesiones como el ganado o el almacenamiento de grano, aunque deseadas, no ofrecían el mismo grado de seguridad que el formar parte de una fuerte red de relaciones de intercambio de obsequios. El grano se pudre y el ganado se muere, pero si una persona ha compartido su riqueza generosamente con la comunidad, poco tendrá que temer.

El dinero libre reintroduce la mentalidad económica del cazador-recolector. En el sistema actual, sale mucho más a cuenta poseer mil dólares que el que diez personas te deban diez cada una. En un sistema de interés negativo, a menos que necesites gastar el dinero de inmediato, sería todo lo contrario. Puesto que el dinero se degenera con el tiempo, si tengo dinero que no uso, te lo prestaré con mucho gusto, como lo haría con el pan que me sobrase. Si necesito dinero en el futuro, puedo saldar mis obligaciones o crear obligaciones nuevas con cualquiera de mi red que posea más dinero del que necesita ahora mismo. De forma similar, cuando un cazador primitivo mataba a un animal grande, solía regalar la mayor parte de la carne en función del parentesco, el afecto personal y las necesidades de cada uno. Al igual que, con el dinero caduco, era mejor que muchas personas te debieran algo a quedarte con un montón de carne podrida, o incluso carne curada que debía ser transportada o almacenada. ¿Qué motivo habría para ello si tu comunidad es tan generosa contigo como tú lo eres con ella? La seguridad se derivaba de compartir. La buena suerte de tu vecina era la tuya también. Así lo explicaba un miembro de la tribu Pirahã cuando se le preguntó sobre el almacenamiento de alimentos: "Almaceno carne en la barriga de mi hermano".[40] O considera el concepto de riqueza de los !Kung San, reflejado en la siguiente conversación entre el antropólogo Richard Lee y un hombre de dicha tribu llamado !Xoma:

---

40. Everett, "Cultural Constraints on Grammar and Cognition in Pirahã" (Restricciones culturales sobre la gramática y la cognición en los pirahã).

Pregunté a !Xoma: "¿Qué hace que un hombre sea *//kaiha* [hombre rico], que tenga muchos *//kai* [abalorios y otros objetos de valor] en su choza?

"Guardar *//kai* no te convierte en *//kaiha*", respondió !Xoma. "Llamaríamos *//kaiha* a una persona que hace circular muchos bienes".

Lo que !Xoma parecía decir era que la riqueza no consistía en el número de bienes sino en el número de amigos. La persona rica se calibraba según la frecuencia de sus transacciones, y no según el inventario de mercancías que poseyera.[41]

La riqueza en un sistema de dinero libre se convierte en algo parecido al modelo del Pacífico Noroccidental o Melanesia, donde un líder "actúa como puesto de intercambio de bienes que fluyen recíprocamente entre su propio colectivo y otros grupos semejantes de la sociedad".[42] El estatus no se asociaba con la acumulación de dinero o de posesiones sino con la enorme responsabilidad de ser generoso. ¿Te imaginas una sociedad en la que el mayor prestigio, poder y liderazgo recayera en quienes mostraran una mayor propensión y capacidad de dar?

Eso es lo que sucedía en las sociedades arcaicas, donde el estatus se adquiría a través de la generosidad, y esta producía a su vez gratitud y obligación. Para ser señor o rey, había que celebrar suntuosos festines y hacer regalos espléndidos tanto a los iguales como a los súbditos. Encontramos un ejemplo especialmente claro de esto en el *Cantar de los nibelungos*, la gran saga germánica de la Alta Edad Media que se inspira en fuentes muy anteriores. Cuando Krimilda, viuda del gran héroe Sigfrido, comienza a regalar generosamente las

---

41. Lee, *The Dobe !Kung*, 101.
42. Sahlins, *Stone Age Economics* (Economía de la Edad de Piedra), 209.

provisiones que heredó de su esposo, el rey se siente tan amenazado que ordena que la ejecuten y arrojen el tesoro al río Rin (¡donde permanece hasta nuestros días!). La autoridad del rey se sustentaba en los obsequios, y esa autoridad se vio minada cuando otra persona empezó a repartir regalos mayores que los suyos.

Los préstamos a interés cero en una economía de dinero libre serían análogos a los obsequios de antaño. Aunque pareciera que tales préstamos violaran el principio del obsequio –que dictaba no especificar de antemano el obsequio recíproco–, sí constituyen regalos: no de dinero sino del uso de dinero. En la antigüedad, era la sociedad la que determinaba las obligaciones y expectativas generadas por los obsequios. Lo mismo ocurre en este caso: la sociedad se determina en forma de contratos, acuerdos, leyes, etc. Bajo esas formas específicas, la dinámica es la misma: aquellos que tienen más de lo que necesitan se lo dan a los demás. Es así de simple, una expresión de la generosidad innata del ser humano de la que hablé en el Capítulo 1. Lo único que hace falta es un sistema monetario que fomente, y no impida, esa generosidad. No se requiere ningún cambio milagroso de la naturaleza humana. Tal como lo describo en *The Ascent of Humanity:*

En un sistema basado en el interés, la seguridad proviene de la acumulación de capital, mientras que, en un sistema de sobrestadía, proviene de tener canales productivos a través de los cuales mover el dinero, convirtiéndose en un nexo del flujo de riqueza en lugar de un punto para su acumulación. Es decir, se centra en las relaciones y no en las posesiones. Esto armoniza con un sentido distinto del ser, que no se afirma por encerrar una parte cada vez mayor del mundo en los confines del yo y de lo mío, sino por desarrollar y ahondar en las relaciones con los demás. Promulga, así, la reciprocidad, el compartir y la rápida circulación de la riqueza.

Hay quien se pregunta si, al igual que sucede con la inflación, una divisa a interés negativo no estimularía un consumo aún mayor. En términos económicos, esto solo ocurriría si la tasa de sobrestadía fuera demasiado elevada, lo cual llevaría a una preferencia por los bienes, frente al dinero, como acumulación de valor.[43] Los dos deberían ser equivalentes. Pero investiguemos esta cuestión en mayor profundidad. Cuando describo una divisa de la abundancia, la gente protesta: "Pero sí que vivimos en un mundo de escasez. Los recursos naturales son finitos, y ya los hemos agotado casi todos. El problema consiste en que los hemos tratado como si fueran ilimitados". Por consiguiente, se podría pensar que una divisa, y una actitud, de la abundancia es lo último que necesitamos.

En respuesta a dicha preocupación, planteémonos primero si nuestra divisa de la escasez ha restringido realmente nuestro consumo de recursos escasos. No ha sido así. La escasez del dinero no ha hecho más que agravar la conversión de recursos en dinero. La actitud que ha desencadenado el agotamiento de nuestro procomún natural es una actitud de escasez, no de abundancia. La competencia y la acu-

---

43. Si la tasa de sobrestadía fuera demasiado elevada, también podrían darse inversiones de capital especulativas, lo cual desembocaría en sobrecapacidad, inflación y un ciclo de auge y caída. La Fed, o el banco central en cuestión, tendría que cumplir las mismas funciones que (supuestamente) cumple hoy, moderando el recalentamiento de la economía mediante la subida de tipos de interés (aproximando la tasa de sobrestadía a cero). Incluso podría darse algún caso futuro en el que esto resulte apropiado para llevar los tipos de interés a terreno positivo. Un ejemplo de ello sería en tiempos de elevado crecimiento económico, de modo que la tasa de interés sin riesgos sería inferior al índice de crecimiento económico, obviando así la concentración de riqueza que el interés suele provocar. Sin embargo, creo que se trata de un caso poco probable cuando el crecimiento ya no está subvencionado por la disminución insostenible de los recursos naturales, ni cuando la recuperación del capital social ha reducido el sector de los servicios remunerados.

mulación de más medios de los necesarios son respuestas naturales a nuestra percepción de la escasez de recursos. El obsceno despilfarro y exceso de consumo de nuestra sociedad surge de nuestra pobreza: el déficit que aflige al ser individual y separado, la escasez del dinero en un sistema basado en el interés, la pobreza relacional causada por la ruptura de nuestros lazos tanto con la comunidad como con la naturaleza, la constante presión por hacer cualquier cosa, lo que sea, para ganarse la vida. Por el contrario, la respuesta natural a un entorno de abundancia es la generosidad y el compartir, tanto en el ámbito humano como más allá. ¿Qué, si no la inseguridad, es lo que origina nuestra frenética carrera por convertir la naturaleza en mercancías que ni siquiera colman necesidades reales?

Piénsalo: Cuando alguien compra cincuenta pares de zapatos, ¿se trata de una actitud de escasez o de abundancia? La persona que se compra un tercer deportivo y una casa de mil metros cuadrados, ¿es una persona segura o insegura? ¿De dónde salen esas ansias de poseer, dominar y controlar? De un ser solitario, desamparado, en medio de un mundo hostil y egoísta.

El dinero libre encarna las enseñanzas espirituales de la abundancia, la interrelación y la temporalidad. Sin embargo, esas enseñanzas presentan una verdad que está en conflicto con el mundo que hemos creado de acuerdo a nuestras creencias, sobre todo las que componen el Relato del Dinero. Es hora de habituarse a un nuevo mundo, en el que ya no pretendamos hacernos ricos ahorrando, acaparando y poseyendo; un mundo en el que seremos ricos por el hecho de dar. Los maestros de la Nueva Era que propugnan la "programación para la prosperidad", a los cuales critiqué en el Capítulo 6, en realidad anuncian una verdad importante: que necesitamos asumir una actitud de la abundancia y crear un mundo que la represente.

Mi querida lectora, piénsalo: ¿realmente es propio de ti decir: "Te prestaré dinero, pero solo si me das aún más cambio."? Teniendo en cuenta que necesitamos dinero para vivir, ¿no es esa una fórmula para la esclavitud? Resulta significativo que el perdón de las deudas que caracterizó a Solón fue, en parte, una respuesta a la servidumbre endeudada de un creciente sector de la población. Los jóvenes de hoy se sienten esclavizados por sus deudas estudiantiles, los dueños de viviendas por sus hipotecas, y todas las naciones del Tercer Mundo por su deuda externa. El interés es esclavitud, una condición que degrada tanto al esclavo como al amo. No queremos nada de eso en el fondo de nuestro corazón.

Si le prestas dinero a alguien, ¿acaso te sentirías a gusto cargando a esa persona con dicha obligación para siempre? Eso es, en definitiva, el interés sobre la deuda: una forma de presión para que dicha deuda se salde. Representa la amenaza de que, si no devuelves esa suma, seguirá aumentando indefinidamente. Un crédito a interés cero o negativo conlleva cierta libertad porque elimina la amenaza de estar esclavizado por una deuda para toda la vida.[44] A mí, personalmente, me resulta bastante natural el interés negativo. Si presto dinero a una amiga y no me lo devuelve, llega un momento en el que me sale decir: "Olvídalo. No quiero presionarte con esto para siempre". No quiero aferrarme a lo viejo ni a las antiguas deudas. Un sistema monetario de interés negativo refuerza esa propensión saludable, innata en todos nosotros, a desprendernos del pasado, a pasar página y seguir adelante.

---

44. Esto no significa que los acreedores no pudieran ejecutar el aval o conseguir que los tribunales implementasen sentencias de cobro contra los deudores que no pagasen sus cuotas en el plazo establecido. Pero sí significaría que, cuanto más tiempo esperasen, menos podrían cobrar.

CAPÍTULO 13

LAS ECONOMÍAS DE ESTADO ESTACIONARIO Y DEL DECRECIMIENTO

En un mundo finito, el crecimiento infinito del consumo material es una imposibilidad.

—E. F. Schumacher

REPLANTEAMIENTO DE LA SOSTENIBILIDAD

En los dos últimos capítulos se ha delineado una economía que es sostenible ya que incorpora las limitaciones ecológicas del planeta y puede prosperar sin la necesidad estructural de un crecimiento ilimitado del consumo. Pero ¿la sostenibilidad ha de ser nuestra mayor aspiración?

Desde hace mucho tiempo, pierdo la paciencia con el concepto de "sostenibilidad", como si eso fuera un fin en sí mismo. ¿No es más importante pensar en qué es lo que queremos sostener y, por consiguiente, crear? Existen muchas cosas bellas y necesarias que no son sostenibles, como por ejemplo el embarazo. Me alienta saber que hoy se empieza a pensar más en términos de transición que de sostenibilidad. La transición que estamos realizando nos llevará a un modo de vida mucho más sostenible que el actual, pero ese no es el objetivo final, al igual que el objetivo último de la vida no es simplemente mantenerse vivo.

Un concepto central de la *sacroeconomía* es que representa una extensión de la ecología, y no una excepción, lo cual nos obliga a preguntarnos: ¿La naturaleza es fundamentalmente estable, sostenible o armoniosa? ¿Posee las características que buscamos en una sociedad? Hay quienes rechazan la idea de que la naturaleza sea armoniosa o equilibrada, haciendo hincapié en sus aspectos más crueles, competitivos y derrochadores. Tal postura encierra profundas implicaciones ideológicas, pues justifica el plan del Ascenso: dominar la naturaleza mediante la ciencia y la tecnología. Las personas que simpatizan con esta visión también suelen tener una perspectiva hobbesiana de la sociedad primitiva y de la naturaleza humana, ya que ven la civilización, con sus métodos de control social, como una gran mejora frente a los tiempos primarios y salvajes. Esto forma parte del Relato del Ascenso, que consiste en superar nuestra naturaleza animal para entrar en un reino exclusivamente humano.

La visión de la naturaleza como un enorme campo competitivo donde organismos individuales libran una lucha darwiniana por la supervivencia repercute en muchos aspectos de la teoría económica. En la biología, este paradigma se está cuestionando cada vez más, pero su traslación a la economía sigue siendo la nota dominante entre la mayoría de economistas y políticos. Del mismo modo que los "genes egoístas" de Darwin supuestamente maximizan su propio interés reproductivo, el "hombre económico" de Adam Smith busca maximizar su propio interés económico. Se trata de un supuesto básico de la economía, fundamental en la formulación de la ley de la oferta y la demanda.

Durante las dos últimas décadas se ha producido un importantísimo cambio de paradigma en la biología que hace hincapié en la cooperación, la simbiosis y el mantenimiento homeostático de entes más grandes que el organismo individual. Es más, se ha puesto en tela de juicio el propio concepto de integridad genética debido a nuevos descubrimientos que demuestran la importancia del intercambio de genes más allá de las fronteras de los organismos y las especies. La caída del paradigma de los seres separados y competitivos en la biología se corresponde con avances similares en la psicología, la sociología y, en efecto, la economía. La competición y la "supremacía del más fuerte" ya no valen como axiomas en ningún campo.

Esto no quiere decir que la competición sea irrelevante, ni que la naturaleza sea inmutable. Los procesos insostenibles sí se dan en la naturaleza, y no son ninguna aberración; además también cumplen un propósito: el de propulsar los sistemas de una fase a otra.

En una conferencia que di recientemente, alguien del público objetó a mi visión de la ley del retorno al observar que, en algunos casos, los sistemas naturales sí producen gran cantidad de productos de desecho inaprovechables para cualquier otro organismo y que contaminan el medio ambiente para todos. Quizás se refiriese a la crisis del oxígeno precámbrica, cuando emergieron los organismos fotosintéticos y "envenenaron" la atmósfera con su producto de desecho: el oxígeno. La perspectiva clásica nos dice que aquel fallo de la naturaleza habría provocado el fin de la vida en la Tierra si no hubiera sido por la fortuita aparición de los organismos aerobios y su capacidad de eliminar el oxígeno de la atmósfera. Dicha mutación no formaba parte de la armonía natural sino que fue un hecho azaroso muy poco probable. La conclusión es que no podemos confiar en la armonía de la naturaleza, que siempre estamos al borde de una catástrofe y que, por tanto, debemos ejercer un control tecnológico sobre la naturaleza, el cuerpo y la condición humana. Esta es la ideología del Ascenso, congruente con la doctrina del crecimiento económico y adverso al ideal de una economía de estado estacionario. Mi interlocutor no fue tan lejos, pero básicamente pretendía decirme que no recurriera a las leyes naturales para justificar una economía de estado estacionario o crecimiento cero.

Quisiera integrar el fenómeno de las catástrofes en un contexto más amplio. Es cierto que en la naturaleza existen bucles de retroalimentación positiva, como la crisis del oxígeno precámbrica, que aparecen en momentos de trasformación muy particulares. Por ejemplo, el proceso de la gestación viene dado por una cascada de retroalimentación positiva de hormonas que se refuerzan y se aumentan a sí mismas. El parto es un proceso insostenible (la madre moriría si durase demasiado) pero una vez cumplida su función, la madre vuelve a la homeostasis. Las fases de retroalimentación positiva llevan a un organismo o ecosistema de un antiguo estado estacionario a una nueva fase.

El dinero se puede ver desde un prisma idéntico. Junto con la tecnología, el dinero es una de las "hormonas" clave del meta-organismo humano que nos impulsa por un camino insostenible hacia un estado nuevo. La tecnología se desarrolla sobre la base de la tecnología del pasado y crea problemas que requieren aún más soluciones tecnológicas. Del mismo modo, el capital crece sobre la base de capital anterior y se crea como deuda con intereses, lo cual requiere la creación de cantidades de dinero exponencialmente mayores en el futuro. Esto resulta insostenible, ciertamente, pero solo es antinatural si intentamos sostenerlo más allá de su tiempo. Los procesos de retroalimentación positiva siempre se topan con un límite. Las contracciones de la Tierra se intensifican, pero solo hasta cierto punto –y entonces nace un bebé–. Lo que vemos como una alarmante curva de crecimiento exponencial forma parte, en realidad, de una curva de transición entre fases.

LA TRANSICIÓN AL ESTADO ESTACIONARIO: ¿CHOQUE LEVE O COLISIÓN?

Las Figuras 2, 3, 4 y 5 ilustran esta cuestión. La línea sólida representa el crecimiento del dinero, la población, el consumo energético, el uso de recursos, las emisiones de CO_2 y de muchas otras cosas hasta la actualidad. Es una curva exponencial. Las líneas de puntos reproducen cuatro futuros posibles. La Figura 2 representa el mito tecnotópico del Ascenso, según el cual el crecimiento exponencial puede continuar indefinidamente, y lo hará a medida que conquistemos la galaxia y el universo. Nos dice que cuando crezcamos más allá de los límites de la Tierra, colonizaremos las estrellas y terraformaremos nuevos planetas; y que la infinidad del universo contendrá nuestro infinito crecimiento exponencial.

La Figura 2 representa la política económica que se sigue practicando hoy en día. Aunque muchos reconocemos que el crecimiento exponencial continuado amenaza la base de la vida en la Tierra, esta comprensión no se ha infiltrado todavía en el discurso de la economía convencional, que sigue centrado en el crecimiento.

Los más pesimistas temen que la continuación de lo que hasta ahora ha sido una curva exponencial tendría el inevitable resultado que se muestra en la Figura 3: un desplome catastrófico que nos llevaría de regreso al punto de partida. Esta es, en esencia, la predicción de los "colapsistas" de los movimientos anticivilización y del Pico del Petróleo, que comparan nuestra condición actual con la demografía de animales como las langostas de tierra, cuyo

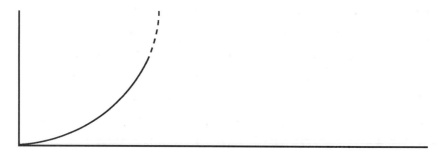

Figura 2. Crecimiento exponencial continuado

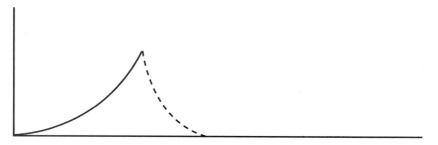

Figura 3. Pico y colapso

enorme estallido demográfico supera con creces la capacidad de la zona y va seguido de un desplome de la población. Según este razonamiento, también nosotros vivimos muy por encima de la capacidad de carga de la Tierra, por lo que la implosión demográfica será irremediable.

Las hipótesis catastrofistas tales como el Armagedón, la popularización de las profecías del 2012 o la predicción de otros acontecimientos cataclísmicos del fin del mundo poseen un atractivo emocional, que confieso haber sentido yo mismo alguna vez. Una parte de mí quiere huir, y no soy el único. Somos muchos los que estamos cansados del mundo moderno, con su violencia, alienación, pobreza y apatía, y perdemos la esperanza de poder cambiarlo alguna vez. Por eso nos seduce la idea de que un acontecimiento lo haga por nosotros, ya sea una tecnología milagrosa, o Jesucristo que vuelve para salvarnos, o los extraterrestres o incluso un cataclismo geológico, social o económico. Muchos pensadores "colapsistas" también se sienten atraídos por lo que podría seguir al colapso: una sociedad comunal y menos tecnológica que esté conectada a la naturaleza, el espíritu y las viejas costumbres. Es más, la perspectiva de un desplome económico o medioambiental gratifica a nuestra ansia de venganza, esa parte de nosotros que desea castigar a los malvados y poder decirles: "¡Se lo advertimos!".

Pero, por desgracia, tales escenarios de colapso conllevarían el inmenso sufrimiento de cientos o miles de millones de víctimas. Por otro lado, implicaría desmontar totalmente la estructura de la civilización, tanto lo bueno como lo malo. Eso sería aceptable si la tecnología y la cultura fueran un error, pero creo que nuestros dones, como los de cualquier otro ser, tienen un propósito, un propósito que no hemos descubierto aún. Estamos emergiendo de la infancia, y las crisis que hemos creado nos brindan la primera oportunidad de emplear nuestros dones para su verdadero propósito. Rechazar esos obsequios por completo representa una forma sutil de esa misma mentalidad de la Separación que nos ha llevado a exaltar nuestra superioridad sobre el resto de la naturaleza, porque ambas actitudes constituyen una especie de excepcionalismo antropocéntrico. ¿Acaso no podemos reencontrarnos con la naturaleza como especie madura?

Teniendo en cuenta lo anterior, ofrezco dos curvas adicionales que cuadran igualmente con los datos de los que disponemos hasta ahora. La Figura 4 muestra una curva bastante común en la naturaleza: un período de crecimiento rápido que se va ralentizando hasta llegar a un estado estacionario. Esta curva podría ilustrar el crecimiento de un humano adolescente, la biomasa total de una

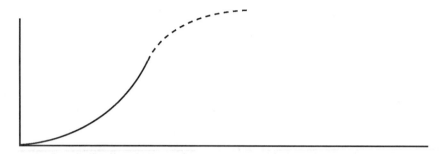

Figura 4. Caída gradual al estado estacionario

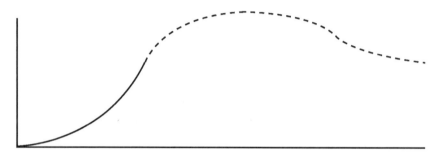

Figura 5. Pico y estado estacionario subsiguiente

vegetación que rebrota en un terreno infértil o la población de bacterias introducida nuevamente en una placa de Petri con un suministro de alimentos constante. La Figura 5 representa otro patrón habitual: un pico por encima de los niveles sostenibles a largo plazo seguido de un declive gradual hacia el estado estacionario.

Las fases de crecimiento rápido impulsado por la competencia, seguidas de una fase de transición a un estado estacionario, son bastante frecuentes en la naturaleza. Pensemos en un ecosistema inmaduro con maleza y retoños que compiten por la luz del sol. Esto no es más que una fase de un proceso mayor que culmina en un bosque simbiótico, complejo, no lineal y estable. Al encontrarnos inmersos en una economía y una ideología comparables al ecosistema inmaduro, veíamos la competición feroz como ley natural. Pero quizás la humanidad también esté madurando, autoorganizándose en entes mutualistas donde la competencia y el crecimiento ya no son lo primordial.

De hecho, algunas estadísticas demográficas recientes no parecen predecir un fuerte descenso de la población sino una rápida deceleración del crecimiento. Podríamos presenciar o bien una estabilización demográfica al aproximarnos a la asíntota de unos ocho o nueve mil millones de personas (Figura 4) o bien un pico en torno a ese nivel seguido de un declive hacia el estado estacionario de unos dos mil millones (Figura 5). Si interpretamos estas curvas en términos económicos, o bien la monetización de la vida se demorará y se detendrá (es decir, el crecimiento económico se ralentizará gradualmente hasta que alcancemos el estado estacionario de una economía con crecimiento cero) o bien experimentará una leve contracción seguida de una estabilización a un nivel inferior (una renta per cápita más baja) que el actual. La Figura 4 ilustra el primer supuesto y la Figura 5 el segundo. Tanto en el ámbito demográfico como en el económico, preveo lo segundo.

Las estadísticas demográficas respaldan mi conjetura. A medida que un país se aproxima a la industrialización total, su índice de natalidad va disminuyendo –generalmente, a un ritmo inferior al índice de reemplazo de la población–. Esto supone una caída suave y natural de la población, y no una catastrófica defunción en masa. En un planeta en vías de curación, creo que tanto el PIB como la población alcanzarán su cénit en las próximas tres décadas, se estabilizarán y, a continuación, se irán contrayendo a un porcentaje menor por década hasta llegar a un nivel sostenible.[1] Esta tendencia ya ha comenzado: según las proyecciones hechas

---

1. El PIB tenderá a contraerse de forma más rápida y abrupta que la población, quizá en un 1% o 2% anual, o en un 50% por generación aproximadamente. Esto es a escala global, aunque habrá países en los que el crecimiento persista más tiempo que en otros.

por la ONU en 2006, la tasa mundial de fecundidad descendió en una década de 2,65 a 2,55 nacimientos por mujer. A lo largo del último medio siglo, los índices de fecundidad en los países más industrializados han caído de forma drástica, en la mayoría de los casos hasta niveles muy por debajo del nivel de reemplazo del 2,1. Resulta interesante que la correlación inversa entre el índice de desarrollo humano de una nación (IDH, una medida de bienestar que carece de muchos de los defectos del PIB) y su tasa de fecundidad se ha invertido en el extremo superior del IDH durante los últimos años. Es decir, el índice de fecundidad muestra signos de recuperación hasta niveles de reemplazo cuando el desarrollo económico se acerca a su fin.[2]

Con estas estadísticas, no pretendo otra cosa que sugerir una posibilidad. No trato de predecir el futuro pero creo que los estragos de la Separación, como la monetización del capital de la salud, provocarán una importante reducción de la fertilidad así como un aumento de la mortalidad durante el próximo medio siglo. La población mundial en el año 2100 podría ser moderadamente inferior a la actual y, en el plano económico, reclamaremos numerosos bienes privatizados y comercializados para reincorporarlos al ámbito del procomún y el obsequio. A medida que surjan nuevas formas de economía cooperativa para satisfacer las necesidades locales, gran parte de las mercancías de hoy dejarán de ser mercancía.

La severidad de la "protuberancia" de la Figura 5 depende de hasta qué punto sobrepasemos el nivel mínimo de sostenibilidad. A mi juicio, dejamos escapar la oportunidad de una transición sin

---

2. Yong, "Fertility Rates Climb Back Up" (Los índices de fertilidad vuelven a subir en los países más desarrollados)..

esfuerzo (Figura 4) en los años 60, que representó el verdadero cénit natural de la Era de la Separación. ¡Y hasta lo vislumbramos! Vislumbramos un mundo más hermoso que estaba a nuestro alcance. Los hippies lo percibieron y lo vivieron durante unos instantes de resplandor. Pero los viejos relatos pesaban demasiado y, en lugar de dejar que los hippies nos guiaran hacia un nuevo mundo, nosotros los arrastramos de vuelta al nuestro.

Cuanto más se alargue la Era de la Separación, más traumática será la transición, y más drástico y abrupto será el desplome hasta un nivel sostenible. En el caso extremo, se acercaría a la calamidad de la Figura 3. Por eso es tan importante proteger en la medida de lo posible lo que queda del procomún, limitar el crecimiento y conservar la riqueza real para poder sostener la vida tras el bache, es decir, "acelerar el descenso y mitigar su severidad". Incluso hoy, cuatro desaprovechadas décadas después del Gran Despertar de los años 60, no es demasiado tarde para amortiguar la caída.

EL DINERO SE CONTRAE, LA RIQUEZA CRECE

Hoy en día, la recesión económica es el "coco" que aterra a los legisladores, quienes la asocian (comprensiblemente) con el desempleo, la pobreza y la agitación social. Ya he explicado cómo un sistema de interés negativo permite que el crédito circule incluso en momentos de contracción económica, evitando de este modo la polarización de la riqueza y la espiral deflacionaria. Aun así, a muchas personas les espantaría que se instara al crecimiento económico negativo: ¿Eso no significaría, por definición, un empobrecimiento de la sociedad? ¿No supondría un declive del volumen de bienes y servicios disponibles para el bien social?

No, no significaría eso. El crecimiento negativo no conlleva la más mínima disminución de la riqueza, ni tampoco una menor disponibilidad de lo que denominamos "bienes y servicios". Recordemos que los bienes y servicios actuales se definen como cosas que se intercambian por dinero. Si se proporcionan mediante otro mecanismo no monetario, aunque la "economía" estadística se contraiga, puede seguir enriqueciéndose la economía real —aquello que la gente produce y hace para los demás—.

No mediré mis palabras: en este libro abogo por el decrecimiento —o contracción— de la economía, por una recesión que durará décadas o incluso siglos. El término "recesión" tiene connotaciones negativas hoy en día, claro está, pero lo único que significa realmente es un período de disminución. He de hacer hincapié en que no propongo, en absoluto, sacrificar nuestra calidad de vida para el bien del planeta. Lo que digo es que debemos reducir la función del dinero. Si en el futuro diversificamos los modos de compartir entre humanos, el crecimiento económico ya no tendrá el mismo significado que tiene hoy. No tenemos que hacernos más altruistas o abnegados, anteponiendo el bien de los demás al nuestro propio. ¡Cuánto nos aferramos a la equivalencia entre el dinero y el interés propio! Pero eso cambiará. A continuación, ilustraré con algunos ejemplos cómo la disminución del ámbito monetario puede enriquecernos a todos.

Actualmente existe ya un enorme sector de creación de programas informáticos que mueve muy poco dinero. Este libro lo he escrito en OpenOffice, un software que puede adquirirse por un donativo voluntario y que fue creado por una comunidad de programadores en su mayoría no remunerados. Se podría decir que a esos informáticos "se les paga" no con dinero, sino con la apreciación de sus compañeros, una especie de moneda social. Personalmente, prefiero ver su productividad como parte de una economía del obsequio, que naturalmente genera respeto y gratitud entre los miembros de la comunidad. Sea como sea, esta forma de producción no aparece en las estadísticas del PIB. Por lo tanto, resultaría fácil tener una "economía" en contracción que ofreciera una creciente cantidad y calidad de productos como estos. Cuantos más haya, menos dinero necesitaremos; y cuanto menos dinero necesitemos, más tiempo de ocio tendremos; y cuanto más tiempo de ocio tengamos, más aportaciones propias podremos hacer a la economía del obsequio.

Actualmente, existen numerosos tipos de bienes cuyos costos marginales de producción son prácticamente nulos. Este es el caso de la mayoría de los productos digitales, tales como el software, la música, las películas, etc. Puede que la producción de la primera unidad acarree unos costos considerables, pero a partir de ahí, el costo por unidad es básicamente cero. Por ese motivo, la industria ha intentado crear una escasez artificial mediante la protección de los derechos de autor y los planes de gestión de derechos digitales, entre otras medidas. Resulta bastante irracional que la única forma que tenemos de recompensar a los creadores de contenidos digitales sea poner sus productos a disposición de menos personas de las que podrían beneficiarse de ellos. Los bienes no escasos no deberían pagarse con una moneda escasa. De hecho, muchos productores de bienes no escasos han cesado en su intento de mantener esa escasez artificial e intentan ganar dinero solicitando donaciones voluntarias, vendiendo publicidad o cobrando por el soporte técnico, la formación o, en el caso de la música, los conciertos en directo. El tiempo, la atención y el espacio que ofrece una sala de conciertos, por ejemplo, sí es un recurso escaso, por lo que encaja mucho mejor en el ámbito del dinero. No obstante, el resultado final es el decrecimiento económico, como explica este autor:

Su idea, que es fantástica dentro de sus limitaciones, consiste básicamente en ofrecer contenidos gratuitos para aupar la monetización de los servicios auxiliaries: Linux distros [distribuciones] cobra por el soporte técnico y la personalización, las compañías discográficas venden copias certificadas como auténticas en locales céntricos, Phish vende entradas a conciertos, etc. Sin embargo, hay algo que no han considerado adecuadamente, y es que la suma total de dinero que se obtiene con tales servicios auxiliares es inferior al obtenido con contenidos registrados. … Las ventas de Encarta no han dado beneficios equivalentes al valor de intercambio que destruyó para Britannica et al. Y Wikipedia ha destruido miles de millones de valor monetario neto tanto para el sector de las enciclopedias en papel como para Encarta.[3]

Si esta tendencia continúa (y parece estar expandiéndose gracias a la creciente presencia de los medios tradicionales en Internet), presenciaremos un ejemplo perfecto de que la reducción de la economía (monetaria) es compatible con el crecimiento de la riqueza.

Los bienes digitales representan un caso extremo de un fenómeno más generalizado; son muchos los productos que tienden a unos costos marginales casi nulos. Por ejemplo, el costo marginal de producción por unidad de la mayoría de los fármacos es prácticamente insignificante hoy en día. Incluso los productos industriales al por mayor, como los tornillos, cuestan mucho menos que antes, no solo en términos de dinero y mano de obra sino de consumo energético en ocasiones. Esto se debe a la acumulación de décadas

---

3. Caron, "Abundance Creates Utility but Destroys Exchange Value" (La abundancia crea utilidad pero destruye el valor de intercambio). http://blog.p2pfoundation.net /abundancecreates-utility-but-destroys-exchange-value/2010/02/02.

o siglos de innovación. Es otro aspecto de nuestro legado divino –en este caso cultural más que natural– del que todo ser humano merece el mismo derecho a beneficiarse. La evolución hacia una *sacroeconomía* va de la mano de una transformación más general de la civilización. Ya se están produciendo cambios paralelamente en la medicina, la educación, la agricultura, la política, la ciencia y muchas otras instituciones de nuestra cultura; los cambios en cada uno de esos campos refuerzan los cambios en los demás. Esto mismo sucede con los efectos económicos del retorno a la medicina natural.

Hace tan solo uno o dos siglos, muy pocas personas pagaban por la asistencia médica, que se proporcionaba a través de una red informal de curanderas y médicos naturópatas y, para la mayoría de las enfermedades comunes, se recurría a remedios caseros de la abuela o del vecino. Los conocimientos sobre hierbas medicinales estaban muy extendidos y solían aplicarse desinteresadamente. Aunque se trate de un servicio totalmente profesionalizado, los beneficios potenciales de la medicina herbolaria (y de casi cualquier forma de medicina natural) son mucho menores que los de la medicina de alta tecnología. Comparada con los complejos procesos tecnológicos empleados en la industria farmacéutica, la medicina natural resulta barata de producir ya que las mejores plantas medicinales suelen ser "malas hierbas" que se encuentran en cualquier parte. La transición a la medicina herbaria y homeopática, así como a las diversas terapias holísticas que prosperan hoy en día, augura un decrecimiento económico sin deterioro alguno para nuestra calidad de vida.[4]

---

4. Hay aspectos en los que destaca la medicina tecnológica, sin duda. Resulta menos eficaz que la medicina herbaria en el tratamiento de gran parte de los males crónicos que afligen a la población actual, pero es insuperable en la mayoría de los casos de emergencia. No abogo por su fin, sino simplemente por que retroceda al ámbito adecuado. Lo mismo se puede decir de muchas otras instituciones sobredimensionadas que dominan nuestra sociedad.

Otro ámbito propicio para el decrecimiento económico es la arquitectura y el urbanismo. Además de distanciarnos de la comunidad, la naturaleza y la localidad, los fríos y alienantes suburbios que se han construido durante las dos últimas generaciones exigen un enorme consumo de recursos. Sin embargo, los arquitectos y constructores están redescubriendo las virtudes del diseño urbano de alta densidad, las viviendas más pequeñas, el urbanismo adaptado al transporte público y las urbanizaciones multiuso que reducen la cantidad de tránsito rodado. Todos estos cambios provocan una contracción de la economía porque disminuyen el consumo de "bienes" como carreteras, gasolina, madera, etc. El aumento de espacios públicos animados también reduce la necesidad de vivir en grandes espacios privados. Es más, la gente que vive en comunidad depende menos del entretenimiento prefabricado y tiene más facilidades para compartir y ayudarse mutuamente. Todo ello supone un descenso de actividades mediadas por el dinero.

LA DESINTERMEDIACIÓN Y LA REVOLUCIÓN P2P

Otra forma de contracción económica es la desintermediación que nos ha facilitado Internet. Desintermediación quiere decir eliminación de intermediarios: agentes, brókers y otros terceros. Consideremos el ejemplo de Craigslist, que según una estimación, ha destruido diez mil millones de dólares de ingresos anuales en el sector de los anuncios clasificados, reemplazando dicha suma con tan solo cien millones de ingresos propios.[5] Google también ha

---

5. Jarvis, "When Innovation Yields Efficiency" (Cuando la innovación produce eficiencia).

facilitado y abaratado los anuncios, no solo acaparando las ganancias publicitarias de medios ya existentes sino también reduciendo el gasto publicitario total del conjunto de la industria comercial. (Este gasto cayó en un 9% en 2009). La publicidad se ha vuelto más barata y, por consiguiente, más ubicua; aun así, el tamaño total del sector publicitario ha alcanzado su cúspide. Ciertamente, estamos atravesando un momento de "pico publicitario", en el que el procomún de la atención pública ha alcanzado la saturación. Espero que a nadie le entristezca demasiado el fin del crecimiento de la publicidad, que ha contribuido de forma significativa al crecimiento del PIB. Muchas de las funciones tradicionales de la publicidad y el marketing que una vez fueron servicios pagados se ofrecen gratuitamente hoy en día gracias a las redes sociales. De modo similar, la blogosfera ha reemplazado muchas de las funciones de la prensa tradicional, aunque también a un costo muy inferior. Y lo mismo se puede decir de las agencias de viajes, los corredores de bolsa, y muchos otros sectores donde los intermediarios se han vuelto superfluos. Todos estos factores contribuyen a la deflación económica.

La desintermediación y el software de código abierto forman parte de un fenómeno más amplio: la revolución P2P (red entre iguales). Las antiguas estructuras jerárquicas y centralizadas de distribución, circulación y producción requerían mucho dinero y esfuerzo humano para su administración. Además, por su propia naturaleza, aislaban a la gente en especialidades restringidas, imposibilitando el intercambio de obsequios.

La desintermediación está afectando incluso al sistema de crédito, subvirtiendo el papel tradicional de los bancos como intermediarios financieros entre inversionistas y prestamistas. Las empresas presciden de los bancos al obtener su financiación directamente de los mercados de dinero, mientras que las nuevas webs de préstamos P2P como LendingClub y Prosper.com permiten que las personas se presten dinero directamente entre sí. Los círculos de concesión de créditos comerciales, los sistemas de factoraje mutuo y las redes de trueque comercial, de los que hablaré más adelante, son otros ejemplos de cómo la informática está mermando la función de las instituciones intermediarias centralizadas. Todos estos avances provocarán un descenso del PIB debido a la reducción de gastos en "servicios financieros".

Estos servicios de "economía informática" cada vez más baratos repercuten en la producción de un gran número de sectores; el decrecimiento es contagioso. Y sucede incluso en lo que consideramos sectores en crecimiento. En el 2000, por ejemplo, se gastaron 371 mil millones de dólares en hardware para PC, incluyendo impresoras, servicio técnico y almacenamiento de datos. Para el 2009, dicha suma había descendido a 326 mil millones. Esta caída no se debe a que estemos comprando menos computadoras, evidentemente, sino a un drástico descenso de los costos.

El modelo más común para ganar dinero en Internet es la publicidad, lo cual limita, básicamente, el volumen de la economía digital a la cantidad de anuncios publicitarios que la economía física puede soportar. Pero Internet está incluso canibalizándose a sí mismo: las webs que ofrecen reseñas de productos y búsquedas gratuitas de comparación de precios están haciendo obsoleta la propia publicidad de la que dependen para su subsistencia.

Lo que está teniendo lugar es una inversión del modelo de negocios que ha funcionado durante toda la historia de la humanidad: buscar algo que la gente hace para sí misma o para los demás en una economía del obsequio, quitárselo y luego vendérselo de nuevo. El Internet está permitiendo que las personas vuelvan a hacer cosas para sí mismas y para los demás de forma desinteresada. Eric Reasons comenta:

> El motivo por el que nos está costando tanto hallar maneras de monetizar diversos servicios online como Twitter, Facebook y YouTube quizá sea porque no pueden ser monetizados … o al menos no a un nivel equiparable a las industrias y servicios a los que suplantan. Esta es precisamente la dura lección que están aprendiendo los medios impresos en su intento de avanzar hacia un modelo online.[6]

El Internet representa una economía participativa del obsequio, una red P2P en la que no existe una distinción clara entre productor y consumidor. Cuando compartimos noticias, recomendaciones de productos, canciones, etc. con nuestras redes online, no cobramos por nuestro "servicio de información". Se trata de una economía de la generosidad. También el contenido de la mayoría de los sitios web es gratuito. Reasons concluye:

> Se nos pretende hacer creer que el futuro nos depara una economía basada en el conocimiento, pero nadie ha averiguado cómo se gana dinero de esta manera realmente. Incluso en el caso de los que se están lucrando (Craigslist, Google), sus ganancias son muy inferiores a las de los antiguos mercados a los que han perjudicado o casi eliminado con su innovación. Pero esto no se debe a que no hayamos dado aún con el plan de monetización idóneo. La innovación conlleva eficiencia pero no conlleva crecimiento, y eso está ejerciendo una presión deflacionaria sobre los sectores sobredimensionados. Es más, los principales

---

6. Reasons, "Innovative Deflation" (Deflación innovadora).

responsables somos nosotros, los usuarios finales, porque queremos dedicar nuestro tiempo libre a crear y a compartir, no solo a consumir.

Aunque esta reorientación hacia una economía participativa del obsequio sea algo nuevo, la amenaza de la sobrecapacidad y el desempleo lleva siglos atormentando al capitalismo, al indicar que no necesitamos trabajar tanto para sustentar la vida humana. De hecho, la inminente llegada de una era del ocio es algo que se vislumbra desde el inicio de la industrialización, con sus máquinas capaces de realizar el trabajo de "mil hombres". Pero la promesa implícita de que pronto solo tendremos que trabajar una milésima parte de lo que trabajamos no muestra ninguna señal de cumplirse. Y aquí estoy yo prometiéndolo de nuevo. ¿Esta visión resultará ser otro espejismo? No. La diferencia fundamental es que ya no dependeremos exclusivamente de la eficiencia de los avances tecnológicos para aumentar nuestro tiempo de ocio. La clave es el decrecimiento, no la eficiencia. Aunque parezca ilógico, el decrecimiento –la recesión económica– será lo que abra paso a la verdadera afluencia para todos.

En lugar de permitir que el progreso tecnológico libere mano de obra, la economía del crecimiento no hace más que destinar esa fuerza laboral a producir cada vez más cosas. En 1870 se necesitaban diez horas de trabajo para producir las necesidades vitales de un hogar, mientras que hoy se requiere solo una para producir esa misma cantidad de bienes. Por lo tanto, nuestro sistema actual conspira para hacernos consumir la misma cantidad que consumían diez hogares en 1870. Cuando se nos dice que el consumidor estadounidense es el motor del crecimiento económico mundial, se nos presenta una visión de la riqueza asociada a un consumo acelerado e indefinido: una computadora nueva cada mes, un automóvil nuevo cada año, una casa más grande cada cinco años: nuevo, más, más grande y mejor. Parece una locura pero, en nuestro sistema actual, se trata de una necesidad económica debido al acecho de la deflación, que espera el día en que el consumo ya no pueda seguirle el ritmo a la creciente productividad.

El cambio a la economía que describo no será abrupto, en mi opinión. Decantémonos por una actitud moderada y reconozcamos que rectificar los antiguos hábitos de la esclavitud requiere su tiempo. Preveo un índice de decrecimiento en torno al 2% anual, de modo que el uso de materias primas, la contaminación medioambiental y el tiempo que dedicamos a trabajar por dinero, y no por amor, se vayan reduciendo a la mitad con cada generación hasta que, dentro de unos doscientos años, el ritmo de decrecimiento se ralentice y lleguemos a una relación de equilibrio entre la economía y el planeta.

El sistema que describo ofrece una alternativa a ese futuro del "más, mejor y más grande" seguido de un colapso catastrófico. El interés negativo permite que la inversión productiva continúe y que el dinero siga circulando, aunque el rendimiento marginal del capital sea cero o menos de cero, al tiempo que una divisa respaldada por el procomún libera horas de trabajo para dedicarlas a fines no consumistas. A continuación describiré el tercer hilo de este tapiz: el dividendo social, que permite mantener el poder adquisitivo de los trabajadores sin necesidad de que dediquen su jornada completa a un empleo en la economía monetaria.

CAPÍTULO 14

EL DIVIDENDO SOCIAL

La mayoría de los hombres se sentirían insultados si se propusiera emplearlos en arrojar piedras por encima de un muro y luego tirarlas de vuelta, simplemente para ganarse un sueldo. Pero hoy hay muchos trabajadores en empleos no menos indignos.

—Henry David Thoreau

Está claro que las personas más desafortunadas son aquellas que deben hacer lo mismo una y otra vez, cada minuto, o quizá veinte veces por minuto. Estas personas merecen el horario más corto y el sueldo más alto.

—John Kenneth Galbraith

LA PARADOJA DEL OCIO

La historia de la tecnología es, en gran parte, la historia de los dispositivos que ahorran mano de obra. Una retroexcavadora de diésel es capaz de realizar la labor de quinientos hombres con palas; una niveladora, la de quinientos trabajadores con picos; y una computadora, la de quinientos contables tradicionales con papel y pluma. Tras siglos de avances tecnológicos, ¿por qué seguimos trabajando las mismas horas que siempre? ¿Por qué la mayoría de los habitantes de la Tierra sigue viviendo una experiencia de escasez en su día a día? Durante siglos, los futuristas han venido pronosticando una inminente era del ocio. ¿Por qué no ha llegado a ocurrir?

El motivo es que, en cada ocasión, hemos optado por producir más en lugar de trabajar menos. Hemos sido incapaces de elegir otra alternativa.

Bajo el sistema actual, resulta imposible aumentar el tiempo de ocio sin alguna forma de redistribución de la riqueza. Imaginemos lo que sucedería si, de pronto, se descubriera una tecnología mágica capaz de doblar la productividad de cada trabajador. Hoy, la misma cantidad de bienes está disponible por la mitad de precio. Si no aumenta la demanda (como sucedería en una economía de estado estacionario o de decrecimiento), la mitad de los trabajadores se volverán superfluos. Por consiguiente, las empresas que quieran mantener su competitividad se verán obligadas a despedir a la mitad de sus empleados, recortar su jornada laboral o pagarles menos. Los costos salariales se reducirán a la mitad ya que ningún empresario pagará a sus empleados una cantidad superior a los beneficios que aquellos le generan. Los trabajadores despedidos ya no tendrán dinero para comprar los productos, aunque su precio haya caído en un 50%; pese a que se producen más bienes con menos esfuerzo, el dinero para comprar esos bienes no llega finalmente a las personas que los podrían utilizar. El tiempo de ocio sí ha aumentado, desde luego; se llama "desempleo", y sus resultados son catastróficos: una veloz concentración de la riqueza, la deflación, la quiebra y demás fenómenos expuestos en el Capítulo 6.

La calamidad socioeconómica resultante puede evitarse de dos maneras: mediante la redistribución de la riqueza o mediante el crecimiento. Para lograr lo primero, bastaría con quitar dinero a los empleados para dárselo a los desempleados, subvencionar a las empresas para que sigan empleando a trabajadores superfluos o pagar una renta básica a todo el mundo al margen de que trabaje o no. Dichas políticas redistributivas disminuyen la riqueza y el poder relativos de los tenedores del capital. Otra solución, en el caso anterior, sería doblar la demanda para poder mantener el pleno empleo.

Dado que los ricos, que suelen tener el control de las cosas, no quieren que su riqueza sea redistribuida, la solución tradicional al problema de la sobreproducción y el subempleo consiste en generar crecimiento económico de algún modo, lo cual significa aumentar la demanda de bienes y servicios. Una forma de hacerlo es mediante la exportación, aunque esta solución no vale para todo el planeta en su conjunto, claro está. Otra forma de incrementar la demanda, como he explicado extensamente, es colonizar el ámbito no monetarizado para que la gente compre cosas que antes fueron gratis. Por último, podemos destruir el exceso de producción directamente por medio de las guerras y del derroche. Todas estas medidas mantienen a la gente trabajando duro aun cuando la demanda natural está sobresaturada.

La ideología del crecimiento, o Relato del Ascenso, alega que la demanda natural nunca puede saciarse, que es infinitamente elástica (en sentido ascendente). Presupone una oferta ilimitada de nuevos mercados, nuevas necesidades y nuevos deseos. Pero tal como he observado, el único objeto de deseo insaciable es el dinero. Esta creencia de que las necesidades y, por consiguiente, la demanda no conocen límites es lo que impulsa la locura que vemos hoy, así como la lógica económica que la justifica.[1]

---

1. La demanda infinitamente elástica, por ejemplo, justifica el eterno aplazamiento de una economía del ocio en base a la llamada "falacia de la carga de trabajo". Cambiaré el término a "falacia de la carga de trabajo" *(sigue en la pág. siguiente)*

En el pasado, siempre pudimos elegir qué hacer ante el aumento de la eficiencia: trabajar menos o consumir más. Pero obligados por un sistema monetario basado en el crecimiento, elegimos repetidamente lo segundo. En lugar de trabajar menos para satisfacer las necesidades existentes, hemos creado un sinfín de necesidades nuevas a saciar o, más frecuentemente, hemos trasferido necesidades del ámbito del obsequio al del dinero, o hemos intentado satisfacer necesidades infinitas con cosas finitas; esto ha impulsado nuestro ascenso, el desarrollo de nuestros dones físicos y mentales. El precio de este desarrollo para la naturaleza, la cultura, el espíritu y la humanidad ha sido elevado pero, aun así, no está exento de su legítimo propósito. Ahora que vivimos el agotamiento del procomún de la naturaleza y la cultura, el contexto de dicha elección (trabajar menos o consumir más) está experimentando un cambio.

---

1. *(viene de la pág. anterior)* porque según esta engañosa "falacia", la cantidad de mano de obra que la economía requiere puede crecer indefinidamente y, por lo tanto, los avances tecnológicos no nos permitirán reducir la semana laboral ni dedicar menos tiempo a la producción.

Un argumento similar, el de la paradoja de Jevons, se sustenta en el mismo supuesto fundamental. La paradoja de Jevons alega que una mayor eficiencia no conlleva un menor uso de recursos (inclusive mano de obra) sino todo lo contrario. Si se abarata el precio de la iluminación, por ejemplo, iluminaremos más. Si pasamos a usar bombillas fluorescentes compactas que consumen una quinta parte de electricidad, instalaremos cinco veces más; como son tan baratas, decido instalar unas en el jardín por si hacemos una fiesta allí el verano próximo. Aplicado a los factores de decrecimiento que he expuesto anteriormente, según la paradoja de Jevons, el menor costo de la publicidad generará aún más publicidad. Pero, una vez más, esta teoría presupone una elasticidad creciente e ilimitada de la demanda. Presupone que nuestra capacidad para consumir bombillas, publicidad, etc. es ilimitada. Una versión más sofisticada de este argumento afirmaría que, aunque la demanda se sature del todo en un sector determinado, cualquier mejora en la eficiencia liberará dinero que se destinará a otro sector. Es decir, se presupone que todas las necesidades son infinitas. Esta teoría lleva implícita el siguiente supuesto: que la cantidad de recursos naturales, expresiones culturales, etc. que se pueden trasladar al ámbito monetario no tiene límites. Antiguamente, daba la impresión de que los recursos naturales eran ilimitados, pero sus límites son más que evidentes hoy en día.

A medida que la Era del Ascenso toca a su fin y entablamos una nueva relación con la Tierra, aspiramos a dedicar esas facultades que hemos desarrollado a su verdadero propósito. La época del crecimiento se ha acabado; John Maynard Keynes ya describió esta transformación histórica de forma premonitoria en *Las consecuencias económicas de la paz*:

> Por un lado, las clases obreras aceptaron … una situación en la que poseían un trozo muy pequeño del pastel que ellos, la naturaleza y los capitalistas producían conjuntamente. Por otro lado, a las clases pudientes se les permitió apropiarse de la mejor parte del pastel, y eran libres de consumirlo en teoría, aunque bajo la condición tácita de que solo consumieran una pequeña parte en la práctica. El deber de "ahorrar" se convirtió prácticamente en una virtud, y el crecimiento del pastel en objeto de una verdadera religión. En torno al no consumo del pastel, se fomentaron todos aquellos instintos del puritanismo que, en otra época, significó retirarse del mundo y renunciar a las artes del placer y la producción. De este modo, el pastel creció; pero el propósito no se había contemplado con claridad. Se exhortaría a las personas a posponer, más que a abstenerse, y a cultivar los deleites de la seguridad y la previsión. Los ahorros eran para la vejez o para los hijos, pero esto era solo en teoría −la virtud del pastel era que nunca debía ser consumido, ni por uno mismo ni más adelante por los hijos−.[2]

A nivel colectivo, no consumir el pastel significa elegir el crecimiento por encima del ocio. Una tecnología de producción más

---

2. Keynes, *Economic Consequences of the Peace* (Las consecuencias económicas de la paz), 20; el énfasis es mío. Encontré este pasaje gracias a www.lump-of-labor.org.

eficaz nos permite o bien trabajar menos o bien seguir trabajando igual para producir más cosas. Nuestro sistema económico
representa y exige esta última opción. Aunque hoy asociamos
la economía "keynesiana" al estímulo fiscal, el propio Keynes
nunca vio el estímulo como una solución permanente. La sociedad estadounidense lleva setenta años impulsando la demanda de
forma artificial, mediante el gasto militar, la construcción de autopistas y los subsidios para acelerar la extracción, la construcción,
el consumo y el imperialismo. En nuestro intento por sostener el
crecimiento económico y para que la eficacia marginal del capital vaya por delante del interés, nos hemos quedado atrapados en
un patrón de aumento indefinido de la producción, aunque esos
productos sean innecesarios. Adaptándose a esta trampa y presuponiendo que nuestros deseos son infinitos, la teoría económica
nos dice que siempre "lo necesitaremos", que siempre hará falta
producir más y más, ya sea en un sector o en otro. Yo he descrito
este proceso de otra forma: como el agotamiento de un ámbito tras
otro del capital natural, social, cultural y espiritual. Keynes, que
vivió en el contexto ideológico del Ascenso, no lo expresó de modo
tan explícito, pero no cabe duda de que lo intuyó. El que hubiera
empleado el pasado verbal en el pasaje anterior sugiere, para mí al
menos, que algún día llegaría la hora de comerse el pastel, de optar
por trabajar menos en lugar de producir más.

Una tasa de interés positiva sin riesgo es la manifestación
económica de la exhortación "a cultivar los deleites de la seguridad
y la previsión" de la que habló Keynes o, en mis propias palabras,
de hipotecar el presente a favor del futuro, eligiendo la seguridad, o
algo que se le parece, por encima de la libertad. Y es que la lógica
económica que he expuesto también tiene una dimensión personal.
Durante la última era, hemos contado con un incentivo para elegir

el trabajo por encima del ocio, aunque no necesitáramos el dinero, porque el interés nos garantizaba que podríamos comprar aún más ocio en el futuro. Si nos absteníamos del placer y del ocio —y a menudo incluso de nuestros mejores impulsos— se nos prometía la versión económica del cielo: la jubilación anticipada. Pero al igual que sucede habitualmente en la religión, la promesa del cielo solo sirve para mantenernos encadenados. Ahora, sin embargo, nuestro tiempo de servidumbre llega a su fin; la acuciante condición del planeta exige que cesemos en nuestro empeño de "aumentar el pastel".

LA OBSOLESCENCIA DE LOS "EMPLEOS"

Desde los albores de la era industrial, hemos soportado el temor omnipresente de ser reemplazados por máquinas. Y, efectivamente, así ha sido para muchos: las máquinas han ido asumiendo funciones antes realizadas por humanos. La única manera de mantener el pleno empleo ha sido el crecimiento, pero aquí estoy yo instando al fin del crecimiento y del pleno empleo (remunerado). Así pues, dado que nos hallamos ante esa situación tan temida, examinemos el significado preciso de que la máquina reemplace nuestra mano de obra.

Para que un trabajo pueda ser realizado por una máquina, tiene que tratarse de una labor mecánica por definición. A medida que la sociedad se fue mecanizando, un número creciente de empleos asumió las características mecánicas de la uniformidad, la rutina y la estandarización. Esto era inevitable cuando el trabajo consistía en operar maquinaria o en participar, de algún modo, en procesos dominados por la máquina. Y aquí reside un motivo de ansiedad mucho más profundo: nuestro temor no es ser reemplazados por máquinas sino convertirnos en máquinas, en seres que viven y trabajan de forma mecánica.

El movimiento anti-máquina más conocido, los luditas de principios del siglo XIX, era muy consciente de ello. Según el investigador Kirkpatrick Sale, los luditas no sentían un odio ciego o supersticioso por la maquinaria pero sí creían que había que limitarla a su función apropiada. No solo estaban indignados por la pérdida de su medio de subsistencia sino también por la mala calidad de los productos, el tedio mortífero, el constante peligro y las condiciones deshumanizadoras de las fábricas. Se resistían, en suma, a la mecanización del trabajo. Sustituir la producción autónoma y altamente cualificada por el peligroso y degradante trabajo de fábrica supone una afronta al espíritu humano.

El objetivo de una economía compasiva, por tanto, no es proporcionar "trabajo", como parecen creer muchos políticos. En cierto sentido, una vez mecanizada la mano de obra ya es demasiado tarde; más vale que el trabajo inhumano lo realicen las máquinas. No puedo evitar comentar sobre la insensatez de las medidas económicas cuyo fin es crear más empleo, como si necesitáramos aún más bienes y servicios. ¿Por qué queremos crear más empleo? Para que la gente tenga dinero para vivir. Pero si ese es el propósito, podrían dedicarse igualmente a cavar hoyos en la tierra y rellenarlos otra vez, como bromeaba Keynes. Las políticas económicas actuales intentan eso justamente: basta con fijarse en los actuales esfuerzos por revitalizar el sector de la construcción, ¡en un momento en el que hay 19 millones de viviendas vacías en Estados Unidos![3] ¿No sería preferible pagar a la gente por no hacer

---

3. Es más, millones de viviendas son mucho más grandes de lo necesario. En algunos países, treinta personas viven tranquilamente en el mismo espacio que habita una familia estadounidense de clase media alta. Resulta *(sigue en la pág. siguiente)*

nada en absoluto y liberar así su energía creativa para dedicarse a las necesidades urgentes del mundo?

Es evidente que nos enfrentamos a la necesidad de crecer menos, trabajar menos y centrar nuestras energías en otras cosas, y disponemos de los medios para hacerlo. Es hora de cumplir la antigua promesa de la industria: que la tecnología permitirá una reducción drástica de la semana laboral y dará paso a una "era del ocio". Desafortunadamente, el término ocio posee connotaciones frívolas y de disipación que chocan con las acuciantes necesidades del planeta y de sus habitantes en este cambio de era. Hay una enorme cantidad de trabajo por hacer, trabajo congruente con el decrecimiento ya que no necesariamente generará productos vendibles. Hay bosques que replantar, personas enfermas a las que cuidar, un planeta entero que curar. Yo creo que vamos a estar muy ocupados trabajando en proyectos profundamente importantes que ya no implicarán luchar contracorriente frente al flujo de dinero y el imperativo del crecimiento. Pero también creo que gozaremos de más ocio verdadero —disfrutar de la abundancia de tiempo— que hoy. La escasez de tiempo es una de las razones por las que sobreconsumimos, tratando así de compensar la pérdida de la más primordial de las riquezas. El tiempo es vida, y la auténtica riqueza es tener soberanía sobre nuestro propio tiempo.

Hasta ahora he descrito un sistema que trasfiere los incentivos económicos a la preservación y expansión del ecosistema y del resto del procomún, permitiendo que el dinero fluya hacia quienes lo necesiten, sin necesidad de crecimiento. Pero existe una forma aún más radical de acabar con el principio de "el dinero se destinará a

---

3. *(viene de la pág. anterior)* interesante que la depresión económica esté empezando a invertir esa tendencia al aislamiento y la atomización de la familia a medida que los hijos adultos se ven obligados a volver a casa de sus padres o viceversa.

quienes más dinero generen" sobre el que se basa el sistema bancario actual. ¿Por qué no darle dinero a la gente sin más? ¿A todo el mundo?[4] Esta es la idea del "dividendo social" o "salario social" defendida en la década de 1920 por el ingeniero británico Major Douglas, fundador del movimiento del crédito social.

Dicha propuesta se fundamenta en razones tanto económicas como morales. Douglas, al igual que Marx, observó que los obreros recibían una porción cada vez menor de las ganancias a medida que la industria requería menos mano de obra y más capital, lo cual acababa provocando pobreza, la polarización de la riqueza y la depresión económica debido a la caída de la demanda. Para remediar esto, propuso emitir una cantidad suficiente de moneda fiduciaria para que todos los ciudadanos pudieran adquirir los productos de su propio trabajo, mediante el pago directo de cierta suma per capita y mediante un reembolso, o impuesto negativo, sobre la compra de artículos. Esta idea no dista tanto de la economía convencional como pudiera parecer; los cheques de estímulo económico que se enviaron a todos los hogares estadounidenses en 2008 representan una forma diluida de dividendo social, y su objetivo era lograr el mismo efecto que concibió Douglas:

---

4. Esto no implicaría una inflación permanente, siempre y cuando no aumentara la masa monetaria total. Sin embargo, en el sistema que aquí se esboza, hay muchas maneras de reducir la base monetaria para permitir un dividendo social que fuera neutro a la oferta de dinero. Aparte de los métodos tradicionales, como los impuestos y las operaciones del banco central en el mercado abierto, la masa monetaria también se podría controlar mediante el pago de una divisa respaldada por recursos naturales. Por último, una moneda "caduca" y un interés negativo sobre las reservas bancarias reducirían la oferta de dinero gracias a la tasa de sobrestadía. Si a la actual masa monetaria le aplicásemos una sobrestadía (interés negativo) del 5%, esto permitiría un pago anual de mil dólares por familia en dinero neutro a la masa monetaria. Y si se monetizan grandes cantidades de instrumentos de crédito mediante rescates bancarios, que quizá sean necesarios para salvar la infraestructura financiera, la tasa de sobrestadía podría generar ingresos al menos diez veces mayores.

proporcionar dinero a quienes lo gastaran a fin de contrarrestar la depresión económica.[5] No se trataba de una prestación social destinada exclusivamente a los pobres, sino de un incentivo al consumo dirigido a todos.

La alternativa del ocio y la redistribución va ganando credibilidad cuanto más persiste la recesión económica. En Alemania, se ha introducido el programa *Kurzarbeit*, o "trabajo corto", en el que se subvenciona una semana laboral más corta para prevenir el desempleo, lo cual niega de forma flagrante la falacia de la llamada "carga de trabajo" (ver nota 1). En lugar de despedir a un 20% de su plantilla, una empresa acorta la semana laboral de todos sus empleados en un 20% y la reducción salarial correspondiente se la reembolsa, en su mayor parte, el Gobierno. De este modo, los trabajadores pueden conservar sus empleos, trabajando un 20% menos con un recorte salarial de entre el 4 y el 8%.[6] Los resultados han sido sorprendentes: la tasa de desempleo alemana se mantuvo más baja de lo esperado durante la recesión y su sector de fabricación automovilística, donde esta medida se implementó con mayor vigor, no perdió ni un solo puesto de jornada completa durante la primera mitad de 2009.[7] El programa *Kurzarbeit* es comparable al dividendo social, aunque a escala limitada, y sus motivaciones económicas y humanitarias son similares.

El dividendo social también tiene una lógica filosófica o moral,

---

5. Claro que, al mismo tiempo, se estaban regalando cantidades de dinero público mucho mayores a esas mismas entidades financieras que contribuyeron a la crisis desde un principio.

6. Hassett, "U.S. Should Try Germany's Unemployment Medicine" (EE UU debería probar la medicina alemana contra el desempleo).

7. James, "Cure for U.S. Unemployment Could Lie in German-Style Job Sharing" (La cura para el desempleo en EE UU podría radicar en una distribución del trabajo al estilo alemán).

que conocí por primera vez cuando, de adolescente, leí un cuento de Philip José Farmer titulado *Jinetes del salario púrpura*. Haciéndose eco del pensamiento de Douglas, Farmer argumentaba que la tecnología industrial ha provisto a la humanidad de una riqueza tan vasta y de tan fácil acceso que nadie debería tener que trabajar mucho para obtener las necesidades de la vida. La afluencia fácil que nos brindan la tecnología y la riqueza natural de la tierra es el tesoro colectivo de toda la raza humana; el mero hecho de nacer autoriza a cualquier persona a ser partícipe de ella. Sin duda, nadie tiene más derecho que los demás a beneficiarse de los inventos de Robert Boyle o Thomas Edison, por ejemplo, por no hablar del amplísimo contexto cultural que hizo posible su trabajo. Ninguno de nosotros tenemos más derecho a ese legado cultural que a la tierra o al genoma. Todo ello nos llega como regalo de la humanidad en su conjunto; es un obsequio de nuestros antepasados, al igual que el suelo es un obsequio de la Tierra, la Naturaleza o el Creador.

Pero no aceptemos sin pensar el simplismo de mi frase anterior "la afluencia fácil que nos brinda la tecnología". Esta afirmación lleva implícita la ideología del Ascenso, que, como ya he explicado, va ligada a la ideología del crecimiento económico ilimitado. Pese al ahorro de trabajo que deberían conllevar tantos siglos de tecnología, por algún motivo nuestro tiempo de ocio no es menor al de los cazadores-recolectores, los aldeanos neolíticos o los campesinos medievales. Y el motivo es la sobreproducción y el sobreconsumo de artículos que la tecnología es capaz de producir, frente a la infraproducción y el infraconsumo de aquello que no es capaz de producir. Esto último suelen ser cosas que desafían el control homogeneizador y despersonalizado del dinero: todo aquello que es único, íntimo y personal. Volveré a este tema más adelante pero, por ahora, limitémonos a observar lo fácil que es satisfacer esas necesidades que sí admiten la cuantificación. No deberíamos vernos obligados a trabajar mucho para obtener necesidades vitales como el alimento, la vestimenta o el cobijo. Desde luego, no deberíamos tener que trabajar más de veinte horas semanales, las que los aborígenes Kalahari dedicaban a subsistir en un desierto hostil, usando herramientas de la Edad de Piedra en 1970. Ni tampoco deberíamos sentirnos menos seguros ni más ansiosos por "ganarnos la vida" que los campesinos medievales con sus 150 días de fiesta religiosa.

LA VOLUNTAD DE TRABAJAR

¿Qué sistema descabellado antepone construir más viviendas innecesarias a rescatar huevos de tortugas marinas de un derrame de petróleo, por ejemplo? El motivo se reduce, en definitiva, a la rentabilidad que se obtiene con el agotamiento del procomún, lo cual convierte en meros actos de altruismo los esfuerzos por restaurar el bien común. Las propuestas que hago en este libro invertirán esa dinámica. Por un lado, la internalización de los costos redirigen el flujo del dinero y de la actividad humana, trasfiriéndolos del ámbito del consumo al ámbito de lo sagrado. Por otro, el dinero a interés negativo permite invertir capital en cosas que no generan beneficios económicos, acabando así con el menosprecio del futuro. Pero estas medidas por sí solas podrían ser insuficientes ya que parte del trabajo necesario para sanar el mundo resulta poco rentable.[8]

---

8. Cuando digo *poco rentable* me refiero a que la inversión genera un rendimiento negativo, incluso inferior a la tasa de sobrestadía. Se podría argumentar que, si se internalizaran todos los costos y se cuantificaran todos los efectos sobre la sociedad y sobre el ecosistema, cualquier actividad beneficiosa se volvería rentable. Sin embargo, la cuantificación de todo forma parte del problema. Es mejor dejar una porción del mundo sin cuantificar, en el ámbito del obsequio.

Esto suscita la pregunta: ¿cómo crear unas condiciones que permitan a la gente realizar trabajos importantes aunque no sean lucrativos? Al igual que sucede con la redistribución de la riqueza, existen básicamente dos vías posibles. Una es el dividendo social que, como he explicado, ya se implementa de forma diluida mediante los cheques de estímulo, los créditos fiscales, las prestaciones sociales, etc. El dividendo social nos concede la libertad económica de dedicarnos a actividades para las que ningún empresario nos contrataría (por no ser lucrativas) y que no producen nada vendible.

La segunda manera de fomentar el trabajo sin ánimo de lucro es que el Estado (u otra entidad) remunere a los ciudadanos por realizar esas labores loables y necesarias que hoy valoramos. El New Deal ya sentó precedente, al contratar a millones de desempleados, no solo para construir infraestructuras que generarían beneficios futuros, sino también para recopilar y preservar música popular y crear ámbitos recreativos, lo cual es, en esencia, una versión reducida del socialismo de Estado. El problema es que la administración centralizada tiende a desatender importantes necesidades, a fomentar el abuso de poder y el totalitarismo, y a desalentar la creatividad tanto del individuo como de las organizaciones sociales. El dividendo social, en cambio, supone confiar en que, liberados de las constricciones económicas, las personas elegirán trabajos positivos y necesarios de forma natural. Dichas elecciones naturales –fruto del deseo libre de coacción– nos ayudarán a identificar qué tipos de trabajo tienen un carácter sagrado.

Lo que está en juego son dos visiones conflictivas de la naturaleza humana y, por consiguiente, dos visiones de cómo organizar la sociedad. Una dice: "Libera a las personas de las exigencias económicas y realizarán trabajos valiosos". La otra dice: "Ofrece trabajos valiosos e induce a las personas a realizarlos imponiéndoles exigencias económicas". La primera visión confía en nuestro impulso creativo innato así como en nuestra capacidad de autogestión; la segunda relega a los legisladores la decisión de cómo distribuir el trabajo humano. Creo que ambos enfoques ocuparán su lugar durante mucho tiempo aún y que, a medida que los procesos políticos se vuelvan más participativos, autónomos y de base, llegará un momento en el que los dos se fundan en uno.

Una posible objeción al dividendo social u otras prestaciones sociales equivalentes es que la gente no tendría ninguna motivación para trabajar. Creemos que sin presiones ni incentivos los ciudadanos no harían absolutamente nada. ¿Para qué trabajar si ya tienes las necesidades básicas cubiertas? Según este enfoque, la escasez (incluso la escasez artificial) es algo positivo porque contrarresta la pereza innata del ser humano. De nuevo, esta lógica está vinculada a la lógica del control, la dominación y la guerra contra el yo. ¿Pero el ser humano se caracteriza realmente por una total falta de interés en el trabajo productivo? ¿De verdad necesitamos recompensas para incentivarnos a trabajar y penalizaciones para castigar nuestra indolencia?

O dicho de otro modo: ¿es propio de la naturaleza humana el afán de acaparar sin dar jamás?

Yo no lo creo. Mi experiencia, con la que algunos de los lectores se identificarán, es que pasé las épocas más dolorosas de mi vida cuando realicé trabajos que no me llenaban, porque no dedicaba mis facultades a un propósito en el que yo creyera. Recuerdo muy bien una reunión en una empresa de software taiwanesa donde trabajé como traductor y asesor empresarial cuando tenía veintitantos años. Hablábamos de una nueva tecnología de sonido 3D, o algo así, y todos los presentes parecían muy preocupados por las implicaciones que tenía para su producto. De pronto, tuve un momento de incredulidad: "Pero, ¿me están diciendo ustedes que esto les importa de verdad? A mí me da lo mismo si este u otro producto tiene sonido 3D". A continuación, sentí una tremenda desesperación al darme cuenta de que solo me importaba porque me pagaban para que me importara, y no podía imaginar una alternativa realista a esa situación. "¿Podré dedicarme alguna vez a algo que me interese realmente?", pensé. "¿Cuándo podré vivir mi vida, y no la que me pagan por vivir?"

Una premisa fundamental de este libro es que el ser humano siente el deseo natural de dar. Nacemos en la gratitud: los conocimientos que hemos recibido y el deseo de dar algo a cambio. En lugar de animar a las personas reacias a dar a los demás en contra de sus impulsos indolentes, la economía actual nos presiona para que neguemos nuestra generosidad innata y encaucemos nuestros dones hacia la perpetuación de un sistema que sirve a unos pocos. Una *sacroeconomía* es aquella que libera nuestro deseo de trabajar y nuestro anhelo de dar. Todas las personas que conozco tienen mucho que ofrecer, pero la mayoría siente que no puede dedicarse a labores no retribuidas económicamente. No es que sus habilidades no interesen a nadie; hay mucho trabajo valioso por hacer. El problema es que el dinero, tal y como lo conocemos, no conecta los dones con las necesidades. ¿Por qué tenemos que trabajar tanto para sobrevivir cuando nuestras necesidades podrían satisfacerse fácilmente con una parte diminuta de esa mano de obra (ya sea gracias a la tecnología o no)? Debido a la escasez que acarrea el dinero, por su propio diseño.

El supuesto de que la gente no quiere trabajar está muy arraigado en la economía, y esto está relacionado con algo aún más profundo: el Relato del Ser Separado. Si más para ti significa menos para mí, si tu bienestar es irrelevante para el mío, o incompatible con él, ¿qué motivación tengo yo para regalarle algo a alguien? El "gen egoísta" de la biología, que busca maximizar su propio interés reproductivo, es congruente con el "actor racional" de la economía, que busca maximizar su propio interés económico. Se presupone que no aspiramos a realizar ninguna labor beneficiosa para los demás si no sacamos algún provecho de ello. Como no estamos verdaderamente dispuestos a dar, hay que obligarnos, pagarnos por hacerlo.

Los libros de texto de economía hablan de la "desutilidad" del trabajo, lo cual presupone que si no se le "recompensa" con un salario, la gente preferirá naturalmente… ¿Hacer qué? ¿Consumir? ¿No hacer nada? ¿Entretenerse? La justificación de un sistema económico basado en la escasez va implícita en sus premisas, que encierran prejuicios muy arraigados sobre la naturaleza humana. Este libro parte de una visión distinta de la naturaleza humana: que somos seres fundamentalmente divinos, creativos y generosos; que el deseo de dar y de crear forman parte de nuestros anhelos más profundos. Para trasladar esta comprensión al sistema monetario, debemos encontrar maneras de recompensar generosamente las contribuciones a la sociedad, sin que esas recompensas se conviertan en una forma de presión ni de esclavitud.

La experiencia de la escasez no solo constituye un artefacto de nuestro sistema monetario; considerar la indolencia como una característica humana es una respuesta válida al tipo de trabajo que dicho sistema engendra. Si eres perezosa, descuidada, despistada, lenta o impuntual en el trabajo, de hecho quizá no se deba a tu carácter sino a tu alma que se rebela contra un trabajo que, en realidad, no quieres hacer. Es un toque de atención: "Llegó la hora de encontrar un trabajo consecuente: una labor que te permita dedicar tus facultades a una actividad que tenga auténtico sentido para ti". Si ignoras ese mensaje, tu subconsciente te lo impondrá a la fuerza mediante la depresión, el auto-sabotaje, la enfermedad o algún percance que te incapacite para seguir viviendo una vida incompatible con tu generosidad innata.

En una *sacroeconomía* la gente seguirá trabajando afanosamente, no por obligación sino por iniciativa propia. ¿Has reprimido alguna vez el deseo de dedicar tiempo o trabajo a una buena causa por no poder "permitírtelo"? El dividendo social libera nuestros dones para que fluyan hacia nuestras necesidades, armonizando el trabajo con el entusiasmo, la generosidad y la creatividad.

Aún así, muchas personas seguirán haciendo trabajos remunerados, ya sea para complementar el dividendo social (que probablemente cubriría solo necesidades de subsistencia) o porque les gustan esos trabajos en sí mismos. De todos modos, se trataría de una elección, y no de un imperativo. Al eliminar el mecanismo coactivo de "tener que ganarse la vida", habría poco mercado para los empleos tediosos o degradantes. A fin de atraer a trabajadores, las empresas se verán obligadas a ofrecer empleos importantes y condiciones laborales que respeten la dignidad humana. Existirán muchos puestos de trabajo así porque un sistema monetario basado en el procomún tenderá naturalmente a financiar e incentivar los esfuerzos por preservar y restaurar la riqueza común.

Resulta significativo que, incluso sin dividendo social, la gente ya realiza muchísimos trabajos no remunerados. Internet fue construido en su práctica totalidad por colaboradores voluntarios, desde los programas para servidores de código abierto hasta los contenidos gratuitos. Existen organizaciones enteras que se sustentan gracias al duro trabajo de voluntarios. No necesitamos incentivos económicos para trabajar; de hecho, damos lo mejor de nosotros mismos cuando no hay dinero de por medio.[9] ¿Cómo sería el mundo si se apoyase a las personas por realizar esas actividades hermosas que hoy suponen un difícil esfuerzo en contra de los imperativos económicos?

Sacroeconomía concibe un mundo donde la gente hace las cosas por amor, no por dinero. ¿Qué harías tú en una economía así? ¿Reciclarías un vertedero de desechos tóxicos? ¿Harías de "hermano mayor" para adolescentes con problemas? ¿Crearías refugios para víctimas del tráfico humano? ¿Reincorporarías especies en peligro de extinción a su medio natural? ¿Instalarías jardines en barrios urbanos? ¿Montarías espectáculos públicos? ¿Ayudarías a veteranos de guerra a adaptarse a la vida civil? ¿Qué harías si fueras liberado de la esclavitud del dinero? ¿Cómo visualizas tu propia vida, tu auténtica vida? Bajo las vidas suplentes que nos pagan por vivir, existe una vida verdadera, la de cada uno de nosotros.

Vivir plenamente implica actuar en consecuencia con esta cuestión: ¿para qué estoy aquí? La mayoría de los empleos actuales ignoran esa interrogante ya que, como es natural, no estamos aquí para trabajar en una línea de montaje, ni para vender productos, ni para cualquier otra actividad que contribuya al empobrecimiento humano o a la destrucción medioambiental. Nadie quiere hacer ese tipo de trabajo, en el fondo, y llegará un día en el que ya nadie tendrá que hacerlo.

---

9. Según algunos estudios realizados por psicólogos sociales y economistas, el dinero solo sirve de motivador en las tareas rutinarias y mecánicas. En cualquier labor que requiera creatividad y pensamiento conceptual, introducir incentivos económicos incluso puede impedir el rendimiento de la persona. Esto parece bastante obvio ya que tales incentivos la distraerían de la labor en cuestión. Véase el trabajo de Dan Pink para obtener más información sobre este tema.

¿QUIÉN RECOGERÁ LA BASURA?

¿Es este un planteamiento realista? Compartiré con ustedes una breve reflexión que escribí la primavera pasada.

Un mundo de esclavos

En el momento en que escribo esto me encuentro en un gran aeropuerto. Miles de personas realizan trabajos asociados a este aeropuerto, pero pocos de ellos son dignos para un ser humano.

Viajé desde mi hotel al aeropuerto en un autobús de enlace. Por el camino le hablé al conductor, un inmigrante peruano, de la charla que yo había dado este fin de semana y de mi visión de un mundo más bello. En cierto momento, para ilustrar esa visión, le dije: "Usted se pasa el día yendo y viniendo al aeropuerto una y otra vez. Seguro que habrá instantes en los que piense que no está en la Tierra para hacer esto".

"Sí, desde luego", me respondió.

Lo mismo me viene a la cabeza cuando observo a la cajera del quiosco del aeropuerto que teclea los precios de los artículos y le devuelve el cambio al cliente diciendo: "Gracias, señor, que pase un buen día". O cuando me fijo en el hombre que va de un contenedor de basura a otro, vacía la basura en su carro, cambia la bolsa de plástico, en silencio, con gesto sombrío y acartonado. ¿Qué clase de mundo hemos creado, donde el ser humano pasa todo el día haciendo tareas así? ¿En qué nos hemos convertido para que eso no nos indigne?

Los hombres y mujeres que trabajan en los mostradores de facturación o de la puerta de embarque quizá realicen una labor algo más estimulante, que posiblemente requiera no solo unas horas sino al menos días o semanas para aprenderla, pero, aun así, lo que hacen no llega a desarrollar la capacidad y la creatividad del ser humano (aunque resulte satisfactorio por otros motivos, como el servicio a los demás, complacer a la gente, relacionarse con ella, etc.). Y lo mismo sucede con los auxiliares de vuelo. Los pilotos, los controladores de tráfico aéreo y los mecánicos son los únicos de quienes se podría decir que ponen en práctica las facultades de aprendizaje de la mente humana durante más de unos cuantos meses.

A mí me resulta extraño que los peores de estos trabajos, los más brutales, sean también los peor pagados. Aunque entiendo las razones económicas, algo en mí se rebela contra esa lógica y quiere que los encargados del equipaje, los conductores y los cajeros ganen más, y no menos, que los pilotos.

Sin esos empleados no especializados, este aeropuerto y esta sociedad no funcionarían como lo hacen actualmente. Mi viaje depende de su mano de obra, por la que reciben un sueldo apenas suficiente para subsistir.

¿Por qué consienten en realizar tales tareas? No es porque aspiren a pasar el resto de sus días haciéndolo, evidentemente. Si se les pregunta por qué lo hacen, (a no ser que se sientan demasiado insultados para responder) te dirán: "Tengo que hacerlo. Debo ganarme la vida y este es el mejor trabajo que he podido encontrar".

Así pues, mi viaje de hoy solo es posible gracias a personas que hacen trabajos que no quieren hacer, por una cuestión de subsistencia. Ese es el significado de la expresión "ganarse la vida". Una amenaza a la subsistencia viene a ser, básicamente, una pistola en la sien. Si te obligo a trabajar para mí bajo amenaza de muerte, eres mi esclavo. En tanto que vivimos en un mundo que debe su funcionamiento a la mano de obra de muchos ciudadanos que realizan tareas indignas —no solo en los aeropuertos, claro está, sino también en las fábricas, las maquiladoras, las plantaciones y en casi todas partes—, se puede decir que vivimos en un mundo de esclavos. Cualquier cosa que obtengamos del trabajo esclavo conlleva un precio espiritual insoportable: un doloroso vacío o falta de integridad en lo más hondo de nuestro ser que nos hace avergonzarnos de mirar a las personas a los ojos.

¿Seremos capaces de seguir ignorando este hecho, resignándonos a vivir en un mundo de servidumbre? Quiero poder mirarle a los ojos a cualquier hombre o mujer a sabiendas de que no saco ningún provecho de su indignidad.

* * * *

También hay otro motivo más egoísta por el que me resisto a vivir en un mundo esclavizado: los productos del trabajo esclavo encarnan el espíritu con el que se crearon. ¿Quién si no un recluta produciría los objetos y edificios cutres, impersonales, tóxicos, feos y baratos que hoy nos rodean? ¿Quién si no un siervo se mostraría tan resentido y desagradable al ofrecer un servicio?[10] La gran mayoría de nuestros "bienes y servicios" están producidos por personas que solo lo hacen por dinero, que realizan ese trabajo por obligación únicamente. Quiero vivir en un mundo de objetos bellos creados por personas que disfrutan de su trabajo.

Cualquier persona indoctrinada en el prejuicio de que el trabajo es algo indeseable considerará ingenua mi propuesta de un sistema que no obligue a nadie a trabajar. ¿Quién cultivaría los alimentos? ¿Quién recogería la basura o barrería las calles? ¿Quién trabajaría en las fábricas? No digo que esas tareas ingratas se vayan a eliminar de la noche a la mañana, pero sí creo que irán disminuyendo gradualmente. Pese a los esfuerzos de los políticos por crear más empleo, y pese a los nuestros por seguir consumiendo cada vez más, ya hay menos empleos disponibles.

¿Pero quién recogerá la basura? ¿Debemos conformarnos con una sociedad en la que los peores trabajos se relegan a los menos afortunados, una sociedad en la que algunos tendrán que realizar tareas indignas, presionados por la necesidad de sobrevivir en un sistema basado en el dinero? Cuando aceptamos que algunos trabajos degradantes son imprescindibles y que nuestra economía debe obligar a algunas personas a hacerlos (o quedarse sin techo

---

10. El hecho de que muchas personas actúen con simpatía y amabilidad incluso en trabajos de este tipo demuestra la insaciable nobleza del espíritu humano.

ni comida), en el fondo, estamos consintiendo la esclavitud. "O lo haces, o mueres". Así pues, ¿es posible tener una economía moderna, con su detallada división del trabajo, que no precise de profesionales de la limpieza de retretes o de la recogida de basuras? Consideremos esta cuestión detenidamente, aplicada al prototipo del trabajo degradante: la recogida de basuras.[11]

Para empezar, ¿por qué necesitamos tener basureros? ¿Por qué hay tanta basura que recoger? Por la cantidad de trastos desechables que consumimos, porque no compostamos los restos de comida y porque usamos muchísimos envases que ni se reutilizan ni se reciclan. Los productos y envases desechables existen debido a su precio artificialmente bajo. Gran parte de los costos de extracción de recursos y de procesamiento industrial que se requieren para producir un envase están externalizados, al igual que el costo de desecharlos en depósitos de residuos e incineradores. Tal como propongo en el Capítulo 11, cuando estos costos se internalicen, la producción de desechables se volverá más cara y métodos como los envases rellenables asumirán una lógica económica, que se sumará a su lógica medioambiental. Algo similar sucede al compostar los restos de comida, ya que los huertos caseros tendrán un incentivo económico una vez se hayan eliminado los subsidios ocultos (transporte, agua, sustancias químicas, etc.) de los que disfruta la mega-agricultura lejana. No hay ninguna razón para generar tanta basura en realidad.[12]

La evolución de la recogida de basuras tendrá matices distintos a la evolución de la mano de obra industrial, los servicios de

---

11. Degradante según nuestra percepción, quiero decir. Cualquier trabajo que no sea violento hacia los demás puede realizarse con dignidad, jocosidad o amor.

12. El propio fenómeno de la basura es relativamente reciente. Mi ex esposa, que se crió en una zona rural de Taiwán a principios de la década *(sigue en la pág. siguiente)*

conserjería, el trabajo de cajero de supermercado o cualquiera de esas ocupaciones habitualmente ingratas y degradantes que hacen girar al mundo actual. Cada una de esas tareas será reducida o eliminada de forma diferente. Las pequeñas granjas de multicultivo, por ejemplo, eliminan una buena parte del trabajo monótono y denigrante de la agricultura. Los hostales, las posadas o el intercambio de alojamiento en línea reducen la necesidad de sirvientes profesionales en la hostelería. La tecnología, la mecanización y la robótica continuarán supliendo el empleo en las líneas de ensamblaje. Los incentivos para producir menos bienes, pero más duraderos, disminuirán el trabajo de fabricación y aumentarán el de mantenimiento y reparación, que es mucho menos rutinario y más gratificante. El diseño industrial tendrá nuevos incentivos para minimizar el tedio, en lugar de los costos, porque los puestos de trabajo se ocuparán según el deseo, y no la necesidad, de cada uno.

Pocas personas trabajarían voluntariamente ocho horas seguidas en una línea de montaje, o recogiendo interminables hileras de tomates, o limpiando baños todo el día si no fuera porque no les queda otra alternativa. Puesto que ofreceremos una alternativa a todo el mundo, la economía tendrá que evolucionar para eliminar tales empleos. No los eliminaremos por completo, pero fregar platos, limpiar baños o recoger tomates solo son labores tediosas y degradantes si las realizamos durante demasiado tiempo. Yo he trabajado en la granja orgánica de mi hermano y en una pequeña empresa de construcción. Ninguna de esas actividades eran opre-

---

12. *(viene de la pág. anterior)* de 1970, recuerda que ni siquiera había un camión de la basura en su pueblo. Todo se reutilizaba, se reciclaba, se compostaba o se quemaba. Incluso hoy, en Harrisburg (Pensilvania), sin grandes infraestructuras que fomenten el reciclaje y la reutilización, la cantidad de basura que se genera en mi casa es una cuarta parte de la que generan mis vecinos. Así pues, me parece razonable prever que, dentro de un par de décadas, quizá solo se requiera una décima parte de la recogida de basuras que existe hoy.

sivas porque trabajábamos a escala reducida y realizábamos una variedad de tareas. Claro que algunas eran tediosas, como excavar tres hileras de patatas o cortar ranuras en doscientos puntales, pero no las hacíamos durante varios días y normalmente iban acompañadas de cháchara o de ocasiones para la reflexión. Una temporada o dos recogiendo basura unas pocas horas al día, o lavando platos, o haciendo hamburguesas o limpiando habitaciones de hotel no resulta tan opresivo. De hecho, hay momentos de la vida en los que nos apetece relajarnos con alguna tarea rutinaria. Yo mismo he vivido momentos en los que el trabajo físico era como un bálsamo para el espíritu.

La considerable reducción de lo que hoy llamamos "trabajo" no nos va a dejar desocupados para malgastar nuestro tiempo en placeres superfluos. Anteriormente afirmé que las necesidades humanas son finitas, pero sí tenemos ciertas necesidades que, en cierto sentido, son infinitas: la necesidad de estar en contacto con la naturaleza, la de amar, jugar o crear, la de conocer y ser conocido… y ninguna de ellas puede satisfacerse comprando más cosas. Tratamos de saciar nuestro anhelo de lo infinito acumulando cada vez más de lo finito. Es como intentar construir una torre que llegue al cielo.

El ámbito no monetario propiamente dicho incluye todo aquello que no se puede cuantificar. Hoy vivimos en la sobreabundancia de lo cuantificable y la escasez de lo incuantificable: edificios enormes pero feos, calorías copiosas pero vacías, entretenimiento ubicuo pero de mala calidad. ¿No te parece que reducir el ámbito del dinero supondría un cambio innovador?

Una necesidad finita –la comida, la vivienda, la ropa, etc.– es una necesidad cuantificable y, como tal, encaja naturalmente en la categoría de mercancía y, por consiguiente, del dinero. Se trata de carestías fáciles de suplir, y cada vez más gracias a la tecnología.[13] Es razonable pensar que, para cubrir nuestras necesidades finitas, deberíamos necesitar cada vez menos horas de trabajo, mientras que una proporción cada vez mayor de tiempo y energía humanas podrían dedicarse a lo infinito: el arte, el amor, el saber, la ciencia y la belleza. Del mismo modo, sería razonable que una proporción cada vez menor de actividad humana correspondiera a la esfera del dinero, del empleo.

Hasta ahora, nos hemos empeñado en convertir lo infinito en finito y, al hacerlo, hemos denigrado el arte, el amor, el saber, la ciencia y demás cosas bellas. Lo hemos vendido todo. Cuando la ciencia se rige por su aplicación comercial, el resultado final no es ciencia sino una engañosa pseudociencia al servicio del beneficio económico. Cuando el arte se subyuga al dinero, el resultado final no es arte sino "arte", una apocada caricatura de sí mismo. Perversiones similares se producen cuando el saber se subordina al poder, cuando la belleza se utiliza para vender productos y cuando el amor se intenta comprar con riqueza o se utiliza para la obtención de la misma. Pero la era en la que todo se vende pasó a la historia.

El largo ascenso del reino de lo monetizado llega a su fin, y su función en nuestro trabajo y en nuestras vidas está cambiando para derrumbar las instituciones, los miedos y las limitaciones que durante tanto tiempo hemos sostenido. Desde la época de la Antigua Grecia, el dinero ha representado, de forma creciente, un medio y un fin universales, ha sido objeto del deseo ilimitado. Pero

---

13. El hecho de que miles de millones de personas carezcan de las necesidades vitales más básicas hoy no es porque no podamos cubrir sus carencias, sino porque no lo hacemos (ver el Capítulo 2). Se debe a un sistema económico que provoca una escasez artificial y dirige el flujo de los recursos humanos y naturales hacia el lugar equivocado.

eso se acabó. Su retirada ha comenzado y, gracias a ello, dedicaremos cada vez más energía a esos ámbitos al que el dinero no puede acceder. El crecimiento del ocio o, mejor dicho, del trabajo hecho por amor va unido al decrecimiento de la economía monetaria. La humanidad inicia su edad adulta, un período en el que concluye nuestro crecimiento físico y empezamos a centrarnos en aquello que deseamos dar.

CAPÍTULO 15

MONEDAS LOCALES Y ALTERNATIVAS

Recordemos que una auténtica comunidad es también una riqueza
común: un lugar, un recurso y una economía de todos. Responde a
las necesidades, tanto prácticas como sociales y espirituales, de sus
integrantes, entre ellas la necesidad de necesitarnos unos a otros. Para
afrontar la actual alianza del poder político con el capital debemos
recuperar la identidad de la comunidad y su economía.

—Wendell Berry

Un modo de vida sagrado nos conecta con las personas y los lugares que nos rodean. Eso significa que una *sacroeconomía* debería ser, en gran parte, una economía local en la que tengamos relaciones multidimensionales y personales con la tierra y la gente que satisface nuestras necesidades y cuyas necesidades satisfacemos a su vez. De lo contrario, sufriremos una división entre lo social y lo material, en la que nuestras relaciones sociales carecerán de contenido y nuestras relaciones económicas serán impersonales. Cuando contratamos servicios genéricos a desconocidos o compramos productos estandarizados de tierras lejanas, es inevitable que sintamos una desconexión, un enajenamiento, así como la sensación de que somos igual de reemplazables que esos productos que adquirimos. Quien ofrece un producto estándar e impersonal es, en efecto, reemplazable.

Uno de los efectos de una divisa homogénea, ya sea a nivel nacional o internacional, es la homogeneización de la cultura. A medida que se expande el ámbito monetario para incluir más y más aspectos de la vida material y social, nuestra materia y nuestras relaciones se convierten en mercancías estandarizadas. Esto sucede en cualquier campo accesible al dinero. Estados Unidos es el caso más evidente, con su "paisaje de rampa de salida", donde las mismas tiendas, los mismos restaurantes y la misma arquitectura dominan cada centro comercial. Y en todas partes somos los mismos empleados y consumidores, esclavos de unos poderes económicos distantes. Lo distintivo, la autonomía y la economía locales desaparecen. Los beneficios comerciales acaban en las sedes de corporaciones lejanas y, finalmente, en Wall Street. En vez de tener comunidades dinámicas y económicamente diversas con carácter propio, vivimos en una monocultura en la que todos los lugares son iguales.

El sistema monetario descrito hasta ahora en este libro elimina muchas barreras a la soberanía económica local y debilita la presión de la globalización, de las tres maneras siguientes:

1. Gran parte del comercio mundial resulta rentable gracias, únicamente, a subsidios sociales y ecológicos ocultos, que quedarían suprimidos con la internalización de los costos.

2. Una divisa respaldada por el procomún relocaliza el poder económico porque muchos bienes comunes tienen un carácter local o biorregional.

3. La moneda con interés negativo elimina la presión por mantener el crecimiento, puesto que las relaciones únicas y locales así como la riqueza natural de otras tierras pasarían a ser bienes. A fin de cuentas, la diferenciación de cada localidad representa una barrera a la mercantilización y, por tanto, al crecimiento.

No obstante, debido a la desaparición de gran parte de los hábitos e infraestructuras de la economía local, se precisan medidas adicionales para reconstruir economías basadas en la comunidad y la localidad. En este capítulo se expone una de esas medidas: la localización del dinero mismo.

No abogo por el abandono del comercio mundial. Aunque muchos bienes que deberían ser locales, como los alimentos, se han vuelto globales, existen numerosos campos de la creatividad humana colectiva que, por su propia naturaleza, precisan de una coordinación de mano de obra a escala mundial. Es más, hay algo de cierto en las doctrinas económicas que defienden la eficacia de escala y la ventaja comparativa (que ciertos lugares o culturas son más apropiados para ciertos tipos de producción).[1] Pero en líneas generales, la *sacroeconomía* fomentará la obtención local de muchas de las mercancías que hoy se fletan por todo el mundo.

Aunque los cambios descritos hasta ahora restan mucha rentabilidad a la globalización, mi afinidad por la economía local no se debe primordialmente a la lógica económica de maximizar cierta cuantía conmensurable de bienestar. Se debe más bien a mi anhelo de comunidad. Los hilos de una comunidad se dividen en dos tipos:

---

1. Sin embargo, son exageradas. La ventaja comparativa suele servir de tapadera para subsidios ocultos, y la eficacia de escala, para el apalancamiento del mercado y su poder de negociación. Un ejemplo de lo primero se encuentra en la industria azucarera estadounidense, beneficiaria tanto de subsidios gubernamentales directos como de subsidios indirectos en forma del agotamiento del suelo y del agua, lo cual va en detrimento de los productores de otros países. Los subsidios indirectos son especialmente perniciosos porque, en esencia, representan la ventaja competitiva de una reducción más eficaz del capital natural. Si un productor cultiva de forma sostenible y otro agota acuíferos y el mantillo sin costo alguno para reducir lo primero, con ello obtiene, en definitiva, un subsidio público. Las medidas descritas en este libro rebaten tales subsidios. Internalizar los costos de la explotación del procomún natural implica rechazar subsidios por parte de dicho procomún; y acabar con el descuento posterior de liquidez desincentiva a que los productores utilicen el futuro para subsidiar el presente. Estas dos medidas contribuirán a la viabilidad de la producción local.

obsequio y relato, urdimbre y trama. En suma, una comunidad fuerte teje lazos sociales y económicos. Las personas de las que dependemos, y que dependen de nosotros, son personas a las que conocemos y que nos conocen. Es así de simple. Y lo mismo sucede con la comunidad más amplia de todos los seres: la Tierra y sus ecosistemas. A falta de una comunidad, sufrimos un doloroso déficit del ser, porque son esos lazos multidimensionales los que definen quiénes somos y nos hacen trascender el ego separado, solitario y triste, la "burbuja de psicología en una prisión carnal". Todos ansiamos recobrar los vínculos olvidados y reencontrar a nuestro ser perdido.

La economía local invierte la tendencia ancestral a la homogeneización de la cultura y nos conecta con la gente y los lugares que vemos a diario. Más allá de satisfacer nuestro anhelo de comunidad, también beneficia a la sociedad y al medio ambiente. No solo implica un menor consumo energético, también hace más aparentes las consecuencias sociales y ecológicas derivadas de las decisiones económicas. Hoy, de hecho, resulta bastante fácil fingir que nuestras decisiones económicas no tienen consecuencias: los objetos que utilizamos sin pensarlo dos veces pueden repercutir en anomalías congénitas en ciudades chinas y respaldar la minería a cielo abierto en las montañas de West Virginia o la desertización de regiones previamente frondosas. Sin embargo, como dichos efectos son algo distante —solo nos llegan en forma de píxeles sobre una pantalla de televisión— es natural que vivamos como si nada de eso estuviera ocurriendo. Si las personas que cultivan nuestra comida y fabrican nuestros objetos se encuentran en Haití, China o Pakistán, su bienestar o su sufrimiento es invisible para nosotros. Si viven cerca, en cambio, nos es difícil ignorar su sufrimiento (aunque habrá quien siga explotándolas). La economía local nos enfrenta con las consecuencias de nuestros actos, estrechando el círculo del karma y promoviendo un sentido del *yo* que incluye a los demás. La economía local armoniza, por tanto, con el profundo cambio espiritual de nuestro tiempo.

EL CÍRCULO VICIOSO DE LA MONEDA LOCAL

La moneda local suele proponerse como medio para revitalizar las economías locales, aislarlas de las fuerzas del mercado internacional y reconstruir la comunidad. Actualmente hay miles en todo el mundo, divisas extraoficiales emitidas por colectivos de ciudadanos de a pie. En teoría, la moneda local ofrece varias ventajas económicas:

1. Anima a la gente a comprar en negocios locales puesto que son los únicos dispuestos a aceptar y usar la divisa local.
2. Incrementa la masa monetaria local, lo cual aumenta la demanda y estimula la producción y el empleo en esa localidad.
3. Mantiene el dinero dentro de la comunidad porque es imposible desviarlo a corporaciones lejanas.
4. Permite que los ciudadanos y sus negocios circunvalen los canales de crédito convencionales y, por tanto, ofrece una fuente de capital alternativo cuyo interés (si es que lo tiene) circulará de vuelta a la comunidad.
5. Facilita la circulación de bienes y servicios entre personas que, aunque no tengan suficiente acceso a la divisa oficial, sí tienen tiempo y habilidades que ofrecer.

Si, por ejemplo, quieres comprarte una hamburguesa, la moneda local te permitirá comprarla en un restaurante de propiedad local en vez de hacerlo en McDonald's, aunque sea a un precio más alto, porque McDonald's no aceptará esa moneda. ¿Y qué hará entonces ese restaurante de hamburguesas con la moneda local? No podrá comprar ternera de la cadena de distribución nacional, pero tal vez pueda usarla para comprarle ternera a un granjero local o para pagar parte del sueldo de sus empleados. ¿Y cómo la usarán el granjero y sus empleados? Comprarán cosas de otros proveedores locales, entre ellos personas que comen en el restaurante de hamburguesas. Así es como las divisas locales fortalecen las economías locales.

Pero lamentablemente, las iniciativas de divisas locales han dado resultados decepcionantes en la práctica. Lo que suele suceder es que la divisa se lanza con mucho entusiasmo, y circula mientras los fundadores la promocionan, pero en cuanto se disipa el factor de la novedad, la gente pierde interés y deja de usarla. Según el mismo estudio, en 2005 había desaparecido ya un 80% de todas las divisas locales lanzadas desde 1991.[2] Otro patrón habitual es que el dinero local se acumule en manos de los pocos minoristas que están dispuestos a aceptarla y que, luego, no encuentren el modo de gastarla. Por último, incluso en los casos en los que ha funcionado relativamente bien, constituye una porción insignificante de la actividad económica total.[3] Si queremos hacer realidad las ventajas teóricas de las monedas locales, es imperativo que reconozcamos su fracaso actual y averigüemos el porqué. Tengamos en cuenta que estas monedas sí funcionaron bastante bien durante el siglo XIX y a principios del XX. En el siglo XIX, el papel moneda consistía en

---

2. Collom, "Community Currency in the United States" (La divisa comunitaria en los Estados Unidos), 1576.

3. Por ejemplo, según un estudio de Jacob, "The Social and Cultural Capital of Community Currency" (El capital social y cultural de la divisa comunitaria), los usuarios de una de las divisas sociales más exitosas, el Ithaca Hours, dijeron que gastaban un promedio de tan solo $350 anuales en moneda local, y estos usuarios componen una parte muy reducida de la población de Ithaca [Nueva York].

"billetes bancarios" emitidos por bancos locales y admitidos exclusivamente en la zona económica donde estaban ubicadas dichas entidades. Incluso en los años 30, estas divisas alternativas tuvieron tanto éxito que los gobiernos centrales las sofocaban activamente. ¿Qué ha ocurrido desde entonces para que la moneda local se haya convertido (salvo honrosas excepciones) en un capricho de los idealistas sociales?[4]

Aquí entran en juego varios factores. El primero es que la economía se ha vuelto tan deslocalizada que resulta difícil mantener la circulación de la moneda local. Como dijo un tendero alemán sobre el Chiemgauer, una de las divisas locales más exitosas: "Sí la aceptamos, pero no sabemos qué hacer con ella". Admitía la moneda con reticencia, algo comprensible dado que la mayoría de sus proveedores son foráneos. La viabilidad de las divisas locales depende de que los bienes y servicios que se produzcan sean consumidos por clientes locales que, a su vez, produzcan bienes y servicios para el consumo local. En los años 30, las economías locales estaban aún muy extendidas. La gente tenía bienes y servicios para intercambiar pero no disponía de medios económicos debido a las quiebras bancarias y la acumulación de capital. Pero la situación actual es muy distinta. La mayoría de la gente ofrece servicios que solo tienen sentido en el contexto de la coordinación del trabajo a gran escala y, a menudo, a escala mundial. La divisa local es incapaz de coordinar una oferta y una

---

4. El mismo estudio de Jacob ("The Social and Cultural Capital of Community Currency" [El capital social y cultural de la divisa comunitaria]) constata que los usuarios tienden a ser activistas progresistas, contraculturales y con estudios. Los bancos de tiempo y algunos sistemas LETS representan una excepción a esta regla; los bancos de tiempo, sobre todo, se adecúan bien a los hospitales, el cuidado de ancianos y el de otros ciudadanos desfavorecidos. Otra excepción destacable son las divisas de crédito comercial tales como el WIR, que se describe a continuación en este mismo capítulo.

cadena de producción que involucre a millones de personas en mil sitios diferentes.

Pero aunque algunos productos, como los electrónicos, son inherentemente globales debido a su modo de fabricación, también hay muchos otros artículos de los actuales sistemas de producción global que podrían producirse a nivel local, lo cual representa un potencial considerable para las divisas locales. Desgraciadamente, gran parte de la infraestructura de producción y distribución locales ha desaparecido. Las monedas locales podrían contribuir a la reconstrucción de esa infraestructura, pero por sí solas no bastan. Sin otros cambios paralelos, estas monedas están destinadas a desempeñar una función muy restringida, y a menudo subcrítica. En la coyuntura actual, en la que importamos de otras regiones del mundo casi todo lo que consumimos, las divisas locales nos sirven de poco.

¿Qué razón habría para aceptar una divisa local ? Una sería el idealismo, pero si hemos de basarnos en el idealismo, ¿por qué no lo aplicamos a la divisa existente y la empleamos para comprar en negocios locales? ¿Para qué molestarse en crear monedas alternativas? Se trata de compatibilizar nuestros ideales con lo práctico, no de enfrentar ambas cosas. Además, la historia reciente de las monedas alternativas sugiere que el idealismo se queda corto, porque estas monedas se estancan y desaparecen en cuanto se disipa el entusiasmo idealista inicial. Lo que hay que plantearse, por tanto, es cómo compatibilizar las monedas locales con el propio interés económico.

Tenemos que considerar la moneda local dentro de un contexto económico más amplio. Aunque una región tenga su propia divisa, si está tan integrada en la economía de comercio global que casi todo lo que produce se exporta y casi todo lo que consume se importa del extranjero, no tiene mucho sentido que se moleste en tener moneda propia. Bajo tales condiciones, su divisa tendría que ser libremente convertible (porque sus mercancías circulan en el mercado internacional), lo cual la convertiría en poco más que un agente de la unidad contable dominante en el mundo, que es el dólar estadounidense en la actualidad. Esa región sería una mera colonia, y en eso ese han convertido justamente la mayoría de los lugares, sobre todo en Estados Unidos, donde las ciudades han perdido su carácter autóctono para convertirse en meros centros de producción y consumo de la economía global. Para que una ciudad, región o país tenga una robusta divisa propia debe tener también una economía local robusta. Y la clave para construirla es lo que la economista Jane Jacobs denomina "reemplazo de importaciones": la obtención de componentes y servicios a nivel local así como el desarrollo de las habilidades e infraestructuras correspondientes. De lo contrario, ese lugar estará sometido a los caprichos de las finanzas internacionales y no tendrá ningún control sobre el precio de los productos.

En los países "en desarrollo" que aún disponen de una sólida infraestructura económica local, las divisas propias ayudan a conservar esa infraestructura y a aislarlos de la depredación de las finanzas globales. Pero en economías altamente desarrolladas y dominadas por una divisa nacional o supranacional, cualquiera que pretenda establecer una moneda local se enfrenta a una especie de círculo vicioso. Las divisas locales solo funcionan si el lugar en cuestión dispone de un sistema para hacer circular sus productos comerciables a nivel local. Sin embargo, para que un sistema así pueda crecer y resistir las presiones de la economía mercantil mundial, su divisa debe estar protegida. No podrá reemplazar los productos de importación si los productores locales se ven obligados a competir con el libre influjo de artículos baratos de otros países.

Por lo tanto, una economía local solo podrá manifestarse si es una elección consciente motivada por un nuevo Relato de las Personas con una visión, unos valores y unos objetivos compartidos. Es decir, deberá ser elegido mediante alguna forma de democracia o acción popular y con un gobierno que responda a la voluntad de su gente y no a la de los bancos, inversores y mercados de bonos internacionales, poderes que siempre están dispuestos a reinstaurar el viejo relato de la competencia, el crecimiento, la separación, la conquista y el ascenso.

Hay varios ejemplos en la historia que lo demuestran. Comparemos los resultados desastrosos que hemos visto en los países que han "abierto sus mercados" al "libre comercio" en los últimos años, con los anteriores éxitos de Taiwán, Corea del Sur y Japón, países que fomentaron sus industrias locales a conciencia mediante aranceles, planificación industrial y un programa de reemplazo de importaciones, limitando asimismo la convertibilidad de sus divisas. El caso que mejor conozco es el de Taiwán ya que en los años 90 traduje un libro de varios volúmenes sobre la historia del desarrollo de sus pequeñas y medianas empresas.[5] Durante los años 50 y 60, Taiwán impuso estrictas condiciones sobre la inversión extranjera. A las fábricas creadas con inversión extranjera se les obligó a que compraran un elevado porcentaje de sus componentes de productores locales, incentivando así el desarrollo de su industria nacional. También en Japón, Corea del Sur y Singapur se introdujeron mecanismos formales e informales para dar prioridad a sus empresas nacionales.[6] Al mismo tiempo, impusieron controles de divisa y restricciones sobre la repatriación de los beneficios. Los

---

5. C. J. Lee et al., *The Development of Small and Medium-Sized Enterprises in the Republic of China* (El desarrollo de las pequeñas y medianas empresas en la República China).
6. Los mecanismos informales incluyen los tabúes de la cultura *(sigue en la pág. siguiente)*

inversores extranjeros podían cambiar libremente sus divisas a wones surcoreanos, dólares taiwaneses, etc., pero no eran tan libres de canjear estas monedas de vuelta. Hoy, estos países cuentan con una amplia clase media, plantas industriales de primera categoría y una enorme riqueza total, a pesar del estado de gran pobreza en el quedaron tras la Segunda Guerra Mundial.

Contrastemos esas políticas con las de México, que permitieron a fabricantes extranjeros montar fábricas en la zona de las maquiladoras, sin impuestos ni límite alguno sobre la expatriación de los beneficios y sin la obligación de utilizar componentes mexicanos. México, así como muchos otros países que constituyen "zonas de libre comercio", no hizo más que ofrecer mano de obra barata sin restricciones medioambientales, vendiendo su capital natural y social sin ganar muchos conocimientos o infraestructuras a cambio. En lugar de enriquecer sus economías, estos países las han sangrado. A continuación, las fábricas fueron trasladadas a otros lugares para aprovechar mano de obra aún más barata. En un país tras otro, el GATT, el NAFTA (o TCLAN), la OMC y la UME han ido derrumbando las protecciones que impedían que esas economías se convirtieran en colonias indefensas de la exportación y el consumo mercantil. Los únicos beneficiarios han sido las élites, que dependen bastante poco de la economía nacional ya que, a diferencia de las masas, pueden importar lo que necesiten y mudarse a otra parte si las condiciones se vuelven demasiado severas en su país.

---

6. *(viene de la pág. anterior)* empresarial contra las compañías extranjeras, el engranar juntas directivas y lazos familiares que dan preferencia a empresas locales, y los favoritismos no oficiales del gobierno a la hora de conceder contratos. Desde afuera, muchos de estos mecanismos pueden dar la impresión de nepotismo y corrupción, pero actuaban para preservar la soberanía económica de esos países. La próxima vez que leas acerca de gobiernos extranjeros corruptos, tómalo con cierto escepticismo.

La autonomía monetaria forma parte esencial de la soberanía política. Pero la soberanía política se reduce a la mínima expresión si una sociedad permite que corporaciones extranjeras exploten su capital natural y humano –sus recursos, capacidades y mano de obra– y lo exporten a los mercados internacionales. En el momento de este escrito, Brasil, Tailandia y otros países están tomando medidas para proteger sus economías de la inundación de dólares estadounidenses baratos provocada por el programa de flexibilización cuantitativa de la Reserva Federal. Sin control, estos dólares permitirían que gran parte del capital –las minas, las fábricas, los servicios de ese país– sea adquirido por inversores extranjeros. Los países que toman estas medidas reconocen que la verdadera soberanía solo la proporciona la soberanía económica.

Lo anterior no solo vale para naciones sino también para regiones más pequeñas. Sin embargo, la propuesta de que los gobiernos locales y regionales emitan su propia divisa podría parecer ingenua y poco práctica en comparación con la reducción de las tasas de interés por debajo de cero. De hecho, es una solución muy accesible que se reprime constantemente. Aunque la emisión de divisas locales es ilegal en Estados Unidos y muchos otros países, le gente encuentra siempre maneras de esquivar la ley cuando surge la necesidad.

Especialmente revelador es el caso de la crisis económica que sufrió Argentina entre 2001 y 2002. Cuando las autoridades provinciales se quedaron sin dinero para pagar a sus empleados y contratistas, empezaron a remunerarlos en obligaciones al portador de baja denominación (bonos de un peso, de cinco pesos, etc.). Aunque nadie esperaba poder canjear esos bonos por una divisa fuerte en ningún momento, los comercios locales y los ciudadanos los aceptaron sin problemas porque sí se podían utilizar para pagar impuestos y tasas provinciales. Dicha posibilidad aumentó la percepción social de su valor y, como sucede con cualquier forma de dinero, la percepción y el valor son exactamente lo mismo. Estas divisas, denominadas todas en una unidad contable común, circularon mucho más allá de su lugar de emisión. Reanimaron la actividad económica, que se había estacado totalmente, y la gente siguió teniendo la capacidad de producir bienes y servicios que otras personas necesitaban; lo único que no tenían era la posibilidad de intercambiar esta moneda. Esto solo fue posible gracias a que Argentina es un país fundamentalmente rico que no se había convertido del todo en lugar de producción de bienes de exportación. Y en ese momento, llegó el FMI con sus préstamos de emergencia para procurar que el país siguiera endeudado.

En 2009, el estado de California estuvo a punto de hacer lo mismo. Frente a una crisis presupuestaria que le impidió pagar devoluciones fiscales y dinero que debía a contratistas, el estado decidió emitir pagarés. De modo similar a los bonos, estos pagarés podrían intercambiarse por su valor nominal más interés en un futuro, o utilizarse para pagar impuestos estatales. Aunque los pagarés estaban denominados en dólares estadounidenses, los bancos amenazaron con no canjearlos, lo cual los habría convertido en una moneda alternativa. Sin embargo, el programa fue anulado después de tan solo un mes aproximadamente, cuando el estado obtuvo créditos a corto plazo de los bancos. Este episodio demuestra que existen fuerzas subyacentes que están abriendo paso hacia un sistema monetario distinto. Algo impensable en períodos normales (es decir, la normalidad del crecimiento exponencial, que nunca volverá), las medidas expuestas en este libro se están convirtiendo poco a poco en medidas sensatas.

En 2011, vivimos un período que, si bien ha dejado de ser normal, al menos sigue en la inercia de los tiempos de normalidad.

Por ello, las divisas locales siguen siendo un camino cuesta arriba, que languidece sin apoyo gubernamental. Es más, las autoridades les ponen obstáculos incapacitantes por medio de las leyes fiscales. Las monedas creadas por la ciudadanía no se admiten para el pago de impuestos, aunque las transacciones que se realizan con dichas monedas sí están sujetas a impuestos sobre la renta y sobre el consumo. Es decir, aunque solo se utilice la divisa local, la gente tiene que pagar sus impuestos en dólares estadounidenses, ¡aunque no haya ingresado ni uno solo![7] Gravar a las personas en una divisa que no usan es algo tiránico. De hecho, esa fue una de las causas que desencadenaron la Revolución Americana, y un instrumento clave del colonialismo (ver la explicación sobre el llamado *"hut tax"* (impuesto de cabaña) en el Capítulo 20).

Las monedas locales que han resultado eficaces, o bien han contado con apoyo gubernamental o bien han surgido en zonas de guerra u otras circunstancias extremas. En la Argentina de 2001-2002, así como en Estados Unidos y Europa durante la Gran Depresión, las mismas autoridades locales llegaron a emitir divisas. Es más, en esos lugares y en esas épocas, seguía habiendo mucha producción local, agricultura de subsistencia, redes de distribución y provisión locales, así como capital social en general. Las monedas locales tuvieron una verdadera oportunidad en esos casos y, como no es de extrañar, provocaron la hostilidad de las autoridades centrales. En el caso de Argentina, el FMI exigió su abolición como requisito para concederle ayudas al país.

No obstante, los esfuerzos de los activistas de la moneda alternativa durante las dos últimas décadas no han sido en vano. Han cre-

---

7. Por otra parte, la postura de la Hacienda Pública estadounidense resulta comprensible: sin este requisito, la gente podría usar las divisas proxy para evadir impuestos. No obstante, el sistema fiscal desfavorece claramente las divisas locales y complementarias.

ado un modelo, o muchos modelos, de hecho, que pueden aplicarse cuando estalle la siguiente crisis y lo impensable se vuelva sensato. Están creando una nueva lógica, un nuevo patrón, puliendo artistas y adquiriendo experiencia que resultará esencial en un futuro próximo. Así pues, examinemos algunos de los tipos de divisa alternativa que se están explorando actualmente y que podrían desempeñar un papel en la inminente *sacroeconomía*.

EXPERIMENTOS CON MONEDAS LOCALES

Monedas proxy

El primer tipo de moneda local proxy que consideraré es la que es convertible a dólares (o euros), como el Chiemgauer o el Berk-Share. Se pueden comprar cien BerkShares por $95 y con ellos adquirir mercancías a su precio habitual en dólares; a continuación, el comerciante canjea 100 unidades de BerkShare por $95 en cualquier banco participante. Debido a su fácil convertibilidad, los comerciantes suelen admitir estas monedas porque el volumen de negocio adicional compensa el 5% de rebaja en el precio. Sin embargo, esa misma facilidad para cambiar la moneda limita su efecto sobre la economía local. En principio, los comerciantes que admiten el BerkShare tienen un 5% de incentivo para obtener sus productos de fuentes locales pero si no hay una infraestructura económica local, normalmente se ahorran la molestia.

Estas divisas proxy contribuyen poco a la revitalización de las economías locales y al incremento de su masa monetaria. Representan un gesto del deseo de comprar en negocios locales pero ofrecen pocos incentivos económicos para hacerlo. Puesto que el BerkShare tiene su origen en el dólar y es convertible a él, cualquiera que tenga acceso a uno tiene acceso al otro también. A nivel internacional, encontramos un fenómeno equivalente en los países que adoptan una junta monetaria, y cuyas economías están "dolarizadas" porque, en la práctica, han renunciado a cualquier tipo de independencia monetaria. Las divisas proxy como el BerkShare son útiles como herramienta para concienciar a la gente sobre el concepto de la moneda alternativa, pero en sí mismas resultan ineficaces a la hora de fomentar economías locales vigorosas.

Monedas fiduciarias complementarias

Más prometedoras son las monedas fiduciarias tales como el Ithaca Hour, que sí aumentan la masa monetaria local. Muchos pagarés de la época de la Depresión pertenecen a esta categoría. Se trata básicamente de que alguien imprime el dinero y declara que tiene valor (por ejemplo, se declara que un Ithaca Hour equivale a diez dólares estadounidenses). Para que sirva de dinero, su valor tiene que ser convenido por la comunidad. En el caso de los Hours, un grupo de negocios, inspirados por el fundador de la divisa Paul Glover, declararon que admitirían la moneda, respaldándola así con sus bienes y servicios. Durante la Depresión, muchos negocios locales emitían pagarés que podían ser intercambiados por mercancía, carbón o algún otro bien. En otros casos, las autoridades municipales emitían su propia divisa, que aceptaban para el pago de impuestos y tasas municipales.

El efecto de las monedas fiduciarias es mucho más potente que el de las divisas proxy porque las fiduciarias tienen el potencial de poner dinero en manos de aquellos que, de lo contrario, no lo tendrían. Solo resulta inflacionaria si quienes acceden al dinero no ofrecen bienes ni servicios a cambio.[8] En períodos económicos extremos, aunque no suelen faltar personas dispuestas a trabajar ni necesidades a cubrir, sí falta el dinero para mediar dichas transacciones. Así fue durante la Gran Depresión, y así empieza a ser hoy también. Municipios de todo el mundo se enfrentan a recortes presupuestarios severos debido a la baja recaudación fiscal, obligándolos a descuidar importantes labores de mantenimiento y reparación e incluso a despedir a policías y bomberos; mientras tanto, muchos de los ciudadanos que podrían realizar esas tareas se quedan desempleados y ociosos. A pesar de los obstáculos legales que existen actualmente, los municipios podrían emitir vales, admisibles para el pago de impuestos municipales, en lugar de usar dólares para contratar a gente que haga el trabajo necesario. Y es probable que muchos lo hagan. ¿Por qué no? Gran parte de esos impuestos están pendientes de pago de todos modos. Cuando un gobierno local es el emisor, es mucho más fácil que un pagaré asuma el "relato de valor" que lo convierte en dinero.

Por lo general, estas divisas se llaman complementarias porque son distintas del medio de intercambio estándar y *complementarias* a él. Aunque su denominación suele ser en unidades de dólar (o euro, libra, etc.), no existe una autoridad monetaria que guarde reservas de dólares a fin de mantener el tipo de cambio. Así pues, se parecen a la divisa soberana predominante pero con un tipo de cambio fluctuante.

Si carecen del apoyo de las autoridades locales, los negocios suelen ser mucho más reacios a admitir las monedas fiduciarias complementarias que las divisas proxy porque las fiduciarias no son

---

8. En ese caso, la masa monetaria aumentaría sin aumentar la cantidad de bienes y servicios (es decir, habría más dinero en busca de menos bienes).

fácilmente convertibles a dólares. Esto se debe a que, en el sistema económico actual, escasean las infraestructuras para obtener bienes a nivel local; los negocios de propiedad local están conectados con las mismas cadenas de suministro internacionales que los demás. Volver a incrementar la infraestructura de producción y distribución local requerirá no solo tiempo, sino además cambiar las condiciones macroeconómicas impulsadas por la internalización de costos, acabar con la presión del crecimiento y hacer que la sociedad y la política apuesten por la relocalización. También hay factores no económicos que pueden influir en el pacto social que es el dinero. Pero el idealismo de unos pocos que hoy sustenta la divisa local se convertirá en un consenso mayoritario.

Bancos de tiempo

Hay un recurso que siempre está disponible a nivel local y que siempre es necesario para sustentar y enriquecer la vida, y ese recurso es el ser humano: su trabajo, su energía y su tiempo. Anteriormente he dicho que las divisas locales solo son viables si los bienes y servicios ofrecidos por los productores los consumen los habitantes de esa localidad, que a su vez producen bienes y servicios de consumo local. En realidad, siempre somos "productores" de nuestro tiempo (por el mero hecho de vivir) y existen muchas maneras de dedicar ese tiempo en pro del bien común. Por esto creo que las divisas basadas en el tiempo (habitualmente llamadas "bancos de tiempo") tienen un gran potencial sin necesidad de realizar enormes cambios en la infraestructura económica.

Cuando alguien realiza un servicio a través de un banco de tiempo, se deposita en su cuenta un crédito de un dólar de tiempo por cada hora dedicada y se adeuda esa misma cantidad a cuenta del recipiente. Normalmente hay algún tipo de tablero de anuncios electrónico donde se publican las ofertas y las demandas. De este modo, personas que no podrían permitirse contratar el servicio de un obrero de mantenimiento, un masajista, una niñera, etc. obtienen acceso a esa ayuda de una persona que, de lo contrario, podría estar desempleada. Los bancos de tiempo tienden a prosperar en lugares donde la gente dispone de mucho tiempo y de poco dinero. Resulta especialmente atractivo en ámbitos que requieren poca especialización, donde el tiempo de una persona es, de hecho, igualmente valioso. Un ejemplo destacado es la conocida divisa *fureai kippu* de Japón, que concede crédito a personas que cuidan a ancianos. El banco de tiempo también se emplea con frecuencia en organizaciones de servicio estadounidenses y británicas. También puede aplicarse a bienes físicos, abonando el costo de los materiales en dólares y el costo del tiempo dedicado en dólares de tiempo.

En nuestra sociedad fragmentada, se han desintegrado las formas tradicionales de saber qué es lo que cada uno tiene que ofrecer, y los medios comerciales para difundir esta información (como la publicidad) solo es accesible mediante el dinero. Los bancos de tiempo conectan a personas que, de lo contrario, desconocerían las necesidades y los obsequios que cada uno puede brindar. Un usuario de un banco de tiempo lo expresa así:

> Todo el mundo tiene alguna habilidad, y algunas podrían sorprendernos. Un anciano que carece de medio de transporte sabe hacer hermosas tartas de boda. Una ex entrenadora de perros policía en silla de ruedas que necesita que le pinten la casa puede entrenar cachorros a cambio. La maestra de escuela jubilada que necesita que retiren las hojas muertas de su jardín

tiene un horno y da cursos de cerámica. Una pregunta habitual cuando conocemos a alguien es: "¿A qué te dedicas?", "¿Qué necesitas?" o "¿En qué puedo ayudarte?"[9]

Más allá de satisfacer necesidades inmediatas, la descripción anterior demuestra el poder que tienen los bancos de tiempo para reconstruir una comunidad. Generan el tipo de fortaleza económica y social que sustenta la vida en épocas de agitación. Cuando falla el dinero, es importante disponer de estructuras alternativas para cubrir las necesidades humanas.

La idea fundamental en la que se basa el banco de tiempo es profundamente igualitaria, porque valora por igual el tiempo de cualquier persona y porque todas parten de la misma cantidad de tiempo. Si hay algo que poseemos de verdad, es nuestro tiempo. A diferencia de cualquier otra posesión, el tiempo será inseparable de nuestro ser mientras vivamos. La manera en la que decidimos pasar el tiempo refleja cómo queremos vivir la vida. Por muy rico que uno sea en términos monetarios, nadie tiene los medios para comprar más tiempo. El dinero puede servir para pagar una cirugía que nos salve la vida u otros medios para aumentar nuestra longevidad, pero no nos garantiza una larga vida, ni tampoco puede proporcionarnos más de 24 horas de experiencia diaria. En este sentido, todos somos iguales. Un sistema monetario que reconozca esa igualdad atrae de forma instintiva.

Sustituir la transacción monetaria por una moneda basada en el tiempo representa una gran fuerza igualadora de la sociedad. Sin embargo, también existe el peligro de que la moneda de tiempo

---

9. De "An Introduction to Time Banking" (Introducción a los bancos de tiempo), publicación anónima en www.getrichslowly.org/blog/2008/03/13/an-introduction-to-time-banking/.

acabe trasfiriendo actividades previamente basadas en el obsequio al ámbito de lo cuantificable. Quizá el futuro nos depare medios de conectar obsequios y necesidades que no sean ni monetarios y cuantificados, pero los bancos de tiempo seguirán desempeñando durante mucho tiempo un importante papel en reconstruir nuestras fragmentadas comunidades locales.

RECLAMAR EL PROCOMÚN DEL CRÉDITO

Otra manera de fomentar tanto la economía local como la autonomía monetaria es a través de un sistema de crédito. Cuando una comunidad económica aplica mecanismos formales o informales para limitar la obtención de crédito y, por consiguiente, la asignación de dinero, la economía local puede mantener su independencia exactamente igual que si hubiera impuesto controles sobre su divisa. Para ilustrar esto, consideremos una innovación que se menciona a menudo en relación a la divisa complementaria: los sistemas de crédito mutuo –que incluyen los círculos de trueque comercial–, las cooperativas de concesión de crédito y los sistemas locales de intercambio comercial (LETS). Al realizar una transacción en un sistema de crédito mutuo, el precio de venta acordado se adeuda a la cuenta del comprador y se abona a la cuenta del vendedor, independientemente de que el comprador tenga un saldo positivo o no. Por ejemplo, si yo te corto el césped por una suma acordada de veinte créditos, y suponiendo que los dos partamos de cero, mi balance será +20 y el tuyo -20. A continuación, yo le compro pan a Thelma por diez créditos, de modo que mi saldo baja a +10 y el suyo sube a +10.

Este tipo de sistema tiene numerosas aplicaciones. El ejemplo anterior corresponde al mencionado sistema de crédito local a pequeña escala (LETS). Desde su implantación por Michael Linton en 1983, sistemas como este se han extendido por todo el mundo. El crédito mutuo también resulta útil a nivel comercial. Cualquier red de negocios que cumpla el requisito básico de que cada miembro produzca algo que necesite otro miembro puede formar una cooperativa de trueque comercial o de concesión de créditos. En lugar de emitir papel comercial o buscar préstamos bancarios a corto plazo, los negocios participantes crean su propio crédito.

En las redes de trueque comercial, las empresas toman su exceso de inventario y su capacidad inutilizada para los que no existe ningún mercado monetario inmediato y se los venden a otras empresas miembro a cambio de créditos comerciales. El comprador conserva dinero en efectivo y el vendedor acumula créditos que utilizará en futuras transacciones. Para motivar a las empresas a participar, no es necesario que estas estén comprometidas con el ideal de la divisa alternativa; de hecho, la mayoría de las redes recaudan de sus miembros una comisión considerable. Hoy en día, hay unas 600 redes de trueque comercial en el mundo, en las que participan medio millón de empresas aproximadamente.[10]

Una innovación más reciente es el factoraje mutuo, concebido por Martin "Hasan" Bramwell. En este sistema, los negocios suelen recibir pedidos mucho antes de recibir el pago de los mismos. A fin de obtener el dinero necesario para suministrar el pedido, en casos normales, las empresas tienen que vender su cuenta pendiente a un tercero (una empresa de factoraje) como, por ejemplo, un banco. El factoraje mutuo permite prescindir de los bancos y que las cuentas pendientes se utilicen como medio de intercambio líquido entre los negocios que participan.

---

10. Estadísticas de la Asociación internacional de comercio recíproco.

El sistema de crédito mutuo comercial más conocido es, sin duda, el WIR, que opera en Suiza desde 1934 y que cuenta con decenas de miles de miembros así como un volumen de negocios de más de mil millones de francos suizos. En 2005, su volumen fue superior al volumen total del resto de círculos de trueque comercial del mundo.[11] Según el economista James Stodder, tanto el WIR como otras redes de trueque comercial ejercen un efecto contracíclico, ya que registran una mayor actividad de intercambio durante recesiones económicas, hecho que atribuye a su capacidad de crear crédito.[12] Esto demuestra el potencial que tienen las divisas complementarias y los sistemas de crédito alternativos para proteger a sus participantes de las fluctuaciones macroeconómicas y sustentar las economías locales.

En cualquier sistema de crédito mutuo, los miembros tienen acceso a préstamos sin necesidad de acudir a un banco. En lugar de pagar dinero para tener acceso a dinero, como sucede con un sistema de crédito basado en el interés, el crédito representa un bien social gratuito y accesible a cualquiera que se haya ganado la confianza de su comunidad. El sistema de crédito convencional es básicamente un ejemplo de la privatización del procomún a la que me referí en capítulos anteriores, y este caso lo es del "procomún del crédito", es decir, la evaluación conjunta de una comunidad sobre la fiabilidad de cada uno de sus miembros. Los sistemas de crédito mutuo reclaman este procomún al emitir crédito de forma cooperativa, y no para fines lucrativos privados.

El crédito mutuo no es tanto un tipo de divisa como un medio para emitir esa divisa. En el sistema dominante, son los bancos

---

11. Stodder, "Reciprocal Exchange Networks" (Redes de intercambio recíproco), 14.
12 Ibíd.

los que suelen dar acceso al dinero mediante la concesión de un préstamo. En un sistema de crédito mutuo, en cambio, este poder pasa a manos de los propios usuarios.

El desarrollo de los sistemas de crédito mutuo es sumamente significativo porque el crédito representa, en esencia, una decisión de la sociedad sobre quién debe tener acceso al dinero y en qué cantidad. El crédito mutuo reemplaza las funciones tradicionales de los bancos. Las personas que tienen un balance negativo se hallan bajo la presión social, y la de su propia conciencia, de ofrecer bienes y servicios para volver a tener un saldo positivo. Pero seguro que verás el problema que esto podría provocar si se aplica a gran escala. ¿Cómo se evita que alguno de los participantes aumente su saldo negativo sin cesar y, de este modo, reciba bienes a cambio de nada? El sistema necesita un mecanismo para prevenir dicha posibilidad y excluir a los participantes que abusen de él.

Sin límites al saldo negativo, una divisa de crédito mutuo puede emitirse en cantidades ilimitadas con la simple voluntad de realizar una transacción. Esto podría parecer positivo, pero no funcionará si esa divisa se emplea para intercambiar bienes escasos.[13] En definitiva, el dinero representa un acuerdo social sobre a qué fines destinamos mano de obra y materias. No todos podemos tener acceso a una cantidad de crédito suficiente para construir una planta semiconductora de miles de millones de dólares o para comprar el diamante más grande del mundo.

Los sistemas de crédito mutuo más sofisticados tienen límites de crédito flexibles basados en la participación responsable. El sistema de concesión de créditos registrado Global Exchange Trading

---

13. Podría funcionar bastante bien para bienes no escasos, como los contenidos digitales. Las valoraciones de los usuarios de vídeos de YouTube y otras creaciones online son tipos de divisas no escasas.

System (GETS) y el Community Exchange System (CES) utilizan fórmulas complicadas mediante las cuales los límites de crédito aumentan con el tiempo en función del nivel de participación de cada miembro en el sistema. Quienes han cumplido sus obligaciones de saldo negativo en el pasado gozan de un límite de crédito más elevado. Esta fórmula funciona igual que un sistema de calificación de crédito convencional.

Sin embargo, el mundo real no siempre se ajusta a una fórmula. Las empresas tienen distintas necesidades crediticias según el tipo de negocio que practiquen, y a veces surgen circunstancias excepcionales que merecen un incremento de crédito temporal. Hace falta algún mecanismo para establecer estos límites y conceder o denegar solicitudes de crédito, lo cual podría requerir investigación, familiaridad con los distintos sectores y mercados y el conocimiento de la reputación y la situación del acreedor. También podría tener en cuenta las repercusiones sociales y ecológicas de la inversión. La entidad que desempeñe esta función, ya sea un banco tradicional, una cooperativa o una comunidad P2P, debe tener buenos conocimientos generales del mundo de los negocios y estar dispuesto a asumir la responsabilidad de sus evaluaciones.

Las nuevas formas de banca P2P se han topado con los mismos problemas generales a la hora de determinar la fiabilidad de un acreedor a través del abismo anónimo del ciberespacio. Se podría concebir un sistema en el que una base de datos conecta a una persona que quiere prestar cinco mil dólares durante seis meses a otra persona distante que solicita dicha cantidad durante seis meses. Pero si no conoces a esa persona, ¿cómo sabes que es fiable? Esto se podría solucionar parcialmente con un sistema de calificación de usuarios al estilo de eBay, aunque son sistemas que se prestan fácilmente al fraude. Lo que necesitas, en realidad, es una institución de confianza que esté más capacitada que tú para garantizar la fiabilidad del acreedor. Es decir, tú prestas tu dinero a esa entidad y la entidad se lo presta a esa persona distante. ¿Te suena de algo? Se llama banco.

La banca, al igual que el dinero, tiene una dimensión sagrada: un banquero es alguien que encuentra un uso positivo para el dinero. Si yo tengo más dinero del que necesito gastar, puedo decir: "Tenga, Sra. Banquera, encuentre a alguien que pueda darle un buen uso a este dinero hasta que yo lo necesite". La divisa caduca que se describe en el Capítulo 12 alinea esta concepción de la banca con el interés propio. Y seguirá siendo una función necesaria incluso cuando "mejor" deje de significar "aumentar mi riqueza personal".

Ya sea mediante consensos sociales, fórmulas o decisiones de especialistas, tiene que haber algún método para la asignación de crédito, porque la actividad bancaria siempre existirá, de forma implícita o explícita. Hoy en día tenemos un cartel bancario que ha monopolizado esas funciones, lucrándose no solo de su experiencia en destinar crédito a su uso más rentable sino también de su control hegemónico sobre el antiguo procomún del crédito. Quizá llegue un momento en el que surja un nuevo sistema bancario desde abajo, con pequeñas cooperativas de crédito mutuo que establezcan acuerdos de intercambio entre sí. La convertibilidad entre distintos sistemas de crédito mutuo es ya un tema candente en este campo; CES y Metacurrency Initiative están desarrollando prototipos para ello.[14] El reto consiste en hallar un equilibrio entre asegurar la convertibilidad necesaria para el comercio exterior y

---

14. En la revista *Community Currency Magazine* hay debates punteros sobre este y otros temas relacionados con la divisa y el crédito locales.

aislar la economía interna de los participantes frente a la depredación externa o las crisis financieras. Estas son básicamente las mismas cuestiones a las que se enfrentan hoy las divisas soberanas más débiles.

Los sistemas de crédito mutuo reivindican las funciones bancarias para comunidades locales, comunidades comerciales o entidades cooperativas. Fomentan y protegen la economía interna de sus participantes, aislándolos de la inestabilidad externa y de la depredación financiera del mismo modo que lo hacen las monedas locales. De hecho, las monedas locales nunca podrán expandirse más allá de su estatus marginal a no ser que dispongan de un mecanismo crediticio que las proteja de las corridas especulativas que han sufrido numerosas divisas nacionales en los últimos veinte años. Las organizaciones de concesión de crédito locales y regionales pueden ejercer funciones de control de capital similares a las que impusieron algunas naciones sensatas al desarrollar sus economías con el reemplazo de importaciones. El conocido sistema suizo de crédito mutuo WIR emplea un modelo extremo de dicho principio: una vez que depositas dinero en él, no se te permite extraerlo. A nivel local, esto obligaría a los inversores extranjeros a utilizar componentes procedentes de esa zona. Taiwán, Japón, Singapur y Corea del Sur implementaron medidas parecidas, aunque menos extremas, durante los años 50 y 60, cuando restringieron la repatriación de beneficios por parte de empresas extranjeras.

Una de las "importaciones" que las autoridades locales y regionales podrían reemplazar es el crédito mismo. Los países asiáticos citados hicieron esto también al blindar su sector bancario contra los bancos extranjeros mediante políticas gubernamentales y otras barreras culturales extraoficiales. A escala regional o local, al margen de que tengan divisa propia o no, los gobiernos pueden sustituir el crédito exógeno mediante la creación de bancos públicos.[15] Si hemos de pagar por el acceso al crédito, ¿ese dinero no debería permanecer en la economía local? Actualmente, las autoridades regionales y locales depositan sus ganancias fiscales en bancos multinacionales que lo prestan a quien más beneficios les proporcione; en esta época de consolidación bancaria, en la que muchos bancos regionales han sido absorbidos por bancos más grandes, no les queda prácticamente otro remedio. La banca pública, ejemplificada por el Bank of North Dakota, puede prestar dinero y financiar proyectos a nivel local sin necesidad de exportarlos a Wall Street. La prioridad de los bancos públicos no tiene por qué ser el lucro, y cualquier beneficio que generen puede ser devuelto a sus propietarios, el pueblo, restaurando así el procomún del crédito. Tales ventajas atañen incluso al sistema monetario actual.

A escala nacional, la banca pública no difiere mucho del poder de emitir divisas, un poder que los Estados Unidos (y la mayoría de los países) han relegado a una entidad privada: la Reserva Federal. Pero, en teoría, el país podría crear su propio banco y prestarse dinero a sí mismo, imprimiendo moneda a interés cero o menor a cero. O también podría prescindir del sistema bancario y crear dinero directamente, tal como lo autoriza la Constitución estadounidense y fue implementado durante la Guerra Civil.[16] Las propuestas de divisas esbozadas en el Capítulo 11 permitirían que

---

15. Véanse los escritos de Ellen Brown, autora de *Web of Debt* (Red de deuda) para leer un argumento exhaustivo a favor de la banca pública. Un artículo que observa la similitud entre los bancos públicos y las divisas de crédito mutuo es "Time for a New Theory of Money" (Es el momento de una nueva teoría monetaria), disponible en www.commondreams.org/view/2010/10/29-3.

16. El congresista estadounidense Dennis Kucinich recogió la idea en H.R. 6550: National Emergency Employment Defense Act (Ley nacional de emergencia para la defensa del empleo) de 2010.

las autoridades locales hicieran lo mismo, emitiendo divisas "respaldadas" por el procomún biorregional bajo su administración. Es posible que, algún día, las divisiones políticas den paso a una mayor conformidad con las regiones biológicas y culturales. Los gobiernos regionales serían más autónomos si tuvieran el poder de emitir su propia moneda.

A qué destinar capital a gran escala es algo más que una decisión económica; es también una decisión social y política. Incluso en nuestra actual sociedad capitalista, las mayores inversiones no siempre se deciden en base a su rendimiento económico.[17] Enviar a un hombre a la luna, construir un sistema de autopistas o mantener unas fuerzas armadas son gastos públicos que no buscan rentabilizar el capital invertido. En el sector privado, en cambio, la rentabilidad es el factor que determina cómo un banco asigna capital y, por consiguiente, mano de obra, creatividad humana y las riquezas de la tierra. ¿Qué hacemos nosotros, la humanidad, en la Tierra? Esta opción colectiva ha sido privatizada, pero una economía sagrada nos devolverá dicha decisión. Lo anterior no significa robar al sector privado la posibilidad de tomar decisiones de inversión sino transformar la naturaleza del crédito para que el dinero acabe en manos de quienes sirvan al bien social y ecológico.

La reclamación del procomún del crédito asumirá numerosas formas: los préstamos P2P (descritos anteriormente), los sistemas de crédito mutuo, las cooperativas de crédito y otros bancos cooperativos, la banca pública y otras entidades bancarias innovadoras como el JAK Members Bank en Suecia. Cada uno a su manera, estos sistemas devuelven el poder del dinero y del crédito a la gente, ya sea mediante sistemas de crédito mutuo, o entidades constituidas

---

17. Tales decisiones favorecen cada vez más a los intereses empresariales.

a nivel institucional, como la banca pública. Dado que la soberanía política sirve de poco sin la correspondiente soberanía monetaria, reestablecer el control local, regional y (en el caso de países pequeños) nacional sobre el crédito representa un camino importante hacia la relocalización de la economía, la cultura y la vida.

CAPÍTULO 16

LA TRANSICIÓN A LA ECONOMÍA DEL OBSEQUIO

Bajo el capitalismo, el hombre explota al hombre. Bajo el comunismo, es exactamente al contrario.

—John Kenneth Galbraith

Los nuevos sistemas de intercambio que estamos explorando desdibujan la frontera entre el ámbito monetario y el no monetario y, por consiguiente, la definición estándar de "economía". ¿Qué es la economía en realidad? Más allá de lo efímero del dinero (trozos de papel, bits en computadoras) ¿qué cambia cuando la economía crece o se contrae? ¿Cómo lo mediríamos sin una unidad común de cómputo? Lo que la economía intenta medir en última instancia es la totalidad de las cosas que los seres humanos crean y hacen por los demás.

Incluso el hecho de intentar medir esto resulta bastante extraño en sí mismo. Ya he planteado críticas juiciosas sobre el gran objetivo que la ciencia económica detenta de equiparar el dinero con el bien. Sin embargo, algunos sistemas alternativos para medir el progreso económico, tales como el Indicador de progreso genuino o el Índice de felicidad nacional, adolecen de problemas similares a un nivel más sutil. Sin duda, representan una mejora respecto al PIB, en cuanto a que no consideran las prisiones ni el armamento como contribuciones positivas al bien común, e incorporan a la salubridad económica conceptos como el tiempo de ocio. En cualquier caso, siguen presuponiendo que podemos y debemos cuantificar el bien y que, para hacerlo, debemos convertirlo todo a una unidad de medida estándar.

El dinero y la medición están íntimamente relacionados. El dinero se creó, de hecho, como una unidad de medida: cantidades estandarizadas de mercancías y, más tarde, de metales. La era del dinero ha coincidido con el programa del reduccionismo y la objetividad que, a través de la ciencia, se ha propuesto dominar el mundo. Aquello que puede medirse puede ser dominado, algo que va implícito en la expresión "tomarle las medidas a alguien". Lo inconmensurable fue excluido de la ciencia —"encomendadlo a las llamas", dijo Hume— y de la economía también. Por ello, el nivel de vida ha acabado divergiendo de la calidad de vida; lo primero es un estándar cuantificable, lo segundo no.

De todo aquello que los seres humanos crean y hacen por los demás, lo que no se puede cuantificar es lo que más contribuye a la felicidad humana. Se podría, por ejemplo, cuantificar el tiempo de ocio y asignarle un valor en dólares para calcular el bienestar de una sociedad, pero ¿a qué se dedica ese tiempo de ocio? Se podría pasar ese tiempo inmerso en una adicción, en entretenimiento insustancial, en una relación íntima con otra persona o en contar cuentos a niños. Y aunque hallásemos la forma de tomar en cuenta esas distinciones, ¿podríamos cuantificar cuán presente está una persona en el momento de contar esos cuentos? ¿Podemos cuantificar cuán ansiosa se siente una mientras trabaja? Si las políticas públicas se guían por la maximización de una cifra, ya sea el PIB o cualquier otra, seguro que los aspectos más importantes quedarán excluidos.

Las necesidades cuantificables son también finitas, otra razón más para cuestionar un sistema monetario basado en el crecimiento ilimitado de una demanda limitada de recursos finitos. Las necesidades cualitativas son diferentes: no son ni cuantificables ni finitas. Es en este ámbito donde la ideología del Ascenso encuentra su verdadera motivación espiritual. Aunque se acabe el crecimiento del dominio de lo monetizado y de nuestra apropiación de la naturaleza, otro tipo de desarrollo continuará: el crecimiento del espíritu humano, con su infinita necesidad de belleza, amor, conexión y conocimiento. Un futuro de crecimiento cero no es un futuro estancado, como tampoco se estanca la vida de una adolescente de dieciséis años que ha dejado de crecer.

El dinero, que facilita la satisfacción de necesidades cuantificables, tendrá un lugar en la vida humana durante muchos siglos venideros. Sin embargo, ocupará un papel secundario, como ya describí en el capítulo sobre el decrecimiento. En lugar de seguir colmando obsesivamente nuestras necesidades limitadas al obsceno nivel de hipertrofia actual, dedicaremos nuestras energías a las necesidades cualitativas insatisfechas que tanto nos empobrecen hoy en día.

Para satisfacer nuestras necesidades no cuantificables, necesitamos una circulación no monetaria. Cuando lo cualitativo se iguala a lo cuantitativo y lo infinito a lo finito, los primeros quedan devaluados. Cualquier intercambio de belleza por dinero, de intimidad por dinero o de atención por dinero, huele a prostitución. La aversión del artista por el mundo del comercio no es solo fruto de un egotismo que le haga sentirse por encima de todo ello. Cuando el dinero trata de comprar belleza, amor, conocimiento, conexión y demás, o bien el comprador recibe una falsificación, o bien el vendedor, que vende algo infinitamente valioso por una suma finita, es explotado. Realmente es muy simple; como ya expresaron los Beatles, "money can't buy you love" (el amor no puede comprarse con dinero).

Esa es la razón por la que necesitamos otras vías de circulación para nuestros obsequios. El asunto se complica, sin embargo, por el hecho de que lo cuantificable es a menudo el vehículo para lo no cuantificable. No abogo por dos esferas separadas, la monetaria y la del obsequio, sino más bien por un sistema mixto en el que el dinero asuma más cualidades del obsequio y, al mismo tiempo, surjan estructuras mediadoras del obsequio que reemplacen la función del dinero.

Con o sin dinero, las cuestiones fundamentales de la economía –lo que las personas crean y hacen por los demás– son las siguientes: (1) cómo conectar al proveedor de un obsequio con la persona que necesita ese obsequio; (2) cómo reconocer y honrar a aquellos que ofrecen generosamente sus obsequios; y (3) cómo coordinar los obsequios de muchas personas en el tiempo y en el espacio a fin de crear cosas que trasciendan las necesidades o los obsequios de cualquier individuo. Aunque pueda no parecer obvio, estas metas se corresponden a grandes rasgos con las tres funciones cardinales del dinero: medio de intercambio, unidad de contabilidad y depósito de valor.

Hoy en día están surgiendo muchas maneras cuasi-monetarias y no monetarias de alcanzar esas tres metas. En el mundo del software de código libre, por ejemplo, las tecnologías P2P permiten a una comunidad de programadores visualizar proyectos, coordinar talentos y reconocer las contribuciones de sus miembros, y todo sin necesidad de dinero. En cierto modo, la estima entre colegas, basada en la cantidad y calidad de sus contribuciones previas, es una forma de "divisa" que permite a algunos miembros ejercer una mayor influencia sobre el grupo que otros. Pero no está cuantificada; ni sería cuantificable sin perder algo de su esencia. Podemos reducir la estima y el prestigio a una cifra, pero reconozcamos al menos que es una reducción, del mismo modo que las grabaciones analógicas pierden algo de la calidez, la humanidad y la infinitud del original cuando se pasan a formato digital.

Hay muchos sistemas online que, de hecho, convierten la reputación y la contribución en una cifra. Los sistemas de calificación de usuarios en webs como Amazon y eBay representan un tipo de cuasi-divisa. Los usuarios no solo pueden valorar y comentar sobre los productos, también pueden calificar las valoraciones de los demás, creando así un sistema de auto-supervisión. Lo que es en esencia una economía del obsequio (nadie recibe ninguna retribución directa por escribir valoraciones) está creando estructuras que se asemejan a las funciones mediadoras del dinero.

Timothy Wilken, médico, filósofo y activista de la economía del obsequio, ha llevado esta idea un paso más allá en su sistema llamado GIFTegrity, actualmente en fase beta. En este sistema, cada miembro aporta un listado de aquello que él o ella desea obsequiar y recibir; el receptor del obsequio evalúa la transacción y esas calificaciones determinan el orden en el que los potenciales receptores de obsequios de otros aparecerán en la lista. Si has regalado mucho, tu nombre aparecerá en la parte superior de la lista cuando alguien busque un receptor para el obsequio que quiere ofrecer. Y cuando recibas un regalo, tu puntuación bajará un poco para reflejar que lo regalado y lo recibido están más equilibrados. Estos puntos de valoración actúan de un modo muy parecido al dinero.

En una comunidad tradicional no sería necesario un sistema de calificación así, ya que los obsequios y las necesidades de cada miembro serían conocidos por todos. Los sistemas como GIFTe-grity parecen ofrecer la posibilidad de llevar las relaciones del obsequio a una esfera más amplia. Pero en lugar de obviar la necesidad del dinero, la recrean, aunque como algo mucho más cercano a su esencia original: una muestra de gratitud. Las valoraciones en GIFTegrity y sistemas similares son dinero. Recibes puntos por obsequiar y los gastas al recibir. Tales sistemas también conllevan una de las limitaciones fundamentales del dinero, y es que lo cualitativo se resiste a ser cuantificado en una escala lineal. Sin duda representan una mejora respecto al dinero actual, basado en la usura; pero este tipo de alternativa tecnocrática, por muy brillante que sea, no suple lo que se ha perdido en nuestra cuantificación del mundo. Lo que queremos recuperar es el infinito, y ni las calificaciones ni los puntos satisfacen nuestra profunda necesidad de los lazos personales, la gratitud y los relatos multidimensionales que circulan en una cultura del obsequio.

¿Me contradigo al decir que el dinero se originó como gesto de gratitud y, a la vez, como medida? El dinero estuvo habitado por dos espíritus, por así decir, desde sus comienzos. Fue tanto una extensión de la economía del obsequio (casi lo único que existía en un principio) al ámbito de la sociedad de masas, como una incursión de la medida, la contabilidad, la acumulación y el control en la inicial mentalidad abierta del obsequio. Aun así, al hablar del dinero como muestra de gratitud, estoy utilizando también el verbo "originarse" en un sentido poco usual, refiriéndome a un origen no en el tiempo sino en la mente de Dios, por expresarlo de algún modo. Me refiero al origen teleológico del dinero, el propósito para el cual surgió en este mundo.

La función medidora del dinero tiene su equivalente en la economía del obsequio, ya que aunque los obsequios no conllevan una expectativa específica de retorno, suelen darse a la vista de la comunidad. Los regalos anónimos, que hoy elevamos a la más alta categoría de generosidad, desempeñan un papel menor en las culturas del obsequio pasadas y presentes. Las comunidades eran generalmente conscientes de las necesidades, los obsequios y el grado de generosidad de sus miembros. El dinero sustituye esta percepción: en teoría, al menos, confiere los beneficios del reconocimiento social a las personas que contribuyen. En la práctica, sin embargo, el alcance de la contribución reconocida se ha limitado a la contribución al "ascenso" de la humanidad, el crecimiento del reino humano. Pero incluso con una divisa basada en el decrecimiento, el problema de fondo sigue siendo que el dinero, por naturaleza, solo puede operar en el ámbito de lo cuantificable. Afrontamos la cuestión de cómo facilitar el flujo de lo no cuantificable a través de las vastas distancias de la sociedad de masas. En cientos de miles de años de existencia humana, este es un nuevo problema.

Quizá podamos comenzar por reconstruir la economía del obsequio desde los cimientos. Hoy en día, el dinero se ha impuesto incluso a pequeña escala, donde el consenso informal y la generosidad a la vista de la sociedad podrían facilitar las tres funciones antes citadas de conectar, honrar y coordinar los obsequios. A medida que un número creciente de personas reconoce el empobrecimiento social que supone la conversión de las relaciones en dinero, y a medida que el propio sistema monetario se desmorona, la gente está encontrando nuevas maneras de recuperar esas funciones. Una de mis favoritas es el Círculo de Obsequios, desarrollado por Alpha Lo y que ahora se replica por todo Estados Unidos. En estos encuentros semanales, los participantes exponen una o varias cosas que desearían dar y una o varias cosas que les gustaría recibir. A menudo, parece manifestarse una sincronía mágica entre deseos y necesidades. "¿Necesitas un majador de papas? Tenemos tres". O "¿Necesitas que alguien te lleve al aeropuerto el viernes? Mi esposo también vuela ese día". Al presenciar la generosidad de los demás, los participantes se van sintiendo cada vez más cómodos pidiendo y obsequiando cosas a los otros integrantes del círculo. Siempre hay alguien dispuesto a ayudar al otro lado del teléfono. Si, durante la semana, una persona ayuda a otra a arreglar su automóvil, en la próxima reunión esta puede informar a los demás de la generosidad recibida. El espíritu comunitario crece cuando sabes que tu generosidad se dará a conocer y que, por consiguiente, la gente deseará obsequiarte algo a cambio.

Otro modo de conseguir algo similar es usar un sitio web para ofrecer regalos, solicitarlos y registrar lo que se ha obsequiado. Cuando esto se hace a gran escala, los medios para cumplir esas funciones se van pareciendo más al dinero. Sin la familiaridad personal de lo que se regala y se recibe, hace falta algún método de estandarización. A pequeña escala, sin embargo, basta con presenciar el flujo de obsequios, ya sea directamente o a través de relatos en tercera persona. Sin ese elemento presencial, los obsequios tienen menos fuerza para estrechar lazos comunitarios. Esa es la flaqueza de sistemas como Freecycling o Craigslist (aunque el hecho de que la gente los use ya es prueba de nuestra generosidad innata). Sistemas más novedosos como Giftflow, Neighborgoods, Shareable, GIFTegrity y muchos otros reconocen y remedian este fallo.

Fíjense en que todo lo que he descrito hasta ahora acelera el decrecimiento de la economía. Cuando nos acompañamos mutuamente al aeropuerto en lugar de tomar un taxi, cuando compartimos herramientas eléctricas en vez de comprar herramientas nuevas, o cuando regalamos un pasapurés que nos sobra, reducimos la demanda de consumo y, con ello, el crecimiento económico.

La contracción del ámbito monetario acelera la transición a una economía de estado estacionario y el fin del viejo régimen. Asimismo, hace que esa transición sea mucho menos temible. Cuando nos instalamos en comunidades del obsequio que honran y reciprocan la generosidad, dependemos menos del dinero y lo disociamos más de la supervivencia.

¿Podría el Círculo de Obsequios ampliarse más allá del nivel de una comunidad en la que las personas se conocen directa o indirectamente? A muy largo plazo, quizá seamos capaces de visualizar una sociedad del obsequio sin dinero basada en el modelo de "círculos de círculos". A priori, el dinero parece necesario para la coordinación global de mano de obra, pero si examinamos esa coordinación más de cerca, el número de personas con las que cualquiera de nosotros interactúa no es tan grande en realidad. Cuando más de unos cientos de personas tienen que cooperar para producir algo, la gran comunidad de producción se divide de forma natural en subcomunidades y sub-subcomunidades, hasta una escala a la que sí funciona la economía del obsequio. Los integrantes de cada círculo podrían obsequiarse cosas entre sí y cada uno de esos círculos, como entidad integrada, podría obsequiar a otros círculos de su círculo inmediatamente mayor, y cada uno de ellos, a su vez, a otros círculos de círculos. Esta visión implica una reorganización fundamental de la sociedad: desde la base, cooperación entre iguales, autoproducción y auto-organización.

En el cuerpo metahumano que llamamos sociedad, el dinero es como una molécula de señalización que dirige recursos adonde sean necesarios; propicia relaciones económicas entre las partes más lejanas de nuestro cuerpo colectivo; y es uno de tantos sistemas simbólicos que definen y coordinan nuestros "órganos" : gobiernos, instituciones y organizaciones de todo tipo. Desafortunadamente, el dinero solamente transmite ciertos tipos de información (mayormente sobre dones, necesidades y deseos cuantificables). Así pues, para conseguir salud, necesitaremos otras formas de "organ"-izar y coordinar la actividad humana

Existe hoy en día una explosión de ideas innovadoras para crear formas descentralizadas y no jerarquizadas de colaboración y propiedad. Estas representan una especie de subestructura para una futura cultura del obsequio basada en círculos de círculos. En el extremo más conservador del espectro están las compañías propiedad de los empleados con estructuras de gestión tradicionales. Ya existen cientos de pequeñas y medianas empresas de este tipo en los Estados Unidos. Más radicales son las empresas que usan métodos democráticos o colaborativos para gestionar la empresa, como hacen diversos colectivos y cooperativas. Quizá la más destacable de ellas sea la Cooperativa Mondragón en España, que comprende más de 250 empresas y unos 90.000 empleados/propietarios, lo cual la convierte en uno de los grupos empresariales más grandes de ese país. Fundada durante la dictadura fascista de Franco, de algún modo consiguió defender y encarnar explícitamente el principio de la "soberanía del trabajo" y otros valores de la democracia participativa. Dejo al lector la tarea de informarse más acerca de esta fascinante iniciativa, pionera en gestión participativa y propiedad cooperativa.

Al crear nuevos modos de organización capaces de incorporar lo no cuantificable, nos adentramos en una era de experimentación. Muchos de estos experimentos han fracasado y fracasarán, como por ejemplo la obligada colectivización bajo una gestión burocrática central que se impuso en el bloque comunista. No cabe duda de que surgirán muchas formas de colaboración novedosas a medida que vayamos digiriendo las lecciones de los intentos pasados y presentes.[1]

Las propuestas monetarias que he expuesto en este libro favorecerán las estructuras no tradicionales de propiedad y gestión. Asimismo eliminarán el lucro basado en la posesión pasiva de dinero, tierra y el procomún en general, del mismo modo que desfavorecerán lucrarse de la propiedad pasiva en las corporaciones que hoy son un vehículo para el control de dichos bienes.

La llegada de estructuras del obsequio colaborativas alterarán radicalmente la experiencia del empleo. Hoy, el interés de los trabajadores y el de los propietarios son fundamentalmente opuestos. Al propietario le interesa que sus empleados realicen la mayor cantidad de trabajo por el menor sueldo posible, mientras que el empleado quiere hacer lo menos posible por el máximo sueldo. Una buena gestión puede mitigar esta oposición básica asociando el sueldo al "rendimiento" y apelando al orgullo profesional, la lealtad o el espíritu de equipo, pero la contradicción subyacente permanece. Los empleados suelen recibir recompensas por sus

---

1. Un modelo destacable es Better Means (www.bettermeans.com), que describe su labor como "modelo de empresa abierta", donde las decisiones estratégicas, la asignación de trabajo, la remuneración y las acciones empresariales se determinan a través de procesos auto-correctores de valoración y votación. Aquellos que contribuyen en mayor medida —según lo determinan ellos mismos, sus compañeros de proyecto y quienes votaron a favor de realizar el proyecto en primera instancia— reciben créditos que pueden ser canjeados por dinero. Los créditos también conceden al participante acciones temporales en la empresa, con una duración igual al tiempo transcurrido entre la adquisición de los créditos y su canje por dinero. La propiedad corresponde, por tanto, a aquellos que contribuyen, y se va desvaneciendo cuando uno deja de contribuir. El modelo de empresa abierta de Better Means se practica actualmente tanto en empresas privadas como en organizaciones sin ánimo de lucro. Aunque aún se está perfeccionando, incorpora ciertos conceptos clave de los movimientos P2P y de código abierto, tales como el "consenso perezoso", la "gestión ágil de proyectos", la "evaluación entre compañeros", la "valoración de la reputación" y muchos más.

éxitos en el politiqueo de la empresa, y no por sus auténticas contribuciones, mientras se reconoce el "espíritu de equipo" como una mera estrategia de relaciones públicas de la compañía. "Si de verdad estamos en esto todos juntos", se preguntan, "¿cómo pueden despedirme en cualquier momento y a los propietarios no? Cualquier valor perdurable que yo aporte será suyo". En este mundo, cualquier empleado que se identifique verdaderamente con su jefe es un ingenuo, lo cual se hace obvio cada vez que una empresa reduce o reestructura su plantilla. "Les he dado veinte años de servicio leal, ¿por qué me despiden?" Como un ejecutivo de una compañía de seguros le explicó a un empleado, "si quieres lealtad, cómprate un perro". Claro que la mayoría de empleadores no tienen el corazón tan duro, pero la disciplina del mercado es capaz de endurecer un corazón tierno.

Bueno, pero la disciplina de los mercados va a cambiar. A medida que el dinero se alinea con el bien social y ecológico, y emergen nuevas estructuras que recompensan la contribución a los bienes comunes, las relaciones en torno al trabajo irán perdiendo su espíritu de mutua explotación. La razón de ser de las organizaciones de negocios darán un salto. Las contribuciones cuantificables al bien de la sociedad y el planeta recibirán retribuciones monetarias, y las contribuciones no cuantificables acumularán recompensas de estatus, gratitud, y buena voluntad que se manifestarán por medio de las nuevas estructuras simbólicas que hoy están surgiendo.

Tales innovaciones son la ola del futuro. En todos los ámbitos, el modelo de riqueza basado en la posesión dará paso a uno de riqueza basado en el obsequio. El deseo de poseer y controlar es el deseo del ser de la separación, el yo que persigue manipular a los demás para su propia ventaja y extraer riqueza de la naturaleza, de las personas y de todo lo que representa el *otro*. El ser conectado se hace rico a través del obsequio, desempeñando al máximo su papel de sustentar aquello que se extiende más allá de sí mismo. A medida que nos adentramos en el ser conectado, emergen estructuras organizativas en sintonía con él. Estas alinean el interés propio del individuo con el de la organización, y el interés de la organización con el de la sociedad y el planeta. A diferencia de los modelos colectivistas clásicos, dichas estructuras permiten la exuberante expresión de los dones extraordinarios del individuo, pero dirigiendo esos obsequios al beneficio de todos.

Las estructuras colaborativas abiertas de una economía del obsequio más amplia trascienden la antigua oposición entre el individuo y el grupo. Cuando digo que los extraordinarios obsequios individuales irán encaminados al beneficio de todos, algunos lectores podrían objetar: "¿Pero no debería recompensarse la excelencia individual?" Mis amigos conservadores son especialmente suspicaces respecto a mis ideas, porque suponen que significan subsumir al individuo. Creen que en un sistema que desincentiva la acumulación y pone la excelencia al servicio de todos no habría incentivo ni recompensa para la grandeza. Por otro lado, la izquierda tradicional parte de esa misma premisa básica pero, en su caso, está convencida de que es bueno y necesario que el individuo se subsuma a la sociedad. Según esta visión, una persona virtuosa trabaja sacrificándose de manera noble por el bien común, rechazando cualquier tipo de reciprocidad o recompensa.

Ambas visiones provienen del paradigma de la separación que sostiene que "más para ti significa menos para mí", es decir, más para el colectivo es menos para el individuo. Pero en la cultura del obsequio, eso es completamente falso. Una persona muy dadivosa que ofrece valiosos obsequios puede ascender a la cumbre del honor y disfrutar de todo lo que el ser humano es capaz de otorgar.

Tal es la naturaleza y el poder de la gratitud. Desgraciadamente, los instintos de la cultura del obsequio nos son ajenos actualmente: aunque residen en lo más profundo de nuestro corazón, están ausentes de las estructuras económicas e ideológicas de nuestra sociedad. La siguiente sección de este libro describe cómo recobrar los instintos y las prácticas de la cultura del obsequio, comenzando a nivel personal.

La bancarrota de la economía del ser separado ya está a la vista de todos. En el mundo capitalista que ha permitido la acumulación individual, hemos vivido no la manifestación exuberante de nuestros dones sino su supresión, su esclavitud y su perversión a favor de la apropiación y el control, ya que esas acciones son las que el sistema monetario actual promueve y recompensa. Y lo que es peor, esas recompensas ostensibles han sido un engaño: el dinero, sus adquisiciones y su acumulación a cambio de relaciones humanas, el amor, la belleza, el juego, el significado y el propósito. El mundo no capitalista tampoco nos resultó mejor. Ya proceda de la ideología comunista o de las enseñanzas religiosas, la abnegación es la negación de la vida; esa vida denegada se expresa siempre de maneras sombrías que provocan las mismas consecuencias o, peor aún, como el engrandecimiento evidente del yo separado.

No obstante, la Era de la Separación está llegando a su fin, y estamos comenzando a reaprender cómo vivir la verdad de nuestra interconexión. Todo lo que he expuesto en este libro presupone (y fomenta) una evolución de nuestra conciencia, sin la que cualquier elemento de la *sacroeconomía* sería inviable. Pero no estoy instando a nadie a evolucionar –lo estoy observando, presenciando y contribuyendo a ello, espero–. Está sucediendo mientras lees estas palabras, y ocurrirá mucho más rápido a medida que converjan sobre nosotros las múltiples crisis surgidas de la Separación. El mundo está cambiando, y nosotros con él. No solo debemos crear las estructuras económicas del ser interconectado que vive una relación cocreativa con la Tierra; también podemos, ahora mismo, aprender a pensar en ellas y vivirlas.

CAPÍTULO 17

RESUMEN Y HOJA DE RUTA

*Primero te ignoran, después se ríen de ti, luego te atacan,
entonces ganas.*

—Mohandas Gandhi

Antes de adentrarnos más a fondo en el cambio de pensamiento y prácticas personales que forman parte de una economía sagrada, resumiré sus principales elementos macroeconómicos. Algunos de ellos ya empiezan a implementarse, mientras que otros se encuentran aún al margen de lo que se considera como un discurso político aceptable, a la espera de que el agravamiento de la crisis convierta lo impensable en sentido común.

La transición que trazo es evolutiva; no implica la confiscación de propiedad ni la completa eliminación de las instituciones actuales, sino su transformación. Como describo en los siguientes resúmenes, esta transformación ya se ha iniciado o es incipiente en algunas instituciones existentes.

El lector notará que, salvo los que están totalmente ausentes del mapa político actual, casi todos estos desarrollos corresponden a la izquierda del espectro político. ¿Por qué? Porque redistribuyen gradualmente la riqueza de los ricos al resto de la población. Mientras que las clases adineradas siempre han deseado tasas de interés más altas, y los trabajadores tasas más bajas, este libro pronostica que acabarán siendo negativas. Si la izquierda favorece los programas de asistencia social, este libro pronostica su generalización mediante la renta básica universal. Mientras que los intereses corporativos promueven la eliminación de las protecciones sociales y medioambientales, este libro prevé la reclamación del procomún. La única excepción importante a lo anterior es la eliminación del impuesto sobre la renta, lo cual beneficiará realmente a ese pequeño subgrupo de ricos cuya riqueza proviene de la productividad emprendedora y no de las rentas económicas generadas por el control del dinero y la propiedad.

1. MONEDA A INTERÉS NEGATIVO

Motivación: El interés negativo sobre las reservas y una moneda física que pierde valor con el tiempo, invirtiendo los efectos del interés. Permite la prosperidad sin necesidad de crecimiento, fomenta de forma sistémica la distribución equitativa de la riqueza y pone fin a la rebaja de la liquidez futura, de modo que ya no nos sentiremos obligados a hipotecar nuestro futuro a favor de ingresos a corto plazo. Es más, encarna la verdadera naturaleza del mundo, en el que todas las cosas se deterioran y vuelven a su origen. El dinero dejará de ser una excepción ilusoria a las leyes naturales. Por último, ya que el dinero representa, en cierto sentido, el poder que el desarrollo tecnológico ha acumulado durante milenios, herencia común a todos los seres humanos, es injusto que alguien se lucre simplemente por poseerlo, tal y como ocurre en el actual sistema de interés positivo sin riesgo.

Transición y políticas: Estuvimos al borde de una transición a una divisa "caduca" en 2009, cuando los bancos centrales forzaron los intereses interbancarios a una tasa próxima al cero e incluso tantearon la idea de traspasar el límite del bajo cero. Hoy la economía vive una anémica recuperación, pero los problemas subyacentes del estancamiento y la deuda continúan presentes. Cada nueva crisis, cada nuevo rescate, nos da la oportunidad de comprar más deudas impagables con divisas en devaluación, rescatando de ese modo a la infraestructura financiera sin seguir promoviendo la concentración de la riqueza. Es más, cuando las medidas tradicionales de estímulo monetario y las de estímulo fiscal keynesiano fracasen, como ha sucedido en Japón, los bancos centrales no podrán ignorar el obvio paso siguiente de bajar los tipos de interés por debajo de cero. Para prevenir guerras de divisas, esta disminución debería o bien realizarse coordinadamente por parte de todas las fuerzas soberanas, o bien incorporarse a una divisa global.

Actualmente, la Reserva Federal no tiene autoridad para imponer un interés negativo en las reservas ni para emitir billetes en devaluación. En cualquier país tal autoridad reside, como debe ser, en los órganos legislativos. Es el momento de que esta idea se introduzca en el discurso político y económico, ahora que los bancos centrales se inquietan por la impotencia de sus herramientas monetarias. El actual estancamiento de la velocidad del dinero demuestra que rebajar los tipos de interés a cero solo fomenta la concesión de créditos en caso de que se prevea un crecimiento económico significativo. Las nuevas medidas de alivio cuantitativo no harán más que subrayar este hecho a medida que las reservas se vayan incrementando. A falta de crecimiento, los bancos prefieren guardarse el dinero a un interés nulo que prestarlo a la economía real. Pero ¿estarían dispuestos a retener ese dinero a un interés del -2%? ¿O del -5%?

385

Efectos sobre la vida económica: La experiencia cotidiana del uso del dinero será la misma para todo el mundo salvo para la clase inversora. Por mucho que a la clase adinerada le cueste imaginarlo, la mayoría de los ciudadanos apenas llega a fin de mes y raramente ahorra más del equivalente a dos meses de su salario. Los más acomodados aún podrían seguir ahorrando, pero el valor de esos ahorros iría decreciendo gradualmente con el tiempo a no ser que se arriesgasen a invertirlo. No existirá la posibilidad de acumular dinero sin riesgo alguno, de hacer que "el dinero trabaje por ti". Incluso los bonos del Estado darán un interés nulo o bajo cero. Para grandes adquisiciones, tanto a nivel particular como corporativo, los préstamos a interés cero o negativo sustituirán a los ahorros como principal vehículo de financiación, (lo cual ya está ocurriendo de hecho). Los negocios tendrán acceso a capital de inversión que no requiera dedicar gran parte de su liquidez futura para afrontar la deuda, eliminando así el imperativo de "crece o muere" que gobierna la vida económica actual.

2. ELIMINACIÓN DE RENTAS ECONÓMICAS, Y COMPENSACIONES POR LA EXPLOTACIÓN DEL PROCOMÚN

Motivación: La polarización de la riqueza es inevitable cuando se permite a las personas lucrarse simplemente por poseer algo, sin producir nada ni contribuir a la sociedad. Estos beneficios, llamados rentas económicas, corresponden a la posesión de tierra, al espectro electromagnético, a los derechos de extracción minera, a las reservas de petróleo, a las patentes y a muchas otras formas de propiedad. Puesto que esos tipos de propiedad o bien existían ya antes que cualquier ser humano o bien son el producto colectivo de la cultura humana, no deberían pertenecer a ningún individuo que no los use para el bien de la sociedad y del planeta.

Además, hoy es posible lucrarse mediante el agotamiento de las diversas formas de riqueza común que existen, como la biodiversidad, los acuíferos, el suelo, los bancos de peces oceánicos y demás. Todo ello pertenece legítimamente al conjunto de la humanidad, y su agotamiento debería permitirse únicamente con el consentimiento de todos nosotros y para nuestro bien común.

Transición y políticas: Algunos estados y naciones ya gravan impuestos sobre el valor del terreno y otros han nacionalizado el petróleo y los minerales. Bolivia y Alaska, por ejemplo, reivindican la propiedad pública de los derechos del petróleo, de modo que las compañías petrolíferas cobran solamente por sus servicios de extracción, no por la posesión del crudo. Transferir la carga impositiva de la mano de obra a la propiedad será una propuesta cada vez más atractiva a medida que la situación de los asalariados se vuelva más precaria. Finalmente, las inmanejables batallas sobre la regulación de los derechos del agua demuestran que ha llegado la hora de incorporar directamente la conservación de recursos al sistema monetario.

Como se ha descrito en este libro, medidas tales como el impuesto georgista sobre el valor del suelo, el arrendamiento de los derechos de explotación minera y el uso de las rentas económicas como aval monetario, son maneras de devolver las rentas económicas a la gente, de forma que el interés privado solo pueda beneficiarse del buen uso de la propiedad, y no simplemente de poseerla. Todo aquello que provenga del procomún debería estar sujeto a tasas o impuestos. La propiedad intelectual puede retornar al procomún abreviando los plazos de los derechos de autor y de las patentes, y reconociendo de ese modo la matriz cultural de la que surgen las ideas. Asimismo, debemos mantener las nuevas fuentes de riqueza, como el genoma, el espectro electromagnético y el nuevo procomún del Internet, dentro del ámbito público, adjudicando su uso exclusivamente a aquellos que las empleen para el beneficio de la sociedad y del planeta.

Efecto sobre la vida económica: Al trasferir las cargas fiscales a la propiedad y los recursos, los impuestos sobre las ventas y las rentas se reducirán o se extinguirán, y se creará un potente incentivo económico para la conservación. Dado que las rentas económicas enriquecen a quienes ya tienen posesiones, eliminarlas fomentará una distribución más equitativa de la riqueza. En el terreno de la propiedad intelectual, la expansión del dominio público estimulará la creación cultural que no vaya dirigida al rendimiento económico, ya que la "materia prima" de las creaciones culturales y artísticas estará menos sujeta a los royalties y a las limitaciones de la propiedad privada.

3. INTERNALIZACIÓN DE LOS COSTOS SOCIALES Y MEDIOAMBIENTALES

Motivación: Así como hoy en día es posible agotar los acuíferos sin pagar nada a la sociedad por ello, también es posible agotar la capacidad del planeta de absorber y procesar los residuos, la de la geosfera de reciclar el carbón, y la del cuerpo humano de afrontar los contaminantes tóxicos. Hoy en día, la contaminación y demás formas de degradación medioambiental generan unos costos que suelen recaer en la sociedad y las generaciones futuras, y no en quienes contaminan. Este hecho no solo es claramente injusto, sino que incentiva a seguir contaminando y degradando el medio ambiente.

Transición y políticas: Las penalizaciones económicas a los infractores son el principal medio utilizado actualmente para contrarrestar el incentivo económico de contaminar, pero flaquea en muchos puntos a nivel tanto práctico como teórico. Primordialmente, supone un aliciente para cumplir unos estándares mínimos pero no incentiva a superarlos. Tampoco nos permite fijar un límite global para el total de emisiones de un contaminante determinado ni para la reducción de un recurso natural. Las propuestas actuales para subsanar estos fallos incluyen programas de intercambio en derechos de emisión e impuestos verdes, muchos de los cuales ya se han propuesto y, en algunos casos, implementado. El intercambio de derechos de emisión (en cuanto al dióxido de azufre) ha funcionado bastante bien para reducir la lluvia ácida pero apenas ha tenido efecto en la reducción de emisiones de CO_2. Estos son pasos en la dirección correcta pero, al final, toda forma de contaminación y explotación de recursos debería estar sujeta a un pago.

Para cada tipo de contaminante y para cada recurso natural, debemos determinar qué cantidad de emisiones o cuánto agotamiento puede soportar el planeta y sus biorregiones. Los derechos de emisión de esos contaminantes o de uso de esos recursos pueden adjudicarse de diversas formas. En algunos casos podría ser deseable que una planificación centralizada especifique quién puede hacer o explotar qué: al granjero A se le permite extraer 400.000 litros del acuífero; al granjero B, 450.000; a la fábrica C, 800.00, etc. Pero ya que este sistema genera ineficiencia económica, en la mayoría de los casos convendrá aplicar o bien impuestos a la contaminación y a los recursos, o bien sistemas de subasta de derechos y límites de emisión, con el fin de recompensar económicamente la reducción de la contaminación y del uso de recursos. Mejor aún sería basar el sistema monetario mismo en los regalos de la tierra, respaldando las divisas con los recursos del planeta y su capacidad para absorber y transformar los residuos.

Efecto sobre la vida económica: Estas medidas ponen fin a la oposición entre ecología y economía. Compatibilizan la mejor decisión empresarial con la mejor decisión medioambiental, poniendo la innovación empresarial al servicio del planeta. Surgirán grandes sectores nuevos consagrados a la conservación, el control de la contaminación y la descontaminación de los residuos tóxicos. La fabricación sin residuos será la norma. Los altos costos de las materias primas fomentarán el continuo progreso hacia la miniaturización y la eficiencia.

Mediante la desincentivación económica de producir bienes baratos de usar y tirar, los artículos fabricados serán más caros, más duraderos y más reparables. Cuidaremos más de nuestros objetos, los mantendremos en buen estado y los conservaremos. Los artículos de gran tamaño que consumen abundantes recursos, como los automóviles, la maquinaria o ciertas herramientas y electrodomésticos, se compartirán entre los miembros del vecindario o la comunidad. Las zonas residenciales se irán compactando; las viviendas serán más pequeñas y las casas grandes acogerán a familias extensas y a estructuras familiares diferentes de la familia nuclear.

Como ocurre con la eliminación de las rentas económicas, estas medidas reducen los impuestos sobre el trabajo de la persona y en su lugar se aplican a los recursos, de modo que se nos grava por lo que usamos y no por lo que aportamos. A la larga, no se aplicará impuesto alguno sobre los ingresos, librándonos así de la pesada responsabilidad de llevar registros de todo lo que hacemos, y del control intrusivo por parte del gobierno.

4. LOCALIZACIÓN ECONÓMICA Y MONETARIA

Motivación: A medida que se desintegra el concepto de comunidad en todo el mundo, la gente anhela volver a las economías locales en las que conocemos personalmente a aquellos de quienes dependemos. Queremos estar conectados con las personas y los lugares, no a la deriva en una monocultura global y anónima. Es más, la producción de mercancías a nivel mundial obliga a las distintas localidades a competir entre sí, fomentando una "competición a la baja" en salarios y regulaciones medioambientales. Por otro lado, cuando la producción y el intercambio económico se realizan a nivel local, los efectos sociales y medioambientales de nuestras acciones se vuelven mucho más palpables, lo cual refuerza nuestra compasión innata.

Transición y políticas: La tendencia hacia las economías de carácter local ya ha comenzado. Los crecientes costos energéticos y la concienciación ecológica instan a los negocios a abastecerse de más suministros locales, y millones de consumidores están despertando a los beneficios que los alimentos frescos de cultivo local tienen para la salud. Gente de todas partes está mostrando un fuerte deseo de volver a conectar con la comunidad y algunas autoridades municipales y regionales han iniciado ya campañas a favor de la "compra local". Miles de comunidades en todo el mundo han puesto en marcha divisas locales y, aunque aún representan un nicho de mercado diminuto, la gente se hace a la idea y aportan un patrón para futuras divisas avaladas por gobiernos locales.

Los demás elementos de una economía sagrada también están en sinergia con la localización. La internalización de costos eliminará muchas economías de escala ilusorias que favorecen el transporte a larga distancia, al tiempo que la eliminación de las rentas económicas aliviarán las obscenas diferencias salariales que actualmente existen entre países ricos y pobres.[1] Estos dos factores darán marcha atrás a buena parte de la globalización económica que se ha producido durante los dos últimos siglos. Mientras tanto, como gran parte del procomún natural, social y cultural es de carácter local o biorregional, un sistema monetario avalado por el procomún fortalecerá de manera natural la soberanía política y económica local.

Las recientes crisis económicas han demostrado que, tan pronto como una divisa nacional deja de funcionar, los gobiernos locales se apresuran a crear su propio dinero. Ya ocurrió en Argentina en 2002; estuvo a punto de ocurrir en California en 2009, y, con la probable ruptura de la Unión Económica y Monetaria de la UE, los países pequeños de Europa podrían recuperar su soberanía monetaria. A medida que la presente crisis se agrave, los gobiernos regionales y las naciones más pequeñas tendrán la oportunidad de reclamar su soberanía económica mediante la emisión de moneda y su protección de los mercados financieros globales a través del control de capital, de impuestos sobre las transacciones internacionales, etc. Los gobiernos también podrán dar preferencia a los negocios locales a la hora de adjudicar contratos. Y, por último, los gobiernos locales y regionales podrán reclamar su soberanía crediticia respecto a las finanzas internacionales, estableciendo bancos públicos y otras entidades de crédito.

---

1. Eso se debe a que los salarios bajos están, en efecto, subvencionados por el procomún no monetizado. Cuando existe una gran cantidad de recursos gratuitos de la tierra y de la comunidad, el costo de vida y, por tanto, los salarios pueden ser muy bajos.

Efecto sobre la vida económica: Mientras que muchos productos y servicios de alta tecnología poseen un carácter inherentemente global, décadas de políticas erróneas y de subvenciones ocultas han llevado al mercado internacional muchos productos que podrían y deberían ser locales. En el futuro, estas mercancías volverán a ser de producción local. La mayoría de la comida que consumimos será producida en las mismas biorregiones que habitamos. Las casas y muchos productos manufacturados usarán materiales locales, a menudo reciclados, y se fabricarán a menor escala. Las pequeñas ciudades experimentarán un renacer económico y sus calles se repoblarán de auténticos comercios locales.

5. EL DIVIDENDO SOCIAL

Motivación: Miles de años de avances tecnológicos han hecho que la producción de las necesidades cuantificables de la vida sea demasiado fácil. Tales avances, regalo de nuestros ancestros, deberían ser propiedad común de toda la humanidad. Todo el mundo merece una parte de la riqueza que ese progreso ha hecho posible. Y lo mismo es aplicable a la riqueza natural de la Tierra, que no es obra humana. El actual sistema monetario nos obliga a trabajar por lo que en realidad ya es nuestro. Es más justo pagar a todos los ciudadanos las ganancias de remuneración por las rentas, los impuestos de contaminación y demás (ver 2 y 3 arriba) como dividendo social. Esto también ayuda a mitigar la concentración de la riqueza y previene las crisis deflacionarias. El dividendo social debería aportar la cantidad mínima para cubrir las necesidades cotidianas; a partir de ahí, la gente podría seguir optando por ganar su propio dinero. Esta prestación libera el trabajo de la presión de la necesidad; la gente trabajaría porque quiere, no porque tiene que hacerlo.

Transición y políticas: En el estado de Alaska existe ya un dividendo, mediante el cual cada ciudadano participa de los ingresos estatales del petróleo y recibe un cheque anual por varios miles de dólares. El reciente reparto de cheques de estímulo es otro precursor del dividendo social que está por llegar. Otro modelo ya existente es el sistema de bienestar social, que algunos denominan despectivamente "derecho a subsidio". Pero quizá deberíamos aceptar ese epíteto y aplicarlo a todos los ciudadanos. ¿Acaso no tenemos todos derecho a la vasta y abundante riqueza que la Tierra y nuestros antepasados nos han legado?

Los subsidios que ya existen en EE UU, como los vales de comida, el seguro médico público, las desgravaciones fiscales para familias de renta media y baja con niños, los programas de bienestar social, la prestación por desempleo y los cheques de estímulo pueden ser extendidos y universalizados. Tales medidas van en contra de la actual tendencia política a la "austeridad", pero la rápida intensificación de la miseria que esta política genera puede llevar a la agitación social y las revueltas. Llegados a ese punto, surgirá la voluntad política de redistribuir la riqueza. Y cuando eso ocurra, no pensemos en gravar a los ricos para castigarles; adoptemos la actitud de dar a todos los ciudadanos lo que les corresponde. El dividendo social es una redistribución encubierta de la riqueza porque, aunque todos reciben equitativamente, los ricos pagan proporcionalmente más impuestos para financiarlo.[2] Según la visión de este libro, este sistema se financiará mediante tasas de

---

2. Otra manera de financiarlo es con dinero fiduciario creado por el gobierno y abonado a todos los ciudadanos. Esta también es una manera encubierta de redistribuir la riqueza; a menos que se deduzca una suma de dinero equivalente de la economía a través de impuestos, se producirá una inflación, disminuyendo la riqueza relativa de la clase acreedora.

sobrestadía y de contaminación, así como de pagos por el uso del procomún (ver 1, 2 y 3 arriba).

Efecto sobre la vida económica: Mientras que seguirán existiendo personas pobres y ricas, la pobreza ya no conllevará un estado de extrema ansiedad. Aquellos que orienten su vida a crear cosas que otras personas quieran o necesiten ganarán más dinero; aquellos que se centren en la sencillez de vivir en la naturaleza o en la expresión a través del arte quizá tengan que arreglárselas con las necesidades básicas. El objetivo de la actividad económica, sin embargo, ya no será "ganarse la vida". Liberados de esa presión, dirigiremos nuestros dones hacia aquello que nos inspire; cada vez más personas consideramos que esa es la manera de curar la sociedad y el planeta de los estragos que ha causado la Separación. (Si aún piensas que liberarse de la obligación de ganarse el sustento llevará a la disipación y la indolencia, vuelve a leer el apartado "La voluntad de trabajar" en el Capítulo 14).

6. DECRECIMIENTO ECONÓMICO

Motivación: Tras cientos de años inventando artilugios que ahorran mano de obra, desde la hiladora con husos múltiples hasta la computadora digital, en todo momento hemos elegido consumir más en lugar de trabajar menos. A esta elección, motivada por el sistema monetario, le acompañó un acelerado descenso del capital natural y social. Hoy en día, seguir acelerando el consumo ya no es una opción viable para nosotros. Sin la fuerza motriz del interés positivo con riesgo nulo, el crecimiento económico ya no será necesario para promover el flujo de capital y una economía decreciente será factible. La tecnología continuará avanzando y nos quedaremos con la segunda alternativa: trabajar menos o, más exactamente, trabajar menos por dinero.

Transición y políticas: Esto ya está ocurriendo. Las tasas de desempleo persistentemente altas (cerca del 20% contando los desempleados de larga duración) en los países industrializados unidas a la sobrecapacidad de producción, implica que simplemente no existe suficiente trabajo remunerado para emplear a todos con el fin de producir todo lo que necesitamos. Sin duda, existe una gran cantidad de trabajo necesario y bello que hacer pero buena parte de él no genera rendimiento económico. Hoy en día, el desempleo se considera como algo nocivo pero no lo sería si estuviera apoyado por un dividendo social y distribuido en la economía. ¿Y si todo el mundo trabajase un 20% menos, en lugar de tener a un 20% de la población sin trabajo alguno? Esta circunstancia económica coincide con un cambio de conciencia, ya que somos cada vez más quienes rechazamos la concepción convencional de trabajo, que divide la vida en dos ámbitos excluyentes: el trabajo y el ocio.

La moneda perecedera, la economía basada en los recursos (2 y 3 arriba) y el dividendo social dan soporte a una economía decreciente. Debemos igualmente desprogramar de nuestras mentes el mantra de "el crecimiento es bueno" que guía la política social actual. En el programa de estímulo económico de 2009, el razonamiento para construir carreteras, puentes y otros proyectos era estimular el crecimiento; no fue una decisión consciente porque necesitáramos más carreteras y puentes. De un modo similar, los proyectos urbanísticos se aprecian como señal de crecimiento, y no como expresión de la creencia de que necesitamos nuevos barrios y más dispersión urbana. Las políticas de estímulo monetario o fiscal de corte keynesiano, que en su próxima encarnación serán el dinero a interés negativo y el dividendo social, deben ser reformuladas del siguiente modo: no sirven para que la economía vuelva a crecer, sino para hacer circular el dinero hacia aquellos que necesitan gastarlo. En términos generales, estas políticas no provocarán crecimiento siempre y cuando el procomún no se monetice; lo que sí harán es cambiar la adjudicación de recursos y el foco de la actividad económica.

Efecto sobre la vida económica: Las clases pobres y medias experimentarán una mayor afluencia, como si la economía estuviera creciendo, porque las ventajas de los salarios más altos y la mayor facilidad para encontrar empleo (factores que normalmente solo tienen cabida en el contexto de las inversiones en negocios basados en el crecimiento) serán posibles en una economía de estado estacionario o de decrecimiento. La gente pasará cada vez más tiempo en actividades no económicas a medida que se contrae el ámbito monetario y crece el del obsequio, el altruismo, el ocio y lo no cuantificable. El sector de los contenidos digitales (imágenes, música, vídeos, noticias, libros, etc.) continuará su tendencia a la disponibilidad gratuita. Mientras que la producción basada en recursos irá encareciéndose, la contribución del ser humano seguirá beneficiándose de la creciente acumulación de tecnología de modo que, en muchos sectores de alta tecnología, haremos más con menos. La gente también compartirá más y consumirá menos, prestará más y alquilará menos, dará más y venderá menos, reflejando y engendrando el decrecimiento económico.

7. CULTURA DEL OBSEQUIO Y ECONOMÍA P2P

Motivación: La expansión del dominio monetario ha tenido lugar a expensas de otras formas de circulación económica, en particular la de los obsequios. Cuando toda relación económica se convierte en un servicio pagado, nos volvemos independientes de todos nuestros conocidos y nos volvemos dependientes, a través del dinero, de proveedores anónimos y distantes. Esa es una de las principales razones del declive de la comunidad en las sociedades modernas, con su consecuente alienación, soledad y depresión psicológica. Es más, el dinero es inadecuado para facilitar la circulación y el desarrollo de las cosas no cuantificables que verdaderamente enriquecen la vida.

Transición y políticas: Afortunadamente, el ámbito del dinero ya ha comenzado a reducirse, y ese decrecimiento permite un nuevo espacio para la economía del obsequio. Internet es, en varios aspectos, una red de obsequios, y ha facilitado regalar información que una vez fue muy costosa de producir. En varios sentidos, esto ha impulsado a servicios como los de los anuncios (por ejemplo, Craigslist), las agencias de viaje, el periodismo, las editoriales, la música y muchos otros, hacia la cultura del obsequio. También ha facilitado la aparición de modelos de producción de código abierto basados en el obsequio. Lo que una vez tuvo que pagarse a intermediarios y estructuras administrativas centralizadas se gestiona ahora de forma directa. Incluso hay personas y negocios que conceden préstamos, a través de sistemas de crédito mutuo, sin mediación de los bancos. Entretanto, a nivel local, los ideales del ser conectado y el anhelo de comunidad, así como las exigencias económicas, están llevando a la gente a restaurar las estructuras comunitarias basadas en el obsequio.

Los gobiernos pueden liberalizar las normativas fiscales y bancarias para dar rienda suelta a los nuevos sistemas de circulación económica que emergen hoy en día. El procomún en el que residen estos sistemas, en especial Internet, debe mantenerse público. Los gobiernos también pueden establecer y promover sistemas de crédito mutuo para la industria y los negocios, blindando así a las economías locales o nacionales contra la depredación por parte del capital internacional.

Efecto sobre la vida económica: La gente cubrirá sus necesidades, ya sean de bienes, de servicios, o de dinero mismo, de diversas maneras. Los círculos de obsequio cara a cara y la coordinación online de obsequios y necesidades permitirán satisfacer muchas necesidades sin dinero. La gente tendrá una mayor sensación de pertenecer a una comunidad en la que puede confiar. Los sistemas complementarios de crédito creados por los usuarios, junto con los préstamos P2P en Internet, eliminarán en parte la tradicional dependencia de los bancos. Tanto a nivel local como mediante redes globales, aparecerán nuevas "divisas" no cuantificables como el reconocimiento y la gratitud, que conectarán y recompensarán las contribuciones cualitativas a la sociedad y al planeta.

* * * *

Como verás, los siete elementos que he descrito funcionan todos de manera sinérgica. De hecho, ninguno puede sostenerse por sí mismo. La moneda a interés negativo, por ejemplo, no funcionará si otros tipos de renta económica siguen disponibles para invertir en ellos. La localización depende en gran medida de la eliminación de subsidios ocultos que hacen que el comercio global sea lucrativo. Las economías del obsequio permiten que la calidad de vida mejore incluso si la economía se contrae.

Las diversas hebras de la *sacroeconomía* que he descrito en la 2ª parte de este libro se entrelazan para crear un tapiz, una matriz orgánica, cuya emergencia ya vemos hoy en día. La nueva economía no partirá de un nuevo comienzo, de eliminar lo antiguo para empezar de cero; se trata más bien de una transición, de una metamorfosis.

Al igual que ninguna pieza de una economía sagrada puede sostenerse por sí misma, cada una de ellas induce de forma natural la aparición de las demás. Pero si existe un eje fundamental, es el fin del crecimiento, la transición de la especie humana hacia una nueva relación con la Tierra, un nuevo Relato de las Personas. Nuestro deseo emergente de ser compañeros de la Tierra, así como nuestra recién descubierta comprensión espiritual sobre el carácter único e interconectado de todos los seres, son, en definitiva, los dos aspectos que subyacen a lo que denomino *sacroeconomía*.

3ª PARTE

VIVIR LA NUEVA ECONOMÍA

La transición hacia una economía sagrada forma parte de un cambio generalizado en nuestra forma de ser, pensar y relacionarnos. Pero la lógica económica no podrá sustentar el cambio por sí misma. Son muchos los economistas visionarios que han ideado revoluciones –en la moneda y la propiedad– muy convincentes desde una perspectiva matemática, pero entre las pocas que se pusieron en práctica ninguna ha sobrevivido al paso del tiempo. Por eso el último tercio de este libro está dedicado al cambio de conciencia y de acciones que acompañarán a los nuevos sistemas monetarios que he descrito. Mientras sanamos la ruptura entre materia y espíritu, descubriremos que la economía es inseparable de la espiritualidad. A nivel personal, la economía consiste en decidir cómo compartimos nuestros dones y satisfacer nuestras necesidades, y quiénes somos en relación al mundo. Al cambiar nuestra forma de pensar y nuestras prácticas cotidianas en el ámbito económico, no solo nos preparamos para los grandes cambios que nos esperan, sino que también preparamos el camino para su surgimiento. Si vivimos los conceptos de la *sacroeconomía*, facilitaremos su aceptación por parte de todos y le daremos la bienvenida al mundo.

CAPÍTULO 18

VOLVER A APRENDER LA CULTURA DEL OBSEQUIO

A diferencia de los usureros, los amantes no deben vivir
exclusivamente el uno para el otro. Tarde o temprano, tendrán que
dejar de contemplarse para mirar de nuevo a la comunidad.

—Wendell Berry

En nuestra época, hemos creado una distinción entre intercambios monetarios y regalos. Los primeros pertenecen al ámbito del interés racional propio mientras que los segundos son, al menos en parte, actos altruistas o desinteresados. Esta división de la economía en dos esferas independientes es reflejo de otras dicotomías que definen nuestra civilización: persona/naturaleza, materia/espíritu, bien/mal, sagrado/profano o mente/cuerpo. Ninguna de ellas superaría un escrutinio concienzudo; todas se derrumban según nos acercamos al final de la Era de la Separación. Y, de la misma manera que borramos la distinción entre materia y espíritu y volvemos a sacralizar toda la materia, de la misma manera que desistimos en nuestro empeño por trascender la naturaleza y nos damos cuenta de que formamos parte de ella, también devolveremos el espíritu del obsequio a todos los aspectos de la economía humana, independientemente de que haya dinero de por medio o no.

Todos los aspectos de la evolución monetaria descrita en este libro dotan al dinero de las características propias del obsequio:

1. Con el transcurso del tiempo, los actos de dar y recibir han de equilibrarse. La internalización de los costos ecológicos garantiza que no extraeremos de la Tierra más de lo que podamos darle.

2. El origen de un regalo debe ser reconocido. La restauración del procomún significa que cualquier utilización de aquello que pertenece a todos se reconoce mediante una recompensa para todos.

3. Los regalos, en vez de acumularse, se mantienen en circulación. Una moneda con tasa de sobrestadía garantiza que la riqueza se evalúe en función de su flujo y no de su posesión.

4. Los regalos fluyen hacia las necesidades más importantes. El dividendo social garantiza que estén cubiertas las necesidades básicas de supervivencia de toda persona.

Una economía sagrada está basada, por tanto, en la conciencia de la generosidad. El resto del libro explora formas de recuperar la mentalidad del obsequio en nuestras vidas para propiciar y prepararnos para el mundo que se avecina.

No estoy diciendo que te conviertas en un santurrón y abandones tu interés propio. La cultura del obsequio no es así de sencilla. Al imbuir la materia de aquellas cualidades que antes atribuíamos al espíritu, también dotamos al espíritu de las cualidades imperfectas de la materia. El mundo espiritual de nuestros conceptos deja de ser un lugar perfectamente ordenado, rebosante de armonía, bondad y justicia. Igualmente, al adscribir algunas de las características de la cultura del obsequio al dinero, debemos reconocer que el ámbito del obsequio jamás ha sido un mundo de altruismo puro y desinteresado y que, probablemente, jamás lo será.

Consideremos el ideal del regalo libre, caracterizado por Jacques Derrida de la siguiente manera: "Para que haya un regalo, no puede haber reciprocidad, devolución, intercambio, regalo de vuelta o deuda". Esto descartaría cualquier beneficio acumulado a favor del dador del regalo, inclusive el estatus social, la alabanza, expresiones de gratitud o incluso la sensación de haber realizado un acto virtuoso. El ejemplo cotidiano que más se acerca a este ideal es el de la caridad anónima o, quizás, las limosnas a los ascetas del jainismo, que jamás expresan agradecimiento ni alabanzas por los alimentos recibidos.[1] Las creencias jainas son especialmente pertinentes a esta asociación del regalo libre con la pureza, la espiritualidad y lo trascendental. Los jainas utilizan el ascetismo para deshacerse del karma y purificarse sin crear lazos nuevos con el mundo. Por eso nunca visitan la misma casa dos veces ni responden a invitaciones, aspirando al ideal del huésped inesperado que recibe una caridad pura, no contaminada por ningún vínculo mundano.

El jainismo es un caso extremo, pero encontramos conceptos similares en otras religiones del mundo. El cristianismo, por ejemplo, impone el ayuno, la oración y la caridad como actividades que se llevan a cabo en secreto. A los budistas, seguidores del camino del Bodhisattva, se les exige que dediquen su vida a la liberación de todos los seres, anteponiendo el bien de los demás al suyo propio. En el judaísmo, el principio de *chesed shel emet*, la forma suprema de bondad, supone dar sin esperar recompensa o gratitud alguna, mientras que la máxima expresión de caridad tiene lugar cuando

---

1. Laidlaw. "A Free Gift Makes No Friends" (Un regalo libre no fomenta la amistad): 46-7.

ni el donante ni el receptor saben quién está dando o recibiendo. La caridad anónima es también uno de los cinco pilares del Islam, y existen grandes organizaciones benéficas islámicas financiadas por donantes anónimos. No creo que tenga que citar más ejemplos para persuadir al lector del vínculo que une el altruismo y la caridad anónima a la religión.

Irónicamente, el ideal religioso de una generosidad libre de lazos sociales tiene bastantes paralelismos con las transacciones monetarias. Estas tampoco generan obligaciones ni lazos: una vez pagado el dinero y recibidos los bienes, ninguna de las dos partes le debe nada a la otra. Pero, exceptuando la idealización de la generosidad libre descrita anteriormente, los regalos son muy distintos. Si me regalas algo, me sentiré agradecido y desearé dar algo a cambio, ya sea a ti u a otra persona designada por las costumbres sociales. En todo caso, se crea una obligación y una garantía de la continuidad del flujo económico dentro de la red del obsequio. Los regalos anónimos no crean este tipo de lazos ni refuerzan el espíritu comunitario. Por muy agradecido que se sienta el receptor, esa gratitud no tiene ningún objetivo más allá de lo universal o abstracto.

Es más, la gratitud no solo surge de la recepción de un regalo, sino también de presenciar el acto de regalar. La generosidad ajena inspira generosidad en nosotros mismos. Queremos dar a quienes son generosos. Nos conmueve su franqueza, su vulnerabilidad y su confianza. Queremos cuidar de esas personas. Con la posible excepción de la caridad anónima, los regalos no se manifiestan dentro de un vacío social, sino que expanden el círculo del ser, enlazando nuestro interés propio con el de cualquiera que, al tener bienes de sobra, nos dé lo que necesitemos. El ideal religioso del obsequio libre de apegos, que disemina la gratitud resultante a escala universal, tiene su razón de ser si queremos identificarnos con la comunidad de todos los seres. Pero no creo que el desenlace de la Era de la Separación suponga un estado de unidad universal. Más bien creo que nos convertiremos en un ser multidimensional que se identifique no solo con todo lo que existe, por supuesto, sino más concretamente con la humanidad así como con su propia cultura, ecorregión, comunidad y familia, e incluso con su propio *yo*. Por consiguiente, la generosidad anónima y libre de cargas desempeña un papel importante pero limitado en la nueva economía.

Hallamos claros ejemplos de ello en las culturas del obsequio primitivas. Aunque practicaban un equivalente al obsequio universal e incompensable mediante ofrendas a los dioses, la mayoría de sus regalos eran de naturaleza social. En su clásica monografía de 1924 *The Gift* (El obsequio), Marcel Mauss presenta un convincente argumento contra la existencia del regalo libre en las sociedades primitivas. Mauss afirma que, por lo general, el obsequio adecuado para corresponder a otro obsequio se establecía de forma bastante precisa y se implementaba mediante la aprobación o la condena social, el estatus y el ostracismo, y otras formas de presión colectiva. Se trata de una situación deseable: las obligaciones y compromisos generados por los regalos y la esperada recompensa de los mismos, representan un adhesivo que mantiene la estructura social.

Hoy en día notamos la ausencia de este adhesivo social. Bajo la lógica del "yo" y "lo mío", cualquier obligación o dependencia supone una amenaza. Los regalos, por naturaleza, crean obligaciones. Este es el motivo por el cual la Era de la Separación nos ha inculcado el miedo a dar y, aún más, a recibir. Preferimos no recibir regalos porque no queremos asumir obligaciones con nadie; no queremos deberle nada a nadie, ni depender de los regalos o de la caridad ajena: "Lo puedo pagar yo, gracias. No te necesito". Por consiguiente, elevamos los actos de caridad anónimos a una nobleza moral superior. Se supone que regalar algo sin condiciones y sin esperar nada a cambio es una gran virtud.

Vivir dentro de la cultura de la generosidad implica reconocer y honrar la obligación tanto de dar como de recibir. Mauss señala el ejemplo de los dayaks, quienes "incluso han desarrollado todo un marco legal y moral basado en la obligación de participar de cualquier comida que se ingiera o se prepare en su presencia".[2] Yo mismo presencié algo parecido durante mis años en Taiwán, donde los ancianos aún conservan vestigios de la antigua cultura del obsequio de los tiempos agrarios. No solo estaba muy mal visto no ofrecer comida a quien visitara tu hogar, sino que también era de la mala educación rechazarla. Si alguien está preparando la cena, no sería demasiado cortés irse discretamente antes de la hora de la cena (sin una excusa muy convincente). Rechazar un obsequio es desdeñar una relación. Si los regalos crean lazos y amplían el círculo del ser, negarse a dar o recibir un regalo equivale a decir: "Me niego a estrechar lazos contigo. En la constelación de mi ser, tú eres el *otro*". Como dice Mauss: "Negarse a dar o a invitar, al igual que negarse a aceptar, es prácticamente sinónimo a una declaración de guerra; es un rechazo a los lazos de alianza y comunidad".[3]

Rechazar esos lazos constituye una ofensa grave. El periodista Mark Dowie habla de una tribu de Alaska con la que convivió, y que convocó una reunión del consejo de ancianos para debatir sobre las transgresiones de un miembro de la tribu respecto a la ética del compartir. La persona en cuestión había estado acumulando los frutos de sus cacerías, burlándose de las generosas costumbres de la tribu. ¿Qué importancia le dio el consejo de ancianos

---

2. Mauss. *The Gift:* (El obsequio), 13.
3. Ibíd.

a la conducta de aquel hombre (que venía de muy atrás)? El objetivo de la reunión era decidir si matarlo o no.[4]

En muchas situaciones se da una especie de negociación implícita en la que ambas partes intercambian excusas y refutaciones de las mismas hasta acordar un obsequio que refleje apropiadamente el tipo de vínculo que se desea establecer.[5] "Ah, no puedo; es que acabo de comer (mentira). Pero tomaría una taza de té". Con el té, llega un suntuoso surtido de pastas de alubias mungo, ciruelas pasas y semillas de sandía. Como unas pocas semillas. El anfitrión me da algunas pastas para llevarme a casa, y así sucesivamente. Esta sutil danza de dar y recibir no existe en una economía mercantil como la nuestra.

Pero incluso en Estados Unidos seguimos percibiendo la lógica de la cultura del obsequio por muy alienados que estemos de ella. Quizás hayas sentido alguna vez la decepción y el distanciamiento que produce ofrecer pagarle a alguien un favor que te ha hecho. Cuando un regalo se paga, deja de ser regalo y se rompe el vínculo que ese gesto de generosidad había creado.

La aversión a la obligación recíproca incrementa el atractivo de las transacciones monetarias. En palabras de Richard Seaford: "Lo que se entrega en una transacción comercial queda completa y permanentemente separado de la persona que lo ha entregado".[6] Al pagar por todo cuanto recibimos, permanecemos independientes,

---

4. Entrevista en la emisora de radio KWMR, "A Conversation with Charles Eisenstein and Mark Dowie" (Una conversación con Charles Eisenstein y Mark Dowie), 4 abril 2009.

5. En Taiwán, intuyendo las costumbres locales, acabé enzarzado en varias situaciones incómodas. Recuerdo haber visitado una mañana a un anciano para practicar la lengua taiwanesa y, durante la clase, el hombre sacó un plato de ternera en lonchas y una botella recién abierta de whiskey. Era una oferta que no se podía rechazar.

6. Seaford. *Money and the Early Greek Mind* (El dinero y la mente griega temprana), 203.

desconectados y libres de toda obligación o lazo vinculante. Nadie puede pedirnos favores; nadie tiene ventaja sobre nosotros. En una economía de la generosidad, en cambio, si alguien te pide ayuda, te sientes comprometido a ofrecérsela: esa persona y toda la sociedad te dice –explícita o implícitamente–: "Oye, ¿recuerdas todo lo que hemos hecho por ti? ¿Recuerdas cuando cuidamos a tus hijos? ¿Y cuando rescatamos a tu vaca? ¿Y cuando reconstruimos tu granero después del incendio? ¡Nos lo debes!" Hoy en día preferimos decir: "Te he pagado por cuidar a mis hijos. Te he pagado por quitar la nieve de delante de mi casa. Te he pagado por todo lo que has hecho. ¡No te debo nada!"

Dado que crea un sentimiento de gratitud u obligación, la voluntad de recibir un obsequio es también una forma de generosidad. Es como decir: "Estoy dispuesto a endeudarme contigo". O, en una cultura del obsequio más sofisticada, se diría: "Estoy dispuesto a endeudarme con la comunidad". Si llevamos ese principio más allá, recibir todos los regalos que se nos da sería como decir: "Estoy dispuesto a endeudarme con Dios y el universo". Del mismo modo, al rechazar un regalo parece que nos excusamos de las obligaciones que surgen naturalmente de la gratitud. El taxista Stewart Millard observa lo siguiente:

> Mi primera conclusión fue que el dinero nos convierte en auténticos ineptos de las relaciones humanas reales. Pongamos que mi amigo Greg me regala un juego completo de neumáticos de su taller (de hecho, ¡esto se me ocurrió en el estacionamiento de su taller!): ¿cómo recompensaría yo a Greg? En ese momento surge una pregunta algo más sutil: ¿Y si no aceptara esta oferta (regalo) de neumáticos de parte de Greg?
>
> Aceptar los neumáticos sin intercambio monetario provoca una serie de consideraciones y comportamientos automáti-

cos. ¿Qué puedo ofrecer a cambio? Podría esperar a que él me pidiera algo o podría seguir el proceso más arduo de entablar una relación con Greg y, así, dejar que surja un intercambio más natural. El dinero significa que puedo pagar y, acto seguido, dejar de prestar atención al ser humano que está al otro lado del mostrador. Si no llego a conocerlo, no surgirá ningún intercambio vital donde la dependencia y la apreciación mutua confluyan de forma orgánica. Uno de los motivos por los que somos tan intolerantes los unos con los otros es, sencillamente, porque tenemos dinero. Cuando alguien no nos agrada, nos vamos con el dinero a otra parte, abandonando a esa primera persona a su suerte.

Uno de los mejores obsequios que se pueden dar consiste en aceptar plenamente el obsequio del otro. Hoy en día tenemos muchas formas de rechazar o aceptar parcialmente un regalo. Cualquier intento de aminorar la obligación que implica recibir algo de alguien es una forma de rechazo: recordar a la persona que te hace un regalo lo que tú le regalaste el año pasado, dando a entender que mereces o tienes derecho a su regalo; fingir que el regalo no te hace especial ilusión; ofrecer o insistir en pagar algo a cambio del regalo, etc. Cuando alguien me hace un cumplido, hay veces que lo rechazo negando que sea cierto, proyectando falsa humildad o devaluándolo con expresiones como: "Bueno, lo haría cualquiera, no tiene nada de especial". Cuando alguien me da las gracias, a veces me veo rechazándolas con palabras como "no hay de qué". Cuando me dicen "tus libros me han cambiado la vida", a veces respondo diciendo: "El cambio ya estaba en ti, mis escritos solo sirvieron de agente. Hay otros a los que esas mismas palabras no les producen ningún efecto". Aunque hay algo de verdad en esa respuesta, a veces la he utilizado para escudarme de la generosidad de ese elogio o gesto de gratitud por miedo a recibirlo y aceptarlo plenamente. Otra manera en la que rechazamos el regalo del elogio es apresurándonos a responder con otro elogio, desviando rápidamente la atención del primer elogio para evitar asimilarlo. Cuando la gratitud nos inspira a recompensar un regalo, no debemos hacerlo demasiado rápido porque, de lo contrario, se convertirá en una simple transacción, algo muy parecido a una compra. Lo que hace es anular la obligación en lugar de estrechar el vínculo entre el dador y el receptor.

Aceptar un obsequio plenamente supone asumir una obligación voluntaria, ya sea hacia el dador o hacia la sociedad en general. La gratitud y la obligación van de la mano, son dos caras de la misma moneda. ¿Qué obligación se asume? La de dar sin "compensación" a cambio. ¿Qué es la gratitud? Es también el deseo de dar sin esperar compensación, un deseo que nace de la conciencia de haber recibido. En la era del ser separado hemos dividido ambas cosas, pero originalmente eran lo mismo: la obligación es un deseo que surge primordialmente de nuestro interior y que solo se impone desde fuera y de forma secundaria.[7] Por lo tanto, la reticencia a recibir refleja, de hecho, la reticencia a dar. Nos creemos nobles, abnegados o generosos cuando preferimos dar a recibir, pero no

---

7. Las sociedades del obsequio no distinguen entre obligación y gratitud. En las ceremonias de intercambio de regalos de Melanesia y la costa noroeste de América del Norte, el acto de regalar podía interpretarse como un acto de dominación social o casi de agresión. Exceptuando esos extremos, sigue siendo cierto lo que señala la antropóloga Mary Douglas: "En todas partes del globo y desde los albores de la civilización, la transferencia de bienes se ha practicado mayormente a través de ciclos de correspondencia obligatoria de obsequios". Por lo tanto, al opinar sobre qué constituye un regalo verdadero o no, tengamos en cuenta la función que han cumplido los regalos en la psicología y la sociedad de innumerables culturas del obsequio hasta nuestros días. Nosotros, que vivimos en una cultura casi exclusivamente mercantilista, ¿quiénes somos para presumir que sabemos lo que significa un obsequio?

es así en absoluto. La persona generosa da y recibe con la mano igualmente abierta para ambas acciones. No tengamos miedo a la obligación que conlleva la gratitud. La obligación nos da miedo, y con razón, porque sentimos recelo ante el "deber"; desconfiamos de la compulsión forzada, de la coerción que subyace a muchas de nuestras instituciones sociales. Pero cuando cambiamos el "deber" por el "querer", somos libres. Cuando nos damos cuenta de que la vida misma es un regalo y de que estamos aquí para darnos, entonces somos libres. Al fin y al cabo, todo lo que has tomado de esta vida morirá contigo. Tus dones son lo único que perdurará.

El rechazo generalizado al obsequio resulta evidente en nuestra cultura, y hay mucho que debemos volver a aprender. Gran parte de lo que hoy en día llamamos modestia o humildad es, de hecho, un rechazo a crear lazos, un distanciamiento de los demás, una negativa a recibir. Aceptar un regalo nos produce tanto miedo como darlo; somos incapaces de hacer una cosa sin la otra. Tal vez nos veamos como seres desinteresados y virtuosos por nuestra voluntad de dar más de lo que recibimos, pero esta actitud es igual de tacaña que la contraria. Si no recibimos, la fuente de la que brota nuestra generosidad acaba secándose. No solo es una actitud tacaña sino también arrogante: ¿De dónde creemos que procede aquello que regalamos? ¿De nosotros mismos? No. La vida en sí es un regalo, la vida y todo lo que la sustenta, desde la madre y el padre hasta todo el ecosistema. Nada de eso se creó gracias a nuestros esfuerzos propios. Lo mismo podría decirse de nuestras facultades creativas, físicas y mentales, que algunos, al intuir esta verdad, calificarían como "dones divinos".

Por supuesto, hay ocasiones en las que rechazar un regalo es absolutamente apropiado, sobre todo si no se quiere crear el tipo de lazo que ese regalo implica. Todo regalo conlleva sus "condi-

413

ciones". Pero, a menudo, nuestra reticencia a recibir no viene dada por una aversión a algún lazo en particular, sino por un temor generalizado a cualquier tipo de vínculo.

Los clichés espirituales del *New Age* sobre "abrirse a la abundancia" me revuelven el estómago pero, como sucede con casi todos los clichés, contienen una pizca de verdad. Aun así, el miedo a recibir no proviene exclusivamente de un nivel bajo de autoestima o de sentirse indigno de ello, tal y como querrían hacernos creer ciertos gurús de la autoayuda: en el fondo, se trata también de un miedo a dar. ¡Las dos cosas siempre van unidas! Conjuntamente, son sintomáticas de un miedo a la vida, a la conexión; son una especie de reticencia. Dar y recibir, endeudarse y reclamar una deuda, depender de otros y que ellos dependan de nosotros, eso es estar totalmente vivo. Vivir sin dar ni recibir, pagando por todo; no depender nunca de nadie, tener independencia económica, no estar atado a una comunidad ni a ningún lugar, tener movilidad... este es el paraíso ilusorio del *yo* separado, que concuerda con el concepto espiritual del desapego, el delirio religioso de lo no mundano y la ambición científica de dominar y trascender la naturaleza. Más que un paraíso, todo esto está resultando ser un infierno.

Al despertar del delirio del desapego, la independencia y la trascendencia, ansiamos reencontrarnos con nuestro verdadero ser expansivo. Anhelamos un sentido de comunidad. La independencia y el desapego no eran más que ilusiones al fin y al cabo. La verdad siempre ha sido, y siempre será, que somos total e irremediablemente dependientes de los demás y de la naturaleza. Tampoco cambiará jamás el hecho de que la única alternativa a depender, recibir, amar y perder sería dejar de vivir por completo.

También es cierto que el desapego tiene su parte de verdad, una verdad que se refleja en la cultura del obsequio cuando nos aferramos menos a nuestras pertenencias. Pero ese apego existe dentro de un contexto de apego e interconexión, no de independencia y disociación. De hecho, los regalos ayudan a liberar los apegos del ego porque expanden el ser más allá de este, sumando el interés propio al bienestar de un ser más amplio e interconectado. La generosidad no solo es resultado de la expansión del ser más allá de ego, sino que también la fomenta; es causa y consecuencia. Al sentir una conexión con el otro, sentimos el deseo de dar. Y cuanto más damos, más sentimos nuestras conexiones. El obsequio es la manifestación socio-física de la unidad que subyace al ser.

Desapegados del mundo, poco bien y poco mal podemos causarle. Inmersos en el mundo, en cambio, afrontamos el reto de utilizar nuestra riqueza con sabiduría.[8] Zambullirse por completo en el ámbito social de los lazos y las obligaciones denota generosidad. Al contrario de lo que predican los ideales religiosos, cuando entregamos nuestros dones en público y con ello permitimos que sean correspondidos, incrementamos la producción de esos dones, expandiendo nuestra capacidad y nuestra necesidad de dar. No se trata de exigir un regalo a cambio ni de ingeniárselas para recibirlo —eso no sería un regalo en absoluto— sino de satisfacer una necesidad y crear un vínculo.

Junto con las historias, los regalos son los hilos que conectan las relaciones y las comunidades. Ambas cosas están estrechamente relacionadas. Las historias pueden ser un tipo de regalo e incluso

---

8. Según este ideal, el camino del asceta solo es verdadero si surge de la siguiente comprensión honesta: "No estoy preparado para usar adecuadamente la riqueza (en cualquiera de sus formas), por tanto me abstendré de ello hasta que esté preparado". De hecho, he conocido a muy pocas personas que hagan un buen uso de su riqueza, lo cual no es sorprendente porque la riqueza es un regalo, al igual que lo son nuestros talentos, energía y tiempo; para usarlos bien, debemos orientarnos hacia el espíritu de la generosidad.

acompañan a los regalos, aumentando su dimensión única y personal. La compulsión de contar la historia del regalo es casi irresistible. Recuerdo a mi abuela diciendo: "Bueno, primero busqué en Macy's, pero no lo tenían ahí, así que fui a J.C. Penney's...". En todo caso, las historias de quién le dio tal cosa a quién forman parte del testimonio social que inspira generosidad y fomenta el sentimiento de comunidad.

La actitud de quien da —"te regalo esto libremente y confío en que recibiré lo adecuado, ya sea de ti o de otro miembro de nuestro círculo del obsequio"— toca una fibra muy profunda. Existe algo eterno y verdadero en ese espíritu de generosidad y gratitud que no espera recompensa ni crea una falsa obligación.[9] Así pues, he

---

9. Por lo tanto, creo que al análisis de Mauss le falta algo importante, dado que examina la dinámica de las sociedades del obsequio a través de una lente polarizada. A pesar de la oposición filosófica de Mauss a la minimización de la faceta social del ser humano y el énfasis sobre el individualismo, sigue aceptando algunas de las suposiciones más profundas de esta doctrina, en especial que las personas obran principalmente por interés propio. Al principio de *The Gift* (El obsequio), Mauss se pregunta: "¿Qué norma de legalidad y de interés propio determina que, en las sociedades de tipo primitivo o arcaico, el regalo recibido se reciproque de manera obligatoria?" (3) La pregunta en sí misma excluye mecanismos que van más allá del interés propio o de la obligación y que podrían explicar la segunda parte de su pregunta: "¿Cuál es el poder que reside en el regalo, que hace que el receptor lo recompense?" Suponiendo que el análisis de Mauss sea completo, podríamos preguntarnos en qué se diferencia del sistema monetario actual. A través del medio del dinero, nosotros también ejercemos una presión social al favorecer el interés propio para asegurar que nuestros regalos se vean correspondidos. La deuda monetaria muestra un claro paralelismo con las obligaciones generadas por los obsequios de las "sociedades arcaicas" que describe Mauss. Es más, en aquellas sociedades citadas por Mauss donde, por motivos de estatus, el regalo recíproco ha de superar al recibido, nos encontramos asimismo con un equivalente a la usura. En vista de estos paralelismos, podríamos concluir que nada ha cambiado, que la economía monetaria de hoy en día es simplemente una extensión de las antiguas economías del obsequio, adaptada a la era de la máquina. Pero hay otra conclusión que también encajaría con estos hechos, y es que Mauss proyectó la mentalidad y las motivaciones del presente sobre los pueblos del pasado. Esta última conclusión está respaldada por numerosos testimonios de exploradores y descubridores sobre la generosidad *(sigue en la pág. siguiente)*

aquí la paradoja: por una parte, la función del regalo que genera obligación propicia la solidaridad social y el espíritu comunitario; por otra, nuestros corazones responden ante los regalos que no buscan crear una obligación, que no exigen reciprocidad, y nos emocionamos con la generosidad de quienes dan sin expectativas de recompensa. ¿Existe alguna manera de resolver esta paradoja? Sí, porque la fuente de la obligación no tiene por qué ser una presión social con la que favorecer el interés propio del *yo* separado. También puede surgir de forma natural, sin necesidad de forzarla, fruto de la gratitud. Esta obligación es un anhelo autóctono, un corolario natural a la sensación de conexión que surge espontáneamente cuando recibimos un regalo o presenciamos un acto de generosidad.

La lógica del ser individual separado nos dice que el ser humano es, fundamentalmente, egoísta. Ya sea para el gen egoísta de la biología o para el hombre económico de Adam Smith, más para ti significa menos para mí. La sociedad, en consecuencia, se ve obligada a aplicar diversas amenazas e incentivos para compatibilizar la conducta egoísta del individuo con los intereses de la sociedad. Hoy existen nuevos paradigmas en la biología que están reemplazando la ortodoxia neo-darwinista. También en el mundo espiritual, en la economía y en la psicología están surgiendo movimientos que ponen en tela de juicio la concepción cartesiana y

---

9. *(viene de la pág. anterior)* abierta e ingenua de los nativos que encontraban en sus viajes. Incluso Cristóbal Colón se emocionó con ello (aunque no lo suficiente como para abstenerse de asesinarlos o esclavizarlos). "[Los arawaks] son tan ingenuos y generosos con todas sus posesiones, que nadie se lo creería si no lo hubiera visto. ... Cuando se les pide algo que poseen, nunca se niegan a darlo. Al contrario, se ofrecen a compartirlo y muestran tanto amor que parecen poner el corazón en ello". Su descripción indica algo significativo. La ingenuidad de los indígenas sugiere una cualidad inocente y primaria en su generosidad, y su actitud amorosa sugiere una motivación muy distinta al interés propio impuesto por la sociedad del que habla Mauss.

atomista del ser. El nuevo ser es interdependiente y, lo que es más, su propia existencia depende de la de todos los demás seres con los que está conectado. Este es el ser interconectado, el ser más amplio, que se expande para incluir, en distintos grados, a todos los seres que forman parte de su círculo del obsequio. Dentro de ese círculo, "más para ti significa menos para mí" deja de ser verdad. Los regalos circulan de tal modo que la buena fortuna de otro es también la tuya. Inmersos en este sentido expansivo del ser, nadie necesita mecanismos coercitivos para obligarnos a compartir. Las estructuras sociales del obsequio siguen teniendo un fin: recordar a sus miembros la verdad de su conectividad, refrenar a cualquiera que lo haya olvidado y proveer estructuras del obsequio capaces de responder a las necesidades de la sociedad. ¿Quién da qué, y a quién? La respuesta correcta es endémica a cada cultura y depende de su entorno, su sistema de parentesco, sus creencias religiosas y muchos otros factores. Estas estructuras evolucionan con el tiempo y marcan las directrices de una distribución de recursos apropiada a cada cultura.

Esto es, en esencia, lo que esperamos de una economía monetaria: que conecte las necesidades humanas (y no humanas) con los dones de los hombres, las mujeres y la naturaleza que sean capaces de satisfacerlas. Todas las propuestas económicas y monetarias de esto libro buscan, de una u otra manera, cumplir dicho propósito, en contra del régimen económico antiguo, con su concentración de la riqueza, su exclusión de quienes no pueden pagar (los pobres, otras especies o la tierra), su anonimato y despersonalización, su fragmentación de la comunidad y la interconexión, su negación de la ciclicidad y de la ley del retorno, y su orientación hacia la acumulación de dinero y propiedad. La *sacroeconomía* ofrece todo lo contrario a esas condiciones: es igualitaria, inclusiva, personal, fomenta los vínculos, es sostenible y no acumulativa. ¡Esta economía está por llegar! La antigua no puede durar. Así pues, es hora de prepararnos para ella viviendo según sus principios a partir de hoy.

CAPÍTULO 19

LA NO ACUMULACIÓN

Cuando la acumulación de riqueza pierda su elevada importancia social, habrá grandes cambios en los códigos morales. Podremos librarnos de muchos de los principios seudomorales que han pesado sobre nosotros durante doscientos años, según los cuales hemos exaltado algunos de los atributos humanos más desagradables, elevándolos a la categoría de virtud superior.

—John Maynard Keynes

Sed caritativos antes de que la riqueza os haga codiciosos.

—Sir Thomas Browne

En este libro, he articulado un concepto de riqueza caracterizado por la fluidez en vez de la acumulación. No se trata de una idea nueva: la riqueza solo se convirtió en acumulación tras el surgimiento de la civilización agrícola. Dado que los cazadores-recolectores son nómadas, salvo raras excepciones, las posesiones representan literalmente una carga para ellos. En contraposición, el agricultor es sedentario; es más, su subsistencia depende del almacenaje de alimentos, especialmente cuando se trata de agricultura basada en cereales. Las poblaciones de cazadores-recolectores se mantuvieron siempre por debajo de la capacidad de carga del ecosistema inalterado. En temporadas de sequía o de inundaciones podían migrar y adaptarse con facilidad. No es el caso del agricultor. Para el agricultor, siete años de vacas gordas podían ir seguidos fácilmente de siete años de vacas flacas, motivo por el que el almacenaje de grandes cantidades de alimentos representaba la opción más segura. La acumulación y almacenaje dieron lugar a la riqueza, el estatus y muchos de los hábitos que hoy calificamos de virtudes: la frugalidad, el sacrificio, el ahorro para el día de mañana, las buenas prácticas de trabajo, la laboriosidad y la diligencia.

Al vivir sin alimentos almacenados, los cazadores-recolectores no trabajaban más de lo necesario para satisfacer sus necesidades inmediatas y disfrutaban de largos periodos de ocio. El ocio del agricultor, en cambio, conlleva cierto grado de culpabilidad – podría estar trabajando un poco más, almacenando un poco más por si acaso–. En el campo nunca hay escasez de tareas por hacer. Hoy en día, hemos heredado y llevado hasta el extremo las actitudes del agricultor, inclusive la definición agrícola de la riqueza.[1] Tras la agricultura, estas actitudes (la ética del trabajo, el sacrificio presente para el beneficio futuro, la acumulación y el control) llegaron a un nuevo nivel de expresión durante la Era de la Máquina,[2] lo cual ha desembocado en una acumulación de riqueza tal que ni el más rico de los faraones lo hubiera podido imaginar.

---

1. Aclaro que esta dicotomía entre el recolector y el agricultor es un tanto artificial. Uno se fue incorporando gradualmente a los hábitos del otro y las actitudes originales del recolector tardaron en morir; de hecho, algunas aún perduran hoy en día. Los agricultores de tala y quema, el campesino de la Alta Edad Media y el pastor bantú disfrutaban de un ritmo de vida casi tan pausado como el del cazador-recolector.
2. La Era de la Máquina, relacionada con la Revolución Industrial, no se diferencia de la de la agricultura, sino que es más bien una capa más de la misma. Sus comienzos se remontan a las sociedades constructoras de la Antigüedad clásica, cuyas pirámides y monumentos requerían la misma división del trabajo y la misma estandarización de productos, procesos y funciones humanas que las de los sistemas de fabricación modernos. También acabaron provocando la misma explotación laboral, pobreza y miseria.

Y hoy vivimos la llamada Era de la Información, donde las mismas actitudes no han hecho sino intensificarse, provocando una gran polarización de la riqueza y la pobreza así como una alienación del mundo natural que superan con creces cualquier precedente. Numerosos analistas han observado que estas "eras" se van sucediendo (o más bien solapando) a un ritmo que se acelera exponencialmente. *Grosso modo*, la era agrícola duró tres milenios, la era industrial tres siglos y la era de la información tres décadas.[1] Son muchos los que intuyen que nos aproximamos a un fenómeno singular: la posible sucesión frenética de eras condensadas en años, meses y días, seguida de una transición a una era totalmente nueva; algo desconocido y cualitativamente distinto a todo lo anterior. Puede que aún no sepamos mucho sobre ello, pero sí se puede decir con certeza que en la Era del Reencuentro venidera la humanidad dejará de fingir que está exenta de las leyes de la naturaleza.

La acumulación constituye, indudablemente, una violación de las leyes naturales inconsistente con el nuevo ser humano y su relación con la naturaleza. Acaparar recursos más allá de la capacidad individual de consumirlos no es algo insólito en el mundo natural, pero supone una excepción y hay muchos tipos de almacenaje de alimentos (como, por ejemplo, las ardillas que acumulan nueces) que se deben a otros motivos.[2] En términos generales, los sistemas naturales se caracterizan por la fluidez de recursos, no por la acu-

---

3. Estos vendrían precedidos por una edad de cultura simbólica de 30.000 años (así de antiguos son, aproximadamente, los primeros ejemplos de arte representativo y, según una teoría, también el lenguaje simbólico), una edad de fuego de 300.000 años y una edad de piedra de 3.000.000.

4. Por ejemplo, las ardillas de hecho plantan árboles y, por consiguiente, actúan como agentes de su propagación. El árbol alimenta a la ardilla y la ardilla ayuda al árbol a reproducirse. Observamos una relación muy similar entre avispas e higueras así como muchísimas otras especies. Al contemplar semejantes relaciones, resulta fácil comprender por qué los primeros seres humanos percibían la naturaleza como Obsequio.

mulación de los mismos. Las células de un animal no almacenan más azúcar de la que vaya a utilizar durante unos segundos porque confían en el suministro continuo de su universo: el cuerpo.

La biología evolutiva ofrece dos teorías, desde la perspectiva del determinismo genético, para explicar la tendencia humana a acumular recursos. La primera es que proporciona seguridad, una ventaja para la supervivencia. Según este argumento, los cazadores-recolectores y otras especies también almacenarían, pero suelen carecer de medios para hacerlo. La segunda teoría es que la acumulación y el consumo ostentoso de recursos constituyen una especie de llamada de apareamiento. El biólogo Walter K. Dodds lo explica de la siguiente manera:

> El alarde de control y de consumo de recursos que manifiestan tanto hombres como mujeres va en auge (y contribuye a una fiebre del lujo) porque la apropiación excesiva de recursos es una característica de selección sexual. En una sociedad con un nivel de vida alto, no basta con manifestar control sobre los recursos necesarios para garantizar la supervivencia propia, la de la pareja y la de su descendencia. Hay que controlar más recursos que cualquier posible competidor para que el pavoneo resulte atractivo.[5]

Si aceptamos las premisas de la teoría genética convencional (cuya crítica está más allá del alcance de este libro) parece una lógica infalible. Pero, de manera sutil, este argumento se basa en un razonamiento circular que proyecta nuestro actual entorno de escasez, ansiedad y competición sobre el mundo natural. La capacidad de acumular y consumir recursos en exceso solo supone una ventaja

---

5. Dodds, *Humanity's Footprint* (La huella de la humanidad), 123.

reproductiva en una sociedad donde los recursos se reparten de forma desigual. En una cultura basada en el intercambio de obsequios, el bienestar de tus hijos no depende tanto de que tu pareja sea un gran cazador o un recolector prolífico. Es más, la evidencia antropológica contradice la tesis de Dodds. Tanto los cazadores-recolectores como los agricultores primitivos solían producir menos de lo necesario, anteponiendo el ocio a la acumulación y el control de recursos.[6] No existía una determinación genética que les impulsara a alardear de riqueza; al contrario, la acumulación no daba lugar a un estatus más elevado, sino al estigma. Es más, la extendida práctica de compartir recursos hacía insignificante la capacidad productiva. De haber algún factor genético, sería la propensión a compartir y a contribuir al bienestar de la tribu. No exagero mucho al decir que, en una comunidad del obsequio, el interés racional propio es idéntico al altruismo.

Las intuiciones erróneas del ser individual y separado nos afectan de manera tan profunda que, de manera encubierta, tendemos a asumirlas como verdad axiomática. Cuando nos preguntamos "¿qué es la naturaleza humana?", nos estamos remontando a una época imaginaria en la que "cada cual se valía por sí mismo" o, más bien, cada familia se valía por sí misma, y asumimos que el concepto de comunidad surgió más adelante, como mejora de la naturaleza en estado bruto. Resulta significativo que Hobbes y Rousseau, dos de los filósofos más destacados en la materia, estuvieran de acuerdo en este aspecto a pesar de mantener posturas opuestas con respecto a la vida en su estado natural. Para Hobbes la vida era "*solitaria*, pobre, cruel, salvaje y breve" (el énfasis es mío). Para Rousseau también era solitaria:

---

6. *Stone Age Economics* (Economía de la Edad de Piedra) de Marshall Sahlin ofrece numerosos ejemplos de infraproducción.

Cuando, al contrario, no habiendo en ese estado primitivo ni casas, ni cabañas, ni propiedades de ninguna especie, cada cual se alojaba al azar y frecuentemente por una sola noche; los machos y las hembras se ayuntaban fortuitamente, al azar del encuentro, según la ocasión y el deseo, sin que la palabra fuera un intérprete muy necesario para las cosas que tenían que decirse, y con la misma facilidad se separaban. La madre amamantaba a los hijos por propia necesidad; después, habiéndose encariñado con ellos por la costumbre, los alimentaba por la de ellos; en cuanto tenían la fuerza necesaria para buscar su alimento, no tardaban en abandonar a su madre misma, y como casi no había otro medio de encontrarse que no perderse de vista, bien pronto se hallaban en estado de no reconocerse unos a otros.[7]

Ya fuera o no fuera cierto en ese momento, no cabe duda de que hoy la acumulación contribuye, en mayor o menor medida, a nuestra seguridad e incluso a nuestro atractivo sexual. Pero eso está a punto de cambiar. La mentalidad de la acumulación coincide con el ascenso de la Era de la Separación y, por consiguiente, el fin de lo uno va unido al fin de lo otro. La acumulación carece de sentido para el yo más extenso que caracteriza a la economía del obsequio.

Uno de los temas más importantes de mi obra es la integración de las actitudes de los cazadores-recolectores en la sociedad tecnológica: más que trascender el pasado, se trata de completarlo. En este libro ya he descrito el equivalente monetario a la no acumulación (la moneda caduca), a la no propiedad (la eliminación de las rentas económicas) y al descenso de la producción (el ocio y el

---

7. Rousseau, *A Dissertation on the Origin of Inequality among Men* (Discurso sobre el origen y los fundamentos de la desigualdad entre los hombres), primera parte.

decrecimiento). Resulta revelador que muchas personas se sienten atraídas por estos valores también a nivel personal, como en el movimiento por la "sencillez voluntaria" o el cuestionamiento de la índole del trabajo. Adelantándose a su tiempo, estas personas son pioneras de una forma de vivir novedosa, a la vez que antigua, que pronto se convertirá en la norma.

Bill Kauth, fundador de los Sacred Warriors (Guerreros Sagrados) y de otras organizaciones, es un inventor social conocido internacionalmente y un hombre rico, aunque no en el sentido convencional de la palabra. Tiene pocas pertenencias: un coche antiguo, algunos enseres personales y, que yo sepa, ningún activo financiero. Me cuenta que, hace muchos años, se hizo un voto a sí mismo que denomina "límite de ingresos" y se propuso no ganar más de 24.000 dólares al año. Aun así, según él: "he comido en algunos de los mejores restaurantes del mundo, he viajado a muchos de los lugares hermosos de la Tierra y he tenido una vida increíblemente rica".

En la Era del Ser Separado tenemos cierto grado de cinismo y sospecha que influye sobre nuestra percepción de otras personas y organizaciones. Cuando escuchamos a un ponente carismático o participamos en un cursillo transformador, secretamente (o no tan secretamente) nos preguntamos: "¿Cómo se estará lucrando de esto? ¿Dónde está el truco?" Enseguida detectamos todo tipo de hipocresías, como los "donativos" que, en realidad, son obligatorios. Y, a menudo, nuestras sospechas están más que justificadas. Hay demasiadas religiones, sectas, movimientos espirituales y organizaciones de marketing multinivel donde los dirigentes se enriquecen, lo cual nos hace pensar que quizá fuera ese el verdadero objetivo desde un principio. Bill Kauth quería dar con una forma de aprovechar el indudable dinamismo del marketing multinivel que eliminara el "factor avaricia". Según él, el límite de ingresos era la única estrategia mínimamente viable.

La sospecha de que cualquier cosa buena oculta la intención de alguien de lucrarse a mi costa tiene un paralelismo interior, que consiste en cuestionar nuestros propios motivos. De nuevo, hay ocasiones en las que esta sospecha sobre uno mismo tiene fundamento. En ocasiones, me ha parecido que todo lo que yo hacía estaba motivado por algún interés; que todos mis obsequios eran intentos calculados de impresionar a alguien o de ganarme favores, que toda mi generosidad representaba un patético intento de obtener la aprobación de alguien, que todas mis relaciones estaban motivadas por un plan secreto para generar ganancias. Me daba la impresión de que jamás había hecho nada verdaderamente generoso; que siempre había albergado alguna estratagema oculta para ensalzarme a mí mismo. Este estado de repugna hacia uno mismo tiene resonancias arquetípicas en el mito y en la religión. Me viene a la memoria el sermón "Pecadores en manos de un Dios furioso" de Jonathan Edwards, o la doctrina de Juan Calvino sobre la depravación total del hombre. Para los budistas, esto se refleja en la humillante revelación de que gran parte de nuestros actos surgen del ego, ¡especialmente nuestro esfuerzo por trascenderlo!

Estoy de acuerdo con Bill en que el "límite de ingresos" es una forma muy eficaz de eliminar la sospecha que envenena a organizaciones e ideas con el potencial de cambiar vidas. Algo similar sucede a nivel interior; nuestras palabras tienen más fuerza si eliminamos toda duda sobre nuestros propios motivos, afirmando así la sinceridad de nuestras intenciones, ante nosotros mismos y ante los demás, y liberando a las personas para que puedan aceptar nuestros regalos. El voto de Bill fue algo muy personal, que no le había contado a nadie hasta que, décadas más tarde, me dio permiso para escribir sobre él. En un principio pensé que, si lo hubiera contado él mismo, habría resultado más impactante pero, tras reflexionar sobre ello, cambié de opinión. La energía esencial de su voto seguirá radiando de él independientemente de que lo hubiera contado o no. Es más, al expresarlo públicamente se exponía a la sospecha (tanto de otros como de sí mismo) de que el motivo verdadero era la vanidad: causar buena impresión, ganarse la aprobación de los demás. Aun así, Bill indicó que, en algún momento, tenía intención de convertir el concepto en un compromiso comunitario para reforzar la confianza y la interdependencia mutuas.

Los efectos beneficiosos, tanto psicológicos como sociales, del límite de ingresos me llevaron a plantearlo en el contexto de la economía sagrada, pasada y futura. Mis investigaciones sobre las culturas premodernas sugieren que, más que un límite de ingresos, lo que practicaban comúnmente era algo parecido a un "límite de bienes", lo que yo llamo *no acumulación*. Recordemos la tribu de Alaska mencionada en el Capítulo 18: el agravio no consistía en cazar demasiado sino en no compartir la carne.

La no acumulación se inspira en las sociedades de cazadores-recolectores, donde había gran abundancia sin acumulación y donde se otorgaba prestigio a los que más compartían. Para dar al máximo también había que recibir al máximo, ya fuera de la naturaleza o de otras personas. El gran cazador, el artista o músico talentoso, el enérgico, el sano y el afortunado tenían más que aportar. En todo caso, este tipo de prestigio beneficia a todos. Solo tiene sentido restringir los ingresos cuando se traducen en acumulación y en un consumo frívolo o socialmente destructivo. Dicho de otra forma, el problema no reside en que los ingresos sean elevados sino en las consecuencias de que ese capital deje de circular en algún momento, causando acumulación y estancamiento.

La no acumulación es la intención consciente de no acumular más que una cantidad modesta de bienes. No nace del deseo de ser virtuoso, sino de la comprensión de que nos sentimos mucho mejor al dar que al retener, que la aparente seguridad de la acumulación es una ilusión y que el exceso de dinero y de posesiones supone una carga en nuestra vida. Está íntimamente relacionada con el espíritu del obsequio, cuyo principio fundamental es que los obsequios tienen que circular. Recordemos las palabras de Mauss: "En general, lo que se recibe, y por lo tanto lo que se posee, cualquiera que sea su forma de adquirirlo, no se conserva en propiedad, a no ser que se tenga necesidad de ello". Es decir, si lo necesitas, utilízalo. Y si no, pásaselo a otro. Es un concepto tan sencillo que hasta un niño es capaz de entenderlo. ¿Para qué quedarte con algo que no vas a utilizar? Lo único que nos impulsa a acumular y amasar es el "¿qué pasaría si...?": ¿Qué pasaría si en el futuro no tengo suficiente? En una cultura del obsequio, lo que pasaría es que alguien te daría lo que necesitas. En una cultura de la acumulación, el miedo del "¿qué pasaría si...?" se retroalimenta, creando las mismas condiciones de escasez y vulnerabilidad que da por sentadas.

Quizás estés pensando que, dado que indudablemente vivimos en una cultura de acumulación con un sistema monetario que propicia la escasez, la no acumulación es inviable hoy en día. Puedes lamentarte de que no la practique todo el mundo y pensar que lo mejor es protegerse uno mismo. Todo esto es muy lógico y no puedo ofrecer un argumento racional para refutarlo. Tan solo sugiero que, al leer este capítulo, te fijes en si algo te toca el corazón, más allá de los razonamientos. Solo hay que ver adónde nos han llevado la razón, el sentido práctico y el evitar riesgos. Quizás haya llegado la hora de prestar atención a esa otra parte de nosotros.

No soy dado a defender las transiciones heroicas y abruptas. Si eres rico, una buena estrategia para adoptar la no acumulación de forma gradual podría ser aplicar una tasa de sobrestadía a tu propia riqueza acumulada a partir de ahora, reduciéndola en aproximadamente un 5% por año. Es lo que va a ocurrir de todas formas en una *sacroeconomía* así que ¿por qué no empezar a vivirla ya?

Los pobres, evidentemente, han vivido siempre en la no acumulación. Y la economía actual la está imponiendo sobre las clases medias también, dado que la mayoría de la gente compra cosas a crédito en vez de ahorrar. Aunque las deudas con intereses dejarán de dominar la vida económica del futuro, la obsolescencia de los ahorros, algo que ya afecta a la gran mayoría de estadounidenses, es un anticipo de una economía no acumulativa.

Los grandes volúmenes de capital siguen teniendo un papel que desempeñar, y hay gente con el don de utilizar el dinero como medio de creatividad sagrada, como un talismán ritual para la coordinación de la actividad humana y la concentración de la intención humana. El dinero es lo que determina si, el día de mañana, cinco mil personas construirán un rascacielos, limpiarán un vertedero de desechos tóxicos o crearán un largometraje de alta tecnología. Ciertamente, hay otros rituales mediante los cuales coordinamos la actividad humana, y algunos de ellos invocan narrativas y poderes incluso anteriores a la existencia del dinero, pero, aun así, este sigue siendo una herramienta potente. Esta es la esencia de la "inversión sagrada", que es el tema del siguiente capítulo. A los poseedores de riqueza, les invito a pensar en términos de lo que crearán a través de intervención humana colectiva. O, ¿cómo pueden utilizar el dinero de la manera más hermosa posible?

Todo organismo de la naturaleza, toda célula del cuerpo, tiene un límite al volumen de rendimiento energético que es capaz de soportar. Nosotros somos iguales. Demasiado flujo a través de un canal puede reventarlo. Una acumulación excesiva provoca un tumor. Las adquisiciones frívolas, como un castillo al que no vas nunca o tu decimoquinto Rolls Royce, son síntomas de ingresos excesivos. El organismo intenta desesperadamente disipar el flujo de energía, soltando y reteniendo simultáneamente. En lugar de comprar y acaparar bienes, lo que el rico despilfarrador debería hacer es regalar su riqueza para así equilibrar lo que se da y lo que se recibe. ¿Qué miedo le impulsa a aferrarse, incluso cuando está renunciando a ella? El mismo miedo que rige al ser separado, a solas en el universo. La acumulación es una manera de agrandar ese ser minúsculo y aislado. Pero, en el fondo, este agrandamiento es una mentira descarada. Nos vamos de este mundo de la misma manera que entramos en él: desnudos.

Prácticamente todos los caprichos de los ricos son suplantaciones de lo que realmente necesitan —coches deportivos que suplantan la libertad, mansiones que compensan las conexiones perdidas de un *yo* reducido, símbolos de estatus que reemplazan el respeto verdadero hacia los demás y hacia uno mismo—. La farsa de la riqueza es un triste juego. Incluso la seguridad que supuestamente brinda es un engaño, dado que las penurias de la vida siempre encuentran maneras de infiltrar la fortaleza de la riqueza, aquejando a sus habitantes de los mismos males sociales que afectan a los demás, aunque en formas distorsionadas. Claro que pueden darse numerosas emergencias médicas en las que el dinero es capaz de salvar vidas, pero ¿qué importa? Todos vamos a morir algún día e, independientemente de cuánto vivamos, llegará un momento en el que miraremos atrás y nuestros años nos parecerán pocos, un destello en la oscuridad de la noche, y nos daremos cuenta de que el objetivo de la vida no es, al fin y al cabo, sobrevivir con la máxima seguridad y comodidad posible, sino que estamos aquí para dar, para crear lo que consideramos hermoso.

Para que nadie crea que hago algo noble al practicar la no acumulación, quiero dejar claro que, cuando empecé a vivir de esta manera, no tuve ninguna sensación de sacrificio, sino más bien de ligereza y libertad. Soy una persona de generosidad media y de santo no tengo nada. La idea que ofrezco no es noble sino práctica. Ante todo, porque mantiene mi corazón ligero y libre. En segundo lugar, porque sé que al dar, también recibiré. Tercero, porque viviré en una continua riqueza de interconexiones, la expansión del círculo del ser que tiene lugar a través del obsequio. Y por último, porque creo que viviré de forma bella incluso en términos materiales. Por ejemplo, me encanta el mar y durante años soñé con que algún día viviría en una casa en la costa. El sueño es tan vívido que puedo oír a las gaviotas y oler el aire salado. Antes creía que, para conseguirlo, tendría que ganar grandes cantidades de dinero. Aunque quizás no sea nunca "propietario" de una casa junto al mar, ahora creo que se me invitará a quedarme en una "cuando quiera" y que, cuando el dueño diga "siéntete como en casa", lo estará diciendo de corazón.

Si el mundo recibe mi trabajo con entusiasmo, supongo que recibiré abundantes obsequios, muchos más de los que pueda usar para mí mismo. ¡Qué desperdicio sería amasar grandes activos, acciones, bonos y portafolios de inversiones, sótanos y áticos llenos de posesiones! ¿Para qué acumular en un mundo lleno de excedentes que compartir? No sé si veremos una moneda caduca o una economía del obsequio en esta vida, pero igualmente podemos vivir en ella ahora mismo. Como decía Gesell, podemos relegar el dinero a la categoría de un paraguas, prestándolo o regalándolo libremente a amigos que lo necesiten. No hay, por supuesto, ninguna garantía de que siempre recibiré el dinero o los regalos que necesite en el momento que los necesite. Imagino que, a veces, me quedaré sin dinero, pero no creo que eso me provoque gran ansiedad. Por otra parte, podría pasar hambre y arrepentirme de no haber acumulado para proteger mi nido, pero lo dudo. Y, a mi modo de ver, vivir sin preocupaciones ni ansiedad —esa sensación abierta, fluida y liviana de liberarse de ellas— compensa dicho riesgo con creces. Si buscas garantías, adelante, acumula hasta que descubras que la seguridad prometida no era más que un espejismo, que las vicisitudes de la vida siempre encuentran maneras de invadir la fortaleza de la riqueza.

A un nivel más profundo, la distinción entre acumulación y no acumulación es una distinción falsa que encierra supuestos de escasez y separación. En una mentalidad basada en el obsequio, la abundancia del mundo se percibe como abundancia personal y se vive una vida concordante con esa mentalidad. La mentalidad de la separación ve los obsequios, los préstamos y los ahorros como tres cosas muy distintas pero ¿de veras lo son? Si me encuentro en una fase de la vida en la que recibo más de lo que puedo utilizar, podría regalarlo, generando así gratitud, o podría prestárselo a otro confiando en la obligación en vez de la gratitud, o podría limitarme a ahorrar el dinero sin confiar en nadie. Pero estas tres posibilidades no son tan distintas como parecen. Por una parte, tal y como se expuso anteriormente, la línea que separa la gratitud de la obligación es muy borrosa dado que, en las culturas basadas en la generosidad, se refuerzan mutuamente. Da igual que el ímpetu de dar a quienes han dado surja de la gratitud o de acuerdos sociales que, en definitiva, se basan en esos mismos principios de gratitud (la idoneidad de dar a aquellos que dan); el resultado es el mismo. Por otra parte, en un sistema monetario como el nuestro, basado en el crédito, los ahorros y las inversiones no se diferencian de los préstamos. Al abrir una cuenta de ahorros estamos dando un préstamo a la vista al banco. Al igual que los préstamos, los ahorros monetarios vienen a decir: "He dado a los demás en el pasado así que puedo apelar a otros para que me den a mí en el futuro". Incluso cuando se trata de acciones o de bienes físicos, la acumulación depende de las convenciones sociales respecto a la propiedad.

En cierto sentido, sería imposible que el receptor de obsequios no acumulase nada. Siempre que regale bajo la mirada de la sociedad, estaré acumulando una fuente de abundancia para el futuro. (Y aunque no haya nadie que lo presencie, creo que el universo nos devolverá lo que hemos regalado, quizás en otra forma o incluso multiplicado por cien). Así pues, la esencia de la no acumulación reside, a fin de cuentas, en nuestra intención al dar, prestar, invertir o ahorrar dinero. Según el espíritu del obsequio, nos centramos en el propósito, relegando nuestra recompensa a un papel secundario, como consideración posterior. Bajo el prisma de la acumulación, en cambio, buscamos asegurar y maximizar la recompensa, un fin que determina el destinatario del regalo, préstamo o inversión. El primer enfoque representa un estado de libertad, abundancia y confianza; el segundo, un estado de ansiedad, escasez y control. Quien vive lo primero, la no acumulación, es rico; quien vive bajo lo segundo es pobre, independientemente de la riqueza material que pueda poseer.

En el futuro, cuando existan mecanismos sociales para eliminar las rentas económicas (es decir, las ganancias derivadas de la mera propiedad de terrenos, capital, etc.), la forma de vida que he descrito concordará con la lógica económica, no solo con la espiritual. Cuando el dinero pierde su valor con el tiempo, es preferible prestarlo sin intereses en vez de acumular más de lo necesario. Además, a medida que se extienda la mentalidad de la abundancia, se desvanecerá la distinción entre un préstamo, un regalo y una inversión. Nos sentiremos seguros sabiendo que el obsequio crea un lazo de obligación, ya sea con la persona, la sociedad o incluso el universo, aunque no exista un acuerdo formal sobre una recompensa. El darnos cuenta de esto es consecuencia natural del nuevo Relato del Ser —el ser interconectado— que subyace a la economía sagrada hacia la que nos encaminamos. Más para ti significa más para mí. Desde una perspectiva espiritual, esto siempre ha sido cierto, incluso en la cúspide de la Era de la Separación. Desde una perspectiva económica, también era cierto en las culturas del obsequio de antaño, y volverá a serlo a medida que establezcamos nuevas instituciones económicas para recrear la economía del obsequio en un contexto contemporáneo.

Estas nuevas instituciones económicas afines a la cultura del obsequio serán tanto causa como consecuencia de un cambio de actitudes generalizadas. Cuando haya suficientes personas que empiecen a vivir en la no acumulación, se creará una base psíquica para sostener las nuevas instituciones económicas. En términos prácticos, la gente reconocerá los nuevos tipos de dinero como algo que refleja sus valores e intuiciones espirituales. Lo entenderán y lo adoptarán de buena gana. Lo cual está ocurriendo ya: a pesar de la enorme cantidad de impedimentos estructurales que coartan el uso de monedas alternativas, la gente siente entusiasmo y atracción por las mismas. Aunque, de momento, hay pocos incentivos económicos para utilizarlas, la gente lo hace de todos modos, porque comprende de forma intuitiva que estas monedas son coherentes con el nuevo Relato del Ser en el que se están adentrando. Nuestras instituciones espirituales ya nos señalan por adelantado la verdad de los tiempos venideros: que las posesiones son un lastre, que la auténtica riqueza se obtiene compartiendo y que aquello que le hacemos al prójimo también nos lo hacemos a nosotros mismos.

CAPÍTULO 20

MODO DE SUBSISTENCIA CORRECTO E INVERSIONES SAGRADAS

*Hemos vivido bajo el supuesto de que aquello que es bueno
para nosotros es también bueno para el mundo. Pero nos hemos
equivocado. Debemos cambiar nuestras vidas para vivir bajo el
supuesto contrario: aquello que es bueno para el mundo será bueno
para nosotros. Y eso requiere que nos esforcemos por conocer el mundo
y saber qué es bueno para él.*

—Wendell Berry

*El exceso de riqueza es un fideicomiso sagrado cuyo poseedor está
destinado a administrarlo a lo largo de su vida para el bien de la
comunidad.*

—Andrew Carnegie

EL DHARMA DE LA RIQUEZA

Seamos claros: el propósito de la no acumulación no es exculparse
de los crímenes de una civilización basada en el dinero. Eso es
puro ego. No se ganan puntos por la virtud de ser pobre; la no
acumulación no es una meta en sí misma. La meta es disfrutar de la

auténtica riqueza, la riqueza de la interconexión y el flujo, en lugar de la falsa riqueza de las posesiones. Pero, ¿qué pasa si la riqueza que uno posee supera lo que se puede compartir en el trascurso ordinario de la vida?

A una persona concienzuda, tal cantidad de riqueza podría parecerle una carga, más que un regalo. Estamos destinados a utilizar lo que se nos ha dado de forma adecuada (y encantados de hacerlo), y la riqueza no es ninguna excepción. Quienes tienen la fortuna y la desgracia de ser enormemente ricos no tienen más razones para renunciar a sus deberes que las de cualquiera para rechazar los obsequios, las responsabilidades y las oportunidades de servicio con las que todos nacemos.

El exceso de riqueza, ya sea por herencia familiar o por ganancias propias, lleva consigo el deseo de emplearlo bien. Es un *dharma*, un llamado al servicio. Malgastarlo en baratijas, regalarlo de forma insensata o dedicarse a aumentarlo son maneras de rechazar ese llamado. El reto consiste en dar ese exceso de riqueza de una manera hermosa. Esto podría tardar años o décadas y requerir una planificación a largo plazo así como la creación de organizaciones enteras, o podría suceder con un solo acto de generosidad. Sea como sea, este es el tipo de inversión que está asociado a una futura economía en la que el estatus no se obtiene mediante la posesión sino mediante la generosidad, y la seguridad no es fruto de la acumulación sino de ser un nexo del flujo. Se trata de una mentalidad totalmente distinta del paradigma tradicional en el que equiparamos la inversión con el aumento de riqueza.

En un principio, pensé que debíamos eliminar la palabra y el concepto de inversión por completo. Pero luego consideré su etimología: significa vestir, como si se tratara de tomar dinero desnudo e introducirlo en vestimentas nuevas, en algo material o real en el ámbito físico o social. El dinero representa el potencial humano al desnudo, una energía creativa que aún no ha sido "vestida" de estructuras materiales o sociales.

Invertir adecuadamente significa engalanar el dinero de vestimentas sagradas: utilizarlo para crear, proteger y sostener todo aquello que empezamos a considerar sagrado, y que formará la columna vertebral de la economía del mañana. Invertir bien supone, por tanto, ensayar para el mundo venidero, a nivel tanto psicológico como práctico. Nos acostumbra a la nueva mentalidad de la riqueza –buscar vías para los regalos productivos– y crea y fortalece esas vías, que podrían sobrevivir al colapso del sistema monetario actual. Aunque desaparezca el dinero tal y como lo conocemos, las relaciones de gratitud y obligación permanecerán.

Si me permiten un momento de especulación poética, todo lo dicho en el párrafo anterior vale también para ese otro "mundo venidero", el de más allá de la tumba. No hace falta creer en la vida después de la muerte para comprenderlo. Imagínate en tu lecho de muerte, consciente de que no podrás llevarte nada de este mundo. Al igual que las inversiones monetarias no sobrevivirán al colapso económico, el fin de la vida supone el fin de todo lo que hemos acumulado. En ese momento, ¿qué te dará felicidad? El recuerdo de todo lo que has dado. Cuando morimos, lo único que nos llevamos es lo que hemos dado. Y al igual que en la cultura del obsequio, esa será nuestra riqueza. Al dar, almacenamos tesoros celestiales. Cuando nos fundimos con el Todo, recibimos aquello que hemos regalado a los demás.

Para quienes disponemos de poco dinero, la manera más hermosa de utilizarlo empieza probablemente por procurar alimento para nosotros mismos y para nuestros hijos y satisfacer ciertas necesidades básicas de la vida humana. Pero más allá de uno mismo y sus seres queridos, usar el dinero de forma hermosa requiere algo que podríamos llamar "invertir". En una *sacroeconomía*, la inversión tiene un significado prácticamente opuesto al que tiene hoy en día: aquello que las personas hacen para preservar su riqueza. En una *sacroeconomía*, inversión es aquello que hacemos para compartir nuestra riqueza.

Al igual que la no acumulación, el concepto es tan sencillo que hasta un niño lo puede comprender: Dado que poseo más dinero del que puedo utilizar, dejaré que otros lo utilicen. Eso es una inversión o un préstamo. Y un banco u otro intermediario de inversión es alguien especializado en encontrar a otras personas que lo usen. La banca, en su dimensión sagrada, dice: "Le ayudaré a encontrar a alguien que pueda usar su dinero de forma hermosa". Esta idea la compartí una vez con un banquero al que conocí en una conferencia y se le saltaron las lágrimas —lágrimas de reconocimiento de la esencia espiritual de su vocación—.

Dentro de mil años, cuando el dinero sea tan diferente del actual que quizá ni siquiera lo reconozcamos como dinero, seguirá existiendo la idea básica de la inversión. Esto se debe a que, gracias a la abundancia fundamental del universo y la infinitud de la creatividad humana, tendremos acceso frecuente a un flujo de obsequios mucho más allá de nuestras necesidades inmediatas. Siempre tendremos los recursos (crecientes con el tiempo) para crear maravillas mediante un esfuerzo humano colectivo y en colaboración con la Amante Tierra. Al nivel más básico, la inversión sagrada no es más que la canalización intencionada de dicha superabundancia hacia un propósito creativo, que comienza por la satisfacción de necesidades y evoluciona hacia la creación de belleza.

ROBAR A PEDRO PARA PAGAR A PABLO

Las inversiones correctas son las que manifiestan el espíritu del obsequio. Por desgracia, la inversiones de hoy en día encierran el espíritu contrario: o bien están motivadas por la extracción, y no la concesión, de riqueza, o bien conllevan un regalo de recompensa que se especifica de antemano o se exige a continuación, o bien combinan ambas cosas. La consigna es: "te concederé el uso de este dinero, pero solo si me das aún más a cambio". Ya sea una inversión privada o un crédito, el inversionista se lucra de su posesión exclusiva de un recurso escaso con el fin de controlar una parte cada vez mayor. Otra forma de verlo es que el ímpetu detrás del regalo de recompensa no es la gratitud. Diga lo que diga el presidente de la junta directiva en el informe anual, el pago de gratificaciones a millones de inversores sin rostro no está motivado por un espíritu de gratitud.

Incluso antes de que una economía haga realidad los principios básicos del obsequio, ya podemos empezar a vivirlos. La inversión correcta –invertir según el espíritu y la lógica del Obsequio– es posible ahora mismo. Las ideas que ofrezco a continuación se harán mucho más evidentes después de la transición a una nueva economía, y los relatos dominantes de esa economía –el ser interconectado y la Amante Tierra– las corroborarán. Hoy en día, poner estas ideas en práctica requiere fe, visión y valentía. No recibirás la afirmación de ninguna persona o institución que siga inmersa en el antiguo relato. Desde su perspectiva, lo que voy a proponer es una locura.

Lo que voy a describir es mucho más radical que las inversiones "con conciencia social" o "éticas". Aunque estas ideas suponen un paso en la buena dirección, conllevan una contradicción interna. Al buscar el rendimiento económico positivo, perpetúan la conversión del mundo en dinero.

La inversión tradicional, que es perfectamente defendible en el contexto del Ascenso, busca contribuir al crecimiento del ámbito monetario y obtener parte de esa contribución como recompensa. El capitalista de riesgo identifica las oportunidades de gran crecimiento y proporciona el capital para llevarlas a cabo. En una economía de estado estacionario o de decrecimiento, este modelo deja de ser adecuado, y así lo sienten cada vez más miembros de la clase inversionista. De ahí su reorientación hacia un propósito distinto: invertir en la restauración del procomún natural y social, y no en su explotación más eficiente.

Lo afirmaré de nuevo: invertir en tal restauración no da dinero. Cualquier plan de inversión "con conciencia social" que prometa un índice de rendimiento normal encierra una mentira, ya sea consciente o inconsciente. Lo ilustraré con dos ejemplos.

Después de una charla que di, una mujer muy inteligente, compasiva y activa en la inversión socialmente consciente protestó: "No todas las inversiones rentables contribuyen a la liquidación de la riqueza común, ¿no? ¿Y si invierto, digamos, en una compañía que tiene un invento fantástico para los cargadores fotovoltaicos portátiles? Yo ayudo a financiar la compañía, ellos venden muchos, todos ganamos dinero y el planeta también se beneficia". Muy bien, pero si esa empresa vendiera los cargadores a un precio más bajo (con un margen de beneficio que sea justo lo suficiente para financiar el I+D y la reinversión de capital, por ejemplo), al hacer el aparato más accesible ¿no beneficiaría aún más al planeta? El objetivo de pagar intereses o dividendos a los inversionistas, de proporcionarles un índice de rendimiento positivo, es incompatible con el objetivo que hace que la empresa sea socialmente o medioambientalmente "consciente".

Quiero dejar claro que no propongo que los empresarios se arruinen vendiendo sus productos sin beneficio alguno. Hablo de invertir, no de ganar. Una cosa es recibir recompensas por hacer buenas obras en el mundo y otra bien distinta es sumar dinero al dinero por el simple hecho de poseerlo. En el ejemplo anterior, sería totalmente aceptable cobrar lo suficiente para mantener la viabilidad del negocio, pagar bien a los empleados, financiar su expansión, investigación, etc. Pero más allá de eso, las corporaciones tienen que ganar una cantidad adicional destinada a los inversores en forma de pagos de intereses o dividendos. ¿De dónde procede ese dinero adicional? Del mismo sitio que procede todo el dinero hoy en día: de deudas que generan interés y de la conversión del mundo en dinero. Así pues, si realmente quieres contribuir al bien del mundo, no exijas un rendimiento sobre tu inversión. No intentes dar y tomar al mismo tiempo. Si quieres tomar (y puede que tengas una buena razón para hacerlo), toma, pero no finjas que das.

Esta cuestión quedará aún más clara con un segundo ejemplo. Consideremos una de las formas de inversión ética más inspiradoras: los microcréditos a mujeres del sur de Asia. Estos programas han tenido un gran éxito, al parecer, ya que han empoderado a mujeres de India y Bangladesh con nuevas formas de ganarse la vida, y gozan de un índice de morosidad extremadamente bajo. Este sería un excelente ejemplo de "ganar haciendo el bien". Le prestas $500 a una mujer india para comprar una vaca leche-ra; ella vende la leche a los vecinos de su aldea y obtiene unos ingresos suficientes para alimentar a su familia así como para pagar el interés y el principal del crédito. Suena fantástico, pero parémonos a pensar: ¿de dónde procede el dinero para saldar esa deuda? De los aldeanos. ¿Y de dónde sacan ellos ese dinero? De vender algún otro bien o servicio, es decir, de convertir a dinero una parte de su procomún social o natural tal como se explica en el Capítulo 4. El efecto es el mismo que el del infame *hut tax* que los poderes coloniales británicos (y otros) utilizaron para destruir las economías locales autosuficientes de África durante la era colonial.[1] Se trataba de un reducido impuesto anual, que solo se podía abonar en la divisa nacional, y que obligó a la población indígena a vender su mano de obra y sus productos locales a cambio de esa divisa. Las economías locales no tardaron en desplomarse y convertirse en un mercado para productos británicos así como una fuente de trabajadores y materias primas.

Con esa vaca, la mujer obtiene mucha más leche de la que su familia puede consumir. Y el excedente, ¿a quién se lo dará? Ya que debe devolver un préstamo monetario, le guste o no, tendrá que entregar la leche a personas que estén dispuestas a pagársela. Si la vaca hubiera sido libre, y la mujer no hubiera tenido ninguna presión para ganar dinero, quizá habría distribuido la leche a través de los canales de una tradicional red de obsequios. Pero bajo la espada de Damocles de sus obligaciones económicas, no puede hacerlo aunque quiera. Siguiendo este hilo, ¿quiénes son los que pueden pagar la leche? Aquellos que tienen sus propios ingresos monetarios. Las personas que necesitan leche no la pueden obtener si viven mayormente en una economía del obsequio. La entrada de un nuevo "negocio" en la aldea la aleja de las redes de reciprocidad tradicionales, obligándola a introducirse en el mundo del dinero.

Si no fuera por el interés sobre el préstamo, la infusión de $500 en la comunidad podría ser algo positivo. En las comuni-

---

1. Véase, por ejemplo, Pakenham, *The Scramble for Africa* (La pelea por África), 497-98.

dades empobrecidas de hoy en día es frecuente que sus habitantes tengan bienes y servicios para intercambiar pero que carezcan de los medios para intercambiarlos debido al desplome de la cultura del obsequio. La dueña original de la vaca podría utilizar el dinero para comprar a los aldeanos las cosas que necesite, y cuando ese dinero circulara de vuelta a la mujer que adquirió la vaca, muchas necesidades se solucionarían sin pérdida alguna. Aunque todo el dinero regresara a la inversionista, al menos no saldría de la aldea.

Pero cuando el crédito genera interés, es otra historia totalmente distinta. Dar un crédito con interés a esa mujer equivale a extraer dinero de su aldea. Imaginemos a alguien que piensa: "Ah, en esta aldea existe riqueza que aún no se ha convertido en dinero. ¡Voy a apropiarme de una parte de ella! Voy a hacer de los aldeanos mis esclavos crediticios". Un impulso nada caritativo.

Uno de los atractivos principales de las monedas locales es que garantizan que el dinero permanezca en la comunidad. Un crédito con interés en una divisa internacionalmente convertible hace justo lo contrario: extrae dinero de la comunidad. La mujer vende la leche a un fabricante de quesos local, que luego le vende el queso a un carpintero, que a su vez construye un establo para la mujer de la vaca y así sucesivamente. El dinero circula sin cesar, pero no puede quedarse en la comunidad para siempre porque hay que saldar la deuda. En cuanto al interés, solo puede pagarse si los habitantes de la comunidad venden algo al mundo exterior. El interés que la mujer tiene que pagar se transfiere a toda la comunidad al ir incluido en el precio de la leche. Esta obligación es la misma que impulsa a los habitantes de países pobres a trabajar en fábricas y plantaciones. En una economía monetizada, donde han desaparecido las redes del obsequio, el dinero es necesario para vivir, y uno vende lo que puede –su trabajo, su tiempo, su medio ambiente– a fin de obtenerlo.

Lo economistas alegan que, mientras la economía local crezca más rápido que la tasa de interés del préstamo para la vaca (o, de hecho, la totalidad de los créditos concedidos a la aldea), la aldea podrá devolver el crédito y el interés correspondiente y enriquecerse al mismo tiempo. Es decir, si la aldea entera vendiera nuevos bienes y servicios en una cantidad superior a la tasa de interés, como la mujer de la vaca, podrá saldar su deuda y prosperar. Pero esto suscita la misma pregunta de antes: ¿de dónde procede el dinero? A escala global, la inversión basada en el interés impulsa la competencia y el interminable agotamiento del procomún social, natural, cultural y espiritual, convirtiendo la economía del obsequio en una economía monetaria.[2]

Resulta más que obvio que la inversión sagrada tiene poco que ver con generar beneficios. Si quieres ayudar a la aldea, dale una vaca a una mujer. O si su dignidad lo exige, préstale el dinero a interés cero (regalándole el uso del dinero). Si te importa más incrementar tu riqueza monetaria, dedícate a eso y deja de fingir. No se puede servir a dos amos, reza el dicho, y es verdad. En los dos ejemplos que he puesto, llega un momento en el que esas intenciones contradictorias salen a la superficie, obligándonos a elegir entre servir a Dios o a Mammón. Pero dicha elección no sería necesaria en una economía sagrada; ambas cosas se unirán como parte de

---

2. Con una pequeña salvedad: en teoría, si el tipo de interés no es superior a la prima de riesgo de impago, el crecimiento económico y la monetización del procomún serán innecesarios. Sin embargo, los componentes relevantes de la tasa de interés real son la prima de liquidez y el precio del dinero en el mercado, que se determinan en función de la oferta, la demanda y la política monetaria gubernamental. Estos representan el lucro por la mera posesión de dinero, lo cual es indefendible en base a los argumentos de los Capítulos 4 y 5.

un reencuentro de opuestos generalizado, razón del término Era del Encuentro para calificar el tiempo que se aproxima.

Las inversiones éticas que prometen una elevada rentabilidad implican "robar a Pedro para pagar a Pablo", una transacción en la que uno mismo se lleva una comisión. Espero que la explicación anterior fuera innecesaria para la mayoría de mis lectores. Al fin y al cabo, el sentido común más básico nos dice que algo falla en la idea de las buenas obras con fines lucrativos. Los beneficios podrían darse de forma incidental, pero un regalo que va unido a la exigencia de un regalo mayor a cambio no es un regalo en absoluto sino una trampa o un saqueo.

¿Realmente te sientes a gusto implementando una separación desalmada entre los negocios y otras relaciones humanas en tu vida? Cuando inviertes dinero con interés, estás participando indirectamente en decirle a un pobre tipo: "No me importa lo que tengas que hacer para conseguirlo, pero ¡devuélveme el dinero!" Tu certificado de depósito se traduce en una amenaza de desahucio para otra persona. Aunque tú mismo no actúes como Ebenezer Scrooge, le estás pagando a alguien por hacerlo.

Si las inversiones que generan interés no pueden considerarse éticas, por contribuir al expolio del procomún natural y social, es evidente que no deberíamos invertir dinero a interés. Lo mismo sucede con cualquier inversión que impulse la expansión del ámbito de los bienes y servicios. Como inversionistas éticos, no deberíamos contribuir a la monetización de la vida y la naturaleza.

Dicho principio no tiene escapatoria. Ocasionalmente recibo e-mails de personas del sector financiero que leen mi obra y explican sus ideas sobre la inversión con conciencia social o ecológica. A continuación, propongo mi propia idea: un fondo de inversión que tenga como meta explícita el rendimiento nulo sobre su inversión.

Por algún motivo, ¡ni uno de los profesionales financieros a quienes se lo he sugerido me ha vuelto a contactar! En una economía de dinero a interés cero, en cambio, el que una inversión no diera beneficios se consideraría como algo más bien positivo.

No abogo por una época del altruismo en la cual prescindamos del beneficio personal a favor del bien común. Lo que preveo es la fusión del beneficio personal y el bien común. Por ejemplo, cuando doy dinero a personas de mi comunidad, provoco sentimientos de gratitud que podrían motivar un obsequio a cambio, para mí o para otra persona. Sea como sea, habré fortalecido la comunidad que me sustenta. Cuando vivimos en una comunidad del obsequio, es natural que dirijamos nuestra gratitud no solo al dador inmediato sino también a la comunidad en su conjunto, y que cuidemos de sus miembros más necesitados (el obsequio busca la necesidad). Nuestro deseo de dar podría expresarse perfectamente como un regalo a una vecina que no nos ha regalado nada a nosotros. Por lo tanto, cualquier obsequio, aunque no implique una recompensa directa, puede verse como una forma de "inversión". Si la inversión es buena, seguiremos tomando dinero desnudo para engalanarlo de una bella vestimenta. Una mala inversión, en cambio, le pone una vestimenta fea. Es así de simple.

La futura moneda a interés negativo compatibilizará el espíritu del obsequio con el interés económico y dejaremos de percibir los préstamos a interés cero como un sacrificio, ya que aferrarse al dinero dará un rendimiento inferior a cero. Durante el tiempo que nos queda hasta que se imponga un sistema así, prestar dinero sin interés, o regalarlo, parece ir contra el interés racional propio. Sin embargo, se trata de una visión miope. Ya que el actual sistema monetario tiene muchas probabilidades de desintegrarse en los próximos años —diez millones de dólares podrían reducirse a meros trozos de papel–, los lazos de gratitud que se forjan mediante los regalos perdurarán más allá de cualquier tumulto social. Si te preocupa el Pico del Petróleo u otro supuesto de colapso, lo que más seguridad te proporcionará es integrarte en una red del obsequios. Empecemos a dar ahora. Lo que demos en "este mundo" podría llegar a ser nuestro tesoro en el próximo.

Si quieres crear un mundo de abundancia, generosidad y gratitud, puedes empezar a hacerlo utilizando el dinero actual, mientras exista. Si contamos con una reserva de gratitud lo suficientemente grande, nuestra sociedad podrá resistir prácticamente cualquier cosa. De nuevo, vivimos en un mundo de fundamental abundancia pero lo hemos empobrecido artificialmente con nuestros hábitos y creencias; hemos dañado el planeta y el espíritu hasta tal punto que, para curarlo, tendremos que volcarnos al máximo con todos nuestros dones. Y ese flujo de dones nace de la gratitud. Por lo tanto, la mejor manera de invertir tu dinero es generando gratitud, aunque esas personas agradecidas no te reconozcan como dador. El verdadero objeto de la gratitud es, en definitiva, el Dador de todos nuestros dones, de nuestro mundo, de nuestra vida.

A fin de prepararnos para esa economía y de vivir en su espíritu desde hoy, en lugar de invertir dinero con el propósito de ganar más, reorientamos el enfoque de la inversión empleando el dinero acumulado como el obsequio que es: un regalo del viejo mundo al nuevo, una ofrenda de los antepasados a generaciones futuras. Esto es análogo a los regalos de la vida, la leche materna, el alimento, el estímulo sensorial y todo aquello que nos sustenta hasta la madurez, es decir aquello que recibimos para poder llegar a la vida adulta y compartir esos regalos con los demás. La cuestión es: ¿cómo usar el dinero con conciencia de obsequio? Si no eres inversionista, es cuestión de elegir el modo de subsistencia correcto.

ANTIGUOS ACOPIOS PARA PROPÓSITOS NOVEDOSOS

¿Qué deben hacer las personas acaudaladas con ese cúmulo de dinero? Esta pregunta suscita otra: ¿Qué hacemos, como sociedad, con la riqueza acumulada durante miles de años? Y ¿qué es esa riqueza si no "consumo diferido"?

Replanteémonos también la esencia del dinero. ¿Qué es lo que se acumula exactamente en esas enormes reservas de capital? Las monedas son talismanes rituales que sirven para coordinar la intención y la actividad humana. Aquellos que poseen una importante suma de dinero disponen de medios para orientar y organizar el trabajo en la sociedad. El aumento de capital solo es posible a expensas del ámbito no monetizado, pero también se puede invertir dinero en restaurar dicho ámbito siempre y cuando no sea una inversión que propicie la creciente mercantilización del procomún social o natural. El dinero puede emplearse en la compra de maquinaria para talar un bosque, pero también para preservar y vigilar ese bosque. El primer uso representa la creación de dinero, y el segundo, su destrucción (porque deja de generar más bienes y servicios). En todo caso, el acopio de capital otorga la capacidad de coordinar la actividad humana a gran escala.

La imagen de alguien sentado sobre una pila de riqueza acumulada durante siglos de explotación está especialmente presente en quienes nacieron durante la explosión de la natalidad tras la Segunda Guerra Mundial, la última generación que llegó a la mayoría de edad en el cénit de nuestra civilización. Estos *baby boomers* tienen un pie en el viejo mundo y otro en el nuevo. Muchos de ellos tienen acceso al cúmulo de riqueza del viejo mundo, pero son lo suficientemente jóvenes como para que su conciencia se haya adaptado al nuevo. La llamada Generación X, a la que yo pertenezco, es distinta. Muchos de nosotros, aunque tengamos estudios, no hemos llegado a pisar el viejo mundo. Para cuando llegamos a la edad adulta, su ruina era tan evidente que no nos veíamos capaces de hacer nuestra fortuna en él. Para una persona que se hizo adulta en los años 60 o 70, aún era posible creer en el Proyecto del Ascenso; aún era posible participar plenamente en el Relato de las Personas: conquistar el espacio y el átomo, dominar el universo con éxito creciente e imparable. Si yo hubiera nacido en 1957, y no en 1967, (o si mi padre no me hubiera dado los libros *Primavera silenciosa* [1984] o *La otra historia de los Estados Unidos* [1980] durante mi adolescencia), yo habría seguido con el "plan" y hoy sería profesor de matemáticas en alguna universidad. Pero no era mi sino. En los años ochenta, cuando cumplí la mayoría de edad, el Relato de las Personas ya había perdido su poder de convicción. Yo, y millones como yo, preferimos abandonar el sistema. Estoy generalizando muchísimo, evidentemente, pero creo que hay algo de verdad en la idea de que los hijos de los años cincuenta y sesenta se hicieron millonarios como informáticos de Microsoft, mientras que los hijos de los setenta y ochenta juegan ahora con Linux. ¡No estoy acusando a los millonarios de Microsoft de una carencia moral, ni mucho menos! En su época, un veinteañero enérgico y visionario aún podía entusiasmarse con lo que estaba sucediendo en el sector del software comercial. Lo mismo se puede decir de las instituciones centrales de la política, la academia, las artes, las ciencias, la medicina, etc. No obstante, ya entonces había quienes vislumbraron el inevitable desenlace del Relato del Ascenso, por supuesto, al igual que lo han vislumbrado numerosos místicos durante siglos. Pero la mayoría veía las crisis como algo demasiado lejano, y la ideología del dominio humano estaba demasiado arraigada como para distraerles de su plena participación en el Proyecto del Ascenso.

La dinámica social de la que hablo es, en parte, un fenómeno estadounidense, pero creo que se puede generalizar a un mundo que se halla en el umbral de una nueva era. Al igual que los *baby boomers* estadounidenses, el mundo está sentado sobre una enorme fortuna, fruto de diez mil años de cultura y tecnología. Ya contamos con una poderosa infraestructura industrial, con carreteras y aviones, un vasto sistema que, durante siglos, se ha dedicado a la expansión del ámbito humano y la conquista de lo natural. Ha llegado la hora de orientar las herramientas de la separación, el dominio y el control hacia el propósito del reencuentro y la sanación del planeta. Al igual que la *baby boomer* adinerada o la heredera de fortunas pasadas puede destinar su riqueza a una finalidad hermosa, sin preocuparse de que esa riqueza esté mancillada, de alguna manera, por sus orígenes, nosotros también tenemos la oportunidad y la responsabilidad de darle un propósito hermoso a los frutos acumulados mediante nuestra dominación de la Tierra. Esto es incluso aplicable a las tecnologías más inhumanas y explotadoras, como la ingeniería genética o la fisión nuclear, que han llevado el plan de control a la cima de la arrogancia. En la era del interés, es decir, en la era del crecimiento, la principal motivación que impulsaba el desarrollo de cualquier tecnología era abrir nuevas vías para la monetización de lo natural o lo social. La ingeniería genética ha posibilitado el uso del genoma como recurso natural explotable, de igual modo que el motor de vapor permitió la minería de carbón a gran profundidad, o el arado de hierro remover pasto firme. ¿Cómo será la tecnología cuando se dedique al propósito opuesto: la recuperación de la salud del planeta?

Cuando todos los seres humanos experimenten el mismo cambio de conciencia que muchos ya han experimentado en las últimas décadas, y que les expulsó de la Matriz, ¿quién sabe para qué fines se emplearán las actuales tecnologías del lucro? Cuando la humanidad deje de verse bajo la compulsión de expandir su dominio, orientaremos nuestro ingenio colectivo, así como los conocimientos, la información y la tecnología amasados durante siglos, hacia objetivos afines a la conciencia ecológica, la interconexión y la curación. Esto no quiere decir que la tecnología no vaya a cambiar. Las tecnologías predominantes hoy en día se reducirán a aplicaciones marginales, mientras que las tecnologías marginales, incluso las que hoy se descartan o se ridiculizan, pasarán a cobrar protagonismo.

Al emplear la tecnología o el dinero acumulados, debemos asegurarnos de no emplearlos según el modelo antiguo: como herramienta para conseguir una mayor separación de la naturaleza o mayor riqueza económica. Por eso, propongo el concepto de *emplear el dinero para destruir el dinero*. Con ello quiero decir restaurar y proteger el procomún natural, social, cultural y espiritual a partir del cual fue creado, para así acelerar el colapso y mitigar su gravedad. El dinero-usura está sometido al imperativo de "crecer o morir". Cualquier elemento del capital social o natural que logremos excluir de la mercantilización acelerará el fin del dinero-usura; matará de hambre a la fiera, restringiendo el terreno donde pueden expandirse los bienes y servicios (monetizados). Cada bosque cuya conversión en tablas impidamos, cada parcela de tierra que rescatemos de la urbanización, cada persona a la que le enseñemos a sanarse y sanar a otros, o cada pueblo indígena al que aislemos del imperialismo cultural se traduce en un lugar menos que el dinero puede colonizar.

Los esfuerzos de progresistas y reformadores, aunque incapaces de detener el avance de la Máquina, no han sido en vano. Los cotos a la contaminación, por ejemplo, han impedido la conversión en dinero de al menos parte del cielo; la mejora de las condiciones laborales ha limitado la monetización del bienestar de los trabajadores; el movimiento pacifista ha hecho que el negocio de la guerra sea un poco menos rentable. Las críticas de la derecha contra las políticas en pro del medio ambiente y los trabajadores o en contra de la guerra son correctas: porque *sí* van en detrimento del crecimiento económico. Si me aproximo a una cultura indígena, convenzo a sus habitantes de que la agricultura de subsistencia es primitiva y degradante y les induzco a que trabajen en una fábrica y se integren en la economía de mercado, sube el PIB (y he creado una "oportunidad de inversión"). Si, en cambio, inspiro a la gente a abandonar sus empleos bien pagados y "volver a la tierra", baja el PIB. Si creo una comunidad en la que nadie paga por el cuidado infantil sino que cuidamos de los hijos de los demás de forma cooperativa, baja el PIB. Y si logramos proteger la Reserva Natural de Alaska frente a la explotación petrolera, son miles de millones de dólares que nunca se materializarán. Por eso digo que estamos usando dinero para destruir dinero. Hay ocasiones en las que las herramientas del amo *sí* sirven para desmantelar la casa del amo.

Otra forma de enfocarlo es que estos esfuerzos por proteger una porción de la riqueza común elevan el "fondo" que estamos destinados a tocar para poder realizar la transformación a un mundo nuevo. Mi uso de la expresión "tocar fondo" es deliberado. Y es que dinámica del dinero-usura es igual a la de una adicción, que requiere una dosis cada vez mayor (del procomún) para mantener la normalidad, vendiendo una parte cada vez mayor del bienestar a fin de procurarse la siguiente dosis. Si tienes una amiga adicta, de nada servirá ofrecerle "ayuda" en el sentido habitual, como dinero, o un vehículo para reemplazar al que destruyó en una colisión o un trabajo para sustituir al que ha perdido. Todos esos recursos no harán más que desaparecer en el agujero negro de la adicción. Y lo mismo ocurre con los esfuerzos de nuestros políticos por prolongar la era del crecimiento.

Gracias a los esfuerzos de generaciones de bienhechores, aún conservamos parte de nuestro legado divino. Sigue habiendo suelo fértil, bosques sanos aquí y allá, peces en algunas zonas del océano, personas y culturas que no han vendido totalmente su salud y su creatividad. El capital natural, social y espiritual que queda es lo que nos ayudará a sobrellevar la transición y formará la base para sanar al mundo.

Si eres inversionista, es hora de que dirijas toda tu atención a crear conexiones, generar gratitud, y reclamar y proteger la riqueza común. Pasó el momento de la mentalidad del acopio de riqueza, que hace pensar en un montón de ratas trepando unas encima de otras para alcanzar el mástil más alto de un barco que se hunde. En lugar de hacer eso, podrían cooperar en la recogida de los despojos del barco a fin de construir una balsa apta para navegar. Tenemos una larga travesía por delante.

UN MODO DE SUBSISTENCIA CORRECTO

Los mismos principios que se aplican a la inversión correcta son también aplicables al modo de subsistencia correcto; de hecho, la inversión y el modo de subsistencia correctos son dos caras de la misma moneda. Mientras que invertir adecuadamente implica usar el dinero como obsequio para apoyar la creación de un mundo más bello, subsistir adecuadamente implica aceptar ese obsequio a medida que hace ese trabajo de apoyo.

En el empleo tradicional, se recibe dinero a cambio de contribuir a la expansión del ámbito monetizado. Para poder ganarnos la vida, nos vemos obligados a participar en la conversión de lo bueno, lo auténtico y lo hermoso en dinero. Esto se debe al sistema monetario: el crédito acaba en manos de aquellos capaces de crear nuevos bienes y servicios de la forma más eficiente (o de tomarlos de sus creadores). Un sistema monetario basado en el interés ejerce una presión sistémica para que convirtamos nuestra riqueza común en dinero y que la mayor remuneración recaiga en quienes mejor lo hagan. ¿Quieres ser rico? Pues inventa una manera más eficiente de talar árboles, o crea una campaña de publicidad que persuada a otras naciones a beber Coca Cola en lugar de sus bebidas autóctonas. Al entender el funcionamiento de la economía global, muchos jóvenes idealistas deciden mantenerse al margen de todo ello. Recibo cartas suyas constantemente: "Me niego a participar en esto. Quiero hacer lo que me apasiona sin perjudicar a nadie, pero eso no da dinero. ¿Cómo sobrevivo?" ¿Cómo sobrevivimos y, más difícil aún, cómo accedemos a importantes sumas de dinero para realizar grandes proyectos en un mundo que recompensa la destrucción de esas mismas cosas que queremos crear?

Afortunadamente, hay personas dispuestas a donar dinero para actividades que no generan más dinero. Estas son precisamente las personas (u organizaciones o gobiernos) que actúan en el espíritu de la "inversión correcta" descrita anteriormente. Vivir de la caridad ajena no soluciona nada, evidentemente, si los donantes tienen que trabajar aún más (en el negocio de la destrucción) para obtener el dinero que te dan a ti. Pero, como ya he señalado, la humanidad posee enormes reservas de riqueza en diversas formas, acumuladas durante siglos de explotación, que ahora pueden emplearse para otros fines como, por ejemplo, para preservar y restaurar el capital social, cultural y espiritual. Puesto que esto no genera más dinero, la persona o entidad que lo financia está dando, en definitiva, un obsequio.

Dicho de otro modo, la clave para la "subsistencia correcta" es vivir de los regalos, que pueden presentarse en formas sutiles. Imagina, por ejemplo, que vendes productos de comercio justo. Cuando alguien te compra uno de esos artículos a un precio muy superior al de uno fabricado bajo la explotación laboral, la diferencia de precio representa, básicamente, un obsequio.[3] No tenía por qué pagar tanto. Lo mismo ocurre si te dedicas a instalar calderas de agua solares o a construir refugios para personas sin hogar. Muchos trabajos de servicio social tradicionales, como la asistencia social, la enseñanza, etc., participan de la energía del obsequio siempre y cuando no contribuyan a una mayor eficiencia de la máquina que devora la Tierra, por ejemplo, formando a los niños para ser productores eficientes y consumidores inconscientes. La fuente del dinero podría ser un comprador, una fundación o incluso el gobierno. Lo que lo hace un obsequio es la motivación: el hecho de que no pretende conseguir el precio más bajo ni generar beneficios crecientes. El empleo convencional es todo lo contrario: yo te pago un sueldo y me lucro de tu productividad (de bienes y servicios vendibles), a un beneficio mayor que tu sueldo, contribuyendo así a la conversión del mundo en dinero.

Cualquier iniciativa que reduzca la esfera del dinero usa el obsequio sutilmente. Si ofreces cursos de reciclaje laboral, o de

---

3. Soy consciente de que el "comercio justo" es, en muchas ocasiones, una simple tapadera publicitaria para la habitual explotación de mano de obra y mercantilización de la cultura. Aun así, el principio sigue siendo relevante.

medicina holística o de permacultura, estarás reduciendo el ámbito de los bienes y servicios. Al rastrear el origen del dinero que obtenemos de tales iniciativas, encontraremos a alguien que, en algún momento, hizo una "mala inversión", que violó el principio imperante en la creación de dinero actual: el dinero recae en manos de quienes generan más dinero. No es casualidad que dar marcha atrás a la conversión de la vida y el mundo en dinero sea normalmente un negocio poco lucrativo.

Si eres aficionado a los principios, podrías decir que el modo de subsistencia correcto cumple dos de ellos. Aplica el tiempo, la energía y otros dones de la persona a algo que mejora, conserva o restaura algún aspecto de la riqueza común, y el dinero (u otra forma de recompensa) que se recibe a cambio no conlleva ningún daño a las personas ni a la naturaleza; es decir, favorece a otros seres en lugar de perjudicarlos. Sin embargo, yo no me rijo por principios, ni recomiendo a nadie que lo haga. ¿Y si intento calcular los costos y beneficios relativos de imprimir este libro? Por un lado, requiere utilizar pulpa de madera de árbol y, por otro, podría inspirar a los lectores a crear sistemas que sustenten la tierra. La gente es muy hábil al interpretar sus decisiones de forma que se ajusten a sus principios; y si no hay manera de compatibilizar las dos cosas, modifican el principio y fingen que siempre lo han sostenido.

Por lo tanto, en lo que al modo de subsistencia se refiere, yo confío en lo que siento que es correcto. ¿Y si siento que es correcto promocionar una pasta dental, o trabajar para un fondo de inversiones o diseñar armas nucleares?, te preguntarás. Pues hazlo, te diría yo. En primer lugar, porque a medida que aumente tu conciencia del mundo, es posible que ese tipo de trabajo ya no te parezca adecuado. En segundo, porque te condicionarás a confiar en ese sentimiento; seguirá guiándote cuando llegue el momento de dejar ese trabajo y emprender algo valiente. Y en tercer lugar, porque negar nuestro anhelo interior a causa de un principio forma parte del Relato del Ascenso, de superar a la naturaleza. La idea de que nuestros deseos son malos, de que debemos dominarlos para alcanzar algo superior, es el reflejo interior de dicho relato. Se trata de la misma mentalidad que reprime nuestra generosidad por miedo al costo que pudiera acarrear. La confianza en uno mismo que yo defiendo es inseparable de la premisa básica de este libro, que se expone en el Capítulo 1: nacemos con gratitud, con la necesidad y el deseo de dar.

Dicho de otro modo: confía en que tu verdadero deseo no es participar de la conversión del mundo en dinero; confía en que deseas hacer cosas hermosas con tu vida.

Así pues, sugiero que lo correcto es que orientemos nuestro modo de subsistencia hacia la necesidad y el deseo de dar. Sugiero que miremos el mundo con el enfoque de: ¿qué oportunidad hay para dar? Y el de: ¿cómo puedo aportar mis mejores dones? Si tenemos presente esa intención, surgirán oportunidades inesperadas. Y cualquier situación en la que no estemos aportando nuestros dones a algo positivo en seguida se nos hará insoportable.

Si lo que te hace sentir bien es simplemente alimentar a tu familia, está bien. La clave consiste en una actitud de servicio. Pero si intentas dedicarte a algo correcto por un sentimiento de culpabilidad, seguramente acabarás con la sensación de que estás fingiendo. Hay algunas organizaciones no gubernamentales (ONG) que no son más que enormes proyectos de vanidad, sofisticadas formas de permitir que la gente se apruebe a sí misma. Eso es puro ego. El propósito de dedicarse a una labor desinteresada no es para dar una imagen positiva de uno mismo. Las personas que lo hacen por ese motivo se delatan por su actitud defensiva y santurrona. El propósito es poner tus energías en algo que te apasione. Es un concepto que debería producirnos una sensación de liberación, no de carga moral; no es un deber más para ser buena persona.

Para adentrarte más en un modo de vida correcto, entrégate a algún servicio cada día. Confía en tu deseo de dar, recuerda lo bien que te hacer sentir y mantente abierto a cualquier ocasión para hacerlo, sobre todo si requiere una valentía inusual en ti. Pero si te supone una valentía excesiva, no te atormentes. Los miedos que bloquean nuestra generosidad no son un enemigo, sino una especie de capa protectora. Al hacernos adultos, esos miedos que una vez sirvieron para protegernos se convierten en una restricción; nos impacientamos y procuramos liberarnos de ellos. Esa impaciencia trae consigo una nueva valentía. Hoy en día, el conjunto de la humanidad está pasando por ese proceso de crecimiento. El programa del Ascenso que, en un principio, nos parecía lo correcto –superar las fronteras de la ciencia, conquistar el universo y triunfar sobre la naturaleza– ya no nos parece tan positivo, porque las consecuencias de esa ambición se han hecho dolorosamente difíciles de ignorar. Hemos entrado colectivamente en un momento de crisis, en el que lo antiguo se ha vuelto intolerable y lo nuevo no se ha manifestado aún (al menos no como visión común, aunque sí para numerosos individuos).

Así pues, a la hora de decidir un modo de subsistencia o una inversión correcta, no forcemos las cosas. Confiemos en nuestro deseo natural de dar, y en el de los demás, así como en el proceso de crecimiento natural que nos impulsa hacia él. En vez de intentar hacerlo, o procurar que otros lo hagan, por un sentimiento de culpabilidad (provocando rechazo a nuestra santurronería) podemos brindar oportunidades e incentivos para dar, y ser generosos en nuestra apreciación y celebración de los obsequios y dones ajenos. No tenemos que ver a los demás como personas egoístas, codiciosas, ignorantes o indolentes que "no entienden nada". Podemos verlos como seres divinos que desean dar al mundo; podemos percibirlo así, dar testimonio de ello y ser tan claramente conscientes de ese hecho que nuestra consciencia sirva de invitación, tanto a nosotros mismos como a los demás, para que nos adentremos en esa verdad.

CAPÍTULO 21

TRABAJAR EN EL OBSEQUIO

Extraña es nuestra situación aquí en la Tierra. Cada uno de nosotros venimos a hacer una breve visita, sin saber por qué, aunque a veces parece que adivinamos un propósito divino. Desde la perspectiva de la vida cotidiana, en cambio, hay algo que sí sabemos: que estamos aquí por el bien de los demás.

—Albert Einstein

CONFIAR EN LA GRATITUD

Una y otra vez surge la pregunta: ¿Cómo compartir mis dones en la economía monetaria de hoy y ganarme la vida al mismo tiempo? Algunos de los que se plantean esta pregunta son artistas, sanadores o activistas que buscan desesperadamente la manera de que "se les pague" por lo que hacen. Otros tienen éxito en un negocio o una profesión pero han empezado a sentir que algo falla en su manera de cobrar el servicio que ofrecen.

Ciertamente, cobrar un precio por un servicio, o incluso por un bien material, viola el espíritu del Obsequio. Cuando asumimos la mentalidad del obsequio, tratamos nuestras creaciones como regalos a los demás o al mundo. Especificar de antemano un regalo como recompensa va contra la propia naturaleza del regalo; ya no es dar sino trocar o vender. Es más, hay muchas personas, en especial artistas, sanadores y músicos, que ven su trabajo como algo sagrado, algo inspirado por una fuente divina y que tiene un valor infinito. Asignarle un precio supone una devaluación, un sacrilegio. Pero el artista merece ser recompensado por su trabajo, ¿no es verdad?

Detrás de la palabra "recompensa" está la idea de que, al trabajar, has sacrificado tu tiempo para realizar una labor cuando podrías haber dedicado ese tiempo a algo de tu interés personal. Otro contexto en el que utilizamos dicho concepto es en las demandas judiciales, por ejemplo cuando una persona reclama una indemnización por un perjuicio o dolor que ha sufrido.

En una economía digna del apelativo "sagrada", el trabajo dejará de representar un perjuicio para el tiempo o la vida de uno; ya no supondrá un sufrimiento. Una economía sagrada reconoce que los seres humanos desean trabajar: desean dedicar su energía vital a la expresión de sus dones. En este concepto no cabe la "recompensa". Trabajar es un placer, es motivo de agradecimiento. Y en el mejor de los casos, no tiene precio. ¿Acaso no suena a blasfemia la idea de recompensar a Miguel Ángel por pintar la Capilla Sixtina o a Mozart por componer su "Réquiem"? La única manera aceptable de ofrecer obras de lo más sublime es regalándolas. Aunque, en este momento, la mayoría de nosotros no posea el genio de un Mozart, todos somos capaces de realizar trabajo sagrado. Todos somos capaces de canalizar, mediante nuestras habilidades, algo más grande que nosotros mismos. Hay algo que toma forma a través de nosotros, que nos utiliza como instrumento para su manifestación en la Tierra. ¿Te das cuenta de lo ajeno que resulta el concepto de "recompensa" para este tipo de trabajo? ¿Sientes la deshonra que conlleva vender una creación sagrada? Independientemente del precio, significa malvenderte a ti mismo y a la fuente de donde procede ese obsequio. A mí me gusta expresarlo así: "Hay ciertas cosas que son demasiado buenas para venderlas. Solo se pueden regalar".

Esto suscita enseguida preguntas en el lector. A pesar de la explicación anterior, quizás te hayas pillado de nuevo pensando: ¿Pero el artista no merece ser recompensado por su trabajo? ¡Qué arraigadas están las percepciones de la separación! Pero expresémoslo de otro modo: ¿El dador de grandes obsequios no merece recibir grandes obsequios a cambio? Si es que la palabra "merece" tiene algún sentido, la respuesta es sí. En una *sacroeconomía*, esto sucederá mediante el mecanismo de la gratitud, y no de la compulsión. La actitud del vendedor es: Yo te doy este regalo, pero solo si me lo pagas, si me das lo que yo creo que vale. (Aunque, sea cual sea el precio, el vendedor siempre lo considerará insuficiente.) La actitud del dador, en cambio, es: Te doy este regalo y confío en que me des lo que consideres apropiado. Si entregas un gran obsequio y no recibes gratitud a cambio, tal vez sea señal de que se lo has dado a la persona errónea, dado que el espíritu del obsequio responde a necesidades. El propósito de dar no es generar gratitud, pero la gratitud es una señal, un indicador, de que el regalo estaba bien dado, de que satisfizo una necesidad. Ese es otro motivo por el que discrepo de ciertas enseñanzas espirituales que alegan que una persona verdaderamente generosa no desea recibir nada a cambio, ni siquiera agradecimiento.

Llevémoslo a un plano práctico. Tras batallar con este tema durante un tiempo, me di cuenta de que, aunque no me siento a gusto cobrando dinero por mi trabajo, sí recibo voluntariamente dinero de personas que se sienten agradecidas por lo recibido. El grado de gratitud es distinto para cada persona. Yo no puedo saber de antemano cuán valioso será este libro para ti; ni siquiera tú puedes saberlo de antemano. Así pues, pagar por algo desconocido por adelantado es contrario al espíritu del obsequio. Lewis Hyde ilustra esta cuestión con gran discernimiento:

> Quizá haya quedado más claro ahora por qué dije anteriormente que abonar un honorario por un servicio suele cercenar la fuerza de la gratitud. La cuestión es que una conversión, en el sentido más amplio, no puede concluirse de antemano. No podemos prever los frutos de nuestro trabajo; ni siquiera sabemos si llegaremos a completarlo. La gratitud precisa de una deuda no pagada, y solo estaremos motivados a seguir adelante mientras percibamos esa deuda. Si dejamos de sentirnos endeudados, abandonaremos el trabajo, y con razón. Vender un obsequio transformador, por tanto, supone falsificar la relación; implica que el regalo ha sido recompensado cuando, de hecho, no puede recompensarse hasta que la trasformación se haya llevado a cabo. Cobrar un precio por adelantado suspende el peso del obsequio y le resta potencia como agente de cambio. Por consiguiente, las terapias y los sistemas espirituales que se facilitan a través del mercado tienden a atraer la energía necesaria para esa transformación, no por atracción hacia un estado superior sino por aversión al dolor.[1]

Consecuentemente, he hecho lo que he podido para realizar mi trabajo en concordancia con el espíritu del obsequio, ofreciendo gratuitamente gran parte de mis escritos, grabaciones de sonido y vídeos en Internet e invitando a los lectores a corresponderme con un obsequio que refleje su grado de gratitud. Ese obsequio no tiene por qué ir dirigido a mí. Si el lector se siente agradecido al universo, por ejemplo, la mejor forma de expresarlo podría ser "dáselo a otra persona".

---

1. Hyde, *The Gift* (El obsequio), 66.

Empleo un modelo similar en mis ponencias públicas. Cuando me preguntan cuánto cobro, respondo que no tengo un honorario fijo. Normalmente pido que se me costeen los gastos de desplazamiento pero, más allá de eso, digo algo así como: "Depende de ustedes. Denme lo que les parezca adecuado, aunque no sea nada, una cantidad que les deje con una sensación de claridad y equilibrio, que refleje su gratitud por mi visita". No se trata de una fórmula sino de un espíritu que se adapta a cada situación en concreto. Si disponen de un honorario estándar para conferenciantes, no insisto necesariamente en que hagan una excepción para mí. Es más, el pago de una suma por adelantado me transmite, a veces, cuánto desean lo que ofrezco. Quiero regalar mis dones donde sean apreciados, y el dinero es una de las maneras de comunicar ese aprecio.

Es importante no convertir el "vivir en el obsequio" en un fetiche ni en un modelo de virtud. No lo hagas para ser buena persona; hazlo para sentirte bien. Si te encuentras alegrándote de haber recibido un suma considerable (como yo), ¡no pasa nada! A los humanos nos encanta recibir grandes regalos. Y aunque te surjan sentimientos de tacañería o resentimiento (como también me pasa en ocasiones), simplemente toma nota de eso también. El camino de retorno al obsequio es largo, por lo mucho que nos hemos distanciado de él. Yo me veo como uno de numerosos exploradores de un territorio nuevo (y antiguo), que aprende de los descubrimientos de los demás así como de sus propios errores.

Cuando dirijo retiros, cobro únicamente por el alojamiento, la comida y gastos extras e invito a los participantes a obsequiarme.[2]

---

2. ¿Por qué cobro lo correspondiente a mis gastos? Porque veo esas actividades como cocreaciones en las que cada uno aportamos algo para que se puedan celebrar. Esto no pertenece al ámbito de la gratitud sino al de la cocreación, la recolecta de recursos para llevar a cabo una intención.

He tardado bastante tiempo en llegar a un estado de conciencia en el que este modelo "funcione". Si me resiento con quienes no dan nada, si enuncio principios biensonantes con la intención de coaccionar o manipular a la gente para que dé más de lo que su auténtica gratitud le dicta, o si apelo hábilmente a su sentido de culpa aludiendo a apuros, sacrificios o derechos en virtud de mi pobreza, no estaré viviendo el espíritu del obsequio en absoluto. Al contrario, estaré viviendo una forma sutil de la mentalidad de la escasez o de la mendicidad y, como reflejo de ese estado, el flujo de regalos se agota casi de inmediato; la gente deja de dar y, además, se agota mi propia fuente de regalos.

Siempre que mi intención sea auténtica, constato que el influjo de obsequios iguala o excede el flujo de salida. El vehículo del regalo que recibo es, en ocasiones, misterioso en tanto que resulta difícil o imposible relacionarlo con algo que yo haya regalado y, sin embargo, cuando me llega, conlleva algo del espíritu de mi obsequio original. Lo único que conecta el obsequio que recibo con el que he dado podría ser una pista exigua de sincronicidad y simbolismo. La mente racional me dice que lo recibido no tiene nada que ver con lo regalado ("Lo habría recibido de todos modos") pero el corazón sabe que sí.

Al adentrarnos en un modo de subsistencia basado en el obsequio, puesto que el regalo recíproco siempre llega más tarde, vivimos durante un tiempo en un estado de fe. Cuando no hay garantía de que nos vayan a regalar algo a cambio, podemos constatar si nuestra intención era genuina o no. El ego se rebela y pelea en busca de un beneficio asegurado. Si no recibo dinero, quizá pueda promocionar mi generosidad y así sembrar elogios. O quizá pueda felicitarme a mí mismo y sentirme superior a aquellos que practican el obsequio menos que yo. Según mi experiencia, cada nuevo paso que uno da hacia el mundo del obsequio produce cierto miedo. Hay que soltarse de verdad porque, de lo contrario, no habrá recompensa.

EL NEGOCIO BASADO EN EL OBSEQUIO

Apliquemos este modelo a otros tipos de negocios. Ya hay varias empresas que implementan la economía del obsequio de forma creativa; no alego que mi modelo sea el mejor ni el único para vivir en el obsequio. Somos pioneros en un nuevo tipo de economía, y tendremos que usar el método de ensayo y error para encontrar el modelo correcto. Daré algunos ejemplos de empresas que se adhieren a uno o dos de los principales principios del obsequio que he expuesto, o a ambos: (1) El destinatario, y no el dador, determina el "precio" (el regalo recíproco); (2) El regalo recíproco se elige una vez que se haya recibido el regalo inicial, y no antes.

La Karma Clinic de medicina holística de Berkeley (California) lleva dos años tratando a gente con un método basado en el obsequio. Tras la consulta o el tratamiento, el paciente recibe una "factura" que dice: "Su visita es un generoso regalo de alguien que vino antes que usted. Si usted también quiere regalar algo en ese espíritu, puede hacerlo del modo que usted elija. Los donativos monetarios o de otra índole pueden depositarse en la caja de obsequios de la clínica o enviarse a…". En Ashland (Oregón) hay otra clínica basada en el obsequio llamada The Gifting Tree. Seguro que hay muchas más en todo el país, y parecen resultar sostenibles: el Victoria Attunement Center operó entre 1982 y 1988 gracias exclusivamente a donativos y, según su fundador Will Wilkinson, se mantuvo de forma totalmente autónoma con más de 300 visitas al mes.

El modelo del obsequio también se ha aplicado en el sector de la restauración. El restaurante One World de Salt Lake City, que opera desde 2003, el SAME Cafe de Denver (para que todos puedan comer, por sus siglas en inglés), que abrió en 2008, A Better World Cafe en Nueva Jersey, desde 2009, Karma Kitchen en Berkeley, y muchos otros locales funcionan exclusivamente a base de donativos, y además muchos de ellos sirven comida ecológica.

La idea se hizo conocida recientemente cuando la cadena de restaurantes estadounidense Panera Bread inauguró un local en St. Louis (Missouri) donde cada comensal paga lo que quiere. El menú es idéntico al de los demás locales pero, en este caso, los precios son solo orientativos. A los clientes se les pide que paguen lo que consideren adecuado; el cartel de la caja reza: Tome lo que necesite y deje lo que crea que es justo. Si este experimento funciona, la empresa tiene previsto expandir el modelo a otros locales en todo el país. Me pregunto si serán conscientes de su papel de pioneros, no solo en un modelo de virtud cívica, sino también en el modelo de negocios del futuro.

En Internet, como sabemos, hay un enorme crecimiento de la economía del obsequio. Hoy en día, se encuentran versiones de casi todo tipo de software de productividad como, por ejemplo, la suite de oficina OpenOffice, sin costo alguno gracias al esfuerzo colaborativo de cientos de programadores voluntarios. Tengo reparos en utilizar la palabra "gratis" aquí porque podría denotar el rechazo a cualquier regalo recíproco. La organización de OpenOffice sí acepta donativos y anima a quienes bajan el programa a contribuir de diversas maneras.

Asimismo, hay numerosos grupos que ofrecen su música "gratis" en Internet. El pionero más notable de este modelo de negocio para las grabaciones musicales fue Radiohead, que colgó su álbum

In Rainbows de 2007 en la red a cambio de donativos. Aunque casi dos tercios de quienes se bajaron el álbum decidieron no pagar nada, cientos de miles sí contribuyeron unos cuantos dólares y, además, se vendieron millones de copias en iTunes, como CD o por otros canales. Los críticos desestimaron este éxito calificándolo de anomalía que solo fue posible gracias al estatus icónico de Radiohead, pero el modelo básico sigue proliferándose, sobre todo en el sector musical, debido a la creciente dificultad que tienen los músicos para utilizar los canales de distribución tradicionales.

Por asombroso que parezca, existe incluso un bufete de abogados que ha incorporado un elemento de pago voluntario a su negocio. El Valorem Law Group, una empresa jurídica con sede en Chicago, ha agregado una "línea de ajuste de valor" a sus facturas. Al final de la factura, encima de la casilla del montante total, hay una casilla que pone "ajuste de valor", donde el cliente escribe una cifra positiva o negativa y luego la suma o la resta del monto total. Admiro a esta empresa porque se trata de una práctica bastante descabellada desde una perspectiva legal. Alguien podría "ajustar" la factura para no pagar nada, pudiendo dejar a la empresa sin recurso legal.

Ahora traslademos estos ejemplos a un modelo de negocio aplicable a escala más generalizada. Los fundamentos son bien sencillos. La primera norma sería cobrar lo suficiente para cubrir los costos directos, lo cual incluye costos marginales y costos fijos asignados, pero no costos hundidos. Por ejemplo, si instalas fontanería en casa de alguien, cobrarías los materiales (sin sobreprecio), el consumo de combustible para el desplazamiento y quizá lo equivalente a media jornada de tus cuotas actuales por bienes de capital (por ejemplo, del crédito para la furgoneta, para el negocio, etc.). Explicarías claramente al cliente que le estás regalando tu tiempo, tu mano de obra y tu experiencia profesional. Así, podrías plasmar los costos totales en la factura y, a continuación, poner una línea en blanco titulada "obsequio", seguida de otra titulada "total".

Otra variante a seguir sería la de Valorem, en la que se refleja la tarifa normal a precio de mercado y, debajo, una línea titulada "ajuste de valor" o "ajuste de gratitud". La mayoría de los clientes pagará el precio de mercado, seguramente, pero se les puedes explicar que tienen la opción de ajustarlo si se quedan especialmente satisfechos o insatisfechos con el trabajo.

Otra opción es no cobrar nada en absoluto, aunque especificando varias partidas presupuestarias, tales como el costo de materiales, los gastos de empresa asignados, horas de trabajo, el precio de mercado para este servicio, etc. De esta manera, el cliente puede elegir no pagar nada, ni siquiera por los materiales, pero al menos dispondrá de la información. Esta información, al igual que la nota de la Karma Clinic, representa "el relato del obsequio" al que me he referido anteriormente. Tradicionalmente los regalos solían ir acompañados de relatos que ayudaban al receptor a apreciar su valor.

El modelo de negocio basado en el obsequio no dista tanto como parece de las prácticas empresariales estándar. Una táctica de negociación que se practica comúnmente hoy en día es decir: "Mire, estos son mis costos; no puedo bajar de este precio".[3] No supone un cambio tan drástico decir: "Estos son mis costos, y puede pagarme un cantidad mayor en función del valor que cree que ha recibido". El cliente suele tener una idea bastante realista del precio de mercado de los bienes o servicios que ofreces y, si

---

3. Los costos reales suelen ser, de hecho, inferiores a lo que la gente revela, y también entran en juego factores como los costos fijos del equipo inutilizado y de los empleados en caso de que no se alcance un acuerdo.

hay algo de humanidad genuina en la relación comercial, lo más seguro es que te abone una suma aproximada a ese precio. Si el cliente paga un extra por encima del costo base, puedes interpretarlo como señal de gratitud; y si una persona se siente agradecida por lo que le has dado, desearás darle más. Pero si la persona se muestra desagradecida, sabrás que tu regalo no se ha recibido plenamente y probablemente decidirás no volver a regalarle nada.

Traducido a una relación de negocio, esto significa que decidirás dejar de hacer negocios con una persona que te pague poco o nada por encima de tus costos y preferirás trabajar con alguien que exprese su gratitud por medio del dinero. Así es como debería ser. Algunas personas necesitan nuestros obsequios más que otras. Si tienes pan, querrás dárselo a alguien que esté hambriento. Las muestras de gratitud nos ayudan a orientarnos hacia una mejor expresión de nuestros dones. Es decir, al igual que sucede hoy, una empresa tenderá a hacer negocios con quienes más le paguen (lo cual podría incluir muestras de gratitud no monetarias). Esto es diferente de hacer negocios con quienes te ofrezcan el mejor precio: una diferencia clave. Y es que, en concordancia con el espíritu del obsequio, el precio no se determina por adelantado, sino que primero se ofrece el regalo y, tras su recibimiento, se da un regalo recíproco.

Me llama la atención el paralelismo que hay entre este enfoque y diversos estudios de la teoría del juego sobre el altruismo y los dilemas del prisionero iterado. Si buscas la expresión "toma y daca" en Wikipedia encontrarás información sobre el tema. En esencia, existen muchas situaciones en las que se dan interacciones repetidas entre entidades separadas con recompensas variables por la cooperación y la traición; la estrategia óptima consiste en cooperar primero y contratacar solamente a quien no haya cooperado la última vez. Si traslado esta analogía al modelo de negocio que he esbozado, me hace pensar que podría llegar a tener un éxito económico mayor que el modelo convencional.[4]

Debido a lo ajena que nos resulta la mentalidad del obsequio hoy en día, hacer negocios en este espíritu suele requerir cierta formación. Me he dado cuenta de que si anuncio un evento como "por donación", hay personas que lo consideran como algo prescindible; piensan que no debe de ser muy valioso o importante si no cobro nada por ello. Estas personas llegan tarde o nunca, y con escasas expectativas. Cobrar cierta cantidad constituye una especie de ritual que envía al subconsciente el mensaje de que "esto tiene valor" o "esto lo hago en serio". Muchos de nosotros seguimos experimentando para hallar mejores maneras de recurrir a los beneficios del pago sin dejar de ser fieles al espíritu del obsequio. Nos encontramos al inicio de una nueva era, así que esto va a requerir práctica y experimentación.

En estos momentos, resulta obvio que la mayoría de las corporaciones y los dueños de negocios no están dispuestos a pasarse a un modelo basado en el obsequio. Pero no importa, ¡siempre se les puede dar un empujoncito! Basta con hacerlo de forma unilateral "robándoles" productos, por ejemplo, bajándote o copiando ilegalmente contenidos como canciones, películas, software, etc. Luego, si te sientes agradecido a los creadores, envíales un poco de dinero.

---

4. Estos principios solo valen si las relaciones de negocio tienen lugar en una comunidad. Cuando solo se realizan transacciones aisladas con desconocidos, el modelo del obsequio resulta menos viable. Esto también era cierto, por lo general, en las antiguas culturas de la generosidad; el trueque solo se realizaba entre extraños. Sin embargo, he observado que la mayoría de la gente honra el espíritu del obsequio incluso cuando se trata de una transacción puntual. ¿Será porque intuimos que todos somos parte de una comunidad global que es testigo de nuestros regalos, incluso de los anónimos?

Yo sería feliz si hicieras eso mismo con este libro, aunque sería difícil hacerlo ilegalmente porque no reclamo los derechos de autor estándar (apuesto a que no te has leído la página del copyright, que no contiene la palabrería habitual) y el contenido se puede obtener online de forma gratuita. No obstante, si consigues "robar" este libro, me complacerá recibir cualquier suma que refleje tu gratitud, en lugar de la suma que la editorial o yo mismo consideremos que refleja su valor para ti. Cada persona tiene su propia experiencia al leerlo: a algunos les parecerá una pérdida de tiempo y a otros les cambiará la vida. ¿No es absurdo que todos me recompensen con un obsequio idéntico?

LAS PROFESIONES SAGRADAS

El obsequio es un modelo especialmente idóneo para profesiones que aportan un valor intangible. Músicos, artistas, prostitutas, terapeutas, psicólogos y profesores, todos ellos ofrecen dones que se devalúan en el momento en que se les asigna un precio. Cuando lo que ofrecemos es sagrado para nosotros, la única manera honorable de ofrecerlo es como regalo.[5] No hay precio suficientemente alto para reflejar lo sagrado del infinito. Al pedir un honorario concreto para mis conferencias, rebajo el valor de mi don. Si practicas alguna de las profesiones anteriores, quizá quieras experimentar con un modelo de negocio basado en el obsequio; pero recuerda

---

5. Resulta significativo que algunas de estas profesiones se han llevado a cabo desde siempre en el límite entre el pago y el obsequio. Los artistas y los músicos recibían el apoyo de un mecenas, que les daba dinero para que pudieran realizar su trabajo. Gracias a ello, personas como Mozart pudieron subsistir en una época anterior a los derechos de autor. También las prostitutas de élite llevan mucho tiempo trabajando con un modelo similar, mediante el cual reciben regalos de sus clientes habituales.

que si aplicas dicho modelo como método ingenioso para sacar un provecho, no funcionará. La gente es capaz de detectar un regalo falso, falso porque oculta una intención interesada.

En todas las profesiones anteriores, lo tangible sirve de vehículo a lo intangible, y es esto último, lo incuantificable, lo que siente el deseo natural de permanecer en el ámbito del obsequio. De hecho, esto puede decirse de cualquier profesión. Siempre hay algo presente que va más allá de la cuantificación, más allá de la mercancía y, por tanto, del precio. Es decir, toda profesión encierra el potencial de ser sagrada. Consideremos el ejemplo de la agricultura. ¿Qué es lo que hace que los alimentos (algo tangible) actúen como vehículo de lo sagrado? El hecho de que los cultivan personas a quienes les importan mucho sus cualidades nutritivas y estéticas. Se cultiva de forma que enriquece el ecosistema, la tierra, el agua y la vida en general. Su producción y procesamiento contribuyen a una sociedad saludable. Es decir, los alimentos sagrados están instalados en una red de relaciones naturales y sociales. Se cultiva no con un amor abstracto hacia el prójimo y hacia la tierra, sino con un amor hacia tu prójimo en concreto y hacia una tierra en concreto. No somos capaces de amar de forma anónima, y quizá por esto he sido siempre escéptico ante la caridad anónima que no crea conexiones. ¡Alguien cultivó esos alimentos sagrados para mí!

Cuando vemos nuestro trabajo como algo sagrado, procuramos hacerlo lo mejor posible por mero amor al trabajo bien hecho, en lugar de hacerlo "suficientemente bien" por algún factor externo como el mercado, un reglamento de construcción o una nota académica. El constructor que realiza trabajo sagrado empleará materiales y métodos que podrían estar ocultos en los muros, sin que nadie se dé cuenta, durante siglos. Él no deriva ningún provecho racional de ello, más allá de la satisfacción del trabajo bien hecho.

Lo mismo sucede con la dueña de un negocio que paga a sus empleados un sueldo superior al establecido por el mercado, o el fabricante que cumple con creces las normas medioambientales. No tienen ninguna expectativa racional de obtener beneficios y, sin embargo, sí se benefician de algún modo, a veces de manera totalmente inesperada. Las recompensas inesperadas concuerdan perfectamente con la naturaleza del Obsequio: según Lewis Hyde, el obsequio "desaparece a la vuelta de la esquina", "para adentrarse en el misterio", y no sabemos cómo regresará a nosotros.

Otra forma de ver los frutos inesperados que surgen del misterio es que, cuando vivimos en el espíritu del obsequio, suceden cosas mágicas. La mentalidad del obsequio es una forma de fe, una especie de renuncia, lo cual es un prerrequisito para que ocurran milagros. A partir del Obsequio, somos capaces de hacer lo imposible.

Conocí a un hombre de Oregón que poseía una compañía de gestión inmobiliaria especializada en centros para el cuidado de ancianos de escasos ingresos, un negocio que él calificaba de "imposible". Al estar sometido a múltiples y conflictivas presiones por parte de instituciones médicas y compañías de seguros así como de la normativa gubernamental, la pobreza de los residentes y las dificultades económicas en general, su sector se encontraba en estado de crisis. La semana que le visité, le llamaron dos de sus mayores competidores suplicándole que se hiciera cargo de sus centros, que estaban registrando pérdidas. Sin embargo, este hombre consiguió crear un negocio rentable y que sigue creciendo, un lugar de trabajo que empodera a los empleados, y espacios vitales humanos que representan un modelo para el sector. ¿Cómo lo hace? Según él: "Cada día que entro a la oficina me enfrento con un montón de problemas imposibles. Como no se me ocurre ninguna manera de solucionarlos, lo único que puedo hacer es entregarme al servicio. Y entonces, como por arte de magia, las soluciones me vienen dadas".

Quien se entrega al servicio es artista. Ver el trabajo como algo sagrado significa entregarse a su servicio y convertirse así en su instrumento. Más concretamente, y aunque resulte un tanto paradójico, nos convertimos en instrumentos de aquello que creamos. Ya sea una creación material, humana o social, nos ponemos al humilde servicio de algo preexistente pero que no se ha manifestado aún. Es por ello que la artista admira su propia creación. A mí también me sucede cuando leo en alto algún pasaje de *Ascent of Humanity*, porque pienso "eso no lo he podido escribir yo". El libro constituye una entidad totalmente autónoma, nacida de mí, pero no más creación mía que un hijo es creación de sus padres o una espinaca es creación del agricultor. Esas personas trasmiten el impulso vital y proveen un lugar para que crezca pero no comprenden, ni tienen por qué comprender, los pormenores de la diferenciación de las células. Yo nutrí mi libro de todos los recursos a los que tuve acceso, y lo parí con gran dificultad del vientre de mi intelecto para darle una forma física. Aunque sí conozco perfectamente cada matiz del libro, tengo la profunda sensación de que ya existía, de que está más allá de mi invención. ¿Acaso sería legítimo que una madre se atribuyera el mérito de los logros de su hijo? No. Eso sería una forma de robo. Yo tampoco me atribuyo el mérito de la belleza de mis creaciones. Estoy a su servicio.

He expuesto lo anterior para demostrar que la misma lógica que Thomas Paine, Henry George y los padres de la Iglesia cristiana aplicaron a la Tierra es aplicable también a los frutos del trabajo humano. Existen más allá de nosotros mismos; somos administradores a su servicio, al igual que somos administradores y no dueños de la Tierra. Del mismo modo que nos son regalados, nosotros los regalamos a los demás. A ello se debe que nos sintamos atraídos por las empresas basadas en el espíritu del obsequio. Nos hace sentirnos bien porque nos conecta con la verdad; nos abre a un flujo de riqueza más allá de los límites de nuestro propio diseño. Tal es el origen de toda gran idea o invento: "Me vino". Así pues, ¿qué derecho tenemos a reclamar su propiedad? Lo único que podemos hacer es regalarlo y, por consiguiente, mantener abierto el canal a través del cual seguiremos recibiendo diversos obsequios sagrados de otras personas y de todo lo que existe.

Como incentivo al cambio a un modelo de negocio basado en el obsequio, observemos que el modelo antiguo ya no funciona para muchas profesiones sagradas. En Harrisburg (Pensilvania), la pequeña ciudad donde vivo, y que no es el lugar más progresivo del mundo que digamos, hay literalmente cientos de anuncios de servicios de medicina holística y alternativa en la edición local de la Holistic Health Networker (Red de Salud Holística). Cientos. Y es probable que cuando comenzaron sus estudios de herboristería, yoga, naturopatía, hipnoterapia, sanación angelical, curación con cristales, terapia de polaridad, Reiki, terapia sacro-craneal, nutrición holística, masaje o lo que fuera, es probable que la mitad de ellos tenía previsto trabajar en una consulta o centro de salud holística en el que cobraran a sus pacientes entre $85 y $120 por sesión. Aunque solo unos pocos podrán realizar ese sueño, las escuelas y los cursos de formación siguen produciendo nuevos terapeutas sin parar. Tarde o temprano, la mayoría de ellos tendrá que abandonar el modelo de sesiones y clientes, para ofrecer sus habilidades como obsequio.[6]

---

6. Esto representa una tendencia hacia la universalización de la medicina, su salida de la economía monetaria y su vuelta al procomún social.

Lo que ya ocurre con estas profesiones empieza a ocurrir también a nivel más generalizado. Esto se podría achacar a la sobrecapacidad, al exceso de deuda, a la caída del rendimiento marginal sobre las inversiones o a cualquier otro factor económico, pero la realidad es que el viejo modelo del beneficio está en crisis. Al igual que los terapeutas holísticos que he mencionado, todos nos veremos obligados a adoptar un modelo distinto a nivel colectivo.

En la vieja economía, la gente perseguía trabajos y profesiones con el propósito de ganarse la vida. Desde la perspectiva de la supervivencia, no hay nada que sea demasiado sagrado para venderlo por dinero. Si trabajas para sobrevivir, en una mina de plomo china por ejemplo, seguramente te parecerá correcto negociar y exigir la mejor remuneración posible. Otra forma de verlo es que la subsistencia propia y la de los seres queridos es, en sí misma, una empresa sagrada.

Quisiera añadir un matiz de moderación y realismo a esta cuestión. Por favor, no crean que abogo por el altruismo piadoso o la abnegación. No se obtienen recompensas celestiales por aceptar un recorte salarial. Si tu principal preocupación ahora mismo es la subsistencia o la seguridad, es probable que "el trabajo" no sea una vía para expresar tus dones. Tu trabajo será simplemente eso, un "trabajo", algo que haces primordialmente por dinero y que dejarías o cambiarías drásticamente si no te vieras sometido a presiones económicas. Y aunque quizá tengas la sensación de que te están robando, que estás viviendo la vida que te pagan por vivir en lugar de la tuya propia, la vida de una esclavo obligado a trabajar o morir, eso no significa que "debas" superar tus miedos, dejar ese trabajo y confiar en que todo irá bien. Vivir en el obsequio no es otra cosa más que tienes que hacer para ser buena persona. El miedo no es el nuevo enemigo en nuestra constante lucha contra el yo, el sucesor de los antiguos espectros del pecado y el ego. La *sacroeconomía* forma parte de una revolución más amplia del ser humano: a nivel interno, supone el fin de la guerra contra el yo, y a nivel externo, el fin de la guerra contra la naturaleza. Es la dimensión económica de una nueva era, la Era del Reencuentro.

Así pues, si trabajas mucho y exclusivamente por dinero, haciendo "lo suficiente" en lugar de dando "lo mejor de ti", te insto a que dejes ese trabajo pero solamente cuando te sientas preparado para hacerlo. Por ahora, quizá puedas ver ese trabajo como un regalo a ti mismo, algo que te da una sensación de seguridad, hasta que esa sensación se convierta en algo natural. A pesar de lo que afirman numerosos maestros espirituales, nuestro enemigo no es el miedo, que uno describe como "lo opuesto al amor", otro como "alegría congelada"; el miedo es, en realidad, un guardián que nos mantiene en un espacio seguro donde crecer; incluso podría decirse que el miedo es un regalo. Pero a medida que crecemos, esos miedos que en su día nos protegieron empiezan a limitarnos y nos surge el deseo de nacer. Es inevitable que eso ocurra. Confía en ti mismo ahora y seguirás confiando en ti mismo cuando tu deseo te impulse a trascender los viejos miedos para entrar en una esfera más grande y luminosa. Cuando llegue ese momento de nacimiento, no podrás detenerte.

Acabar con nuestro afán por ser buenos también implica que dar no conlleve una sensación de sacrificio o abnegación. Damos porque queremos, no porque tengamos que hacerlo. La gratitud, el reconocimiento de haber recibido y el consiguiente deseo de dar a cambio es nuestro estado innato por defecto. ¿Cómo no va a serlo cuando la vida, el aliento y el mundo son regalos, cuando incluso los frutos de nuestros esfuerzos están más allá de nuestros ardides? Vivir en el obsequio significa reunirnos con nuestra verdadera naturaleza.

A medida que te adentres en la mentalidad del obsequio, déjate guiar por tus sentimientos. Deja que tu generosidad surja de la gratitud y no del deseo de alcanzar cierto patrón de virtud. Puede que los primeros pasos sean modestos: añadir algún extra, hacer pequeños favores sin esperar recompensa alguna. Si tienes un negocio, quizá conviertas un pequeña parte de él a un modelo de obsequio. Sean cuales sean los pasos que des, sé consciente de que te estás preparando para la economía del futuro.

CAPÍTULO 22

LA COMUNIDAD Y LO INCUANTIFICABLE

La economía es extremadamente útil como forma de empleo para los economistas.

—John Kenneth Galbraith

En capítulos anteriores he descrito la desconexión y la soledad de una sociedad en la que casi todo el capital social y casi todas las relaciones se han convertido en servicios pagados, donde prácticamente todas nuestras necesidades materiales son satisfechas por desconocidos lejanos, donde siempre podemos pagarle a alguien por hacer algo, y donde el conocimiento tácito de que nadie nos es imprescindible impregna nuestros encuentros sociales, haciéndolos vacíos y dispensables. Tal es la cúspide de la civilización, el punto final a siglos de creciente afluencia: personas solitarias que viven encajonadas en un mundo de extraños, dependientes del dinero, esclavos de la deuda —e incinerando el capital natural y social del planeta para perpetuar esa situación—. Carecemos de espíritu comunitario porque la comunidad se crea a base de regalos. ¿Cómo vamos a crear una comunidad si compramos todo lo que necesitamos?

La comunidad no es algo accesorio a las demás necesidades humanas, no representa otro ingrediente más para nuestra felicidad junto con la comida, el cobijo, la música, el contacto corporal, el estímulo intelectual y demás formas de alimento físico y espiritual. La comunidad surge de satisfacer esas necesidades. No es posible crear una comunidad entre un grupo de personas que no se necesiten entre sí. Así pues, cualquier vida que busque ser independiente de las demás para colmar sus necesidades es una vida sin comunidad.

Los obsequios que forjan una comunidad no pueden ser meros gestos superficiales; tienen que satisfacer necesidades reales. Solo entonces inspiran gratitud y crean las obligaciones que vinculan a las personas. La dificultad de crear una comunidad hoy en día es que, como todo el mundo cubre sus necesidades mediante el dinero, ya no queda nada para dar. Si a una persona le regalas un producto que se vende en otra parte, o bien les estás dando dinero (al ahorrarle el gasto de comprarlo ella misma), o bien le estás dando algo que no necesita (de lo contrario, ya se lo habría comprado). Ni lo uno ni lo otro es suficiente para crear un espíritu comunitario a menos que, en el primer caso, el receptor necesite realmente el dinero. Es por ello que los pobres desarrollan lazos comunitarios mucho más fuertes que los ricos, porque tienen más necesidades a cubrir. Esta fue una de las lecciones más importantes que asimilé durante la época de pobreza que pasé tras la publicación de *The Ascent of Humanity*; por necesidad, aprendí a aceptar regalos sin miedo a la obligación. La ayuda que recibí resucitó en mí la gratitud primaria de mi infancia, la comprensión de que, para subsistir y para existir, dependo totalmente de la red de dadivosidad que me rodea. Esto también me empoderó para ser más generoso, tras haber vivido y superado la ignominia de la quiebra, perdido mi apartamento y dormido con mis hijos en salas de estar ajenas, y aprendido que recibir tal ayuda no es algo vergonzoso. Una de las posibles ventajas del difícil período económico que actualmente invade nuestra ilusión de normalidad es que podría despertar esa gratitud primaria en cada vez más personas, debido a nuestra necesidad de recibir regalos en lugar de dinero. Al igual que sucede en la infancia, los períodos de indefensión nos reconectan con el principio del obsequio. Conozco a personas que han vivido algo similar cuando se han visto indefensas a causa de una grave enfermedad.

Cuando me di cuenta de que la disolución de la comunidad se debe a la monetización de funciones que en su día formaron parte de la red de obsequios, pensé que la única manera de recuperar ese espíritu comunitario era abandonar la economía monetaria y, por extensión, el sistema económico e industrial de la producción a gran escala. Creía que para restablecer la comunidad había que volver a hacer las cosas "a la vieja usanza", es decir, sin máquinas. Si la comunidad muere cuando todas nuestras necesidades son fabricadas por desconocidos, deduje que para restaurarla era necesario volver a una producción local y, por tanto, menos tecnológica, una forma de producción que no requiera la división del trabajo a nivel global.

Pero sería insensato renunciar a todo lo que tenemos hoy con el único fin de recobrar nuestro espíritu comunitario. Y sería fútil también porque, a cierto nivel, lo percibiríamos como falso. Las necesidades que se cubrieran no serían reales sino artificiales. Resultaría engañoso decir: "Podría serrar estas tablas en una hora con una sierra de mesa, pero utilicemos una sierra manual entre dos personas porque, aunque nos cueste dos días, eso nos hará más interdependientes". La dependencia artificial no solucionaría la separación artificial de hoy. La solución no consiste en cubrir necesidades ya cubiertas de forma menos eficiente para obligarnos a ayudarnos los unos a los otros. Consiste en satisfacer las necesidades que permanecen aún insatisfechas en la actualidad.

Lo que motivará un renacimiento de la artesanía tradicional y la producción de baja tecnología no será el deseo de comunidad. El cese de subsidios ocultos para la producción centralizada y el transporte de alto consumo energético lo apoyará, pero no lo provocará. Lo que nos impulsará a retornar a la producción local será nuestro deseo de enriquecer la vida y satisfacer necesidades no colmadas —el deseo de mejorarnos—. Quienes dicen que nos veremos obligados a volver a utilizar herramientas manuales, porque el petróleo se encarecerá tanto que no tendremos otro remedio, caen en cierto tipo de fatalismo; esperan que volvamos al modo de subsistencia correcto por obligación. Pero yo creo que lo elegiremos voluntariamente. La crisis provocada por la separación nos impulsará a ello de manera cada vez más intensa, pero si de verdad deseáramos mantener este desagradable modo de vida de la producción en masa, seguramente podríamos hacerlo durante mucho tiempo, hasta que agotásemos la base misma de la biósfera. ¡El Pico del Petróleo no nos salvará! Decidiremos revitalizar la trabajosa producción a pequeña escala por ser la única forma de cubrir importantes necesidades humanas. Es la única manera de enriquecer nuestras vidas y alcanzar el Nuevo Materialismo del que hablo en el siguiente capítulo.

Y es que ese sentimiento de "no te necesito" está basado en un espejismo. Sí nos necesitamos en realidad. Aunque podamos comprar todo lo que necesitemos, no nos sentimos satisfechos; no sentimos que todas nuestras necesidades hayan sido colmadas. Nos sentimos vacíos, hambrientos. Y como ese hambre lo siente tanto el rico como el pobre, sé que debe de ser algo que no se pueda comprar con dinero. Quizá haya esperanza para la comunidad al fin y al cabo, incluso en plena sociedad monetizada. Quizá resida en esas necesidades que las mercancías no pueden satisfacer. Quizá sean justamente esas cosas que necesitamos las que más ausentes están de los frutos de la producción en masa, las que no se pueden cuantificar ni mercantilizar y que, por tanto, se hallan connaturalmente fuera del ámbito monetario.

La persona que goza de independencia económica no carece de espíritu comunitario porque sea capaz de cubrir todas sus necesidades con dinero sino porque las únicas necesidades que satisface son las que puede pagar. O, mejor dicho, intenta usar el dinero para colmar necesidades impagables. Debido a su carácter impersonal y genérico, el dinero solo puede satisfacer necesidades de esa misma índole. Puede cubrir nuestra necesidad de calorías, de tantos gramos de proteína, de tantos miligramos de vitamina C o de cualquier otro bien estandarizado y cuantificado. Pero el dinero en sí mismo no es capaz de satisfacer la necesidad de una comida deliciosa preparada con amor. El dinero sirve para cubrir la necesidad de cobijo pero, por sí mismo, no satisface la necesidad de un hogar que sea una extensión orgánica de uno mismo. Sirve para comprar prácticamente cualquier herramienta pero no la que está vinculada a la historia de quien la ha creado, una persona a la que conoces personalmente. Con dinero, se compran canciones, pero no una canción dedicada a ti en especial. Aunque contrates a un grupo para tocar en tu casa, y por mucho que le pagues, no hay garantía alguna de que te canten la canción a ti en lugar de fingir hacerlo. Si tu madre te cantaba nanas o si un amante te ha cantado canciones de amor, sabrás a qué me refiero y cuán profunda es la necesidad que satisface. A veces sucede en un concierto, cuando la banda no se limita a actuar sino que realmente toca para ese público. Cada una de esas actuaciones es única, una magia que se desvanece en la grabación. "Había que vivirlo en persona". Aunque paguemos dinero por asistir a un acto así, cuando esos músicos tocan de verdad para nosotros, recibimos más de lo que hemos pagado. No sentimos que la transacción se haya zanjado, que toda obligación esté saldada, como sucede con una transacción puramente monetaria. Sentimos una conexión duradera, porque se ha producido un acto de generosidad. Ninguna vida puede ser rica sin esas vivencias que, aun sirviéndose del vehículo monetario, no pueden pagarse con ninguna suma de dinero.

En Estados Unidos, la sociedad más monetizada que jamás ha existido en el mundo, la situación es la siguiente: algunas de nuestras necesidades están satisfechas de sobra mientras que otras se quedan, lamentablemente, insatisfechas. En las sociedades más opulentas, ingerimos demasiadas calorías al tiempo que carecemos de alimentos frescos y saludables; poseemos casas sobredimensionadas pero nos faltan espacios que plasmen realmente nuestra individualidad e interconexión; estamos rodeados de medios de comunicación y, sin embargo, anhelamos la comunicación auténtica. Se nos ofrece entretenimiento a cada segundo del día pero carecemos de la oportunidad de jugar. En el ámbito ubicuo del dinero, ansiamos todo aquello que sea íntimo, personal y único. Sabemos más de la vida de Michael Jackson, la Princesa Diana o Lindsay Lohan que sobre nuestros propios vecinos y, en consecuencia, no conocemos a nadie realmente, ni nadie nos conoce bien a nosotros.

Aquello que más necesitamos es precisamente lo que más tememos hoy en día, tal como la aventura, la intimidad o la auténtica comunicación. Evitamos mirarnos a los ojos y nos limitamos a hablar de temas fáciles. Consideramos una virtud proteger nuestra privacidad y dicreción para que nadie vea nuestros "trapos sucios", o incluso nuestros "trapos limpios": la ropa interior está mal vista, un valor que se refleja de forma extraña en la prohibición de tender la ropa afuera en gran parte de Estados Unidos. La vida se ha convertido en un asunto privado. No nos sentimos a gusto con nuestra intimidad ni con nuestras relaciones, que son dos de nuestras necesidades más insatisfechas hoy en día. El que te vean y te escuchen de verdad, que te conozcan de verdad, constituye una necesidad profunda del ser humano. Nuestra ansia de ello es tan omnipresente, forma una parte tan importante de nuestra experiencia vital, que ya no sabemos qué nos falta, al igual que un pez no sabe que está mojado. Necesitamos muchísima más intimidad de lo que suele considerarse normal. Impulsados por esa ansia constante, buscamos consuelo y sustento en los sustitutos que tenemos más a mano: la televisión, las compras, la pornografía o el consumo conspicuo —cualquier cosa para aliviar el dolor, sentirnos conectados o proyectar una imagen a fin de que se nos vea y conozca, o al menos nos veamos y conozcamos nosotros mismos—.

Como es natural, la transición a una *sacroeconomía* va acompañada de una transición psicológica. La comunidad, que en el lenguaje actual suele entenderse como proximidad o como una mera red de personas, representa una conexión mucho más profunda en realidad: significa compartir el propio ser, expandir el *yo*. Vivir en comunidad es vivir una relación personal e interdependiente, y conlleva un precio: nuestra independencia ficticia, nuestra libertad frente a la obligación. No se pueden tener las dos cosas. Si queremos comunidad, tenemos que estar dispuestos a sentirnos obligados, dependientes, atados, apegados. Daremos y recibiremos regalos que no podamos comprar en otra parte; no nos resultará fácil encontrar otra fuente. Nos necesitaremos los unos a los otros.

En este capítulo he eludido la cuestión de cuáles son exactamente esas necesidades que quedan insatisfechas en el mundo del dinero. He ofrecido varios ejemplos de cosas que satisfacen una necesidad profunda, como una canción dedicada a nosotros, un hogar que representa una extensión del ser o la comida preparada con amor. Pero, ¿cuál es el principio general? Ya se trate de necesidades de sustento material o espiritual (por ejemplo, el contacto físico, el juego, la música o el baile), ninguna de ellas está totalmente al margen del ámbito monetario. El contacto físico, las historias (en el cine, por ejemplo), la música o los videojuegos e incluso el sexo pueden comprarse. Pero cualquier cosa que adquirimos por medio de dinero puede encerrar, o no, algo incuantificable (impermeable a la monetización), y esa cosa incuantificable es la que realmente ansiamos. Cuando eso falta, lo que compramos nos parece vacío. No nos llena. Cuando eso está presente, en cambio, aunque hayamos comprado el vehículo en el que se aloja, sabemos que hemos recibido infinitamente más de lo que hemos pagado. Es decir, sabemos que hemos recibido un obsequio. El chef que se esmera especialmente por preparar un plato especial, el músico que toca de corazón y la ingeniera que diseñó minuciosamente un producto porque quería hacerlo bien no se beneficiarán directamente de sus esfuerzos adicionales. Lo hacen en el espíritu del obsequio, y nosotros lo percibimos. De ahí nuestro deseo de "felicitar al chef". Su conducta no es económica, y el actual sistema monetario basado en la competencia lo erradica. Si has trabajado alguna vez en ese sistema, sabrás lo que digo. Hablo de la incesante presión por hacer las cosas adecuadamente, sin ir más allá.

¿Qué es ese elemento adicional incuantificable que a veces viaja en el vehículo de lo comprado, convirtiéndolo en obsequio? ¿Qué es esa necesidad que sigue insatisfecha, por lo general, en la civilización moderna? En pocas palabras, la necesidad esencial que sigue sin colmarse, el anhelo fundamental que asume mil formas, es el anhelo de lo sagrado: la experiencia de singularidad e interconexión de la que hablé en la Introducción.

Los ecologistas suelen afirmar que ya no podemos permitirnos nuestro estilo de vida consumista, lo cual implica que nos gustaría hacerlo si nos lo pudiéramos permitir. Discrepo de ese supuesto. Yo creo que avanzaremos hacia un modo de vida más ecológico por una elección positiva. En lugar de pensar "lástima que tengamos que abandonar nuestras gigantescas casas porque consumen demasiada energía", dejaremos de desear esas casas porque reconoceremos y responderemos a nuestra necesidad de viviendas personales, conectadas y sagradas en comunidades unidas. Lo mismo se aplica a los demás aspectos del estilo de vida consumista de la actualidad. Lo dejaremos atrás por nuestra intolerancia al vacío y la fealdad. Estamos hambrientos de alimento espiritual, hambrientos de una vida personal e interconectada que tenga sentido. Canalizaremos nuestra energía hacia eso de forma voluntaria. Y cuando lo hagamos, volverá a emerger el espíritu de comunidad, porque ese alimento espiritual solo puede llegarnos en forma de obsequio, como parte de una red de regalos en la que participamos como dadores y receptores. Ya venga en el vehículo de algo comprado o no, es irreduciblemente personal y único.

Cuando empleo el término "espiritual", no pretendo contrastarlo con lo material. Tengo poca tolerancia para las filosofías o religiones que buscan trascender el ámbito de lo material. De hecho, la separación entre lo espiritual y lo material ha sido un factor determinante en nuestro tratamiento despiadado del mundo material. La *sacroeconomía* trata al mundo como algo más sagrado, no menos. Es más materialista que nuestra cultura actual —materialista en el sentido de cuidar y amar profundamente a nuestro mundo—. Así pues, cuando hablo de satisfacer nuestras necesidades espirituales, no me refiero a que sigamos produciendo trastos baratos y genéricos que matan al planeta mientras meditamos, rezamos y parloteamos sobre los ángeles, el espíritu y Dios. Me refiero a tratar las relaciones, la circulación y la vida material misma como cosas sagradas. Porque lo son.

CAPÍTULO 23

EL NUEVO MATERIALISMO

La aparición de vida en el espacio podría compararse con una especie de despertar, casi como si —al cobrar vida— el espacio mismo, la propia materia, despertara, y este despertar del espacio en distintos grados —en grados infinitamente variables, de hecho— es lo que reconocemos cuando vemos vida en el espacio, cuando vemos vida en los edificios, en la ladera de una montaña, en una obra de arte o en la sonrisa de un rostro humano.

—Christopher Alexander

Gran parte de este libro ha tratado del dinero, que es el tema habitual de la "economía" de hoy. Pero a un nivel más profundo la economía debería hablar de las cosas, concretamente las cosas que crea el ser humano, por qué las crea, quién tiene acceso a ellas y cómo circulan.

Cuando recorro las zonas residenciales de Estados Unidos con sus restaurantes de comida rápida, sus enormes tiendas en forma de caja y sus urbanizaciones cortadas por el mismo patrón, o cuando me fijo en la arquitectura de los modernos rascacielos y edificios de oficinas, no puedo más que asombrarme ante la fealdad de todo ello. En contraste con el encanto y la intensa vitalidad de o que están impregnados los objetos y las estructuras antiguos, el nuestro es un mundo profundamente empobrecido. Me asombro con indignación, al borde de la ira, de que podamos vivir en un mundo tan feo tras miles de años de avances tecnológicos. ¿Somos tan pobres que no podemos permitirnos nada mejor? ¿De qué ha servido tanto sacrificio y tanta destrucción si somos más pobres que un campesino medieval en cuanto a los aspectos más bellos y singulares de la vida? Cuando observo los artefactos de tiempos pasados, me impresiona su vitalidad, la intensa calidad de vida que encierran. Por lo contrario, casi todo lo que usamos hoy, aunque sea caro, es barato, huele a falsedad, a indiferencia y a venta.

Comencemos por el ejemplo de los edificios y apliquémoslo a otros objetos artificiales. Nuestras construcciones se dividen, por lo general, en dos tipos. El primero es descaradamente utilitario: almacenes, supermercados, tiendas, etc., cuyo propósito es cumplir una función de la manera más económica posible, sin ninguna consideración estética. En el segundo tipo de construcción sí se procura incorporar elementos estéticos, pero o bien son añadidos intrascendentes a la funcionalidad del edificio, como los arcos que adornan la entrada de una casa suburbana sin ningún fin estructural, o sacrifican directamente dicha funcionalidad.

Estos dos tipos de edificios corresponden a dos ideas tremendamente erróneas sobre la belleza. La primera es que la belleza es un derivado de la devoción a la utilidad y la eficiencia práctica. El arquitecto Christopher Alexander lo expresaba así:

Debido a nuestra perspectiva del siglo XX, que aún prevalece, los estudiantes están convencidos de que "la belleza" surge como *resultado* de la eficiencia práctica. Es decir, si construyes algo práctico y eficiente, será *automáticamente* bello. ¡La forma sigue a la función! … Los estudiantes —a menudo los más racionales e inteligentes— tienen una devoción casi moralista en su deseo de demostrar que las cosas bellas tienen que haber sido producto del pensamiento puramente funcional.[1]

Los entornos de construcción moderna suelen demostrar que no es así, que la búsqueda de la eficiencia no deviene necesariamente en belleza. Sin embargo, tampoco es cierto que la belleza sea irrelevante a la eficiencia funcional, tal como implican los adornos aparentemente artificiales de muchos edificios contemporáneos. Y esa es la segunda idea errónea sobre la belleza: que se trata de algo adicional, algo distinto de la función. De ahí que diferenciemos entre lo estético y lo práctico, entre las bellas artes y las artes aplicadas. El arte, como la mente y el espíritu, se convierte en un ámbito exclusivo que no debe mancillarse con preocupaciones de carácter práctico. Por eso el mundo del arte no congenia bien con el del comercio, sobre todo con ese epítome de lo mundano: el dinero.

El primer concepto erróneo sobre la belleza corresponde a la visión cartesiana del mundo de la ciencia; el segundo, a esa visión cartesiana de la religión. El primero implica la creencia de que la belleza, la vida y el alma son propiedades secundarias, epifenómenos que, al no poder medirse, son irreales. Si se despedaza un organismo, lo único que se encuentra es un montón de materia, variedad de elementos, un poco de carbón, un poco de nitrógeno, un poco de fósforo…. ¿Y dónde está ese elemento que llamamos vida o espíritu? La mentalidad de la religión, por otra parte, parece contradecir la de la ciencia al afirmar que el espíritu es un ingrediente real de la vida que la ciencia no ve. Pero a nivel más profundo las dos visiones concuerdan en que el espíritu no es inherente a la

---

1. Alexander, *The Nature of Order* (La naturaleza del orden), 423.

materia sino que ocupa una esfera aparte, un ámbito no material. Y ambas coinciden en que, *si* el espíritu de la vida existe, es algo separado de la materia, un elemento adicional. Una mentalidad paralela ve la belleza como un ingrediente extra que se halla por encima de la funcionalidad.

Así pues, incluso aquellos objetos contemporáneos que pretenden ser bonitos y funcionales a la vez suelen rezumar cierta falta de autenticidad; su belleza, aunque vistosa, parece afectada y superficial. La verdadera belleza, que yo denominaría vida o alma, llega hasta el fondo del objeto y es inseparable de su utilidad, no secundaria a la perfección de su función. La verdadera belleza evoca la sensación paradójica de que el objeto es más hermoso de lo necesario, pero no podía ser de otro modo. Eso es exactamente lo que siento cuando contemplo la belleza de una célula o un atardecer o el objeto matemático conocido como el conjunto de Mandelbrot. Tal belleza, tal orden nacido del caos, no tiene razón de ser, –parece un regalo maravilloso pero innecesario–. El planeta seguiría girando aunque los atardeceres fueran feos o aunque las frambuesas no fueran tan deliciosas, ¿no es cierto? Y sin embargo, ninguna de esas cosas podría ser de otra manera.

No es que centrarse en la funcionalidad traiga consigo la belleza; es que los principios creativos y el espíritu creativo que se dedican a la elaboración de algo bello son los mismos que se dedican a su funcionalidad. Parten de la intención de crear algo lo mejor posible. Iba a emplear la palabra *perfecto* aquí, pero ese término conlleva connotaciones de exactitud y regularidad absoluta que poco tienen que ver con la belleza, la vida o el alma y, de hecho, eliminan el alma de un objeto. Así pues, digamos que la intención es ser un sirviente perfectamente fiel a la creación que nace a través de nosotros.

La búsqueda de la utilidad y la belleza integradas en un todo revela que los mismos principios subyacen frecuentemente a ambos valores. Christopher Alexander expone quince de esos principios en su profundo libro *The Nature of Order* (La naturaleza del orden), propiedades fundamentales que caracterizan tanto a los sistemas naturales como a las obras de arte y arquitectura sublimes, propiedades que incluyen niveles de escalas, centros como campos, espacio positivo, simetrías locales, profunda intercomunicación y ambigüedad, límites, dureza y variación gradual, entre otras. Pero la clave de su concepción de la integridad, el orden y la vida es el concepto de los centros: entes que, como los elementos, conforman un todo pero que, a diferencia de los elementos, son también creados por esa totalidad.[2] "El todo está hecho de partes; las partes son creadas por el todo". Cualquier cosa que posea la cualidad de estar viva estará compuesta de centros dentro de otros centros dentro de otros centros y de totalidades dentro de otras totalidades, según lo cual cada uno de ellos crea a todos los demás.

El ser humano no es ninguna excepción. Al igual que la sociedad está integrada por seres humanos, el ser humano es producto de la sociedad. Recordemos la verdad del ser interconectado: *somos nuestras relaciones*. Si nos adentramos en el siguiente nivel, podríamos decir lo mismo de la relación entre nosotros y nuestros órganos. Se trata de una verdad universal de la vida. Una economía viva, sagrada, que represente una extensión de la ecología, debe poseer las mismas propiedades. Y cada objeto de esa economía, cada objeto que el ser humano crea y hace circular, debe encarnar

---

2. De hecho, incluso los elementos físicos, lejos de ser piezas individuales de la materia, son creados ellos mismos por el todo al tiempo que crean ese todo. Un electrón solo existe en relación. Este es un principio universal y cuando lo negamos el resultado es la fealdad.

la conexión con todo lo que le rodea. Nuestra economía actual es una economía de la separación: productos estándar que no guardan relación alguna con el usuario individual, edificios que no guardan relación con la tierra que ocupan, comercios sin ningún lazo con la producción local, y productos fabricados sin conciencia de sus efectos sobre la naturaleza y las personas. Ninguna de estas cosas puede ser bella, viva o íntegra.

Aunque describamos sus propiedades, la belleza, la vida o el alma no puede reducirse a una fórmula. Puede hallarse en la sencillez, como en los muebles estilo Shaker, o en lo ornamentado, como sucede con el Masjid-i-Shah o la Tumba de Mevlana. Alexander ofrece algunas pistas potentes para reconocerlo. Al comparar objetos, podemos preguntarnos: ¿Cuál de ellos tiene más vida? ¿Cuál refleja mejor mi ser? ¿Este objeto me hace sentir que mi humanidad se expande o se contrae?

Por consiguiente, para crear objetos con alma para un mundo rico y hermoso, debemos imbuirlos de nuestro ser, de vida y de humanidad; es decir, debemos imbuirlos de nosotros mismos. Independientemente del sistema monetario que tengamos, si no induce a este tipo de proceso creativo ni lo permite, no estaremos viviendo en una economía sagrada. De modo similar, al fomentar en nosotros mismos la comprensión de que lo sagrado es inherente a lo material, y alineando nuestro trabajo con esa cualidad sagrada, establecemos los cimientos sociales y psíquicos de una economía en la que creamos cosas y prestamos servicios cada vez más hermosos, personales, vivos y llenos de alma.

La búsqueda de este tipo de riqueza no ha sido prioritaria para ninguna facción del espectro ideológico durante siglos. Los socialistas del siglo XX, por ejemplo, rechazaron cualquier cursilería o indulgencia que no propugnara un bienestar material mesurable, decantándose por el mero utilitarismo de la eficiencia racional en su gran proyecto de maximizar la producción a fin de proporcionar abundantes bienes baratos a las masas. La misma austeridad que se esperaba del camarada socialista se espera del activista progresista de hoy: que prescinda de la buena vida en busca de ideales altruistas. Y el capitalismo convencional no es muy distinto: ha recreado y perfeccionado los esperpénticos edificios y objetos funcionales del socialismo. Recuerdo que de niño oía hablar de los horrores de la vida en la Unión Soviética. Se decía que solo había un tipo de comercio, un dispensario gigantesco sin ventanas donde trabajaban funcionarios apáticos y malhumorados que vendían productos genéricos de baja calidad. Suena muy parecido a Wal-Mart. Ah, y los padres estaban obligados a enviar a sus hijos pequeños (a partir de los dos años) a una guardería estatal –se había abolido hasta el cuidado parental–. Hoy en día, sucede prácticamente lo mismo, aunque las exigencias económicas han sustituido a la imposición estatal. En cualquier caso, hemos creado un mundo material desprovisto de alma, que carece de vida e incluso la destruye. ¿Y para qué todo esto? Para lograr la eficiencia, el gran proyecto de maximizar la producción de bienes y, detrás de eso, la dominación y el control de la vida. Esto iba a ser el paraíso de la tecnología, la vida bajo control, pero finalmente vemos lo que es en realidad: el centro comercial, la cajera robótica, el parking interminable, y la exterminación de lo salvaje, lo vivo, lo caótico y lo sagrado.

Un objeto sagrado encarna algo del infinito. Es, por tanto, intrínsecamente antitético a la mercancía, que se define por una lista finita de especificaciones medibles. Y, como hemos visto, la homogeneidad del dinero induce lo mismo en todo lo que toca, arrastrándolo todo al ámbito mercantil. Así pues, la reducción del ámbito monetario que he descrito en el Capítulo 14 encierra la posibilidad de liberar cada vez más cosas de las cadenas mercantiles. A fin de cuentas, tenemos un exceso de bienes manufacturados, como consecuencia de la producción estandarizada a gran escala y la eficiencia que esta conlleva. Nuestra tremenda sobrecapacidad indica que no necesitamos tanta eficiencia ni tanta producción en masa. Atrapados por la locura del dinero ligado al crecimiento, producimos más y más objetos baratos, feos e innecesarios de forma compulsiva al tiempo que sufrimos una carencia de cosas bellas, únicas, personales y vivas. Esa carencia provoca, a su vez, el consumo continuado, el afán desesperado por llenar al vacío que nos deja un entorno material desprovisto de cualquier lazo afectivo.

Al referirme a este tema en el Capítulo 2, escribí: "El bajo precio de nuestros bienes forma parte de su devaluación, nos sume en un mundo barato donde todo es genérico y prescindible". Hace mucho tiempo que venimos cuidando cada vez menos de nuestros bienes. En los países ricos ni siquiera nos molestamos en reparar la mayoría de los objetos dado que suele resultar más barato comprarse uno nuevo. Sin embargo, estos bajos precios son, en gran parte, una consecuencia ilusoria de la externalización de costos. Cuando tengamos que pagar el verdadero precio de la explotación de los regalos de la naturaleza, valoraremos más los materiales, y la lógica económica reafirmará, en lugar de contradecir, el deseo de nuestro corazón de tratar al mundo con reverencia y de utilizar bien los regalos de la naturaleza que recibamos.

En resumidas cuentas, la *sacroeconomía* forma parte de la curación de la disyuntiva espíritu/materia, humano/naturaleza y arte/ trabajo que ha definido a nuestra civilización durante miles de años, y la sigue definiendo cada vez más. En nuestro viaje de separación, hemos desarrollado herramientas tecnológicas y culturales asombrosamente creativas que nunca habrían existido si no nos hubiésemos desviado de nuestra integridad original. Ahora nos toca recuperar esa integridad y llevarla a un nuevo plano. Mediante la nanotecnología y las redes sociales podemos crear cosas que contengan la misma vitalidad, belleza y alma que creaban los antiguos maestros con azuelas y canciones.[3] No nos conformemos con nada menos. ¿Para qué se sacrificaron nuestros antepasados si no es para crear un mundo hermoso?

Nacimos como creadores; estamos aquí para alcanzar la exuberante expresión de nuestros dones. La conexión subyacente entre la belleza y la funcionalidad sugiere una armonía paralela entre la subsistencia y la expresión de nuestros dones. La antigua división entre ganarse la vida y ser artista se desmoronará, y ya se está desmoronando. Ya somos muchos los que rechazamos esa división. No habrá ningún objeto demasiado insignificante para merecer nuestro cuidado, nuestra reverencia y nuestro esfuerzo por corregir esa división. Procuraremos (y ya lo hacemos) integrar las cosas en un todo. Todos los movimientos que he descrito en este libro nos llevan hacia un mundo así de hermoso. El dividendo social, la internalización de costos, el decrecimiento, la abundancia y la economía del obsequio, todo ello nos aparta de la mentalidad de lucha por la supervivencia y de la eficiencia utilitaria, para aproximarnos a nuestro verdadero estado de gratitud, de reverencia por lo que hemos recibido y de deseo de regalar nuestros dones en igual o mayor medida. Ansiamos dejar el mundo con un aspecto más hermoso del que tenía cuando llegamos.

¿Cuán bella puede ser la vida? Apenas osamos imaginarlo. Yo lo vislumbré por primera vez a los 19 años cuando visité el Museo del

---

3. No digo que debamos dejar de usar azuelas o canciones sino que el espectro total de nuestra tecnología debería canalizarse hacia el enriquecimiento de la vida espiritual.

Palacio Nacional de Taiwán. Contiene objetos que, de no haberlos visto con mis propios ojos, no hubiera creído que existían. Recuerdo especialmente una tetera, la tetera del emperador, un objeto de tal belleza y perfección que parecía albergar el alma de un dios. La verdadera riqueza sería que todos viviéramos rodeados de objetos así, objetos hechos por maestros en la plenitud de su genio. No creo que tal maestría solo esté al alcance de unos pocos; más bien creo que el motivo por el que tan pocos alcanzan esa maestría es por la tremenda supresión de nuestros dones. Pero, afortunadamente, disponemos del registro del pasado para recordarnos lo que es posible. Cuando veo grandes obras como aquella tetera, pienso que el tipo de persona que lo hizo ya no existe. Objetos de esa índole escapan a la capacidad de cualquier ser humano de esta época degenerada. No obstante, el potencial pervive en nuestra humanidad, y estamos de camino a recobrarlo.

Christopher Alexander cuenta un relato de su visita al templo Tofuku-ji en Japón, una obra maestra de la arquitectura, donde sube un tramo de escaleras de piedra que se estrecha entre dos setos y se detiene para sentarse en el escalón superior, un lugar perfecto, sereno y con una suave brisa donde descansar tras su larga subida. Una libélula azul se posa a su lado y lo describe así:

> De pronto tuve la certeza de que las personas que habían construido ese lugar habían hecho todo eso a propósito. Por muy extraño o improbable que suene hoy que lo vuelvo a contar, estaba seguro de que habían creado aquel lugar sabiendo que esa libélula azul iba a venir a posarse a mi lado. Sin importar cómo suene ahora, en el momento que ocurrió, mientras estaba yo sentado en aquel escalón, no me cabía ninguna duda de que los diseñadores de ese lugar poseían un nivel de destreza que

yo jamás había experimentado. Recuerdo que temblé al darme cuenta de mi propia ignorancia. Percibí la existencia de un nivel de habilidad y de conocimiento más allá de cualquier cosa que yo hubiera visto hasta entonces.[4]

Semejante habilidad, que trasciende lo que consideramos posible, sigue latente en todos nosotros hoy en día. El gran proyecto de la humanidad consiste en recuperarla y construir un mundo con ella.

---

4. Alexander, *The Nature of Order* (La naturaleza del orden), 437.

CAPÍTULO 24

CONCLUSIÓN: ESE MUNDO MÁS BELLO QUE INTUIMOS QUE ES POSIBLE

Es posible que, cuando ya no sepamos qué hacer, hayamos hallado nuestro verdadero trabajo y, cuando ya no sepamos qué camino tomar, hayamos iniciado nuestro verdadero viaje. La mente que no está desconcertada no está siendo empleada. El flujo obstruido es el que canta.

—Wendell Berry

En la Introducción, al dedicar mi obra al "mundo más bello que el corazón nos dice que es posible", hablé de la resistencia de la mente a la posibilidad de un mundo muy diferente del conocido hasta ahora. Durante muchos siglos y milenios nos hemos acostumbrado a un mundo de gran (y creciente) desigualdad, violencia, fealdad y lucha. Tan habituados estamos, que olvidamos que haya existido cualquier otra cosa. A veces, una excursión a la naturaleza virgen, a una cultura tradicional o a la riqueza sensorial que se oculta tras el empobrecido mundo actual nos recuerda lo que se ha perdido, y ese recuerdo duele, hurga en la herida de la Separación. Tales experiencias nos muestran, al menos, lo que es posible, lo que ha existido y puede existir, pero no nos enseñan cómo crear un mundo así. Enfrentada a los enormes poderes que han confluido para preservar el *statu quo*, nuestra mente se angustia y se acobarda. Los destellos de un mundo más bello que vemos en la naturaleza, en las reuniones especiales, en los festivales de música, en las ceremonias, en el amor y en el juego resultan aún más descorazonadores cuando creemos que no son más que breves respiros de este mundo mercantilizado que nos exprime el alma y en el que nos hemos acostumbrado a vivir.

Uno de los principales objetivos de este libro ha sido conjugar la lógica de la mente con la sabiduría del corazón: iluminar no solo lo que es posible sino también cómo llegar ahí. Cuando uso la palabra posible, no me refiero a "quizá", en el sentido de que podría llegar a suceder con mucha suerte. Me refiero a posible en el sentido de autodeterminación, a un mundo más bello como algo que somos capaces crear. Ya he dado muchas pruebas de que es posible: el inevitable fin de un sistema monetario que depende del crecimiento exponencial, un cambio de conciencia hacia un yo interconectado que mantiene una relación cocreativa con la Tierra, así como las numerosas formas en las que ya están emergiendo las piezas necesarias para una *sacroeconomía*. Esto es algo que somos capaces de crear. Podemos hacerlo, y ya lo estamos haciendo. En vista del nivel de maldad y fealdad del mundo actual, que es atribuible al dinero, ¿te imaginas cómo será el mundo cuando el dinero haya sido trasformado?

Yo no puedo imaginarlo, al menos no del todo, aunque a veces tengo visiones de ello que me dejan sin aliento. Quizá no sea que no pueda imaginarlo; quizá es que no me atrevo a hacerlo. La visión de un mundo realmente sagrado, de una economía sagrada, pone de manifiesto la magnitud de nuestro sufrimiento presente. Pero contaré lo que he visualizado, incluso los aspectos más especulativos, ingenuos, imprácticos y fantasiosos. Espero que expresar esto no perjudique la credibilidad que haya podido ganarme al presentar los conceptos de la *sacroeconomía* de forma coherente y lógica.

En este libro he ofrecido muchos otros ejemplos que demuestran que la *sacroeconomía* que describo no solo es posible sino que, de hecho, ya empieza a emerger. Aunque las viejas costumbres siguen prevaleciendo, están desmoronándose a un ritmo acelerado. He escrito este libro entre la primera etapa de este Gran Desmoronamiento (la crisis financiera de 2008) y la segunda, que imagino que comenzará dentro de uno o dos años. Nadie puede predecir cómo se manifestará. Dependiendo de los acontecimientos geopolíticos e incluso de los desastres naturales, el viejo régimen podría mantener una apariencia de normalidad durante unos cuantos años más. Pero nos aproximamos al fin de la Era de la Usura, el fin del Relato del Ascenso, el fin de la Era de la Separación. El nacimiento de una nueva era, –la iniciación a la edad adulta de la raza humana–, podría ser un tanto caótico. Seguramente irá acompañado de los habituales efectos del colapso económico (el fascismo, la agitación social y la guerra), pero yo creo que esta época de oscuridad será (a grandes rasgos) mucho más corta y leve de lo que uno podría esperar.

¡Lo creo a causa de todas las personas bien informadas con las que me encuentro constantemente! Los humanos hemos aprendido mucho a lo largo del último medio siglo, y nuestra conciencia ha llegado a un punto crucial en su desarrollo. Sucederá lo mismo que con la trasformación a nivel personal. Al realizar la transición hacia una nueva forma de ser, quizá regresemos alguna vez a la antigua para intentar acomodarnos de nuevo en el vientre materno; pero, cuando lo hagamos, veremos que ya no cabemos en él, y el estado que habitamos durante años se volverá intolerable en cuestión de semanas o días. Eso mismo le sucederá al conjunto de la humanidad: unos pocos años de oscuridad y turbulencia. Esta fase de transición acelerada podría corresponder a aquello sobre lo que especulé anteriormente: una sucesión rápida de mini-eras que pondría punto final a los millones de años de la edad de las herramientas, los cientos de miles de la edad del fuego, las decenas de miles de la edad de la cultura simbólica, la milenaria edad de la agricultura, la centenaria edad de la máquina y la decenaria edad de la información. La singularidad está muy cerca, seguida de una transición cualitativamente más profunda que cualquiera anterior.

Ahora que he entrado en el dominio de la especulación, me gustaría describir algunos aspectos más de la *sacroeconomía* que creo que se desarrollarán a lo largo de los próximos dos siglos. En este libro, he plasmado los avances que creo que podemos realizar en los próximos veinte años, y en los próximos cinco en ciertos casos. ¿Pero qué pasa con los próximos doscientos? (Estoy siendo cauteloso; ¡quizá debería pensar en grande!)

Una consecuencia de la no acumulación de regalos y del carácter social de su reparto desinteresado que se observa en las culturas del obsequio es que la riqueza tiende a ser públicamente transparente. Todo el mundo sabe quién le ha dado qué a quién, cuánto tiene cada uno, quién acapara y quién es generoso. Traducido a la dinámica monetaria moderna, esto sugiere que todas las reservas y transacciones monetarias deberían ser también públicamente transparentes. Con el advenimiento del dinero, la riqueza se vio infectada por un nuevo secretismo que era imposible hasta entonces. Cuando "riqueza" significaba tierras, ovejas y ganado, no había manera de ocultarla ni, por tanto, de eludir las expectativas sociales a las que debía responder. El dinero, en cambio, puede guardarse en un sótano, bajo tierra o en cuentas bancarias numeradas; puede mantenerse en secreto y privado. Para deshacer los efectos negativos del dinero, esta característica debe desaparecer.

La transición del dinero en efectivo a la moneda electrónica lo hace viable pero, evidentemente, suscita el fantasma del control totalitario. ¿Queremos que el gobierno pueda vigilar cada transacción, como parte del programa Conocimiento Total de la Información? Probablemente no, a menos que el gobierno también ponga sus gastos a la vista del público. No vale que las actividades económicas de algunas personas e instituciones sean públicas y las de otros secretas. Las cuentas deben ser universalmente transparentes.

Resulta obvio que un sistema que pusiera a disposición del público cada transacción y balance de contabilidad cambiaría radicalmente la práctica empresarial. Si has tenido un negocio alguna vez, ¡imagina que todos tus clientes, proveedores y competidores conocieran tus verdaderos costos! Sin embargo, la transparencia monetaria encaja de forma natural con los modelos de negocio inspirados en la cultura del obsequio a los que me referí en el Capítulo 21, que implican revelar abiertamente los costos y exhortar a hacer donativos adicionales. Ya nadie podría mentir acerca de sus costos para aprovecharse de la falta de información de la otra parte.

A muchos les resultaría de lo más amenazante la idea de perder su privacidad económica. Dado que el dinero está tan ligado a nuestro ser hoy en día, nos sentiríamos expuestos a la envidia y a las críticas, y vulnerables a la extorsión delictiva y a las exigencias de familiares inoportunos. Pero en un contexto distinto, la transparencia económica forma parte de una manera de ser abierta, confiada, libre y generosa –una persona sin nada que temer, que se siente a gusto en la sociedad–. Es más, la transparencia económica dificultaría numerosos tipos de actos delictivos.

Al igual que sucede con otros desarrollos de la *sacroeconomía*, hay señales de que ya avanzamos en esta dirección, no solo mediante la digitalización de la moneda sino también con las nuevas "monedas sociales" de diversos sistemas de evaluación online que son, por su propia naturaleza, públicos. En definitiva, el dinero es un símbolo de gratitud de la sociedad por nuestros dones, así que resulta apropiado que los símbolos mismos sean públicos también.

Otra característica fundamental del dinero tal y como lo conocemos es su homogeneidad: cualquier dólar es igual a otro. Debido a ello, el dinero no va unido a ninguna historia, a ninguna narrativa. Además de homogeneizar todo lo que toca, este rasgo del dinero lo desconecta del mundo material y social. Antiguamente los regalos eran objetos únicos que portaban relatos. En las ceremonias de entrega de obsequios, era frecuente contar toda la historia del regalo en cuestión (y seguimos haciéndolo hoy de forma instintiva; queremos contar dónde lo compramos o que la abuela lo recibió como regalo de bodas). La homogeneidad y el anonimato del dinero (mis dólares son iguales que los tuyos) lo hacen incompatible con los principios del obsequio así como con los dos rasgos sagrados que cité en la introducción: la singularidad y la interconexión.

Así pues, preveo que el dinero acabe por perder su homogeneidad para adquirir la capacidad de portar su propia historia. Gracias al dinero electrónico transparente, podría haber una base de datos digital donde quedara registrada cada transacción que se ha realizado con un dólar en concreto. De ese modo, al hacer una compra, podríamos decidir si usar el dinero de nuestro sueldo o el que nos ha regalado una amiga; aunque se encontrara en la misma cuenta bancaria, sería un dinero diferente. Con ello, se haría realidad la intuición infantil de que el banco guarda "nuestro dinero" y nos devuelve esos mismos billetes físicos cuando lo retiramos de la cuenta. (Este sistema no interferiría con la creación de crédito;

el dinero podría nacer, circular durante un tiempo y morir igualmente).

La historia de la civilización, una historia de creciente separación y su inminente trascendencia en una larga era de reencuentro progresivo, es también un viaje de la abundancia original a la escasez extrema, y de vuelta hacia la abundancia con un mayor nivel de complejidad. He hablado aquí acerca de la economía de la abundancia que está surgiendo en los medios digitales, gracias a la desintermediación y la caída en picado de los costos marginales de la producción de "contenidos". A largo plazo, esta economía de la abundancia, cuya escala sigue siendo limitada, se convertirá en un modelo para nuevas esferas de abundancia. Una de ellas será el sector energético, cumpliendo así los sueños de los visionarios de la era atómica que previeron energía "demasiado barata para medirse".

Actualmente parece que nos enfrentamos a lo contrario debido a la menguante oferta de petróleo junto con la reducida capacidad de la Tierra para absorber las emisiones de los combustibles fósiles. A corto plazo, podría darse una abundancia de energía gracias a reconocidas fuentes sostenibles como las tecnologías fotovoltaica, eólica y de conservación, pero cuando la humanidad se adentre en el verdadero espíritu de abundancia, creo que aparecerán nuevas fuentes de energía más allá del alcance de la ciencia convencional de hoy. Estas serán producto, no del continuo avance de la tecnología, sino de un cambio de percepción. De hecho, las tecnologías de "energía libre" existen desde hace al menos un siglo, remontándose al trabajo de Nikola Tesla.[1] Hoy existen al menos

---

1. Resulta significativo que, cuando J. P. Morgan retiró la financiación para el proyecto de transmisión de energía inalámbrica de Tesla (que, según Tesla, habría proporcionado energía prácticamente ilimitada), no puso en *(sigue en la pág. siguiente)*

cinco o diez tecnologías energéticas distintas que parecen violar la segunda ley de la termodinámica y, si estudias ese campo, te encontrarás con una sórdida historia de investigaciones confiscadas, carreras profesionales destruidas e incluso misteriosas muertes de investigadores. Ya haya habido (o haya aún) una conspiración activa por mantener la escasez de energía o no, la humanidad no ha estado preparada, en cierto sentido, para la abundancia de recursos energéticos y es probable que no lo esté durante algunas décadas más, hasta que nos hayamos adentrado a fondo en el espíritu del obsequio. Cuando J. P. Morgan destruyó la carrera de Tesla, pudo haber sucedido lo mismo que sucedió en los sectores discográfico y cinematográfico más recientemente: un intento de mantener la escasez artificial por motivos de lucro. Pero tal vez entraron en juego fuerzas mayores; quizá Morgan sabía en su fuero interno que la humanidad no estaba preparada para el regalo de Tesla. En cualquier caso, los paradigmas que nos gobiernan, arraigados en la separación y la escasez, son constitucionalmente incapaces de incluir las tecnologías de energía libre, que se descartan como inviables, fraudulentas o estrafalarias.

Si nuestra experiencia de lo externo refleja en cierto modo nuestra psicología, es posible que el surgimiento de la abundancia energética para la humanidad esté aguardando la llegada de un inventor que, renunciando a cualquier esperanza de patentar y lucrarse de su invento, lo lance al dominio público. De ese modo se atajarían las habituales acusaciones de charlatanería y la confis-

---

1. *(viene de la pág. anterior)* tela de juicio sus fundamentos científicos. No suscitó la menor duda de que el invento funcionaría, pero lo rechazó porque no vio la manera de sacarle beneficio económico. "Si no puedo medirlo, no puedo venderlo", declaró. Los primeros inventos de Tesla, tales como la corriente alterna, sí fueron adoptados con entusiasmo por los poderes financieros ya que encajan en la economía de la escasez y en la mentalidad de control.

cación de patentes por parte del Departamento de Defensa. ¿Puede uno esperar reunir y poseer lo que es, en esencia, un regalo del universo?

No creo que la tecnología vaya a salvar a la humanidad. Mucha gente que ha leído mis escritos me ha preguntado si conozco el Venus Project, un movimiento que parte de la misma concepción básica sobre el problema del sistema monetario actual. Aunque me identifico con su punto de vista en lo esencial , me parece que este proyecto se deja llevar por la misma utopía tecnológica que nos ha llenado de esperanza ingenua desde la era del carbón. De hecho, tal como explico en el Capítulo 2, la abundancia siempre ha estado a nuestro alcance. Lo que engendra escasez no son nuestros medios sino nuestras percepciones.

Lo expresaré de forma poética. Al final del Capítulo 11 lo escribí:

> Existe una corriente en la tradición espiritual que dice que nosotros también devolvemos algo al sol y que, de hecho, el sol sigue brillando a causa de nuestra gratitud. Los ancestrales ritos de adoración al sol no se realizaban solo para dar le las gracias sino también para hacer que siguiera brillando. La energía solar es la luz del amor terrenal que se refleja de vuelta hacia nosotros. Aquí, de nuevo, entra en juego el ciclo del obsequio.

A medida que nos adentremos en la mentalidad de la abundancia y en la generosidad del ser interconectado, el ser que conecta el *yo* y el *tú* por medio del amor, ¿es posible que el sol llegue a brillar con más fuerza? ¿Es posible que nuevos "soles" —nuevas fuentes de generosidad infinita del universo— se nos hagan accesibles como reflejo de nuestro amor? Nacemos con gratitud; es nuestra respuesta primordial al regalo de la vida misma. Al vivir desde esa gratitud, lo cual implica vivir en el espíritu del obsequio, y a medida que ampliemos los canales de generosidad, es inevitable que aumente también el flujo de regalos hacia adentro.

Tras la energía, ¿quién sabe en qué otros ámbitos expresaremos la abundancia fundamental del universo? ¿La materia? ¿El tiempo? ¿La conciencia? Lo único que sé es que los humanos apenas hemos comenzado a descubrir nuestros dones y a canalizarlos hacia propósitos hermosos. Somos capaces de hacer milagros, algo positivo teniendo en cuenta que el actual estado del planeta los necesita.

No puedo predecir cómo se manifestará la Era del Reencuentro en tiempo lineal, pero sí sé que antes del fin de nuestra vida mi generación vivirá en un mundo inimaginablemente más bello que el mundo en el que nacimos. Será un mundo que irá mejorando palpablemente año tras año. Reforestaremos las islas griegas, deforestadas hace más de dos mil años. Recuperaremos el Desierto del Sahara para que vuelva a ser la frondosa pradera de antaño. Las cárceles dejarán de existir y la violencia será una rareza. El trabajo consistirá en "¿cómo ofrezco mis dones de la mejor manera posible?", en lugar de "¿cómo me gano la vida?". La experiencia de cruzar una frontera nacional será la de una bienvenida, y no la de un interrogatorio. Apenas existirán las minas y las canteras ya que aprovecharemos la enorme acumulación de materiales de la era industrial. Viviremos en viviendas que serán extensiones de nosotros mismos, comeremos alimentos cultivados por personas que nos conocen y utilizaremos artículos hechos por gente en pleno uso de sus talentos. Viviremos en una intimidad y una colectividad cuyo grado de riqueza apenas existe hoy pero que, gracias al anhelo de nuestro corazón, sabemos que debe existir. Y los ruidos más altos que oiremos serán casi siempre los sonidos de la naturaleza y las risas de los niños.

¿Fantasioso? La mente teme esperar algo demasiado bueno. Si esta descripción provoca ira, desesperación o tristeza, es que ha tocado nuestra herida común, la herida de la separación. Sin embargo, el conocimiento de lo que es posible reside en el interior de cada uno de nosotros, y es un fuego imposible de apagar. Confiemos en ese conocimiento, apoyémonos mutuamente y organicemos nuestras vidas en torno a él. ¿Acaso existe alguna otra alternativa ahora que el viejo mundo se desmorona? ¿Debemos conformarnos con menos que un mundo sagrado?

APÉNDICE
Dinero cuántico y la cuestión de la reserva

¿Qué es el dinero? En este libro he jugado con distintas definiciones: medio de cambio, depósito de valor y unidad de cuenta; relato o acuerdo; símbolo de gratitud; talismán ritual para la canalización de la creatividad humana. Todas estas definiciones son útiles, dependiendo del enfoque con el que intentemos comprender el dinero. En definitiva, la convicción de que el dinero es algo, algo objetivo y separado en un universo de muchos otros objetos objetivos y separados, es una convicción falsa, y forma parte del Relato de Separación que toca a su fin en nuestros tiempos.

Por eso me decanto por un enfoque más fluido y "multi-jetivo" para entender el dinero. El método de comprensión axiomático, que basa sus razonamientos en definiciones previas, suele resultar incompleto. Crea un sistema internamente coherente e intelectualmente tranquilizador que, no obstante, omite importantes verdades. Esto es lo que siempre ocurre con el fundamentalismo, ya sea religioso o económico.

Así pues, nos convendría ser muy cautelosos a la hora de aceptar cualquier afirmación autoritativa respecto a qué es el dinero y, por extensión, cómo se crea o debe ser creado. En numerosas ocasiones he pensado que había comprendido por fin lo que es el dinero, pero luego me he topado con nuevas contradicciones, a veces sutiles y a veces flagrantes, que me demostraron que, como en la lógica de Gödel, el ámbito de la verdad es siempre más grande que el marco teórico que utilizo para comprenderla.

Ninguna de las revelaciones sobre "qué es el dinero *en realidad*" eran erróneas, pero sí parciales, útiles tan solo para ciertos tipos de razonamientos. Esto es lo que sucede incluso con la nueva comprensión sobre el dinero que se propaga entre las mentes vanguardistas: que el dinero de hoy es puro crédito, algo que los bancos crean de la nada –mediante una entrada de contabilidad– cada vez que conceden un préstamo. Pero si se analiza en detalle, esta definición se derrumba. Me gustaría ahondar en estas sutilezas del dinero y el crédito para que mi visión de la *sacroeconomía* no arrastre consigo los inevitables defectos que conlleva cualquier variedad de fundamentalismo monetario. Algunas conclusiones inmediatas y, para mí, sorprendentes se centran en el tema de los requisitos de reserva bancaria. ¿Reserva fraccional, total o nula? Cada una de esas posturas cuenta con sus defensores expertos y brillantes. Pero, como veremos, gran parte de ese debate se basa en premisas falsas (o, al menos, condicionalmente ciertas).

En primer lugar, consideremos la equiparación del dinero con el crédito, tal y como se explica en un sinfín de publicaciones actuales, desde las películas de *Zeitgeist* hasta el *Crash Course* (cursillo intensivo) de Chris Martenson sobre el propio manual de la Reserva Federal hasta el documento *Modern Money Mechanics* (Mecánica del dinero contemporáneo). Un banco (el Banco A) le presta un millón de dólares a fulanito, creándolo con unas pocas pulsaciones de tecla en una computadora. Para ello, no se deduce un millón de dólares de la cuenta de nadie; es dinero nuevo. Lo más probable es que fulanito pidiera ese préstamo porque quería gastarlo, así que el millón de dólares no permanecerá en su cuenta bancaria, donde ese dinero se originó. Tal vez se gaste el millón en una vivienda, de modo que ese dinero acabará ingresado en la cuenta de fulanita en otro banco (el Banco B). Sigue habiendo un millón de dólares nuevos en el sistema, solo que ahora están en la cuenta de fulanita, y no en la de fulanito.

Sin embargo, eso no es lo único que sucede cuando fulanita ingresa en su cuenta el cheque de fulanito. Ese cheque también ha de reflejarse en la nueva cuenta, lo cual significa que el millón de dólares se carga a la cuenta que el Banco A tiene en la Reserva Federal (o, lo que es más probable, en una entidad de compensación intermediaria, pero no compliquemos las cosas) y esa misma suma se abona en la cuenta del Banco B. Lo típico, no obstante, es que el Banco A reciba también cheques cargados al Banco B u otros bancos de modo que, una vez terminadas todas las transacciones, podría ser innecesario deducir nada de la cuenta de reservas del Banco A. También es posible que sus reservas queden en números rojos, sobre todo si el Banco A está concediendo préstamos cuantiosos, lo cual no supone ningún problema; sus cheques no serán devueltos porque le basta con pedir prestados los fondos necesarios a otros bancos (en el mercado de fondos de la Reserva Federal) o a la Reserva Federal misma (de su línea de descuento). Estos representan préstamos de reservas bancarias a corto plazo. Para saldar un déficit a largo plazo, el Banco A tendría que atraer más depósitos o, en su defecto, pedir créditos a largo plazo a otros bancos o vender los créditos en los mercados secundarios. Si el Banco A puede demostrar que los créditos que ha estado concediendo son seguros, no suele tener problemas para adquirir los fondos necesarios a un tipo de interés favorable. Este tipo de préstamos es fundamentalmente distinto de la creación de crédito. Cuando un banco pide dinero prestado en el mercado interbancario, no se crea dinero nuevo; las reservas que se prestan a un banco, van en detrimento de otro. En lo que a las reservas se refiere, la única entidad autorizada para crear dinero nuevo es el banco central (la Reserva Federal, por ejemplo).

Así pues, ya tenemos dos tipos de dinero, reservas y crédito, que en estadística económica corresponden a M0 (o "base monetaria"), M1, M2, etc.

Cuando el crédito creado por un banco se utiliza como medio de cambio, *está ocurriendo algo más*. Tengamos esto presente en los siguientes párrafos, donde analizaremos la idea de la banca de reserva 100%, que muchos reformistas defienden como requisito clave para un sistema monetario sólido. Este concepto cuenta con defensores tan ilustres y diversos como Frederick Soddy en los años 20 o Irving Fisher en los 30 así como muchos reformistas actuales como Ron Paul, Stephen Zarlenga, Dennis Kucinich y numerosos economistas de la Escuela austríaca. La banca de reserva 100% eliminaría la distinción entre crédito y reservas. Los bancos solo podrían prestar dinero propio o dinero de sus depositantes (con su permiso), pero ese dinero desaparecería hasta que fuera devuelto ya que no podrían prestarse depósitos a la vista.

A priori, este sistema bancario parece radicalmente distinto del actual sistema de reserva fraccionaria, que permite tomar préstamos a corto plazo y darlos a largo plazo; es decir, el banco puede mantener depósitos a la vista, extraíbles en cualquier momento, y prestar la mayor parte de ellos como créditos a largo plazo. Esto no estaría permitido en un sistema de reserva 100%. Aunque los bancos podrían seguir prestando dinero, solo sería posible si ese dinero se les ha entregado en forma de depósitos a plazo. Por ejemplo, si un depositante compra un certificado de depósito (o CD) de seis meses, esos fondos podrían prestarse durante un periodo de seis meses.

Una de las principales críticas a la banca de reserva 100% es que dificulta mucho la intermediación financiera, es decir el vínculo entre prestamistas y prestatarios. En lugar de emitir créditos en base a la solvencia del solicitante sin más, el banco tendría que encontrar a un depositante dispuesto a comprometer su dinero durante el periodo del crédito. Sin embargo, si se estudia más detenidamente, esta crítica resulta ser, en gran parte, inválida. De hecho, el sistema bancario sería casi igual al que tenemos hoy.

Pensemos primero en los depósitos bancarios. En un sistema de reserva 100%, no se ofrecería interés alguno sobre los depósitos a la vista porque el banco no ganaría nada con ellos (de hecho, habría una comisión). Solo ofrecería intereses sobre depósitos a plazo, que podría prestar a un interés aún más elevado –cuanto más largo el periodo, más alto sería–. Por consiguiente, los depositantes harían lo posible por depositar su dinero durante el mayor tiempo posible, dependiendo de las necesidades de liquidez que hubieran previsto. Una depositante dada podría ingresar parte de su dinero en un certificado de depósito a un plazo de treinta días, ya que debe pagar los recibos a fin de mes; otra parte la depositaría en un CD a seis meses, al cabo de los cuales tiene previsto realizar una compra importante; y el resto, lo depositaría en un CD a diez años, un ahorro que destinará a pagar los estudios de su hija. Ampliando esto al conjunto de depositantes, el banco contaría con una distribución extensa y casi continua de plazos en los que poder prestar fondos. Habría más fondos disponibles para créditos a corto plazo, que conllevarían una tasa de interés inferior; para los créditos a largo plazo, habría menos fondos. La principal diferencia es que los bancos tendrían limitaciones para conceder créditos a muy largo plazo, que hoy se destinan a inversiones inmobiliarias y proyectos de gran capital. La gente podría seguir necesitando un crédito a veinte o treinta años para comprar una vivienda, pero habría pocos ahorradores dispuestos a prescindir de su dinero durante tanto tiempo. Pero este problema tiene fácil solución: emitir un crédito a corto plazo, digamos de un año, y refinanciarlo cada año a partir de entonces. Esto viene a ser como una hipoteca a un tipo de interés variable. Supongo que la tasa de refinanciación también podría fijarse por contrato para emular un crédito a plazo fijo.

Cualquier crédito podría financiarse de esta manera, en principio, obviando totalmente la necesidad de depósitos a plazo fijo por un periodo predeterminado. Una pregunta que esto suscita es: ¿Qué restricciones sufrirían los créditos en un sistema de reserva 100%? Al igual que hoy, un banco podría prestar cualquier suma (no superior a sus reservas totales) durante cualquier periodo de tiempo y a cualquier prestatario. ¿Y si el banco quisiera prestar una suma superior a sus reservas por tratarse de una oportunidad de crédito interesante? Haría exactamente lo mismo que hace hoy: pedir prestadas las reservas necesarias a otros bancos o mercados financieros.

Ahora, pues, debemos afrontar el mismo problema que motivó las propuestas a favor del sistema bancario de reserva 100% en un principio: la retirada masiva de depósitos. Aunque, en teoría, el valor total de los depósitos a corto plazo estaría cubierto por créditos a plazos aún más cortos, en la práctica, muchos de estos préstamos estarían destinados a la refinanciación periódica y basados, por tanto, en activos poco líquidos. Al igual que hoy, si un banco concede demasiados créditos a largo plazo (de facto) obtenidos de depósitos a corto plazo y estos se retiran rápidamente, el banco se enfrentará a una crisis de liquidez. Y podría solucionar esa crisis del mismo modo que lo hacen los bancos de hoy; por ejemplo, si su cartera de créditos es sólida, es probable que encuentre a otros bancos que le presten liquidez. O, si cuenta con suficiente antelación, podría emitir acciones o bonos a inversionistas. Por lo general, la liquidez no representaría una restricción mayor que la actual. El nivel de depósitos sufre fluctuaciones aleatorias cada día, lo cual no resulta preocupante porque los bancos pueden cubrir cualquier déficit de reservas tomando esa cantidad prestada del mercado de Fondos Federales o de la propia Fed. En un sistema de reserva 100%, sería fácil implementar mecanismos equivalentes.

Aparte de la intermediación financiera, otra diferencia clara entre los dos sistemas es que, en un sistema de reserva 100%, se supone que los bancos no tendrían capacidad de alterar la masa monetaria, ya que esto dependería de la autoridad monetaria. Sin embargo, esta diferencia es también engañosa. En el sistema actual, la masa monetaria aumenta cuando los bancos dan más créditos, como sucede durante una expansión económica en la que existen muchas oportunidades de créditos seguros. De nuevo, en un sistema de reserva 100% los bancos prestarían más en tales condiciones. La suma total de dólares no aumentaría, *pero la suma de dólares en manos de las personas que quisieran gastarlos sí*. En tiempos de recesión, los bancos se resistirían a prestar y el dinero languidecería en las cuentas de ahorro de quienes no tuvieran necesidad de gastarlo. De este modo, descendería la suma de dinero a disposición de la economía, exactamente igual que lo hace hoy.

Los defensores de la banca de reserva 100% alegan que prevendría el ciclo de auge y caída provocado por la expansión excesiva del crédito. Espero que la explicación anterior haya dejado claro que esto no es así. La masa monetaria efectiva no depende de la cifra de dólares sino de la cifra de dólares que en un momento dado *se emplea como dinero*, como medio de cambio. Ya se permita la banca de reserva fraccionaria o no, si hubiera demasiados dólares en manos de personas que no quisieran o no necesitaran gastarlos, podría producirse un colapso de la demanda agregada, creando una espiral deflacionaria.

Cuando los bancos dan créditos en un sistema de reserva 100%, uno podría decir que la masa monetaria no aumenta en absoluto;

es el mismo dinero en distintas manos. Pero, ¿qué es el dinero? ¿Es posible que, en manos de una persona, no sea dinero y en manos de otra sí? ¿Sigue siendo dinero el que está en manos de alguien que no lo va a gastar? Se trata de un enigma que nos ha acompañado desde la Antigüedad. El cúmulo de monedas que un tacaño entierra bajo un manzano, ¿eso es dinero? ¿Qué diferencia hay entre que la Fed reduzca la masa monetaria vendiendo valores para eliminar moneda del sistema y que un banco reduzca el dinero en circulación reteniendo reservas excedentes? El efecto es el mismo y la realidad física –bits en computadoras– también. Haciéndose eco de Marx, Richard Seaford pone de manifiesto la paradoja esencial: "Aunque solo tiene valor para el pago o el intercambio, resulta paradójico que [el dinero] solo pueda ser poseído mediante la *retención* del pago y el intercambio, como mero fantasma de la riqueza real".[1]

La economía convencional trata de resolver dicha paradoja distinguiendo entre la masa monetaria y su velocidad de circulación, es decir, cuánta moneda hay y a qué velocidad circula. Multiplicados, estos dos factores determinan los niveles de los precios en las ecuaciones. Las cuentas salen, pero ¿estas fórmulas matemáticas reflejan verdaderamente la realidad? A menudo vemos el mundo a través del prisma de nuestra representación simbólica de él. La distinción matemática entre la masa monetaria y su velocidad de circulación condiciona y reafirma la percepción de que el dinero es una "cosa" individual y objetiva que existe independientemente de las transacciones entre seres humanos. Pero existe otra manera poscartesiana de ver el dinero: como una relación y no como un objeto.

---

1. Seaford, *Money and the Early Greek Mind* (El dinero y la mente griega temprana), 248.

Llegué a esta conclusión pensando en mi querida ex esposa, Patsy, entre cuyas numerosos cualidades no se cuenta la frugalidad, que digamos. Su lema es: "¡El dinero no es tuyo hasta que lo gastas!" En la economía sucede lo mismo: el dinero tiene escaso efecto sobre la actividad económica si no se utiliza en transacciones. Desde la perspectiva de un sistema de reserva fraccionaria, un modo de interpretar lo que ocurre es que los bancos no crean dinero en absoluto; simplemente permiten que el dinero esté "en dos lugares a la vez": en la cuenta de ahorros del depositante y en la cuenta corriente del prestatario (y poco después en la cuenta de ahorros de otro, y así sucesivamente). La misma base monetaria (las reservas) se encuentra en muchos sitios a la vez y, sin embargo, solo puede utilizarse en uno de esos sitios a la vez; cuando se realiza una transacción y esa transacción se refleja en cuenta, las reservas correspondientes se mueven de una cuenta a otra en la Reserva Federal. Y cuando hay una elevada demanda de una misma suma de dinero, obligándola a estar en demasiados sitios a la vez, suben las tasas de interés, a no ser que la Fed suministre más moneda mediante operaciones en el mercado abierto.

Si el dinero se encuentra depositado en una cuenta, significa probablemente que el titular no necesita usarlo en este momento. La función de un banco es, en teoría, poner ese dinero en manos de alguien que sí quiera usarlo. Solo entonces puede decirse que "existe" en términos económicos, y solo entonces tiene efectos económicos (como, por ejemplo, estimular la producción). A diferencia de un ahorrador, un prestatario es alguien que quiere usar el dinero en este momento. Por lo tanto, cualquier transferencia monetaria entre ahorrador y prestatario, ya sea bajo un modelo de reserva total o fraccionaria, aumentará los efectos de la masa monetaria efectiva. Es decir, incrementará la cantidad de dinero que se está gastando.

No puedo evitar comentar sobre la similitud entre la moneda de reserva fraccionaria y la superposición de estados de una partícula cuántica. La materia es más sutil que el dinero que existe en muchos sitios a la vez, descripción esta que lo sigue concibiendo como algo que existe objetivamente. El caso es que existe en todos y ninguno de esos sitios a la vez, solo existe como mera posibilidad hasta que se hace real mediante una transacción. Diez personas pueden tener cien dólares cada una en sus respectivas cuentas de ahorros, todos sustentados en solo cien dólares de base monetaria. Cualquiera de esas personas podría extraer sus cien dólares en cualquier momento pero, hasta que lo hagan, no puede decirse que los cien dólares existan en ninguna de esas cuentas. Al igual que en una medida cuántica, el dinero es virtual hasta que se hace real mediante una interacción, una transacción. Retiras cien dólares de un cajero automático y ¡fíjate!: ¡Ahí tienes el dinero en efectivo! Ya estaba en tu cuenta, ¿verdad? Pues no. Apareció solamente gracias al acto de extracción, o al acto de emitir un cheque. El dinero que tienes en tu caja de ahorros, ¿"está allí en realidad" o no? Esa es la cuestión que preocupa a los defensores del "dinero real", pero no es una pregunta útil en definitiva. Ya esté allí o no, tan solo se vuelve real mediante una transacción, como el electrón solo se vuelve real cuando entra en interacción con el observador. Tanto en el caso del dinero como en el de la materia, la existencia es una relación.

Los defensores del "dinero real" parecen querer que regresemos a la era cartesiana, en la que la existencia no es una relación sino una afirmación monádica. Este deseo entra en conflicto con la revolución del ser humano que está teniendo lugar hoy en día: la expansión del ser individual y separado a un ser más amplio e interconectado. Incluso en el campo de la física, la existencia ha dejado de ser una propiedad objetiva, si con "existir" queremos decir "ocupar un punto cuantificable en el espacio y el tiempo". La ubicación física no es una cantidad objetiva. Entonces, ¿por qué exigimos que nuestro dinero lo sea?

De hecho, si queremos avanzar con la corriente del momento, quizá deberíamos deshacernos por completo de la base monetaria y progresar hacia un sistema puramente crediticio en el que todo el dinero exista mediante a una transacción y deje de existir cuando no la haya. ¿Acaso son necesarias las reservas? Paradójicamente, la posibilidad de un sistema de reservas 100% implica que no lo son, ya que no se diferencia en nada de un sistema sin reservas. En ambos casos, existe un tipo de dinero, no dos. Es más, ya se han concebido e implementado sistemas sin reservas a escala reducida —LETS y otros sistemas de crédito mutuo se basan en el crédito sin reservas—.

¿El sistema actual podría funcionar sin reservas? Si el Banco A crea ese millón de dólares de crédito en la cuenta de fulanito y luego se carga a esa cuenta cuando se lo pague a fulanita, cuya cuenta en el Banco B aumentará en un millón, ¿no se podría hacer todo ello sin reservas? Bueno, sí, pero nos enfrentaríamos al mismo problema que afrontan todos los sistemas de crédito mutuo: cómo regular quién puede crear crédito y en qué cantidad, y cómo limitar los balances negativos. El sistema de reservas impone un límite a los créditos bancarios. Sin él, un banquero podría prestar cantidades ilimitadas a sus amigotes y luego declararse en quiebra, desligando así el dinero de la contribución a la sociedad y depreciando el valor del dinero de quienes sí contribuyen. Evidentemente, podrían emplearse también otros mecanismos de restricción; por ejemplo, el Estado podría determinar por decreto quién recibe crédito, o podríamos usar otro tipo de fórmula o sistema de control social con calificaciones y puntuaciones. Volviendo a la metáfora del dinero cuántico, la variedad de estados cuánticos posibles que se manifiestan mediante una medida es limitada. Al igual que la función de paquete de ondas muestra la distribución de partículas, necesitamos alguna función social que influya en la distribución del dinero. En un experimento de la doble rendija, la mayoría de los fotones acaban en ciertas áreas reducidas. En un sistema de crédito, la mayoría del crédito debería destinarse a quienes lo vayan a emplear bien. La "función social" a la que me refiero no dicta a quién se destina; simplemente fija las condiciones para que se destine a ciertas áreas que representen el consenso social de buen uso. Dicha función puede ajustarse, al igual que una rendija diminuta puede agrandarse o estrecharse, para "difractar" la creación de dinero en un campo más o menos amplio.

Entre esas funciones, el sistema de reservas ofrece algunas ventajas importantes. Es orgánico y auto-regulador; permite asumir riesgos; se amolda tanto a las iniciativas espontáneas de ciudadanos como a las decisiones colectivas sobre la dirección del flujo del capital. Por último, un sistema basado en el crédito con una moneda caduca encarna dos principios cardinales del nuevo mundo: la interdependencia y la impermanencia.

Lo más importante, quizá, es que un sistema basado en el crédito abarcaría todas las propuestas contenidas en este libro sin necesidad de una revolución que destruya la actual infraestructura financiera para construir una nueva. Aunque los efectos de la moneda caduca, la eliminación de las rentas económicas, la localización y el dividendo social son, de hecho, revolucionarios, los medios para conseguirlos no lo son. Todo ello ya existe en germen. Aunque muchos de nosotros, e incluso yo a veces, deseamos hacer borrón y cuenta nueva, tales revoluciones tienen la exasperante tendencia a reincorporar lo viejo en lo nuevo. Es más, el deseo de una revolución tipo "todo o nada" puede ser desalentadora y paralizante porque implica que los cambios graduales y viables no tienen sentido. Por consiguiente, los autoproclamados revolucionarios de hoy en día se pasan el día en sus salas de chat sin hacer nada, compartiendo la predicción cínica de que, cuando llegue el colapso, todos los demás acabarán dándose cuenta de lo desencaminados que iban.

Creo que esos escépticos van a seguir esperando durante mucho tiempo. Donde ellos ven un colapso, yo veo una crisis trasformativa en la que lo viejo no se abandonará sino que se incorporará a algo más grande. El ser interconectado no niega al ser separado de la modernidad sino que lo adopta como una de las numerosas maneras de ser que componen un ser más amplio. Lo mismo sucede con las estructuras de nuestra civilización; al fin y al cabo, todas ellas surgen de nuestro sentido del ser y corresponden y contribuyen a él. Se podría decir, por tanto, que las crisis que convergen sobre nosotros en la actualidad vienen a ser una crisis de identidad. El error de los que esperan el colapso es, a mi modo de ver, confiar en que esa crisis nos salve, que haga borrón y cuenta nueva por nosotros. Nuestros propios esfuerzos no bastan, según ellos. Desde los teóricos del fin de los tiempos en 2012 a los cristianos que creen en el Armagedón, la mentalidad subyacente es la misma. Pero aunque la intuición de que "la cosas no pueden seguir como están" es válida, la conclusión es errónea. No es que el colapso vaya a hacer el trabajo por nosotros, es que la crisis nos impulsará a hacer el trabajo que hace falta. Y es un trabajo que podemos comenzar ya mismo. Como escribí anteriormente, cualquier esfuerzo que realicemos hoy por "elevar el listón" para nuestra civilización colectivamente adicta (cualquier esfuerzo por proteger o recuperar el capital social, natural o cultural) acelerará y aliviará la crisis.

Es cierto que las condiciones aún no están maduras para el pleno florecimiento de ninguna de las propuestas de este libro. Pero, antes de que puedan florecer, hay que abonar el terreno y nutrir las semillas. Ese es el momento en el que nos hallamos cuando escribo estas palabras. Pronto, esas semillas germinarán con fuerza en la tierra fertilizada por la descomposición de las instituciones existentes; entonces florecerán y, por fin, darán fruto.

BIBLIOGRAFÍA

Alexander, Christopher. *The Nature of Order: Book One; The Phenomenon of Life* [La naturaleza del orden: El fenómeno de la vida; Lib. 1]. Berkeley: Center for Environmental Structure, 2002.

Allen, William R. "Irving Fisher and the 100 Percent Reserve Proposal" [Irving Fisher y la propuesta de la reserva del 100%]. *Journal of Law and Economics* 36, n° 2 (1993): 703–17.

Altekar, A. S. *State and Government in Ancient India* [Estado y gobierno en la India Antigua]. Delhi, India: Motilal Banarsidass, 2002.

Aristóteles. *Politics* [La política]. Traducido al inglés por Benjamin Jowett. S. p.: Publishing in Motion, 2011.

Avila, Charles. *Ownership: Early Christian Teaching* [La propiedad: Primeras enseñanzas cristianas]. Nueva York: Orbis Books, 2004.

Baker, Dean. "No Way Out: Roadblocks on the Way to Recovery". [Sin salida: Obstáculos en el camino de la recuperación]. *Counterpunch*, 3 febrero 2010.

Brown, Ellen. "Time for a New Theory of Money" [Es el momento de una nueva teoría monetaria]. Commondreams.org, 29 octubre 2010.

_____. *Web of Debt* [Red de deuda]. Tempe, AZ: Third Millennium Press, 2008.

Buiter, Willem. "Negative Interest Rates: When Are They Coming to a Central Bank Near You?" [Tipos de interés negativo: ¿Cuándo llegarán a tu Banco Central más próximo?] *Financial Times Online*, 7 mayo 2009.

_____. "Overcoming the Zero Bound on Nominal Interest Rates with Negative Interest on Currency: Gesell's Solution". [Superar el límite cero en los tipos de interés nominales con el interés negativo sobre la moneda: La solución de Gesell]. *Economic Journal* 113, n° 490 (2003): 723–46.

Buzby, Jean C., Hodan Farah Wells, Bruce Axtman y Jana Mickey. "Supermarket Loss Estimates for Fresh Fruit, Vegetables, Meat, Poultry, and Seafood and Their Use in the ERS Loss-Adjusted Food Availability Data" [Estimación de pérdidas para fruta, verdura, carne, aves domésticas y mariscos, y su uso en los datos de disponibilidad de alimentos con ajuste de pérdidas del Servicio de Reservas Económicas]. EIB-44, Departamento de Agricultura de EE UU, Economic Reserve Service, marzo 2009.

Caron, Kevin. "Abundance Creates Utility but Destroys Exchange Value" [La abundancia crea utilidad pero destruye el valor de intercambio], 2 febrero 2010.

Champ, Bruce. "Stamp Scrip: Money People Paid to Use" [Moneda-mercancía: dinero que la gente ha pagado por usar]. Banco de la Reserva Federal de Cleveland, trabajo de investigación, 1 abril 2008.

Clark, Stuart. "Absence of Sunspots Make Scientists Wonder If They're Seeing a Calm before a Storm of Energy" [La ausencia de manchas solares suscita en los científicos la duda de si están viendo la calma antes de la tormenta energética]. *Washington Post*, 22 junio 2010.

Cohrssen, Hans L. "Wara". *The New Republic*, 10 agosto 1932.

Collom, Ed. "Community Currency in the United States: The Social Environments in Which It Emerges and Thrives" [La divisa comunitaria en los Estados Unidos: Los entornos sociales en los que emerge y florece]. *Environment and Planning A*, 37 (2005): 1565–87.

Costanza, Robert, et al. "The Value of the World's Ecosystem Services and Natural Capital" [El valor de los servicios ecosistémicos del mundo y el capital natural]. *Nature* 387 (1997): 253–60.

Coxe, Don. "Financial Heroin" [Heroína financiera]. *Coxe Strategy Journal*, 12 noviembre 2009.

Dalton, G. "Barter" [Trueque] *Journal of Economic Issues* (1982), 16.1.182.

Daly, Herman. "The Economic Thought of Frederick Soddy". *History of Political Economy* 12, n° 4 (1980).

Deng, Feng. "A Comparative Study on Land Ownership between England and China" [Estudio comparativo sobre la posesión de tierra en

Inglaterra y China]. Chongqing, China: Universidad de Chongqing, Facultad de Economía y Administración Empresarial, 2007.

Dodds, Walter Kennedy. *Humanity's Footprint: Momentum, Impact, and our Global Environment* [La huella de la humanidad: Impulso, impacto y nuestro medio ambiente global]. Nueva York: Columbia University Press, 2008.

Everett, Daniel L. "Cultural Constraints on Grammar and Cognition in Pirahã: Another Look at the Design Features of Human Language" [Restricciones culturales sobre la gramática y la cognición en Pirahã: Otra mirada a las características de diseño del lenguaje humano]. *Current Anthropology* 46, n° 4 (2005).

Fisher, Irving. *Stamp Scrip* [Moneda-mercancía]. Nueva York: Adelphi, 1933.

Frank, Robert H., Thomas Gilovich, y Dennis T. Regan. "Does Studying Economics Inhibit Cooperation?" [¿Estudiar economía inhibe la cooperación?]. *Journal of Economic Perspectives* 7, n° 2 (1993): 159–71.

Gesell, Silvio. *The Natural Economic Order* [El orden económico natural]. Traducido al inglés por Philip Pye. Berlin: NEO-Verlag, 1906.

George, Henry. "The Single Tax: What It Is and Why We Urge It" [El impuesto único: qué es y por qué nos urge]. 1890.

Graves, Robert. *The White Goddess* [La diosa blanca]. Nueva York: Farrar, Straus y Giroux, 1948.

Greco, Thomas. *The End of Money and the Future of Civilization* [El fin del dinero y el futuro de la civilización]. White River Junction, VT: Chelsea Green, 2009.

Hall, Robert y Susan Woodward. "The Fed Needs to Make a Policy Statement" [La Fed tiene que hacer una declaración sobre su política]. *Vox*, 13 abril 2009. www.voxeu.org/index.php?q=node/3444.

Handon, Jon D. y David Yosifon. "The Situational Character: A Critical Realist Perspective on the Human Animal" [El carácter situacional: Una perspectiva crítica y realista del animal humano]. *Georgetown Law Journal* 93, n° 1 (2004).

Hassett, Kevin. "U.S. Should Try Germany's Unemployment Medicine" [EE UU debería probar la medicina alemana para el desempleo]. *Bloomberg*, 9 noviembre 2009.

Holden, G. R. "Mr. Keynes' Consumption Function and the Time Preference Postulate" [La función del consumo y el postulado de la preferencia temporal del Sr. Keynes]. *Quarterly Journal of Economics* 52, n° 2 (1938): 281–96.

Hoppe, Hans-Hermann. "The Misesian Case against Keynes" [El caso misesiano contra Keynes]. En *Dissent on Keynes: A Critical Appraisal of Keynesian Economics* [Discrepancia con Keynes: Una valoración crítica de la economía keynesiana], editado por Mark Skousen. Santa Barbara, CA: Praeger, 1992.

Hudson, Michael. "Deficit Commission Follies" [Locuras de la comisión del déficit]. *Counterpunch*, 6 diciembre 2010. www.counterpunch.org/hudson12062010.html.

Hyde, Lewis. *The Gift: Imagination and the Erotic Life of Property* [El obsequio: La imaginación y la vida erótica de la propiedad]. Nueva York: Vintage Books, 2007.

Jacob, Jeffrey, Merlin Brinkerhoff, Emily Jovic y Gerald Wheatley. "The Social and Cultural Capital of Community Currency: An Ithaca Hours Case Study Survey" [El capital social y cultural de la divisa comunitaria: Sondeo sobre un caso práctico del Banco de Horas de Ithaca]. *International Journal of Community Currency Research* 8 (2004): 42.

James, Frank. "Cure for U.S. Unemployment Could Lie in German-Style Job Sharing" [La cura para el desempleo en EE UU podría radicar en una distribución del trabajo al estilo alemán]. NPR.org, 3 diciembre 2009.

Jarvis, Jeff. "When Innovation Yields Efficiency" [Cuando la innovación produce eficiencia]. *Buzz Machine*, 12 junio 2009. www.buzzmachine.com/2009/06/12/when-innovation-yields-efficiency/.

Jolowicz, H. F. y Barry Nicholas. *Historical Introduction to the Study of Roman Law* [Introducción histórica al estudio del derecho romano]. Dallas: Southern Methodist University Press, 1972.

Keen, Steven. "The Roving Cavaliers of Credit" [Los caballeros andantes del crédito]. *Debtwatch*, 31 enero 2009.

Keister, Todd y James McAndrews. "Why Are Banks Holding So Many Excess Reserves?" [¿Por qué los bancos retienen tantas reservas excedentes?]. Informe del personal del Banco Federal de Nueva York, n° 380, julio 2009.

Kennedy, Margit. *Interest and Inflation-Free Money* [Dinero sin inflación ni tasas de interés]. S. p.: Seva International, 1995.

Keynes, John Maynard. "Alternative Theories of the Rate of Interest" [Teorías alternativas sobre la tasa de interés]. *Economic Journal* 47, n° 186 (1937): 241–52.

_____. *Economic Consequences of the Peace* [Las consecuencias económicas de la paz]. Nueva York: Harcourt, Brace, and Howe, 1920.

_____. *The General Theory of Employment, Interest, and Money* [Teoría general de la ocupación, el interés y el dinero]. Nueva York: Harcourt, Brace, and Howe, 1936.

King, F. H. *Farmers of Forty Centuries: Or Permanent Agriculture in China, Korea, and Japan* [Agricultores de cuarenta siglos: O agricultura permanente en China, Corea y Japón]. Nueva York: Dover, 2004.

Koenig, Evan y Jim Dolmas. "Monetary Policy in a Zero-Interest Economy" [Política monetaria en una economía de interés cero]. *Southwest Economy* 4, julio/agosto 2003. The Dallas Federal Reserve.

Kropotkin, Peter. *The Conquest of Bread* [La conquista del pan]. Nueva York: G. P. Putnam's Sons, 1906.

Kuhnen, Frithjof. *Man and Land: An Introduction into the Problems of Agrarian Structure and Agrarian Reform* [El humano y la tierra: Introducción a los problemas de la estructura agraria y la reforma agraria]. Saarbrücken: Deutsche Welthungerhilfe, 1982.

LaSalle, Tim, Paul Hepperly y Amadou Diop. *The Organic Green Revolution* [La revolución verde ecológica]. Kutztown, PA: Rodale Institute, 2008.

Lee, C. J., Hsien-chan Ho, Shing-Mei Chen, Ya-huei Yang, Soon-joy Chang y Hui-lin Wu. *The Development of Small and Medium-Sized*

Enterprises in the Republic of China [El desarrollo de pequeñas y medianas empresas en la República de China]. Taipei, Taiwán: Chung-Hua Institute of Economic Research, 1995.

Lee, Richard. *The Dobe !Kung* [Los Dobe !Kung]. Nueva York: Holt, Rinehart, and Winston, 1984.

Laidlaw, James. "A Free Gift Makes No Friends" [Un regalo libre no fomenta la amistad]. En *The Question of the Gift: Essays Across Disciplines* [La cuestión del obsequio: Ensayos multidisciplinarios], editado por Mark Olstein. Nueva York: Routledge, 2002.

Lietaer, Bernard. *The Future of Money* [El futuro del dinero]. Post Falls, ID: Century, 2002.

Marx, Karl. *Grundrisse* [Elementos fundamentales para la crítica de la economía política]. Nueva York: Penguin Classics, 1993.

Mauss, Marcel. *The Gift: The Form and Reason for Exchange in Archaic Societies* [El obsequio: La forma y el motivo del intercambio de las sociedades arcaicas]. Traducido al inglés por W. D. Halls. Nueva York: W. W. Norton, 2000.

Mankiw, N. Gregory. "It May Be Time for the Fed to Go Negative" [Quizás haya llegado el momento de que la Fed se ponga en negativo]. *New York Times*, 18 abril 2009.

Mumford, Lewis. *Technics and Civilization* [Técnica y civilización]. Nueva York: Harcourt Brace, 1934.

Nemat-Nejat, Karen Rhea. *Daily Life in Ancient Mesopotamia* [La vida diaria en la Antigua Mesopotamia]. Westport, CT: Greenwood Press, 1988.

Pakenham, Thomas. *The Scramble for Africa* [La pelea por África]. Londres: Abacus, 1991.

Paine, Thomas. *Agrarian Justice* [Justicia agraria]. 1797.

Perkins, John. *Confessions of an Economic Hit Man* [Confesiones de un sicario económico]. Nueva York: Penguin, 2005.

Piff, P. K., M. W. Kraus, B. H. Cheng y D. Keltner. "Having Less, Giving More: The Influence of Social Class on Prosocial Behavior" [Tener menos, dar más: La influencia de la clase social en la conducta prosocial]. *Journal of Personality and Social Psychology,* 12 julio 2010. doi:10.1037/a0020092.

Reasons, Eric. "Innovative Deflation" [Deflación innovadora]. 5 julio 2009.

Rösl, Gerhard. "Regional Currencies in Germany: Local Competition for the Euro?" [Monedas regionales en Alemania: ¿Competencia local frente al euro?]. Deutsche Bundesbank, Serie 1: *Estudios económicos* 43, 2006.

Rousseau, Jean Jacques. *A Dissertation on the Origin of Inequality among Men* [Discurso sobre el origen y los fundamentos de la desigualdad entre los hombres]. Traducido al inglés por G. D. H. Cole. 1754.

Sahlins, Marshall. *Stone Age Economics* [Economía de la Edad de Piedra]. Nueva York: Routledge, 2003.

Sale, Kirkpatrick. *Rebels against the Future* [Rebeldes contra el futuro]. Nueva York: Basic Books, 1996.

Seaford, Richard. *Money and the Early Greek Mind* [El dinero y la mente griega temprana]. Cambridge: Cambridge University Press, 2004.

Senior, N. W. *Outline of the Science of Political Economy* [Resumen de la ciencia de la economía política]. 1836.

Stodder, James. "Reciprocal Exchange Networks: Implications for Macroeconomic Stability" [Redes de intercambio recíproco: Implicaciones para la estabilidad macroeconómica]. 2005. http://www.lietaer.com/images/Stodder_Reciprocal_Exchange.pdf.

Temple, Robert. *The Genius of China: 3,000 Years of Science, Discovery, and Invention* [El genio de China: 3.000 años de ciencia, descubrimiento e invención]. Rochester, VT: Inner Traditions, 1998.

Twist, Lynn, con Teresa Barker. *The Soul of Money* [El alma del dinero]. Nueva York: Norton, 2003.

Vallely, Paul. "How Islamic Inventors Changed the World" [Cómo los inventores islámicos cambiaron el mundo]. *The Independent,* 11 marzo 2006.

Warner, Judith. "The Charitable-Giving Divide" [La divisoria en las donaciones caritativas]. *New York Times Magazine,* 20 agosto 2010.

White, Martha C. "America's New Debtor Prison: Jail Time Given to Those Who Owe" [La nueva prisión de deudores de Estados Unidos: La sentencia impuesta a quienes deben]. *Wallet Pop*, 15 julio 2010.

Wüthrich, W. "Alternatives to Globalization: Cooperative Principle and Complementary Currency" [Alternativas a la globalización: Principio de cooperación y moneda complementaria]. Traducido al inglés por Philip Beard. Current Concerns (Zeit-Fragen), 9 agosto 2004. http://monetary-freedom.net/reinventingmoney/Beard-WIR.pdf

Xu, Cho-yun. *Ancient China in Transition: An Analysis of Social Mobility 722–222 B.C.* [La China Antigua en transición: Análisis de la mobilidad social 722–222 A.C.], Palo Alto, CA: Stanford University Press, 1965.

Yong, Ed. "Fertility Rates Climb Back Up in the Most Developed Countries" [Los índices de fertilidad vuelven a subir en los países más desarrollados]. 5 agosto 2009. http://scienceblogs.com/notrocketscience/2009/08/fertility_rates_climb_back_up_in_the_most_developed_countrie.php.

Zarlenga, Stephen. *The Lost Science of Money* [La ciencia perdida del dinero]. Valatie, NY: American Monetary Institute, 2002.

ÍNDICE

ACERCA DEL AUTOR

El escritor y conferenciante Charles Eisenstein se centra en temas relacionados con la civilización, la conciencia, el dinero y la evolución cultural del ser humano. Gracias a la extensa difusión de sus cortometrajes y ensayos en Internet, se ha establecido como intelectual contracultural y filósofo social que desafía cualquier categorización de géneros. Eisenstein estudió en la Universidad de Yale, donde se graduó en matemáticas y filosofía en 1989, y pasó los diez años siguientes trabajando de traductor del chino al inglés. Es también autor de *The More Beautiful World Our Hearts Know Is Possible* (Ese mundo más bello que intuimos que es posible) y *Ascent of Humanity* (El ascenso de la humanidad), y vive actualmente en Camp Hill, Pensilvania (EE UU).